东京审判亲历记

My Personal Experience at
The Tokyo Trial

梅汝璈 著

梅小璈 梅小侃 整理

上海交通大学出版社
SHANGHAI JIAO TONG UNIVERSITY PRESS

内容提要

本书收录了东京审判中国法官梅汝璈先生在东京审判期间所作的日记和审判结束之后就东京审判进行回顾反思的重要著述《远东国际军事法庭》。本书收录的历史文献不仅是一段正义历史的证见,而且我们可以在阅读中亲历历史现场,充分领略到梅先生深厚的法学功底和强烈的爱国情怀,更能对日本军国主义侵略者二战期间犯下的累累罪行以及东京审判的正义性与合法性有更深刻的了解和认识,正如梅汝璈先生所言:"我相信,忘记过去的苦难可能招致未来的灾祸"。

图书在版编目(CIP)数据

东京审判亲历记/梅汝璈著;梅小侃,梅小璈整理. —上海:上海交通大学出版社,2016(2025 重印)
ISBN 978 - 7 - 313 - 15080 - 6

Ⅰ.①东… Ⅱ.①梅…②梅…③梅… Ⅲ.①远东国际军事法庭—史料 Ⅳ.①D995

中国版本图书馆 CIP 数据核字(2016)第 116837 号

东京审判亲历记

著　　者:梅汝璈　　　　　　　　　　　　整　　理:梅小璈　梅小侃
出版发行:上海交通大学出版社　　　　　　地　　址:上海市番禺路 951 号
邮政编码:200030　　　　　　　　　　　　电　　话:021 - 64071208
印　　制:浙江天地海印刷有限公司　　　　经　　销:全国新华书店
开　　本:787mm×960mm　1/16　　　　　印　　张:24.5
字　　数:296 千字
版　　次:2016 年 7 月第 1 版　　　　　　印　　次:2025 年 7 月第 6 次印刷
书　　号:ISBN 978 - 7 - 313 - 15080 - 6
定　　价:68.00 元

梅汝璈简介

　　梅汝璈,1904 年出生于江西南昌,1924 年毕业于清华学校(清华大学前身),旋即留学美国斯坦福大学,后以优异成绩在芝加哥大学获法学博士学位。1929 年,梅汝璈学成归国,先后在山西大学、南开大学、武汉大学、复旦大学、中央政治学校等院校担任教授,讲授政治学、民法概论、刑法概论、英美法和国际法等课程;并自 1934 年起长期担任国民政府立法院委员,曾代理立法院外交委员会委员长。抗日战争胜利后,梅汝璈受国民政府派遣,于 1946 年代表中国出任远东国际军事法庭法官。在近三年的审判工作中,他努力维护民族尊严,伸张国际正义,为实现大体公正的审判结果作出了贡献。1948 年底,国民政府任命梅汝璈为行政院政务委员兼司法部长,他拒不到任,避居香港,且于 1949 年12 月初在中共有关机构安排下抵达北京。从 1950 年起,他先后担任中华人民共和国外交部顾问、全国人民代表大会代表及法案委员会委员、全国政协委员、世界和平理事会理事、中国人民外交学会常务理事、中国政法学会理事等职。梅汝璈在"反右"和"文革"中曾遭受不公正待遇。1973 年病逝于北京。

梅汝璈先生

《远东国际军事法庭》旧序一

◎ 倪征燠

　　已故梅汝璈先生哲嗣梅小璈君持其先父遗著《远东国际军事法庭》（未完成稿）来访，嘱我为序。睹物思人，感慨万千。于公于私，我都觉得乐于承担。书稿虽因故中辍，未能完成，但亦不足为病，因它概述了第二次世界大战以后关于战争罪行原则的确立和发展。这些原则通过东京审判的历史实践，更明确地树立了对侵略战争进行谴责和惩罚的标志。和纽伦堡审判一样，东京审判不仅在传统国际法关于违反战争法规或惯例的普通战争犯罪以外，确立了破坏和平罪和违反人道罪，它还深入地阐述了关于"共同阴谋"进行侵略的论点，颇有独到之处。梅先生已完成的四章，虽然偏重于事实经过和审判程序，但也对于日本甲级战犯被判处罪刑的法律根据，在其开首第一章内作了一般性的叙述。当然一般性叙述不能代替精辟的法律性论断，但读者毕竟不难由此推断东京审判的立脚点和方向，何况还有远东国际军事法庭最后作出的判决书可以对照。我上面所说梅先生遗著虽未完成，亦不足为病，就是这个意思。

我还认为，梅先生这部遗著之所以值得重视，也在于它蕴藏着许多局外人所不能得到的有关东京审判的宝贵资料。这些资料包括法庭的组成经过及其各部门间的协调关系；甲级战犯名单的确定及其逮捕和受审的详细经过；法官们席次的排定及其内部工作制度；检察团和辩护团的组成和职责及其内部工作程序；美国律师参加辩护的经过及其意义等。遗憾的是，关于东京审判最终阶段中对各被告，特别是对几名侵华主犯的定案经过，梅先生可能计划在其遗著的最后部分叙述，因此没有能在这四章中反映出来。这部分无疑是一段曲折的过程，因为当时国民党政府对东京审判缺乏正确的认识和估计，以为日本军国主义侵略中国，事实昭彰，审判不过是个形式，受害国毋须提出确切证据，就可以对受审战犯定罪，这已经是一个错觉，更没有料到美国派出一大批美国律师为被告们辩护，加以十一位法官中有七位来自英美法系国家，造成了一个有利于被告们的极不平衡的局面。尽管法庭宪章规定"法庭不受一般技术性采证规则的拘束"，事实上东京审判采用的基本上是英美式程序规则。中国方面格于当时形势，不得不一方面顶住英美式高度技术性采证规则的套用，另一方面急起直追，广泛搜集证据，包括从当时被封存的日本陆军省档案中检出的有关文电，在审判后期对被告本人及其所提证人进行"反诘"时提出，以充实对被告侵华罪行的证明。最后总算所有侵华主犯如当时众所周知的土肥原贤二、板垣征四郎、松井石根、武藤章、广田弘毅等均法网难逃，被处极刑，其罪状被昭告于全世界。

此外，溯至党的十一届三中全会，我国实行对外开放政策，涉外诉讼案件显著地增加，而且这类案件大多数是在海外进行的。我们为了做到"知己知彼"，很需要有关外国诉讼程序法，特别是英美诉讼程序法的知识。但目前这类资料比较缺乏。梅先生遗著的第四章较详细地阐述了英美式的审判程序规则及其实际运用。虽然东京审判属于国际性刑事案件，而我们目前面临的涉外诉讼多数是在内国法院进行的民商事案件，但不少证据法规则是在内国法院进行的刑事和民商事案件中可以共同适用的。因此，我认为梅先生遗著中这一部分，不仅对诉讼程序法的一般研究有用，而且在目前对外涉讼频繁的情况下，也提供了亟待参考的资料。

我和梅先生在抗日战争时期相识于重庆。1946年初，我适遨游美英两国，实地考察彼邦司法制度及其实践。闻梅先生将执法东京，不禁深感得人。1947年初我被邀参加东京法庭中国方面的检察工作。我和梅先生当时虽然岗位各异，但也共同经历了东京审判中"化险为夷"的曲折过程。梅先生辞世已十有三年，其余当年共事的中国审检人员，除鄂吕弓、吴学义教授亦已物故外，均星散各地。九五高龄的中国检察官向哲浚先生长期卧病沪渎；刘子健兄现执教于美国普林斯顿大学；桂公绰兄则在台湾大学任教；裘劭恒、杨寿林、高文彬、周锡卿、张培德诸君分别在京、沪各大学执教，数十年如一日，裘君还兼任繁重的法制工作。梅小璈君前来嘱我为梅先生遗稿作序，我对四十余年前事恍如隔昨，遐想联翩，借此寄语东京旧雨，望各珍重，为祖国繁荣昌盛、世界和平、人类进步作出自己的贡献，到最后一息。如有机缘能再叙首一堂，共话当年崎岖道路，为梅先生此稿续裘补遗，宁非理想中事！

1986 年 8 月

[倪征燠（1906—2003），第二次世界大战结束后，1946 年—1948 年，参加远东国际军事法庭对日本战犯的审判工作，对土肥原贤二、板垣征四郎、松井石根等甲级战犯提出了控诉。1991 年，当选为国际法研究院联系院士。2003 年，在北京病逝，享年 97 岁。]

《远东国际军事法庭》旧序二

◎ 王铁崖

　　我的朋友梅汝璈博士逝世已经十几年了。现在,他的遗著《远东国际军事法庭》能够出版,能够公之于世,这是中国法学界的一件幸事。

　　梅汝璈博士的一生是法学家的一生。他早年学习法学,二十四岁时就以优异成绩取得了美国芝加哥大学的法学博士学位。回国以后,他从事法学教学,参加立法工作,于 1946 年作为中国法官参加在东京的远东国际军事法庭对日本首要战犯的审判,历时三年。解放前夕,国民党政府任命他为司法部长,梅汝璈博士毅然拒绝到任,并冒险从香港回到北京。此后,他长期在外交部担任法律顾问,直到逝世。在这期间,他还以法学家、外交家的身份,多次参加各种国际会议。梅汝璈博士一生中对于法学做了不少的贡献,而在远东国际军事法庭上的审判工作则是他的重要贡献之一。

　　战犯审判,正如梅汝璈博士所指出的那样,"是第二次世界大战后国际生活中的一件大事,也是人类历史上的一个创举"。第一次世界大战后的尝试是失败了;为了取得成功,在第二次世界大战期间,主要同盟国经过几次协议,一再肯定了惩罚战争罪犯的原则。依此,在大战结束之后,在欧洲纽伦堡和远东东京分别设立了两个国际军事法庭,从事审理战犯的工作。两个法庭分别以大约一年和两年多的时间顺利地完成了自己的任务,这是一个重大的胜利。

从国际法的角度来看,战争罪行和战争罪犯是经过纽伦堡和东京审判而确立起来的新概念,它们的确立,表明了国际法,特别是战争法的一个新的发展。很久以来,在国际法上就有正义战争和非正义战争的区别的理论,而在现代,这种区别表现为侵略战争和反侵略战争的区别。虽然侵略战争和反侵略战争的区别在严格意义上说还没有形成确定的国际法规则,但是,谴责侵略战争已经是人类法律意识的一部分,也已经成为国际法的新内容的一部分。惩罚战争罪行和战争罪犯就是从区分侵略战争和非侵略战争以及谴责侵略战争这样的原则引申出来的,而反过来又推动了这样的原则向前发展,从而使它们在国际法上的地位得到了确立。因此,第二次世界大战后的两次战犯审判——纽伦堡和东京的战犯审判,在国际法的发展史上自有其不可磨灭的功绩。

梅汝璈博士作为中国法官亲自参加了远东国际军事法庭的战犯审判,而且把自己的经历写了下来,这是十分有意义的。他从1962年就开始撰写这部关于远东国际军事法庭的著作了。可惜,"文化大革命"一朝爆发,他的写作计划不得不中断。在1973年逝世之前,他再也没有获得继续写下去的机会。因此,这本书只有四章,是一部未完成的书稿。但是,尽管是未完成稿,这现有的四章已经论述了远东国际军事法庭的设立及其管辖权,远东国际军事法庭的宪章及组织,日本主要战犯的逮捕与起诉,远东国际军事法庭的审讯程序等,有关远东国际军事法庭的许多重要问题。这本书材料丰富,分析深入,是一本很有价值的著作,可以作为研究国际法与国际政治者的重要参考书。在国际上,像这样有分量的有关远东国际军事法庭和战犯审判的书是不多见的。

作为一个法学家,参加国际战犯审判,是一个光荣而艰巨的任务。梅汝璈博士作出了巨大的努力,排除各种困难——当时国内政府的不重视、不支持,以及国际上的反动势力的拖延和阻挠——使远东国际军事法庭对日本的主要战犯作出了基本上符合正义要求的判决,这是难能可贵的。我和梅汝璈博士在解放后开始订交,在他回到北京之后的几天,我们一起参加了中国人民外交学会成立大会。在大会上,周恩来总理赞扬了梅汝璈博士的工作,指出"他为人民办了一件大好事,为国家争了光。"这是对梅汝璈博士一生中从事的一项重要工作的最好评价。

1986 年 5 月 25 日
北京大学国际法研究所

［王铁崖(1913—2003),中国当代杰出的国际法学家,北京大学、北京政法学院教授。曾任北京大学国际法研究所所长。1987 年当选为国际法研究院院士。2003 年 1 月 12 日,在北京辞世,享年 90 岁。］

纪念我们的父亲（代前言）

◎ 梅小侃　　梅小璈

承蒙东京审判研究中心和上海交通大学出版社鼎力推动，《东京审判亲历记》正式出版。善哉此举，于国于家，咸称幸事。它无疑将促进对东京审判的深入研究，同时也表达着我们对敬爱的父亲——梅汝璈先生的恒久怀念。

一

先父梅汝璈，字亚轩，1904 年 11 月 7 日出生在江西省南昌市朱姑桥梅村。与湖广江浙相比，江西新风迟开。然而，我们的祖父，一位头脑清醒、识见高超的开明士绅，毅然将长子——即先父——送进了彼时彼地尚不多见且不受推崇的新式学校——江西省模范小学。1916 年，先父 12 岁，在祖父的坚决支持下考取了设在北京的清华学校。

先父远离家乡，毫无背景，当时连官话（普通话）都讲不好。对他而言，求学清华遇到的困难着实不小。半军事化的作息制度必须严格遵守，西式体育锻炼必须积极参加，任何一门功课都不能马虎，否则便有留级甚至被开除的危险。不少外籍教师用英语授课，多数同学都具备一定的英语基础，而先父听不懂英语，几乎无法听课。怎么办？他决心从头学起，迎头赶上。

那时，每当晨曦初露，清华园内的荷花池畔，在"水木清华"匾额下，便会出现两个少年的身影。他们口中念念有词，时而一问一答，时而各自吟诵，由生涩而流利，由简单而复杂。这便是先父和我们的叔祖——只比先父大四岁、同期从江西老家考入清华学校的梅旸春——在一起补习英语。叔侄二人起早贪黑，英语水平迅速提高。扫除了语言障碍，其他课程的学习也得到了促进。八年之中，梅氏叔侄以优异的学业成绩，令老师和同学刮目相看。梅旸春后来成为著名的工程师，主持过南京长江大桥等重要桥梁的设计和施工。

升入高年级以后，先父视野日益开阔，兴趣逐渐广泛。他担任过清华校刊的主编，还与施滉、冀朝鼎、徐永煐等同学一起组织过名叫"超桃"的进步团体。施滉、冀朝鼎、徐永煐均为中国共产党早期党员。施滉英年遇难，冀朝鼎、徐永煐长期从事革命工作，在上世纪50～60年代曾担任重要领导职务。

1924年，先父赴美国留学。他先后就读于斯坦福大学和芝加哥大学，于1928年底获得芝加哥大学法学博士学位。身居海外，他始终关注着祖国的命运。为响应国民革命军"打倒北洋军阀"的北伐行动，他与先后赴美的施滉、冀朝鼎、徐永煐等同学发起成立"中山主义研究会"，在留学生乃至更大范围中积极宣传革命主张。

1929年，在欧洲游历伦敦、巴黎、柏林、莫斯科之后，他回到了阔别将近五年的父母之邦。

二

从学成归国到二战结束后出任国际法庭法官,大约十六年间,先父先后任教于山西大学、南开大学、武汉大学,讲授民法概论、刑法概论、英美法、国际法、政治学等课程,还在复旦大学、中央政治学校以及司法部法官训练所兼职授课。从 1934 年起,他成为国民政府立法院委员,参与若干立法工作,并曾代理立法院外交委员会委员长。他还兼任中山文化教育馆副主任和《时事类编》(半月刊)主编,撰写、翻译、编辑了大量法学、外交和国际政治方面的文章。

先父这一时期的著述,内容涉及英美法、大陆法、中西法学思想、中国宪法和刑法等领域,多数发表在专业刊物和各大学学报上,如《盎格鲁-撒克逊法制之研究》《拿破仑法典及其影响》《苏俄革命法院之历史及组织》《现代法学的历史、派别与趋势》《中国旧制下之法治》《宪法初稿中"宪法保障编"之批评》《对于刑法修正案初稿之意见》,等等。视野开阔,论题宽广,道器并重,成果丰硕,是其学术研究的特点。正是长期的教学、调研、阅读和写作,奠定了他在法学理论和法律实务两方面的坚实基础,客观上为日后执法东京做了充分准备。

基于法律学者的眼光,先父明确指出,国民党"一党专政"的政治体制,"党权是高于一切,政府只须本乎党义做事,对党负责,无须与人民缔约,对人民负责。换句话说,就是党对人民只有权利,没有义务。"(《训政与约法》)针对法律被当成权势者的工具、法治精神无法光大的现实,先父尖锐地发问:"现在摧残人民自由和剥削人民权利的,是真正的法律,抑或是法律以外的'官力''武力'和'暴力'?"(《宪法草案初稿

修正案评议》》

　　另外，可能是根据教学实践中的观察，先父对当时的法律教育持激烈的批评态度。法学、法律本来是严肃的，"然在中国则法律变成一种最浅薄而最无聊的货物"，越来越多的所谓法律教学实际上是"鬼混"，主办混学费，学员混文凭，导致"社会上总把法律当作一种'混饭吃'或'打把戏'的工具技能，而不把它当作一种学术或科学看待。中国法治之所以不能昌明，法律事业之所以被人蔑视，原因虽多，而法律教育之腐败，实为其中主要者之一。"（《关于英美法课程的教本与参考书之商榷》）

　　以上所举，管窥而已，虽不能彰先父法学观点之万一，但在今天也许仍具启发意义。（引文均见《梅汝璈法学文集》，中国政法大学出版社2007年版。）

　　彼时的中国，山河破碎，民生多艰。先父本为一介书生，想到年事渐高的父母和诸多亲友正为躲避日本侵略者的追击颠沛流离，想到中国军民正在前线浴血奋战，想到敌占区同胞正在侵略者的铁蹄下痛苦挣扎，又看到某些政府官员大发国难财，"前方吃紧，后方紧吃"，他的心情就像山城重庆上空的浓雾一般阴郁、灰暗。与此同时，马寅初先生对战时经济的精辟分析，《新华日报》《大公报》发表的一篇篇闪烁着真知灼见的评论文章，都给他留下了深刻印象。尽管现实世界的状况极其严峻，然而，作为中国法学家，先父心中公平正义的理想绝不会泯灭，所需要的，只是时机。

三

中国人民和全世界爱好和平的人民一起，经过惨烈抗争，付出了高昂的代价，终于赢得了反法西斯战争的胜利。战争结束以后，国际社会在德国纽伦堡和日本东京设立军事法庭，德、日两国的重要战争责任者分别在这两个法庭上受到审判。1946 年 2 月，盟军最高统帅部根据各同盟国政府的提名，任命了远东国际军事法庭("东京法庭")的九名法官(后增加到十一名)。经有关人士推荐，先父受命代表中国，坐上了庄严的审判席。

从 1946 年 3 月到 1948 年底，先父在近三年东京国际法庭法官任期内的业绩和生活，被宣传较多者，盖有"同胞赠剑"、"座次折冲"、"力主死刑"、"临海明誓"等"桥段"。在本书所收《远东国际军事法庭》(未完成稿)第二章中，先父较为详细地介绍了开庭前发生的法官座次之争，并揭示了这场争执对维护国家利益和民族尊严的意义。至于量刑问题上的激烈争辩，从本书首次公布的《东京审判期间的部分函电》中可见端倪("经长久讨论，热烈争辩……况经过复杂奇离，非片言可尽，且此际亦未便泄露"云云)。十分可惜的是，由于"文革"，先父未能完成《远东国际军事法庭》一书的写作，后人已无法详细知晓当时法官们宣誓保密的量刑讨论情况。

本书还包括先父从起程奔赴东京到开庭后数日共五十多天的日记。他一向有写日记的习惯。在这五十多天的日记后面，他写了一行字——"(1946 年 5 月)14 日起见另册"。"另册"经"文革"已杳无踪影。仅从上述篇幅不大的日记中，我们也可以部分地感受到他当时的心境。

他受过系统的法学训练，明了英美法系中法官和检察官的严格分工，熟悉无罪推定、控辩平等、法官中立、有利被告等诉讼原则。看到向哲濬检察官为收集证据、草拟起诉书昼夜奔忙，他不但不能施以援手，还得注意避嫌，向别人解释法官和检察官之间的工作关系，这让他感慨不已。

实际上，东京国际法庭既是法律场合，又是政治、外交场合，不能将它等同于普通法庭。各国利益诉求不同，世界格局发生变化，都不可能不影响东京法庭的审判。同时，这里也存在着类似"实体正义"与"程序正义"那样的纠葛。无论是"法官倾向"问题，还是"死刑存废"问题，教科书阐述的一般原则和学术讨论中出现的某些观点，不宜作为评判情况特殊的东京审判之标准。

对日本社会的观察与思考，对祖国命运的担忧与祝福，是先父在东京国际法庭从事审判工作的同时从未停止过的。他敏锐地看到，战后日本经济的状况并不像他们宣传的那样糟糕，他们有可能在"装穷装苦"。就精神面貌和健康水平而言，日本民众比中国民众强。他在日记中写道："我真奇怪为什么麦帅总部还天天替日人叫粮食恐慌，为他们无微不至地打算，这样的战败国也可算是'天之骄子'式的战败国了。比起我们多劫多难的战胜国，我们真不能不自叹弗如！"（1946 年 5 月 2 日）"然而宽大之外，我们应该警惕！……我最关切的是他（麦克阿瑟）统治日本的政策是否有损于我祖国的利益或妨碍我祖国的发展——这个问题今天一直盘旋着在我脑筋里。"（1946 年 4 月 12 日）

尽管先父受的是西方教育，中国知识分子传统的家国情怀在他心中仍然根深蒂固。"处身外国的人，对自己国家不争气最感痛苦。"

（1946 年 4 月 9 日）"'止谤莫如自修'，中国还得争气才行。"（1946 年 4 月 26 日）"各国派来的都是有经验有地位的老法官，我得兢兢业业郑重将事，决不马马虎虎。"（1946 年 4 月 10 日）"我今天能高居审判台上来惩罚这些元凶巨憝，都是我千百万同胞的血肉换来的，我应该警惕！我应该郑重！"（1946 年 5 月 3 日）纵览先父日记，可以发现，"争气"和"郑重"是反复出现的词语。先父在 1948 年 4 月 24 日致时任外交部长的电报中说："璥职责所在，自当竭其绵薄，为我国在此次空前国际法律正义斗争中之胜利尽其最后之努力。"使命感和大局观跃然纸上。不难看出，东京审判之所以能够取得差强人意的成果，与先父的努力密不可分。

四

东京国际法庭工作告一段落，正值中国大陆政权更迭。先父拒任"政务委员兼司法部长"，拒赴台湾谋生，辗转香港，抵达北京。新中国政务院总理兼外交部长周恩来签署任命书，先父于是出任中华人民共和国外交部顾问。

归国之初，待遇优渥，生活平安，业务上颇受尊重。一方面其乐融融，先父可以在宽敞的庭院中哼京戏，在结霜的窗户上勾漫画，教女儿唱家乡童谣，给儿子买玩具刀剑。而另一方面却又紧张无奈，汇报思想、改造世界观、学习俄语，还有一场接一场的政治运动，都是无法回避的。不过，外交部毕竟不同于一般的机关或院校，有周恩来、陈毅等前辈贤哲直接领导，多数同事素质较高，"小气候"尚属宜人。即使在经过院系调整，社会学、政治学被取消，法学近乎"全盘苏化"的形势下，外交部的老专家们仍然能够开展对国际法、国际政治领域中某些问题的研究，在为现实服务的同时可以兼顾学术理论。迨至"文革"，周鲠生、刘泽荣等老前辈出版了学术专著，先父的《远东国际军事法庭》完成了一半，还撰写了《战争罪行的新概念》、《关于谷寿夫、松井石根和南京大屠杀事件》等论文。尽管在 1957～1958 年的反右运动中受到不公正待遇，先父还是一如既往地爱国，认真严肃地自省，且不断有研究成果问世。

"文革"骤至，外交部不能幸免，那令人眷恋的"小气候"不复存在。先父被扣上"反动学术权威"的帽子，为写作积累的资料，包括笔记、卡片、剪报，以及日记多册均遭没收，不知所终。《远东国际军事法庭》已经不可能继续撰写。除了被监督劳动，他还不得不消耗大量时间、精力，去写那些"外调材料"、"检查交代"，加上纷至沓来的某老友自杀、某同事遇害的噩耗冲击，导致他的健康状况急剧恶化。他最终没能看到"文革"结束，于 1973 年 4 月 23 日溘然长逝，享年只有 69 岁。

与诸多以天下为己任的知识分子一样，先父在生命的最后几年中，并没有因为自身处境尴尬而停止思考和抗争。针对一些打着"革命造反"旗号，实际上伤害公共利益、损毁国家声誉的恶劣行径，如焚烧英国代办处、抢夺机关领导权等，他不顾个人安危，毅然上书中央，建议制止、查办，不要信任那些私欲膨胀、"走马灯一般"轮番夺权的人们。顶着"反动学术权威"、"反对中日友好"、"美化美日反动派"、"时刻妄想复辟"的罪名，他小心翼翼地辩解："我实际上只是一本破烂过时的小字典而已。""我学无专长，连一本像样的著作都没有……""众所周知，我是多年来揭露美日勾结复活军国主义野心最力的一个人。""我是一个被国民党政府通缉的要犯。说句笑话,真要是复辟了,我人头落地恐怕还在各位青年同志之先呢!"

时至今日,在先父那些意味深长的议论中,被引用得最多的当属他在《关于谷寿夫、松井石根和南京大屠杀事件》一文中说的那段话:"我不是复仇主义者。我无意于把日本帝国主义者欠下我们的血债写在日本人民的账上。但是,我相信,忘记过去的苦难可能招致未来的灾祸。"可是,谁能想到,恰恰是那句"忘记过去的苦难可能招致未来的灾祸",曾经给他招致"诬蔑我党健忘"的灾祸。其实,再早几年,他那些招致不公正待遇的议论同样发人深省:"有些东西不是关系到人的,是制度不好。如过去刘青山贪污几十个亿(旧币),这在国民党时代也不可能。应进行一些制度方面的改革。""好大喜功、主观主义、打肿脸充胖子的现象(在经济建设方面)相当严重。""奉苏联为神明,把苏联专家的话当作金科玉律,是严重的教条主义,崇外思想。"

朱弦一拂遗音在,却是当年寂寞心。

敬爱的父亲离开我们已经整整四十年了。展检故物,手泽如新,而墓木拱矣。诚堪欣慰者,祖国的法治已初具规模,对东京审判的研究正在深入展开。或许,仰赖各方俊彦戮力同心,先父写作中断、资料丢失之巨大遗憾终致弥平。果如此,先父并国家又何幸之甚!

2013 年 9 月

目 录

第一部分

远东国际军事法庭

【编者按】 这是一部未完成的书稿,写于 1962—1965 年间。全书计划分为七章,但只完成了前面的一至四章。"文革"动乱中梅汝璈先生横遭批判,所有的文稿都被没收,他原定的写作计划自然无法实施,直至 1973 年悄然辞世。所幸当时业已誊清的前四章底稿得以索回,并由法律出版社于 1988 年首次出版,又于 2005 年以新版发行,其价值自不待言。书中外国人名与现今通行译法不尽一致,为尊重原作,未作修订。不幸的是,那些还没有来得及展开论述的写作提纲、还没有抄录的手稿以及大量资料却不知所终,成为无法弥补的损失和永远的遗憾。当年热心支持出版的倪征噢和王铁崖两位法学界巨擘亦已作古,他们为《远东国际军事法庭》所作的序言一并附于文前,以为纪念。

第一章　远东国际军事法庭的设立及其管辖权

一、主要战犯的国际审判：第二次世界大战后的创举

第二次世界大战是以轴心国的失败而告终的。德国的正式投降是在 1945 年 5 月 8 日，日本的正式投降是在同年 9 月 2 日。

在德日投降之后，战胜的同盟国便分别在德国纽伦堡和日本东京先后设立了两个国际军事法庭。前者的名称是"国际军事法庭"；后者的名称是"远东国际军事法庭"。后者冠以"远东"二字，以示区别于前者。一般人对这两个国际军事法庭的简称是"纽伦堡国际法庭"和"东京国际法庭"，或者"纽伦堡法庭"和"东京法庭"。[1]

这两个法庭的组织虽略有不同（见下章），但是它们的任务和目的却是一样，那便是：把轴心国的某些国家领导人当作首要的或主要的战争罪犯而加以逮捕、侦查、起诉、审讯和判刑。[2] 这些首要的或主要的战争罪犯有时又被称为"甲级战犯"；他们都是当年纳粹德国和法西斯日本政府中对策划、准备、发动或执行侵略战争负有最高或主要责任的人物。这些人对于国家侵略战争政策的制定和侵略战争的进行是起过重大作用的。

---

[1] 纽伦堡国际军事法庭的英文名称是 International Military Tribunal，Nuremberg；东京远东国际军事法庭的英文名称是 International Military Tribunal For The Far East，Tokyo。

[2] 《纽伦堡国际军事法庭宪章》第一条："依照……协定，应设立一国际军事法庭，以公正并迅速审判及处罚轴心国之主要战争罪犯。"《远东国际军事法庭宪章》第一条："远东国际军事法庭之设立，其目的为公正与迅速审判并惩罚远东之主要战争罪犯。"

对于这类主要战犯或甲级战犯由正式组织的国际法庭依照法律手续加以审讯和制裁,是第二次世界大战后国际生活中的一件大事,也是人类历史上的一个创举。在这以前,一个战败国的领导人物,即使他们是发动侵略战争的元凶巨魁,一般都是逍遥法外的,从来没受过法庭的审判和法律的制裁。

诚然,在历史上,一个国家的元首或政府显要在战争中一旦落在敌国手中被杀害或被囚禁的事情,是屡见不鲜的。最著名的近例便是1815年拿破仑一世被英、俄、奥、普等战胜国流放在圣赫勒拿岛终身囚禁。但是他的流放并没有经过任何国际法庭或国内法庭的审判。用法律去制裁战败国领导人之事,确实是第二次世界大战后的一个新创举。

二、第一次世界大战后战犯国际审判的失败经验

在第一次世界大战结束的时候,同盟国也曾有过要把德国元首和政府高级负责人交付国际审判的意图,但其实际结果却是一场空梦,成为历史上的一个大笑话。

事实的经过是这样:在大战要完和刚完的时候,"绞死德皇"的呼声弥漫了对德作战的各同盟国及协约国。由于那次战争的规模之大是空前的,它对人们所造成的痛苦和牺牲也是史无前例的,因此同盟国和协约国的人民对于发动那次大战的德皇威廉二世和德国政府的领导人都怀着深深的仇恨,必欲严厉惩罚之而后快。

在1919年巴黎和会上,依法惩办德皇和主要战争罪犯的问题曾得到相当认真的讨论,讨论的结果具体表现在《凡尔赛和约》第七章(标题为"惩罚")的四条(第227至230条)条文里。

和约第227条明白规定了:同盟国及协约国将组织特别法庭审讯德皇威廉二世,并治之以破坏国际道德和条约尊严的最大罪状。第228条规定了:对于德皇以下的主要战争责任者,德国承认有权提交军事法

庭审判。

根据《凡尔赛和约》的这些条款的规定，巴黎和会便指派了一个国际委员会去"从事研究战争制造者的个人责任，开具战犯名单，并草拟审讯法庭的组织宪章"。这些事情，委员会在受命之后都一一照办了。

就当时的情景看来，同盟国及协约国对审判德国主要战犯之事未尝不想有声有色地干它一番。但是由于下列几个原因，这件事弄到后来便成了虎头蛇尾，终而不了了之。

（1）俄国 1917 年 10 月无产阶级革命的胜利。这个胜利使各同盟国和协约国的资产阶级统治者大为震动，他们于是把大部分的注意力转向怎样包围俄国和如何对付苏维埃政权的问题上；对于怎样执行《凡尔赛和约》中惩办德国战犯的条款，他们是不甚关切的。

（2）同盟国彼此之间的摩擦，特别是英国和法国之间的猜忌。在第一次世界大战以后，法国俨然成了欧洲大陆上的霸主，这显然同英国要在大陆上维持均势平衡的传统政策相矛盾。因此，袒德抑法便成了战后英国对外的基本方针之一。

（3）德国政府对于引渡战犯并交付国际审判的主张顽强抵抗，不予合作。

由于以上各因，《凡尔赛和约》关于惩办威廉二世和其他主要战犯的条款便等同虚设，不但和约中规定的国际法庭始终未能组织成功，而且盟国于无可奈何之中，为了便于行事，敷衍塞责，索性把全部审判工作都委托给德国政府自己去搞了。

德国政府受托之后，阳奉阴违，百般拖赖，迟至 1921 年 5 月（战争结束了两年半之后）才由其最高法院在莱比锡（Leipzig）假惺惺地开始举行了"审判"。这个"审判"的乖谬荒唐，在历史上是罕有其匹的。

先是同盟国根据《凡尔赛和约》的规定，提出了一个 896 人的重要战犯名单，交给德国政府按名予以逮捕和审讯。德国政府多方抗拒，先将名单人数缩减为 45 人，称之为"试验审判"。在这 45 人之中，实际上受到审讯的只有 12 人,而这 12 人之中经法庭判罪的只有 6 人;他们的刑度都判得异常之轻,自六个月至四年徒刑不等。在 6 名判了刑的战犯之中,有 2 名还越狱逃跑了,论者都认为这是德国法庭故意放纵的。

因此,莱比锡审判的最后结果,只是轻微地惩罚了总共 4 名小战犯。当那个罪恶昭彰、杀人如麻的石坦格尔(Stenger)将军被法庭宣告无罪的时候,观审群众还喝彩欢呼,献花致敬,把他当作"民族英雄"看待。至于战争最高责任者德皇威廉二世,在战时便逃入了荷兰国境,荷兰以违反其宪法及历史传统为理由,拒绝把他引渡,因而使他终身逍遥法外,没有受到任何法律制裁。

这便是"莱比锡审判"所以成为历史上一幕大滑稽剧的原因所在,也就是第一次世界大战后惩办首要战犯的全部"成绩"。[1]

从上面这个简单的历史叙述中,我们可以看出:在第二次世界大战以前,人们要惩办侵略战争的制造者和主使人的意思和企图在国际社会里已经有了一个初步的萌芽。尽管莱比锡审判是一大失败,尽管《凡尔赛和约》关于处罚战争制造者的条款等同具文,但是人们要使战争制造者负起个人责任的思想却已有了一个明确的开端。同时,第一次世界大战后处理战犯的失败经验给了人们一些深刻的教训。第二次世界大战后审判首要战犯工作之所以能够相当顺利地进行,未尝不是得益于那些经验教训。

三、第二次世界大战期间的准备工作

当第二次世界大战正在激烈进行的时候,同盟国(那时亦称"联合国"或"联合国家",指的是当时对德、意、日等轴心国作战的各国,而不

---

[1] 关于莱比锡审判的详情,阅 Mullins, *Leipzig Trials*(1921)。

是指战后在纽约成立的联合国组织）对于战后惩处战犯问题便已经有过几次协议，做过一些准备，其中最重要的是：

（1）1942年1月13日比利时、捷克、希腊、荷兰、波兰、南斯拉夫、卢森堡、挪威、法国九国发表的共同宣言，申明惩办战争罪犯是他们作战的主要目标之一。

（2）1943年10月在伦敦成立的联合国家"战罪调查委员会"，该会除上述九国外，中、美、英三国亦曾参加。

（3）1943年11月1日莫斯科苏、美、英三国会议闭幕时所发表的"关于暴行的宣言"。这个宣言除了重申战犯必须严惩之外，并声明了：凡在某一地方犯有严重暴行的战犯"都应当押解回到他犯罪地的国家中，以便按照那些被解放了的国家及因此而建立了自由政府的法律去审判治罪"。"宣言"还宣布"对于主要罪犯的案件绝不偏袒；他们所犯的罪行既无地理上的区分，应该由同盟国政府去共同审判治罪"，这就是说，对于轴心国的领导人，那些元凶巨魁们，应该由同盟国共同组织的国际法庭去审判。

除了上述各国政府的联合努力之外，当时同盟国的领袖们对战后惩办战犯亦常个别地作过严厉坚决的表示，其中最著名的有：

（1）1943年7月30日美国罗斯福总统警告中立国不得庇护战犯的照会；

（2）1943年11月6日苏联斯大林元帅"要严厉惩办这次战争发动者的一切法西斯罪犯"的声明。[1]

四、两个国际军事法庭设立的经过

1945年5月德国投降。从是年7月17日起，英、美、苏三国举行了

---

[1] 同盟国政府和首领们的这些宣言、照会和声明，载 S. Glueck, *War Criminals*：*Their Prosecution and Punishment*，Appendix B, pp. 109 - 113。

柏林会议,签订了著名的《波茨坦议定书》(亦有称之为《波茨坦协定》者)。在该议定书的第六章(标题为"战争罪犯")里,重申了对于希特勒德国的主要战犯必须严予法律制裁之决心,并"认为尽速开始审判此等主要战犯乃极其重要之事"。[1] 在此前举行的苏、美、英三国领袖克里米亚会议上,惩办希特勒德国的主要战犯问题也得到了他们的重视。会议并决议要"……使所有一切的战争罪犯,予以公正与迅速之惩处"。[2]

根据同盟国在战时和战后多次表达了要惩办法西斯战犯的坚决意愿,苏、美、英、法四国代表在伦敦举行了会议,专事讨论组织国际法庭审判纳粹主要战犯的问题,并于 1945 年 8 月 8 日签订了关于设立国际军事法庭的四国协定和作为协定附件的《纽伦堡国际军事法庭宪章》,宪章规定了法庭的组织、职权和审判程序的基本原则。[3]

四国协定和法庭宪章签订、颁布之后,经过约两个月工夫,法庭的组织工作便告完成。纽伦堡国际军事法庭在 1945 年 10 月 18 日接受了对戈林、赫斯等 22 名首要纳粹战犯的起诉,正式审讯是在 10 月 20 日开始的。

※　　　※　　　※　　　※

远东国际军事法庭设立的情况同纽伦堡国际军事法庭的有些不同。它不是直接按照一个国际协定设立的,而是根据一系列的国际文件授权远东盟军最高统帅部设立的。这些文件是《波茨坦公告》、《日本

---

[1]《波茨坦议定书》中有关惩处战犯之条款,见世界知识出版社编辑:《国际条约集(1945—1947)》,第 87 页及第 88 页。
[2]《苏美英三国克里米亚(雅尔塔)会议公报》,载《国际条约集(1945—1947)》,第 8 页。
[3] 苏、美、英、法四国《关于控诉和惩处欧洲轴心国主要战犯的协定》及附件《欧洲国际军事法庭宪章》(又称《纽伦堡国际军事法庭宪章》,为与《远东国际军事法庭宪章》相对应,本书统用此名称)俱载《国际条约集(1945—1947)》,第 94—103 页。截至 1945 年底为止,加入本协定的国家有澳大利亚、比利时、捷克、丹麦、埃塞俄比亚、希腊、海地、洪都拉斯、印度、卢森堡、荷兰、新西兰、挪威、巴拿马、巴拉圭、波兰、乌拉圭、委内瑞拉和南斯拉夫。

投降文书》和莫斯科外长会议的决议。

《波茨坦公告》是中、美、英三国政府在1945年7月26日宣布的，后来苏联也附署，参加了这个公告。公告的目的是促令日本武装部队尽速无条件投降；公告还规定了日本投降时必须接受的各项条款。公告第六项说："欺骗及错误领导日本人民使其妄欲征服世界者之威权及势力，必须永远剔除；盖我人坚持非将不负责之黩武主义驱出世界，则和平及正义之新秩序势不可能。"公告第十项说："吾人无意奴役日本民族或消灭其国家，但对于战犯，包括虐待吾人俘虏者在内，将处以严厉之法律制裁。"[1]

1945年9月2日由外务大臣重光葵和参谋总长梅津美治郎代表日本签订并向同盟国九国受降代表麦克阿瑟等所呈递的日本投降文书完全接受了《波茨坦公告》中的条款。投降文书上写道："我们谨奉天皇、日本政府及日本帝国大本营之命，并代表他们接受美、中、英三国政府首脑7月26日在波茨坦宣布的及以后由苏联附署的公告各条款。"第六项写道："我们为天皇、日本政府及其后继者承允忠实履行《波茨坦公告》之条款。"[2]

日本既接受了《波茨坦公告》中的一切条款，当然也就接受了其中"对于战犯，……将予以严厉的法律制裁"的条款。

但是《波茨坦公告》仅仅规定了日本必须接受的投降条款，而对如何实现这些条款的具体步骤和措施则完全没有规定。诚然，事实上，在占领和管制战后日本以及执行投降条款的种种事宜，美国政府通过其担任盟军最高统帅的美国五星上将麦克阿瑟，是大权独揽，包办一切的。然而，在形式上，它还需要一个盟国授权的具体的法律根据。这个根据便是1945年12月在莫斯科召开的苏、美、英三国外长会议所通过

---

〔1〕1945年7月26日《中美英三国促令日本投降之波茨坦公告》，载《国际条约集（1945—1947）》，第77—78页。

〔2〕1945年9月2日《日本投降书》，载《国际条约集（1945—1947）》，第112—114页。

的一项决议,这个决议中国也同意了。因此,它便成了对日作战的四大盟国的一致决议。

决议规定"盟国驻日最高统帅应采取一切必要措施,以使日本投降及占领和管制日本各条款一一实现"。这个决议给了盟国最高统帅非常庞大、广泛的权力;同时,在法理上说,他对同盟各国也负有实行《波茨坦公告》中各条款(包括严惩战犯的条款)的义务。[1]

根据莫斯科会议的这个决议,当时的远东盟军最高统帅(麦克阿瑟)经过同受降各盟国的外交磋商之后,便在1946年1月19日颁布了一项《设置远东国际军事法庭的特别通告》,通告的全文如下:

"由于美国及其同盟共同反抗轴心国所进行非法侵略战争的各国曾迭次发表宣言,申明它们决意对战争罪犯要加以法律制裁;

"由于同日本处于战争状态的各盟国政府于1945年6月26日在波茨坦宣布了对于所有的战犯,包括对我们的战俘犯有残暴罪行的人犯在内,应当予以严厉的法律制裁,作为日本投降条件之一;

"由于1945年9月2日日本全权代表奉日本皇帝和日本政府之命并代表他们签署了日本投降文书,从而接受了波茨坦公告内所载各项条款;

---

[1] 战后驻东京的盟军最高统帅道格拉斯·麦克阿瑟(Douglas McArthur)是一个骄横的美国军人,是当时美国三个"五星陆军上将"之一。在1941年12月珍珠港事变发生的时候,他正任菲律宾总督。事变后,他便被任命为太平洋战区美军总司令及盟军最高司令官,主持对日作战,直至日本投降。1945年9月2日日本正式投降时,他是盟军受降的总代表。迄后美军进驻日本,他便大权独揽、唯我独尊,俨然以"太上皇"自居,不过那时由于各同盟国对日本的侵略记忆犹新,对日军的暴行余痛尚存,加上当时美国庇护日本战犯的倾向尚未充分表现出来,因此,麦克阿瑟在占领和管制日本的初期,对于同盟国课予他的诸如民主改革、严惩战犯等义务履行得还是相当负责任的。远东国际军事法庭便设立在这个时候。但为时不久,他便把已经逮捕在押并准备作为第二案、第三案起诉的40余名甲级战犯分为两批先后擅自释放了。等到远东法庭对第一批甲级战犯判决执行完毕,所有日本甲级战犯已被麦克阿瑟释放得一干二净。那时远东法庭既已无事可做,只有无形中归于消灭。

"由于这一投降文书生效之后,日本皇帝和日本政府统治日本国家的权力应该服从盟军最高统帅,而盟军最高统帅有权采取其认为实施投降条款所需要的各种措施;

"由于本文件签署人系盟国所任命以实现日本武装部队全面投降的盟军最高统帅;

"由于美国、英国和苏联在1945年12月26日莫斯科会议上研讨了日本履行投降条款问题后,已经议定(中国亦曾同意):最高统帅应颁布所有为实施投降条款的命令;

"基于上述原因,我,道格拉斯·麦克阿瑟,兹以盟军最高统帅的资格,为行使我所受命的威权,并为实施关于对战争罪犯实行严厉法律制裁的投降条款,特令规定以下各条:

"第一条:设立远东国际军事法庭,负责审判被控以个人身份或团体成员身份,或同时以个人身份兼团体成员身份,犯有任何足以构成破坏和平之罪行者。

"第二条:法庭的组织、管辖权和职权详载于本日经我核准的《远东国际军事法庭宪章》中。

"第三条:本命令丝毫不妨碍为审判战犯而在日本或在某一与日本处于战争状态的联合国家内任何地区所建立或必须建立的任何国际法庭、国内法庭、占领区法庭或委员会或其他法庭之管辖权。"〔1〕

在发布这个通告和公布《远东国际军事法庭宪章》后不久(即1946年2月15日),盟军最高统帅部根据各同盟国政府的提名还任命了11名远东国际军事法庭的法官(中、美、英、苏、澳、加、法、荷、新、印度、菲11国各一名,其中印、菲法官系同年4月任命)。

由于11国法官到达东京的时间参差不齐,远东国际军事法庭迟至

---

〔1〕东京盟军最高统帅部特别通告第一号,1946年1月19日,载 U. S. State Department, *Trial of Japanese War Criminals* (Publication No. 2613)。这个通告在当时的国内外报纸上均有披露。

1946年4月29日才正式接受盟军最高统帅部国际检察处（远东国际军事法庭的起诉机关）对东条、广田、平沼、小矶、松井、板垣、土肥原等28名日本主要战犯的起诉书。公开庭讯是在1946年5月3日开始的。[1]

五、国际军事法庭的管辖权

（一）"战争罪行"概念的演变

1946年1月19日颁布的《远东国际军事法庭宪章》分成五个部分，共十七条，其中有的是关于法庭的任务和职权（亦即"管辖权"），有的是关于法院的组织（各部门的机构和人事），有的是关于提证、审讯、判决、复核和减刑的主要原则。在本节里，我们想首先论述一下有关管辖权问题的那些条款，因为：

（1）"宪章"中的管辖权条款是法庭所以设立和存在的关键，也是当时法庭内外争辩最激烈的一个问题。非但被告辩护律师喋喋不休、不遗余力地攻击法庭的管辖权，即使当时西方国家的国际法学者也有很大一部分人是反对它或对它表示怀疑的。必须指出，在第二次世界大战以前，这一部分国际法原则确实是很不清楚、明确的。

（2）法庭对于宪章规定的管辖权条款的肯定和支持，澄清、明确并且发展了这一部分传统的国际法原则。这不能不说是纽伦堡和东京两大审判对现代国际法的一种贡献。联合国大会第一届会议在1946年12月11日还郑重地通过了一项决议，"确认"这个法庭宪章及判决中所

---

[1] 远东国际军事法庭自从公布宪章及法官名单到正式开庭，其间经历了约三个半月之久。主要原因系由于11国法官到达东京的时间参差不齐。苏联法官迟至开庭前两天始偕同苏联陪席检察官及若干随员到达。据苏联法官之所以迟迟到达，其原因系盟军总部对他随带人员的入境签证故意刁难。缘苏方原拟派遣约70名人员到法庭及检察处工作，但是完全由美国人包办的盟军总部认为人数太多，不肯签发入境许可证。后经往返磋商，再三交涉，始允约20名随员入境。美国之独断专行于此可见一斑。

规定和阐扬的关于管辖权的原则是现行国际法的原则。[1]

由于以上两个原因，我们认为首先说明和澄清一下《宪章》中关于管辖权的条款对于了解法庭整个的工作和任务将是有益的。至于《宪章》中关于法庭组织、审理程序及其他条款，将留待后面再述。

※　　　　※　　　　※　　　　※

远东国际军事法庭的管辖权是在法庭宪章第五条中规定的。该条全文如下：

"第五条　对被告与罪行之管辖权　本法庭有权审判及惩罚被控以个人身份或团体成员身份犯有各种罪行包括破坏和平之远东战争罪犯。

"下列行为，或其中任何一项，均构成犯罪行为，本法庭有管辖之权，犯罪者个人并应单独负其责任：

"(甲)破坏和平罪　指策划、准备、发动或执行一种经宣战或不经宣战之侵略战争，或违反国际法、条约、协定或保证之战争，或参与上述任何罪行之共同计划或阴谋。

"(乙)普通战争罪　指违反战争法规或战争惯例之犯罪行为。

"(丙)违反人道罪　指战争发生前或战争进行中对任何和平人口（按：此处是指集体——编者）之杀害、灭种、奴役、强迫迁徙以及其他不人道行为，或基于政治上或种族上之理由而进行旨在实现或有关本法庭管辖范围内任何罪行的迫害行为，不论这种行为是否违反行为地国家的国内法。

"凡参与规划或实行旨在完成上述任何罪行之共同计划或阴谋之领导者、组织者、教唆者与共谋者，对于任何人为实现此种计划而作出之一切行为，均应负责。"

---

[1] *Yearbook of the United Nations* 1946 - 1947，p. 254。

《纽伦堡国际军事法庭宪章》第六条关于管辖权的规定同远东国际军事法庭这一条的规定实质上是完全相同的,只是文字上稍微有些差别。[1]

自从纽伦堡法庭和东京法庭的宪章作了这样的规定之后,特别是经过这两个法庭在判决书中加以阐扬以及联合国大会予以确认之后,现在我们承认的战争罪行便有上述三种,而且也只有上述三种。这对传统的国际法说来,不能不算是一个相当大的变化和发展。

在第二次世界大战以前,"战争罪行"的概念是模糊、混乱的。在战争中违反或破坏国际作战法规和惯例(按:此即等于东京宪章第五条和纽伦堡宪章第六条中所规定的(乙)项罪行)固然传统地被认为是战争罪行,就是平民(非战斗员)拿起武器从事战斗也被称为战争罪行,甚至在敌后从事间谍活动或破坏活动(即所谓战争叛乱行为)或抢劫行为,也都被笼统地称为战争罪行。捕获国对敌人一切可以惩处的行为几乎都叫做战争罪行。[2]

自从纽伦堡法庭和东京法庭的宪章和判决确认战争罪行只有三种之后,那些对敌人的其他罪行,如间谍活动和破坏活动等,交战国虽也可以惩处,但不是当作战争罪行去惩处。[3] 因此,自一方面看,宪章规定的国际上的战争罪行的范围是缩小了。但是,从另一方面看,它的

---

[1]《远东国际军事法庭宪章》第五条与《纽伦堡国际军事法庭宪章》第六条不同之处如下:(一)远东宪章对破坏和平罪的定义是:"指策划、准备,发动或执行一种经宣战或不经宣战之侵略战争……"底下加了黑点的字样是纽伦堡宪章所没有的。(二)远东宪章称"普通战争罪",纽伦堡宪章则简称为"战争罪"。(三)远东宪章对普通战争罪的定义是"指违反战争法规及战争惯例之犯罪行为",纽伦堡宪章则在此句之后还加上了一句,即"此种行为应包括但不限于……"(四)关于违反人道罪的定义,纽伦堡宪章是"……或基于政治上、种族上或宗教上之理由而进行……的迫害"。底下加了黑点的字样是远东法庭宪章所没有的。——除了以上几点之外,两个宪章关于管辖权的条款内容是完全相同的。

[2] 奥本海《国际法》(第七版),第151、152、154、155目。

[3] 奥本海《国际法》对于战争罪行的观念是混乱的;有时它仍然把上述这些行为和战争罪行混为一谈。关于对奥本海《国际法》战争犯罪概念的批评,阅苏联阿·赫·特莱依宁"战争罪行",载奥本海《国际法》(中文译本)第二卷第二分册补编[甲]第409—413页。

范围却大大地扩大了。因为,除了传统的普通战争罪行之外,我们现在还明确地承认两种其他的重要战争罪行——破坏和平罪和违反人道罪。

现在让我们就上述三种战争罪行,分别地略加说明。先讲普通战争罪。

(二) 关于"普通战争罪"

普通战争罪是现在公认的三种战争罪行中最容易了解的一种。远东法庭宪章对它所下的定义是"指违反战争法规及战争惯例之犯罪行为"。纽伦堡法庭宪章却在"指违反战争法规及战争惯例之犯罪行为"之后,加了一句"此种行为应包括但不限于对占领区内或在占领区内的平民之谋杀、虐待或运出以从事奴隶劳动或其他目的;对战俘或海上人员之谋杀或虐待;杀害人质;掠夺公私财产;滥肆破坏或非出于军事上必要而毁灭城镇或乡村"。

纽伦堡宪章所增加的这一句完全是举例的性质。实际上这种罪行里所包括的内容是极其广泛的。它在往时一向被认为是战争罪行中最主要的一种,甚至是唯一的一种。自古以来,交战国对敌人的一切残暴行为,例如杀人、放火、奸淫、抢劫、虐待俘房、残害平民等,只要力所能及,都是要加以惩处的,无论是经过审判或不经过审判。这是长久以来国际间的普遍实践。

由于各国长期普遍实践的结果,在国际间关于这种事情便形成了许多不成文的原则和惯例。随着时代的进展和战争的频繁,这种原则和惯例的内容便逐渐地增多了,范围也逐渐地扩大了。到了19世纪中叶,基于相互制约和人道主义等种种原因,人们开始感觉到有逐步把那些已经成熟的原则和惯例用国际公约的形式加以规定和统一的必要。因此,近百年来,关于作战的方法、使用的武器以及对病伤员、俘房、平民的待遇等各方面,国际间便举行了一系列的外交会议,签订了一系列的国际公约,其中以 1899 年第一次海牙保和会议和 1907 年第二次海牙保和会议中所签订的那些公约,特别是 1907 年第四海牙公约及其附件陆战规则以及 1949 年在日内瓦会议中签订的四个日内瓦公约,涉及的范围非常广泛。时至今日,我们几乎可以说:除了少数新颖课题,例如核武器的使用、空中战争等之外,关于交战国的宣战方式、武器的使用、作战的方法、俘虏的待遇、平民的保护以及中立国的地位和其他许多国家和个人在战时所应遵守的规则和习惯,极大部分都被这些公约所包罗进去了。[1] 曾经大多数国家签字、批准或加入这些公约,它们已成为世界各国所公认和应该共守的行为规范。违反这些规范的行为便算是犯了战争罪——亦即远东国际法庭宪章所称

---

[1] 关于战争规则和惯例,经历次国际会议制定成了公约或宣言或议定书者,在第二次海牙保和会议(1907 年)以前有:1856 年巴黎海战宣言;1864 年关于改善战地武装部队伤者病者境遇的日内瓦公约;1868 年关于禁止爆炸性和燃烧性子弹的圣彼得堡宣言;1899 第一次海牙保和会议中所缔结的三个公约和三个宣言——三个公约是《国际纷争和平解决公约》、《陆战法规和惯例公约》、《关于 1864 年 8 月 22 日日内瓦公约原则推行于海战公约》,三个宣言是《禁止从气球上投掷炮弹和炸裂品宣言》、《禁止使用专为散布窒息性或有毒气体的投射物宣言》、《禁用易于在人体内炸裂的子弹宣言》。1907 年第二次海牙保和会议中缔结的有十四个公约及宣言:《国际纷争和平解决公约》、《限制用兵索取债项公约》、《战争开始公约》、《陆战法规和惯例公约》、《陆战时中立国和中立国人民权利义务公约》、《开战时敌国商船地位公约》、《商船改充战舰公约》、《敷设海底自动触发水雷公约》、《战时海军轰击公约》、《关于 1906 年 7 月 6 日日内瓦公约原则推行于海战公约》、《海战时限制捕获权公约》、《设置国际捕获法庭公约》、《战时中立国的权利义务公约》、《禁止从气球上投掷投射物和爆炸物宣言》。这些公约部分地替代、修正或补充了以前的公约。第二次海牙保和会议以后,关于战争法例的重要发展有:1909 年《伦敦海战法规宣言》;1922 年《关于在战争中使用潜水艇及有毒气体的公约》(以上两文件均未被各国批准,但由于其有宣示国际惯例性质,故仍不失为国际法的重要文件);1925 年《关于禁用毒气或有毒武器及细菌武器的日内瓦议定书》(已有四十六国参加,包括苏联及旧中国在内,美日两国迄未批准,我国于 1952 年 7 月 13 日声明承认);1929 年《日内瓦战俘待遇公约》和《改善战地伤者病者境遇公约》(这两个公约修正、补充了 1907 年的海牙公约;前者原为 1907 年海牙第四公约之一部分,今则独立成为一个公约,后者为原有的公约,今则加以修正和扩充,以替代原有公约)。第二次世界大战以后,各国于 1949 年又在日内瓦签订了四个公约:除了修正了 1929 年的那两个公约(即《战俘待遇公约》和《改善战地武装部队伤者、病者境遇公约》)之外,还修订了一个《改善海上武装部队伤者病者及遇船难者境遇公约》(原 1907 年海牙第十公约),并增加了一个《战时保护平民公约》。对这四个日内瓦公约,我国曾于 1952 年 7 月 13 日声明附保留地承认中国旧政府的签字。1956 年 11 月 5 日,我国正式批准了这四个公约。

的"普通的战争罪"（conventional war crimes），一般习语简称为"暴行罪"（atrocities）。[1]

有人说，某些公约，例如海牙各公约，由于有"普遍参加"的条款（即所有作战国家都要是公约的参加国，公约方才适用；如一个作战国家未曾参加，公约便不适用），因而它们的效力是有限度的而不是普遍的。如果非公约参加国的人们违反了那些公约的规定，他们便不应该被当作违反战争法规及惯例的罪犯去惩处。对于这种说法，纽伦堡国际法庭曾加以驳斥。法庭说："海牙公约所规定的陆战规则无疑地表现得比在制定当时的国际法进了一步。然而，正如公约所明白指出的，它是要修订一般作战的法规和惯例，而这些法规和惯例当时是存在的。但是到了1939年，公约里所规定的那些规则却为所有的文明各国所承认，并且被认为只是宣示了作战的法规和惯例。"[2]远东国际法庭对于海牙各公约抱有同样的看法。它说："虽然公约作为一个有拘束力的条约

---

〔1〕下列行为是暴行罪或普通战争罪（亦即违反战争法规和惯例的罪行）中比较重要和常犯的例子：1. 使用有毒的或其他被禁止使用的武器和弹药，包括窒息气、毒气及类似的气体；2. 杀伤因病或因伤而残废的士兵或已经放下武器投降的士兵；3. 暗杀及雇人暗杀；4. 伪装要求准予纳降或伪装伤病；5. 虐待战俘或伤者和病者，占取他们所有的而不属于公有财产的金钱和贵重物品；6. 杀害或攻击无害的敌国平民；无正当理由而占取和破坏他们的私有财产，特别是抢劫；迫使占领地居民供给关于对方军队或其防御方法的情报；7. 对战场上的尸体予以不名誉的待遇；占取在尸体上发现而不属于公有的财产或枪械、弹药等的金钱和贵重物品；8. 占取和破坏博物院、医院、教堂、学校等所有的财产；9. 攻击、包围和轰击不设防城镇及其他居住地点；海军无正当理由地轰击不设防地方；纯为恐怖或攻击平民的目的而进行空中轰炸；10. 对于历史纪念物和供宗教、艺术、科学及慈善之用的建筑物作不必要的轰击，而此项场所已标有特殊标志并且已经通知轰攻设防城镇的围军；11. 违反日内瓦公约的行为；12. 攻击或击沉业已降下旗帜表示投降的敌船；不经事先要求听候搜索即行攻击敌国商船；13. 攻击或夺取医院船，以及其他一切违反关于适用日内瓦公约原则于海战的海牙公约的行为；14. 无正当理由而破坏敌国捕获品；15. 在战争中使用敌军制服，或在海上被交战国船只攻击时使用敌国旗帜；16. 对待有护照或保护证的敌国个人施行攻击，或违反安全证的行为；17. 对执休战旗的军使施行攻击；18. 滥用休战旗所给予的保护；19. 违反战地协定、投降条款及停战协定；20. 破坏誓言（奥本海著《国际法》第二卷第二分册第252目附注）。

〔2〕《纽伦堡国际军事法庭判决书》，伦敦版（英国皇家出版局）第64页，中文译本（北京世界知识出版社）第106页。

可以被用所谓普遍参加的条款或其他方法所否定,然而公约仍然是国际习惯法的有力证据。本法庭将根据它,以及其他一切可获得的证据,去决定适用于某一场合的习惯法。"[1] 在许多场合中,纽伦堡和东京国际法庭都曾引用各公约的条款,认为它是"举世公认的规则",因而对于德国和日本有拘束力,不论它们是否为公约的参加国。对海牙公约是如此,对日内瓦各公约和多数国家所签订的其他公约亦当作如是观。这些公约对于某国之所以具有拘束力,并不在于某国是参加国,而在于它们所表达和宣示的是普遍公认和应该共守的战争法规和惯例。因此,这些法规和惯例的适用范围是很广泛的,它们的拘束力是普遍的。

违反战争法规和惯例的行为是战争罪行,这是第二次世界大战以前便早已肯定,而且是所有的国际法学者都承认的。第二次世界大战以前的战犯审判实例虽不很多,但违反战争法规和惯例(亦即犯有暴行罪)的犯人在战时或战后受到法律制裁却是常有和惯见之事。就是那次荒唐滑稽的莱比锡审判实际上也还是在审判违反战争法规和惯例的罪行的基础上进行的。纽伦堡和远东两个国际法庭的宪章把它列为属其管辖权内的战争罪行之一,只是沿袭国际法的传统而已。这一部分国际法原则没有发生多大的改变,只是它的适用范围比以前更明确了一些,也扩大了一些。在东京和纽伦堡两大审判中,被告律师们对法庭这一部分管辖权的行使没有提出过什么异议,在当时的国际法学者和作家中也没有引起过任何争辩。

(三) 关于"违反人道罪"

除了上述的普通的战争罪行(即违反战争法规和惯例的罪行)之外,纽伦堡和东京法庭的宪章还规定了法庭对另外两种战争罪行有权行使管辖,即"违反人道罪"和"破坏和平罪"(侵略罪)。这两种罪行是

---

[1]《远东国际军事法庭判决书》,中文译本(北京五十年代出版社)第一部第三章,第40页。

较普通的战争罪行更为严重的罪行。第二次世界大战以后，经过纽伦堡和东京的两大审判，以及1946年联合国大会的确认，这两种罪行已经明确地被肯定下来了。这在关于战争犯罪的国际法原则上是一个很大的演变，也是一个重要的发展。

我们先谈违反人道罪。

一切违反战争法规和战争惯例的罪行大都是残酷的、违反人道的；但是"违反人道罪"在这里却有它特殊的含义，并不是像我们普通习语中所谓的"违反人道"的意思。

众所周知，在海牙公约和其他国际条约中所表达或宣示的战争法规和惯例，其所禁止的事项只是限于敌对双方在战争中的某些行为，如奸淫、掳掠、虐待俘虏、残害平民、使用非法武器等，而不能包括一切不人道的行为，尤其不能包括大规模的不人道的行为，例如对和平人口实行灭种性的集体屠杀，或基于种族、政治或宗教的理由对它们实行的集体迫害。在第二次世界大战中，希特勒匪帮的残暴是史无前例的，其屠杀和迫害的方式是无奇不有的。他们对犹太人、苏联人、捷克人、波兰人的那种惨无人道的大规模集体屠杀是骇人听闻的，也是任何公约的制定者所没有预想到的。倘使仅仅因为公约上没有规定，或者习惯上没有先例，便对这些更大更凶的罪行不加惩处，而只是惩处那些违反战争法规和惯例的传统的普通罪行，那是极不公平的事情。因此，在纽伦堡和远东国际法庭的宪章里，关于战争罪行的种类便添置了一项违反人道罪。它补充了违反普通战争法规和惯例罪之不足，同时也是违反普通战争法规和惯例罪的引申和发展。

举例来说，关于希特勒匪帮政府基于种族的理由而进行的消灭犹太人的罪行，纽伦堡判决书上有过这样惊人的记载："本法庭也收到了关于被囚者在被消灭以前或以后的处理的证据。证据表明，在杀死以前，被害妇女的头发被剪了下来，运到德国去作制造垫子之用。被囚者的衣服、金钱和贵重物品也被搜去，并送至相应的机构去处理。消灭以后，金牙和补牙的金料从尸体的头部取出，送至德国银行。""尸体焚毁以后，灰烬用做肥料；在某些情形下，曾经试图利用被害人身体上的脂肪作为商业上制造肥皂的原料。此外，特别的小队旅行至欧洲各地以寻觅犹太人，并加以'最后解决'。德国派遣代表团到当时被它奴役的国家，如匈牙利和保加利亚，安排运送犹太人到集中营的事情。现在已经知道，到1944年底，从匈牙利运出的40万名犹太人在奥斯威辛被杀害。也有证据证明，从罗马尼亚的一部分地区搜出了11万名犹太人，以便把他们'干掉'。经希特勒指定负责这一计划的阿道夫·埃希曼估计，奉行这种政策的结果，被杀死的犹太人有600万，其中有400万是在消灭人的机构中被弄死的。"[1]

这种骇人听闻的灭种性的暴行是任何战争法规和惯例所没有规定的，因此，我们只好叫它做"违反人道罪"。违反人道罪之所以别于普通的战争罪，是在于后者为各种公约所表达的国际法则与规范所禁止，而前者则为起码的人道观念和精神所不容。

此外，违反人道罪还有下列两个特点，这两个特点是他种战争犯罪所没有的。第一，违反人道罪不仅对敌人可犯，而且对本国公民也可以犯。例如，德国人大规模地残杀其本国（德国籍）的犹太人。第二，违反人道罪不但战时可犯，而且战前也可以犯的。例如，德国人在第二次世界大战发生以前便已经开始了杀害其本国犹太人的罪行。然而，要使这种杀害成为可以审判的战争罪行，就必须认定这是为了实现其他的战争罪行而犯的，或者是与其他战争罪行有关的。例如上面所说的德国人对本国犹太人大规模的杀害，为的是便利他们的侵略，而侵略是战争犯罪的一种。因此，那种杀害便构成违反人道的罪行。至于与侵略或任何战争罪行无关的杀害，虽然也是违反人道的事情，却不能算为一种战争罪行。因为，既称战争罪行，必须同战争有关。确定了这种违反

---

[1]《纽伦堡国际军事法庭判决书》，伦敦版第64页，中文译本第105页。

人道的行为同实现某种战争罪行有关,那么,它便构成不折不扣的违反人道罪,至于它是否违反行为地国家之国内法是不必问的。譬如,确定了德国人杀害本国犹太人是同其侵略行动有关,我们便可判定它是违反人道罪,纵使行为地国家之国内法(纳粹德国的国内法)对这种杀害并不禁止,甚至还加以鼓励。事实上,这种杀害大都是由国家法律所直接或间接命令的。

有了这样的了解,我们对于纽伦堡和远东国际法庭的宪章中关于违反人道罪的规定,便容易明白。同时,有了这样的了解,我们便可进一步地认识到这个罪名确有设立的必要。

纽伦堡和东京国际法庭管辖权中这一项罪行的添置没有引起过多大的问题。被告辩护律师没有对它提出过严重的抗议,当时的国际法学者对它也没有过很多的批评。原因大概是大家都认为处罚这样的罪行是势所必至,也是理所当然。

(四) 关于"破坏和平罪"(侵略罪)

在远东国际军事法庭的宪章(第五条)里,犹如在纽伦堡国际军事法庭的宪章(第六条)里一样,破坏和平罪是被列为法庭管辖权的"甲"项,即第一项,也就是最重要的一项。在纽伦堡法庭受审的戈林等 22 名主要纳粹战犯和在东京法庭受审的东条等 28 名主要日本战犯,虽然其中有许多人是被控兼犯"乙"项(普通战争罪行)或"丙"项(违反人道罪行)或"乙"、"丙"两项战争罪行,但是他们每一个人却都被控为犯有"甲"项战争罪行,即破坏和平罪或侵略罪。这是对他们全体及每人的主要控诉;对他们的"乙"、"丙"两项罪行的审判在两个国际法庭中只是次要的,纵使不是附带的。因此,这些人通常被称为"甲级战犯",而这两个审判亦常被称为对德日甲级战犯的审判。这些被告之所以被称为"甲级战犯",不仅仅是因为他们在国内有很高的地位、很大的权力,而且是因为他们对于国家侵略政策的制定和侵略战争的实施负有主要的责任。

正如前面所指出的,对于纽伦堡和东京法庭有权审判"乙"项战罪(普通战争罪行),任何方面都没有提出过异议,因为那一向被认为是无论国际的军事法庭或国内的军事法庭都可以审判的。"丙"项战罪(违反人道罪)虽是新确立的罪名,然而被告方面对于法庭有权审判这项罪行却没有提出过严重的抗议,学者间对它也没有发生过多大的争论。

但是,两个国际法庭宪章中所规定的最主要的一项管辖权,即对破坏和平罪或侵略罪的管辖权,却引起了被告律师方面的激烈攻击和反对,当时的西方国际法学者和作家们对它也有不少的怀疑和争论。

按照两个法庭宪章条文的规定,侵略战争是犯罪的;凡是以任何方式或行动去参与这种战争的人们都要负其个人责任。这是很硬性的、毫不含糊的规定。

攻击或怀疑这项规定的人们在这里便提出了下列两个根本性的问题,企图否定或动摇法庭这一项最重要的管辖权:

第一,侵略战争在被告们参与的时候是否在国际法上已经被认为犯罪?倘使在当时的国际法上不认为是犯罪,即使在现在(即审判时)的国际法上认为是犯罪,被告们仍应被宣告无罪,因为"法律不能溯及既往"。

第二,纵使侵略战争在当年国际法上已被认为是犯罪,参与其事的个人是否应该负责?战争是一种"国家行为",无论其性质为侵略的或非侵略的,它是国家主权的一种行使或表现,在国际法上是许可的。对于"国家行为",负责的应该是国家而不应该是个人。况且国际法是以国家而不是以个人为主体,个人在国际法上是没有责任的。

在远东国际法庭和纽伦堡国际法庭的整个讯审过程中,这两个问题是争辩得最热烈的法律问题,也就是被告辩护方面攻击法庭管辖权的焦点所在。他们翻来覆去、喋喋不休地强调这样两点,简言之,即:一、侵略战争不是国际法上的犯罪;二、纵使是犯罪,被告们也不负个人责任。

当时西方的国际法学者对于这两个问题的意见也是有分歧的、混乱的。他们当中有很大一部分人和被告辩护方面采取了同一的或类似的观点和主张。[1] 就是在远东国际军事法庭的 11 名法官之中,印度法官巴尔(R. Pal)先生便是同被告辩护方面抱有同样的观点和主张的。巴尔先生自开庭起至宣判止始终不与其他 10 位法官同事合作,而顽固地坚持他自己的见解,即:侵略战争不是犯罪,全体被告应被宣告无罪开释。当然,这只是巴尔先生的个人意见,并不代表远东国际法庭的主张。[2]

※   ※   ※   ※

远东国际法庭,犹如纽伦堡国际法庭一样,对上述这两个问题的处理是一致的,它们对这两个问题的答案是正面的、肯定的,在法理上是坚决支持法庭宪章的规定的。在纽伦堡,苏、法、美、英 4 国法官的意见是完全一致的。在东京,除了印度法官之外,其余 10 国法官对于认定侵略战争是国际法上的罪行和所有参加者都负有个人责任,也是一致的。

下面我们便要叙述一下两个国际法庭对于这两个问题在法理上的

---

〔1〕 在纽伦堡和东京国际法庭成立前后(1945 年秋至 1946 年冬),西方报纸及法学刊物上讨论侵略战争和个人责任这两个问题的文章很多。就本人读过的许多论文来看,拥护法庭宪章规定(即认侵略战争为犯罪、参与者须负个人责任)的作者仍居多数,如 Lord Wright、Hans Kelsen、William Cowles、Albert Levy、H. Lauterpacht、Q. Wright 等。对宪章此项管辖权规定表示反对或怀疑的有 C. E. Wyganski、Max Radin、George Finch、Erich Hula、G. Swarzenberg 等人。Sheldon Glueck 在纽伦堡开审前原属守旧的少数反对派(见其 1944 年所著 *War Criminals: Their Prosecution and Punishment* 一书,纽约 Alfred A. Knopf 书店出版),但到了 1945 年,他便完全改变了他的旧观点和主张而成为拥护纽伦堡宪章的多数派中的一个中坚分子了(见其 1946 年夏季出版的 *Nuremberg Trial and Aggressive War* 一书,纽约 Alfred A. Knopf 书店出版)。

〔2〕 东京国际法庭宣判时,巴尔先生以不同意多数法官所通过之判决书,曾发表其个人意见书(即"异议书",Dissenting Opinion),长达 1400 余打字页。其篇幅之巨,打破有史以来法官个人"异议书"之记录(按:远东国际军事法庭判决书长 1218 页,在司法史上已属空前;而巴尔先生个人意见书竟较法庭判决书长 200 余页,实一惊人之举)。该异议书已由印度加尔各答 Sanyal & Co. 书店出版,书名为 *International Military Tribunal For The Far East—Dissentient Judgment of Justice Pal*。

论证和阐释。由于纽伦堡法庭开庭比东京法庭开庭约早半年,其宣判比东京法庭的宣判约早两年,又由于东京法庭曾声明在法律观点上完全同意并支持纽伦堡法庭的见解,因此,我们下面申述纽伦堡法庭的意见,便等于申述两个法庭的共同意见了。[1]

纽伦堡法庭虽承认它有遵守和适用宪章规定的义务,但是它认为宪章的规定是完全符合当时的国际法的;因此,遵守宪章和适用宪章的规定便是遵守国际法和适用国际法的原则。它说:"自本法庭看来,宪章并非战胜国方面权力之武断的行使,而是体现着当时已被宣布的国际法。在这个范围内,它本身便是对国际法的一种贡献。"[2]

由此看来,法庭的认定是:侵略战争早已在国际法上被认为是犯罪行为。它不但是犯罪行为,而且照纽伦堡判决书的说法,是"最大的国际性罪行,与其他战争罪行的区别,只是它所包括的是全部祸害的总和"。[3] 因为,没有侵略便不会有国际战争,没有国际战争便不会有杀伤、破坏、奸淫、掳掠、虐待俘虏、残害平民以及其他种种的战争罪行,所以侵略战争是"全部祸害的总和",因而也是"最大的国际性罪行"(supreme international crime)。

但是纽伦堡法庭或东京法庭都没有进一步地指出:侵略战争之所以发生,正是由于帝国主义的剥削制度和抢掠制度;只要帝国主义还存在,便有产生侵略战争的土壤。是故,要根绝侵略战争,必须消灭帝国主义。[4]

纽伦堡国际法庭认定侵略为战争罪行,其主要根据是 1928 年 8

---

〔1〕远东国际法庭判决书上写道:"有鉴于两个法庭的宪章在一切重要方面完全相同,本法庭宁愿对纽伦堡法庭的意见表示无条件的支持,而不愿用不同的字句重新另写,以免敞开对两个写法不同的意见采取抵触的解释及争辩之门。"(见《远东国际军事法庭判决书》第一部第二章第甲节)

〔2〕《纽伦堡国际军事法庭判决书》,伦敦版第 38 页,中文译本第 63 页。

〔3〕《纽伦堡国际军事法庭判决书》,伦敦版第 13 页,中文译本第 20 页。

〔4〕《列宁论战争与和平》第二章"现代战争产生于帝国主义"(人民出版社 1960 年版,第 16—22 页);《毛泽东选集》(人民出版社 1952 年版)第一卷,第 167—168 页;第二卷,第 464—466 页。

月27日各国在巴黎签订的《非战公约》,通常被称为《巴黎公约》或《白利安—凯洛格公约》。这个公约有 63 个国家批准和参加,其中包括德国、意大利和日本。所以德、意、日 3 个轴心国家对它都有遵守的义务。[1]

《巴黎非战公约》的序言说,缔约国"所有各国关系之变更,只可以和平方法使其实现……由是世界文明各国联合,共同斥责以战争为施行国家政策之工具"。

公约第一条说:"缔约各国兹郑重宣告:彼等罪恃战争以解决国际纠纷,并斥责以战争为施行国家政策之工具。"

公约第二条说:"缔约各国互允:各国间设有争端,不论如何性质,因何发端,只可用和平方法解决之。"

纽伦堡国际法庭认为,自从全世界极大多数国家缔结的非战公约有了这些条文的规定之后,侵略战争在国际法上已经被视为是违法的。它不但是违法的,而且是犯罪的。法庭说:"依照本法庭之见解:郑重地斥责战争为推行国策之工具,其中必然包括承认战争在国际法上是违法的原则;凡从事于策划和执行这种产生不可避免的可怕结果的战争者,都应该视为犯罪行为。被当为解决国际纠纷中推行国策工具的战争,其中必然包括侵略战争,因此侵略战争正是公约所视为违法的。"[2]

对于《非战公约》中并没有直接使用"犯罪"字样,纽伦堡法庭认为毫不重要;因为公约中此处所谓违法,照正当合理的解释,其意义必然是等同犯罪。在这里,法庭并指出了 1907 年的第四海牙公约(《禁止战争中各种残暴行为的公约》)为例证。该公约并未用过"犯罪"字样,但人们迄未怀疑过其中所禁止的事项都是犯罪行为。40 年来,无数犯有那些罪行的人们曾被各国法庭所逮捕,当作战争罪犯去审判和惩处。所以解

---

[1]《巴黎非战公约》全文,载《国际条约集(1924—1933)》,第 373—374 页。
[2]《纽伦堡国际军事法庭判决书》,伦敦版第 39 页,中文译本第 65 页。

释法律和适用法律不能拘泥于呆板的文字，而应重视立法的精神和当时的环境，包括当时的公众意识、人群进步、社会舆论，等等。

为了更进一步证明《非战公约》肯定是把侵略战争视为国际罪行，纽伦堡国际法庭还列举了在公约缔结以前国际间要把侵略战争定为犯罪的多次努力和尝试，其中最重要的是：

（1）1923 年国际联盟所倡导的《互助公约》草案。该草案开宗明义第一条便宣称，"侵略战争是一种国际罪行"，"任何一缔约国不得犯此罪行"。

（2）1924 年的《日内瓦议定书》，即《和平解决国际争端议定书》，议定书序言中明白宣布："侵略战争乃对（国际社会成员间）团结之破坏，是一种国际性的犯罪。"这个议定书在国联大会里曾获得 48 个会员国的签字，包括日本及意大利在内。议定书虽未获批准生效，但如纽伦堡法庭所说，"它可视为有意要把侵略战争标明为国际罪行的有力证据"。[1]

（3）1927 年 9 月 24 日国联大会各国代表（其中包括德、意、日三国的代表）全体一致通过的一个决议案。决议案序言宣称："侵略战争永不应被使用为解决国际纠纷的手段，故是一种国际的犯罪。"

（4）1928 年 2 月 18 日美洲 21 国在古巴首都举行的第六次泛美大会中全体一致通过的一个决议案。该决议案宣称："侵略战争构成对人类的国际罪行。"

（5）《凡尔赛条约》第 227 条（审判德皇）和第 228 条（审判德国主要战犯）。这些条款表示着：远在第一次世界大战刚刚结束的时候，人们要把侵略战争发动者当作罪犯去审判的意思和企图已经很明显地表现出来，虽然实际上并没有办到。关于此事，我们在前面已经有所说明，兹不赘述。

纽伦堡法庭把上述各文件列举了出来，其目的是要证明二十年来人类思想和群众意识的进步已经到了一个阶段，并且造成了一种环境；

---

[1]《纽伦堡国际军事法庭判决书》，伦敦版第 40 页，中文译本第 67 页。

在这个阶段上和这种环境下,《非战公约》的缔结恰当地确定了一个国际法上的大原则,那便是:侵略战争在国际法上是犯罪行为。正如法庭所说,"……从事侵略不仅是非法的,而且是犯罪的。本法庭刚才提到的一系列的公约和条约表达了世界上的良知关于禁止侵略战争的要求"。[1] 由此可见,《非战公约》并非骤然地改变了旧的国际法原则或创造了新的国际法原则,而只是适时地、明确地宣布了一个现时的已经成熟了的国际法原则。

远东国际法庭完全同意纽伦堡国际法庭对于《非战公约》的这个认定和解释。因此,它也拒绝了被告律师们所提出的说法,即:当被告们策划、发动或参加侵略战争的时候,侵略战争还未被宣布为非法;因而根据"法律不溯既往"的原则,被告们应该是无罪的。远东国际法庭对这种辩护理由曾予以坚决的驳斥。

(五) 个人责任问题

被告律师们对于纽伦堡和远东国际法庭的管辖权的另一攻击焦点是关于战犯们的个人责任问题。在这个问题上,当时的西方国际法学者和作家中也有不少人是采取和被告律师们同样的观点和主张的。

他们对于犯有违反战争法规和惯例的普通战争罪行以及犯有违反人道罪行的人们应负个人责任,没有提出过多大的反对或怀疑。他们的反对和怀疑仍然是在破坏和平罪或侵略罪上。那些在侵略战争当年是否犯罪的问题上采取否定态度的人们,在个人是否应对侵略罪行负责任的问题上也大都采取否定的态度。他们代表着一种保守的,甚至可说是陈腐过时的旧国际法观点,而这种观点是纽伦堡和远东国际法庭所坚决拒绝接受的。

综合被告辩护方面以及某些国际法学者所持反对在侵略罪行中有

---

〔1〕《纽伦堡国际军事法庭判决书》,伦敦版第41页,中文译本第67页。

个人责任的理由,不外下列四种:

（1）侵略战争是"国家行为"（act of state），是国家主权之行使，应由国家负责;参与其事的个人只不过是服从或执行国家的政策命令，他们是没有"个人责任"的。

（2）侵略战争是国际法上的犯罪，国际法是以国家而不是以个人为主体的;因此，个人违反国际法的行为是不应该受处罚的。

（3）国际法对于违反它的国家规定得有制裁，但是对于违反它的个人并没有规定制裁方法;因此，法庭处罚个人是没有根据而且是无从着手的。

（4）按照刑法原理，犯罪必须犯罪者有"犯罪的意思"。个人参与侵略战争时不可能有犯罪的意思。

上述四种反对理由都是不能成立的，纽伦堡和东京国际法庭曾坚决地予以驳斥。

对于第一种理由，说侵略是国家行为、个人不负责任，纽伦堡法庭判决书的答复是:"国际法对于国家和个人同时规定有权利和义务，这是很早就被公认的。"在引用了"奎林案"（Ex Parte Quirin）为例证之后，判决书继续称道:"对于破坏国际法的个人是可以处罚的。违反国际法的罪行是人做出来的，而不是抽象的集体（国家）;只有处罚犯有这样罪行的个人，才能使国际法的规定有效实施。"[1]

当然，说个人对侵略战争应负责任，那并不等于说国家对于侵略战争不负责任。相反，自古以来，国家对于侵略战争都是要负责的，而赔偿便是履行这种责任最常见的方式。但是，我们在此处却要注意:现在国家所负的责任在法理上应该是民事性质的（即赔偿对方因战争所遭受的损失），以赔偿作为对敌国的刑事性的惩罚已经是陈旧过时的学说

---

[1]《纽伦堡国际军事法庭判决书》，伦敦版第41页，中文译本第68页。

而为国际实践所逐渐摒弃了。[1] 因此，要制止战争和侵略，必须从加重野心家及好战者个人的刑事责任着手。加重国家的民事责任是不甚公道的，因为赔偿是由全国广大人民去负担的，而广大人民在侵略战争中基本上处于被驱使的地位，他们对侵略别国并不感兴趣，而且从中得不到利益。世界各国的普通人民都是要和平的。这或许就是为什么第二次世界大战以后，对于惩处战犯比较严厉，对于赔偿问题反可以宽大的一种合理解释。

对于第二种反对理由，说国际法不能处罚个人，同样是不能成立的。根据国际法而处罚个人的先例不可以数计，而且由来已久。例如，海盗和贩卖人口一向被认为是国际法上的犯罪，任何国家都可以对他们加以逮捕和惩处。其实，整个的所谓"战争犯罪"都是个人对于国际法的侵犯，它们的审判和惩治是不受一般国内刑法规则的限制的。在国际法庭里，国际法是直接地被引用着；在国内法庭里，它们多半是通过一种自己的法律形式，用概括的或列举的方法把国际法变为国内法而加以引用。[2]

---

〔1〕关于国家是否负有刑事责任，迄为国际法上的一个可以争辩的问题。初期国际法学者大抵认为国家是可以犯罪的，因而有"犯罪国家"之称（阅 Van Volenkoven, *The Three Stages in the Evolution of the Law of Nations*, p. 8 ff）。在对战败和约中常有割地赔款的规定，作为"惩罚性"的条款。但是晚近国际法学者及作家多半反对"犯罪国家说"。在纽伦堡审判中，英国首席检察官萧克劳斯（Hartley Shawcross）曾采取旧时观点；他把对被告战犯控诉的重点放在"从犯"罪和"教唆"罪上，即认为被告们曾帮同和教唆他们的国家去犯罪。如此说来，国家便成了犯罪的主体，至少与战犯们同样是犯罪。纽伦堡法庭没有采取萧克劳斯的观点。判决书上说犯国际法上罪行的是"人"而不是"抽象的集体"（国家）。这显然表示着法庭对于"犯罪国家说"是不同意、不接受的。这种看法是与现在一般国际法学者的主张相符合的。萧克劳斯的论据无疑可以说是代表着守旧的少数国际法学者的见解（萧克劳斯控诉陈述要点，载纽伦堡法庭开庭记录第 833—835 页）。

〔2〕有些国家在平时便把国际法中关于战争行为的原则和惯例全部地或部分地制定在他们的刑法和战争规则手册之中（如英国的《陆战法规和惯例手册》、美国的《陆战规则》），有些国家是以国内法方式概括地承认国际法的规则，甚至在宪法中承认国际法的效力（如德意志民主共和国）。有些国家却在战后审判战犯时方才颁布单行审判战犯的法规或命令，将国际法中关于战争罪行的部分概括地或列举地采纳进去（如苏联、法国、加拿大），我国全国人民代表大会常务委员会 1956 年 4 月 25 日所通过的《关于处理在押日本侵略中国战争中战争犯罪分子的决定》，也是属于这一类的。有些国家在这种审判战犯法规或命令中把审判卖国贼的罪行一并规定了进去（如捷克斯洛伐克、波兰、罗马尼亚、保加利亚）。各国所采取的接受方式虽不一致，但是这些关于战争罪行的法规或命令的内容却大都是采自海牙公约、日内瓦公约和一般国际公认的战争规则和惯例，因而在实质上是国际法而非国内法。

然而在实质上，这些惩处战犯的规则都渊源于海牙公约和其他一般国际公认的战争法规和惯例，它们无疑是国际法。

对于第三种反对理由，说国际法对于个人没有规定制裁方法，因而不能处罚他们，那也是完全不能成立的。被西方一般人推崇为国际法开山始祖的格老秀斯在 300 多年以前便表示过对于违反国际法的犯人，捕获者或审判者是有权处其死刑的。[1]

既然有权处死刑，当然有权处较死刑更轻之刑。况且事实上，远在纽伦堡和远东审判之前，各国军事当局或国内法庭，经过审判或不经过审判，对于犯有战争罪行的俘虏们处以各种轻重刑罚，已是司空见惯，从来未见有人提出过问题。所以，以国际法缺乏对个人的制裁方法为理由而主张犯人不负个人责任，也是丝毫没有根据的。

至于第四种反对理由，说在被告们从事或参加侵略战争的时候，纵使当时的国际法已认其为犯罪行为，但是被告们自己并不知晓当时的国际法，所以在他们主观上缺乏"犯罪的意思"，因而不能构成犯罪，法庭认为这也是不能成立的。法庭对于这种诡辩的答复是：第一，人人有知晓和遵守一切现行法（包括国际法）的义务；对于现行法的愚昧无知，绝不能作为免除罪责的辩护理由。[2] 第二，被告们在从事侵略的时候，纵使不能精确地了解侵略在国际法上是何等严重的罪行，但是以他们的知识和地位来说，他们在破坏条约或协定去攻占邻国的时候，绝不会不明白或者没感觉到他们的行为是错的、是有罪的。不能说他们是没有"犯罪的意思"。纽伦堡判决书上说：对于这种人"加以惩罪，非但不是不公平；反之，如果让他们逍遥法外，那倒是不公平了"。[3]

---

〔1〕 Grotius, *De Jure Belli ac Pacis*, Book Ⅲ, Chapter Ⅺ, Sec. 10; S. Glueck, *War Criminals: Their Prosecution and Punishment*, p. 107 ff.

〔2〕 Baron Wright, "War Crimes under International Law", *Law Quarterly Review*, Vol. 62 (1946), pp. 40,51. 纽伦堡国际法庭检察官杰克逊说过："法律的进步是要那些猜测错误或通晓太迟的人们偿付代价的。"（见纽伦堡国际军事法庭审讯记录第 116 页）。

〔3〕《纽伦堡国际军事法庭判决书》，伦敦版第 39 页，中文译本第 64 页。

在坚决驳斥了一切反对个人责任的辩护理由之后,两个国际法庭一致的结论是:凡是参加过侵略战争的人们,无论是在策划、准备、发动或执行这种战争的任何阶段上参加的,都要负个人责任,都应被当作战犯受审。这是纽伦堡和东京法庭宪章及判决中所确认和宣布的一个国际法上的大原则——侵略战争中个人责任的原则。

(六) 官职地位和上级命令的问题

同上述原则有密切关系的,或者可以说是由那个原则所产生的,是另外两个原则性的问题,需要在这里说明和澄清一下。一是个人官职地位的问题,一是上级长官的命令的问题。先谈第一个问题。

官职地位问题

《纽伦堡国际军事法庭宪章》第七条规定:"被告之官职地位,无论是国家之首领或政府各部之负责官吏,均不得为免除责任或减轻刑罚之理由。"《远东国际军事法庭宪章》第六条规定:"被告在任何时期所曾任之官职……均不足以免除其被控所犯任何罪行之责任……"这两条规定的基本意义是相同的。在这里,一个关于战犯审判的新的国际法原则被确认和宣布了,那便是:所有的人们,上自一国的元首或首相,下至普通的士兵或平民,只要他犯有任何战争罪行,便应负其个人责任,并应被当作战犯去接受审讯和惩罚。

在旧国际法上,一国的元首是被视为神圣不可侵犯的,在任何情况下他都不受外国法庭或国际法庭的审判。在第一次世界大战终结时,同盟国所组织的战争责任调查委员会里,美国代表和日本代表便是坚决地这样主张的。[1] 但是巴黎和会并没有采取美日代表的主张。在《凡尔赛条约》(第 227 条)里明确规定了:同盟国将"组织特别法庭审讯

---

〔1〕美国和日本代表的主张,载该委员会报告书第 147—152 页。参阅 S. Glueck, *War Criminals: Their Prosecution and Punishment*, pp. 121 - 139。

德皇（威廉二世），并治之以破坏国际道德及条约尊严之最大罪状"。虽然由于荷兰政府拒绝引渡以及同盟国间的离心离德，这一条文实际上成了空话，不过一国元首神圣不可侵犯的说法在理论上已经从此而开始动摇了。至于元首以下的其他主要战争责任者，《凡尔赛条约》（第228条）也规定了要"德国承认同盟国有权提交审判"。但是从莱比锡审判那幕滑稽剧的结果（只有六名低级军官被判徒刑）看来，这一条文实际上也等同具文。

由此可见，在第二次世界大战以前，战犯审判的对象实际上只是限于士兵或普通军官，比较高级显要的官员从来没有受审的，更不必说一国的元首或政府的主要领导了。

第二次世界大战以后的情况便不同了。由于纽伦堡和东京宪章关于个人责任的明确规定以及法庭在两个审判中贯彻了这个规定，因此，在今天（指审判时）说来，在战争犯罪的责任上人人平等的原则已经是建立了，至少在表面上和理论上是如此。在纽伦堡接受审判的戈林等22名甲级战犯都是纳粹德国最重要的领导人（那时希特勒已死，否则也会被投入受审者之列）。东京受审的28名甲级战犯也都是法西斯日本最重要的领导人，其中4人曾任首相。在纽伦堡，被判处绞刑的是12人，终身徒刑的是3人，有期徒刑的是4人，无罪释放的是3人。[1] 在东京，被判处绞刑的是7人，终身徒刑的是16人，有期徒刑

---

[1] 被纽伦堡国际军事法庭判处绞死刑的12人为：戈林（Goering，帝国元帅，空军总司令，"四年计划"执行总监，纳粹党副总裁，希特勒指定的第一继承人）；里宾特罗普（Ribbentrop，纳粹德国外交主持人，1933年起任驻英大使，1938年起至德国投降止改任外交部长）；凯特尔（Keitel，陆军元帅，1935年起至投降止任国军参谋总长）；卡登勃伦纳（Kaltenbrunner，纳粹党卫军大队队长，希特勒特务头子希姆莱的亲信助手，1935年起任奥地利纳粹党卫军领导人及帝国保安总署署长）；罗森堡（Rosenberg，纳粹党员"精神训练"主持人，1941年起至投降止任帝国东方占领区事务部部长，法西斯主义及种族优越学说的理论家兼宣传家）；佛兰克（Frank，1934年起任德国司法部部长，1939年到波兰解放止任波兰总督）；佛里克（Frick，1934年起任德国内政部部长，1943年至1944年任波希米亚与摩拉维亚监护使）；捷斯-殷瓜特（Seyss-Inquart，纳粹党党务重要领导人，历任不管部部长及奥地利总督，1939年起至投降止任波兰副总督，波兰占领区（转下页）

的是二人,无罪开释的没有——像这样对国家领导人规模浩大的审判和严厉的制裁是历史上从来未曾有过的,在二十年或三十年以前是不可能想象的。这两大审判虽然不是没有缺点,但是它在法理上却贯彻了"个人责任"的原则和"个人官职地位不能为开脱罪责之理由"的原则。

长官命令问题

同"个人责任"原则有密切关系的另一问题便是上级长官命令问题。这也是在战犯审判中被告辩护方面所常引为开脱罪责的理由之一,特别是当他们被控犯有普通战争罪和违反人道罪的时候。

问题的提法是这样的:倘使一个人,例如一个士兵或下级军官,在犯战争罪行的时候,并非出于他自己的意愿,而只是服从其政府或上级长官命令的结果,他是否可以免除罪责、不受惩罚?

(接上页)专员;史特莱赫(Streicher,纳粹党党务重要领导人,《进攻者报》主笔,反犹太主义的思想家及宣传家,迫害犹太人的组织者及领导者);索克尔(Sauckel,1942 年起至德国投降止任纳粹党卫军大队长,劳工使役督办,"奴隶劳动"的组织者);约德尔(Jodl,陆军上将,1935 年起任最高统帅部国防处处长,1939 年起至投降止改任作战指挥部参谋长);鲍尔曼(Bormann,赫斯的参谋长,纳粹党办公厅主任,1943 年起至投降止任希特勒的机要秘书及亲信顾问——缺席裁判)。被判处无期徒刑的三人为:赫斯(Hess,1933 年起任纳粹党副总裁及不管部部长,1938 年起任秘密内阁阁员,1939 年起任国防委员,希特勒指定的第二继任人);冯克(Funk,1938 年起至投降止任经济部部长、帝国银行总裁兼军事经济督办、国防委员、中央计划委员会委员);莱德尔(Raeder,海军上将,1935 年至 1943 年任海军总司令,1943 年起至投降止任海军督察署署长)。被判处有期徒刑的四人为:史拉赫(Von Schirach,"希特勒青年团"的组织者及领导者,1940 年起任维也纳纳粹党部督导员兼帝国驻维也纳总督);史斐尔(Speer,希特勒的亲密战友,1942 年至 1943 年任军备与军需部长,1943 年起至投降止任军备与军事工业部部长、中央计划委员会领导人之一);牛赖特(Von Neurath,1932 年至 1938 年任外交部部长,1939 年至 1943 年任波希米亚与摩拉维亚监护使);杜尼兹(Doenitz,海军上将,1936 年至 1942 年任潜艇舰队司令,1943 年至 1945 年任海军总司令,1945 年 5 月继希特勒之后短期任德国元首)。被宣告无罪的三人为:沙赫特(Schacht,自 1933 年起历任帝国银行总裁、经济部部长兼军事经济督办、不管部部长、希特勒的经济财政问题的主要顾问);巴本(Von Papen,对外间谍活动及破坏活动的组织者及领导人,1934 年起历任驻维也纳公使、驻土耳其大使等职);弗立茨(Fritzsche,宣传煽动家,戈培尔的亲近同僚,历任宣传部国内报刊局局长、无线电广播事业局局长等职)。苏联法官曾声明不同意法庭宣告沙赫特、巴本和弗立茨三人无罪和只判处赫斯无期徒刑。他曾把他的不同意见作成异议书附载于法庭判决书之后。关于远东国际法庭对被告们判处的刑度,我们以后将有详细论述,此处不赘。

在以前，对这个问题的答案是相当混乱的。某些西方国家著名的国际法学家，如凯尔逊、斯密士之类，都主张上级命令是可以使战犯们免除其罪责的。[1] 他们的主要考虑是军队中的森严纪律以及违抗命令对于抗命者的危险。1944 年以前的英国陆战法规及手册（第 443 条）和美国陆战规则（第 366 条）也有过这样的规定。但是在 1944 年那一年，英国手册和美国规则都做了修改，而采取了完全与此相反的规定——即上级命令不能作为免罪的理由。由此可见，以前的国际法作家以及国内立法对这个问题的态度是摇摆不定的。

纽伦堡和东京国际法庭在这个问题上所采取的态度却是明确、坚定的。纽伦堡法庭宪章第八条规定："被告是遵照其政府或长官之命令而行动之事实，不能使其免除责任；但为法庭认为合于正义之要求时，将于刑罚之减轻上加以考虑。"东京法庭宪章第六条也有同样的规定："……被告系遵从其政府或上级长官之命令而行动之事实，均不足以免除其被控所犯任何罪行之责任。但如法庭认为符合公正审判之需要时，此种情况于刑罚之减轻上得加考虑。"

两个法庭宪章之所以采取这样的规定，其理由是：一个人只应该服从合法的命令，而不应该服从违法的、犯罪的命令。倘使他因服从命令而违反了明显的、无可否认的战争规则，他便应该负不可逃避的责任。因为，倘使不如此，而只是把责任向发布命令的上级长官推，推到最后，将只有国家元首一个人或高级首长几个人对某些战争罪行负责了。这对于战争法规的有效实施是会有极大的损害的。

因此，任何人犯了违反战争规则或违反人道的罪行，不论他是自动地犯的或是因服从上级命令而犯的，都应该被视为战犯而受到惩处。但是在服从上级命令而犯了战争罪行的场合，法庭可以把违反命令对

---

[1] Kelsen, *Peace through Law*, p. 107; Smith, *Law and Customs of the Sea*, pp. 176 - 180;《奥本海国际法》，第 253 目。

于抗命者所能发生的危险在量刑的时候加以考虑。对于一个普通士兵或下级军官说来，因抗命而受到严酷的立即的惩罚的危险是很大的，他的选择余地是很小的。对于一个高级司令长官或一个文职官吏或普通平民说来，这种危险是不太大的，至多不过丧失他的职位或企业而已。有的时候，正因为他抗拒执行那种违法的命令，而能导致那种命令的撤销或修改。所以，法庭在斟酌刑度的时候，应该根据战犯们个别的、不同的具体情况而加以考虑。对国家领导人或高级官吏说来，上级命令的问题是不存在的。倘使他们不同意某一非法命令或政策，他们可以自动辞职，绝不会有生命的危险或被处罚的可能。事实上，他们正是这种非法命令的制造者和发布者。

由上所述，倘使一个普通士兵或下级军官犯有违反战争法例或违反人道的罪行，纵使是由于执行上级命令的结果，他是不能卸去其罪责而只能要求减轻其刑罚的。但是在破坏和平罪里，情况便大不相同。就纯理论上说，破坏和平罪既包括所有参加（无论是策划、准备、发动或从事）侵略战争的人们在内，而上级命令又不能成为免除罪责的理由，那么，当一个普通士兵或军官奉命出征去参加侵略战争的时候，他便算犯有破坏和平罪了。然而，事实上并非如此。同盟国的起诉机关或审判机关，无论是国内的或国际的，都没有坚持过这项原则。对一般士兵和军官，同盟国并没有因他们参加侵略战争而以破坏和平罪对他们起诉。因为，决定进行侵略战争不是他们的事情，而且一种战争是否侵略，以他们的地位和知识说来，是不容易辨认的。因此，在第二次世界大战的实践中，同盟国把极大多数的、数以百万计的德日战俘都遣送回他们的祖国，并没有以犯有侵略罪而对他们一律加以拘留、起诉。只是少数犯有违反战争法例或违反人道罪行者才被拘留，当作丙级战犯起诉。对于这类战犯，一般是由各国国内的而不是由国际的军事法庭去审判的。

由此可见，在第二次世界大战后的广泛实践中，以犯有破坏和平罪

（侵略罪）而被起诉受审的只限于极少数的国家领导人，即政府首脑、大政客、大军阀、大财阀、大军火制造商、著名的战争煽动家、重要战区的司令长官和其他对于侵略战争的发动和推行负有主要责任的上层人物。这些人一般被称为"甲级战犯"，他们大都是由国际军事法庭去审判的。

六、甲级战犯与国际审判

最后，有几个次要的法律实践中的问题，还需要说明一下。那便是：何谓"甲级战犯"？它同乙级、丙级战犯的区别何在？何以甲级战犯一般系由国际法庭审判，而乙、丙级战犯一般系由国内法庭（犯罪地国的法庭）审判？

必须指出：把战犯分为甲、乙、丙级只是一般学术著作中和新闻报道上的习语，在正式的国际文件中是没有根据的。在 1945 年 8 月 8 日英、美、法、苏四国签订的伦敦协定和《纽伦堡国际军事法庭宪章》中，它们用的是"控诉及处罚欧洲轴心国主要战争罪犯"的字样；1946 年 1 月 19 日东京盟军最高统帅部颁布的设立远东国际军事法庭的通告和法庭的宪章中，也用的是"公平及迅速审讯并惩罚在远东的主要战争罪犯"字样。在其他的正式国际文件中，它们使用的也是"主要战犯"而不是"甲级战犯"字样。

但是在日常习语中，在学术论著中，以及在新闻报道中，人们为了方便和更醒目起见，常把这类战犯称为"甲级战犯"（Class A war criminals）。

甲级战犯的特征有二：一是他们的地位很高、权力很大，属于国家领导人的范围；二是他们都犯有纽伦堡和东京宪章中所规定的"甲项"罪行——破坏和平的罪行，亦即策划、准备、发动或实施侵略战争的罪行，而这种罪行是法庭所认为"最大的国际罪行"，是"包括全部祸害的总和"的罪行。这两个特征是互相关联的。一个没有很高地位和很大权力的人是不会对国家的侵略政策和战争政策发生作用或影响的。因此,被称为"甲级战犯"的大都是侵略战争中的"元凶巨魁"。

这些"元凶巨魁"虽亦常被控犯有他项的战争罪行,如普通战争罪行和违反人道罪行,但是他们每个人毫无例外地是被控为犯有破坏和平的罪行。这是对他们的主要的控诉,其他被控的罪行都是次要的。

依照一般国际惯例,甲级战犯大都是由国际军事法庭审判的,至于何以必须由国际法庭去审判,我们在国际文件中或作家论著中并没有发现权威的或详明的解释。据我们体会,其理由大概是这样:和平是不可分割的,安全是要靠集体去维持的,所以发动侵略、破坏和平的罪行不仅关系直接受害的邻邦,而且是参战各国所共同关切的。这种罪行的祸害是没有地理区域的限制的,它是对多数国家和多数人民的犯罪。因此,它应该由国际法庭去共同审判,而不宜于由一国的国内法庭去单独审判。

至于犯有违反普通战争罪行或违反人道罪行的乙级和丙级战犯,按照国际惯例,一般都是由犯罪地国(即暴行实施所在地国)的国内的或当地的军事法庭审判。这不仅是由于这类战犯的官职地位较低、犯罪事实较为简单,用不着组织国际法庭去审判,而且把这类战犯引渡给犯罪地国国内的或当地的军事法庭去审判还有两大好处:第一,他们所犯的暴行既然是在某地区实行的,则在该地区审判不但可以贯彻"犯罪属地"的刑法原则,而且对于证据的搜集、证人的传唤以及现场的调查等均较方便;第二,由犯罪地国内的或当地的法庭去审判,使这类战犯在当地受到法律制裁,可以使对他们的暴行记忆犹新的地方群众在心理上、精神上感到快慰。由于上述原因,所以同盟国在多次宣言和照会中都强调犯有残酷暴行的战犯们将来必须引渡到暴行实施地去受审,并警告中立国家对他们不得予以庇护。[1]

---

[1] 同盟国政府和首领们的这些宣言、照会和声明,载 S. Glueck, *War Criminals: Their Prosecution and Punishment*, Appendix B, pp. 109 - 113。

※   ※   ※   ※

战犯审判的规模浩大和案件众多是第二次世界大战终结后的一个非常突出的现象。在国际方面,有纽伦堡国际法庭对德国甲级战犯的审判,有远东国际法庭对日本甲级战犯的审判。在国内方面,各同盟国国内法庭对乙、丙级战犯的审判,其案件之多是使人惊异的,有的国家(如美国)竟超过了一千件,而几百件或几十件的更是所在多有,不足为奇。[1]

由于战后这许许多多审判的结果,关于战争罪行和战犯审判的国际法原则得到了很大的澄清,同时也起了不小的变化。在往时,这一部分的国际法原则是相当混乱和模糊的;当时的国际法学者和作家在某些问题上也有过不少的争论。经过第二次世界大战后的这样丰富的实践,特别是经过纽伦堡和东京国际军事法庭的两大审判,这些原则已经基本上明确和肯定了,而且也有了显著的发展。[2]

本章论述的便是这些国际法原则获得澄清、肯定和发展的过程和原因,而这些原则是远东国际军事法庭行使其管辖权所一贯恪守的基本原则。

---

[1] 关于第二次世界大战后各国国内军事法庭审判犯有暴行罪的乙、丙级战犯案件的数字,我们迄今还没有精确、全面地统计或报道。据 1964 年 12 月 24 日出版的美国《时代周刊》披露:在德国被占领期间,同盟各国的军事法庭曾审判纳粹战犯共 5 025 名,其中处死的为 486 名;战后德国法庭自己审判的纳粹战犯为 12 882 名,判刑的为 5 243 名,其中处死的为 12 名,无期徒刑的为 76 名;苏联法庭对纳粹战犯判刑的估计约为 10 000 名。这个报道和估计的可靠性如何,不无疑问。但是,同盟各国对德日战犯审判案件之多和处罚之严确实是第二次世界大战后一个最突出的现象,它和第一次世界大战后战犯审判的情况是大不相同的。

[2] 梅汝璈:《战争罪行的新概念——总结第二次世界大战后关于战争罪行的国际法原则的一些主要的变化和发展》;载《学术月刊》1957 年第 7 期,第 57—66 页。

第二章　远东国际军事法庭的宪章及组织

一、宪章的内容概述

远东国际军事法庭的宪章[1]是由东京盟军最高统帅根据一系列的国际文件（波茨坦公告、日本投降书和莫斯科外长会议的决议）的间接授权所制定，于1946年1月19日以特别通告的形式颁布的。它和欧洲纽伦堡国际军事法庭宪章不同，纽伦堡法庭宪章是在美、英、苏、法四国1945年8月8日签订的伦敦协定中所直接制定，作为协定的附件公布的。关于此事，本书前一章已有较详的论述，兹不多赘。[2]

宪章在颁布后不久，即同年4月26日，曾经盟军最高统帅明令修改过一次。那次修改只是将法庭成员（法官）人数的最高额由九名提高到十一名，并规定除了在日本投降书上签过字的九个受降国之外，印度和菲律宾亦得各自推荐法官候选人一名。

除了上述的一次修改（修改时法庭尚未正式开庭）之外，宪章没有过任何其他的修改。因此，在远东国际军事法庭整个的存在期间，这个宪章始终是法庭在组织方面和审判程序方面的根本方针和指导原则。

远东国际军事法庭宪章分为五章，共十七条。其中有的是关于法院的组织、人事及行政事务；有的是关于法律问题。在关于法律问题的

---

[1]《远东国际军事法庭宪章》(Charter of the International Military Tribunal for the Far East)全文，见本书附录。Charter一词一般译为"宪章"，但亦有译为"规程"、"组织法"或"组织规程"者，似欠妥善。此处从一般译法。

[2] 见本书第一章第四节。

各条文之中,有的是属于实体法方面的,例如法庭的职权、对人对罪的管辖权、刑罚权等;有的是属于程序法方面的,例如陈诉的顺序、审理的进行、证据的采取、证人的诘问、判决的型格、刑罚的执行等。

宪章第一章是关于"法庭之组织",共四条。

第一条说明法庭设立的宗旨与任务是"为求远东主要战争罪犯之公正与迅速的审判及处罚"。在这里,需要指出的是远东国际军事法庭实际上审判的虽然都是日本的主要战犯(甲级战犯),但是在法庭成立之初,它原来是打算要审判所有在远东地区逮捕起来的主要战犯的,不论他们的国籍为何。因此,本条的规定用的是"远东主要战争罪犯"字样而不是"日本战争罪犯"字样。

在日本投降后约十天的时光,即 1945 年 9 月 11 日,盟军最高统帅部便公布了一个行将逮捕的甲级战犯 39 名的名单。其中除了东条英机等 27 名日本人之外,还有非日本籍人 12 名:德国籍 3 人,菲律宾籍 3 人,澳大利亚籍 2 人,缅甸籍、荷兰籍、泰国籍和美国籍各 1 人。这 12 名非日本籍的战犯中比较著名的有前菲律宾伪政府大总统劳莱尔(Laurel),菲律宾伪国民议会议长阿奎诺(Aquino),菲律宾伪政府驻日大使瓦格斯(Vargas),德国驻日大使斯达玛(Stahmer),德国驻日大使馆中将武官克莱茨玛(Kreitschmer),泰国驻日大使伍伊齐德,缅甸伪政府驻日大使貌博士(Dr. Mau)——这些人都曾被逮捕入狱,原欲交由远东国际军事法庭去审判的。但是,后来由于种种原因(这些人中有的是不够甲级战犯资格的,有的是被他们祖国坚决要求引渡的,而法庭也考虑到要审讯这许多不同国籍的战犯在语言文字上和其他技术方面的巨大困难),他们在法庭正式开审之前便全都被释放或遣押回国了。

在 1945 年 11 月 19 日宣布的第二次甲级战犯逮捕令的名单(共 11 人)中,在同年 12 月 2 日宣布的第三次的名单(共 59 人)中,以及在同年 12 月 6 日宣布的第四次名单(共 9 人)中,被指名逮捕的便全部是日本籍的重要战犯，没有任何一个非日本籍的战犯。远东国际军事法庭所审判的28名首要战犯便是由这四次被捕的总共118名甲级战犯中挑选出来的。他们全都是日本人，但是在宪章条文上仍然保持有"远东主要战犯"字样，犹如纽伦堡国际法庭宪章上虽写明审判"欧洲轴心国主要战争罪犯"而实际上它审判的全都是德国战犯一样。

此外，宪章第一条还规定了远东国际军事法庭的常设地址是在东京。

第二条是关于法庭成员（即法官）的人选，第四条是关于法官的出席、开庭与表决以及缺席的效果等。这些事项，将于本章第三节中予以阐述。

第三条是关于法庭庭长及书记官长的任命和职权以及书记官室的行政事务。这些事项，将于本章第三节及第六节中予以阐述。

宪章第二章（自第五条至第八条）是"管辖权及一般规定"。

第五条"对人与罪之管辖权"及第六条"被告之责任"是远东国际法庭设立及存在的大前提所在，是在国际法上最关重大的问题，也是当年的法律学者和作家以及被告律师们在庭内庭外争辩最激烈的问题。因此，我们在本书第一章第五节中便作了全面的阐述，此处不再赘及。

第七条规定法庭有权自行制定其诉讼程序规则。这个程序规则已经由法官会议制定，并于1946年4月25日以庭令公布。[1] 关于这个程序规则，将在本书第四章中详予阐述。

第八条是关于检察长及各国陪席检察官的指派及职权。这些事项，将于本章第四节中予以阐述。

宪章第三章（第九条及第十条）是"对被告的公平审判"。为了保证对被告审判的公平，第九条中规定了某些必须遵守的事项，例如：起诉

---

[1]《远东国际军事法庭程序规则》的全文及修正案。

书必须符合一定的条件,必须尽早送达被告,其副本(以及法庭宪章的副本)必须译成被告所能理解的文字,即日本文(见第九条甲项);法庭的一切诉讼程序(无论是口头的陈述或书面的文件)必须以英日两种文字为之(见同条乙项);被告有权选择自己的辩护人,或由法庭为其指定辩护人,进行辩护(见同条丙项);被告本人或其辩护人可以行使辩护权的正常合理范围内的一切权利,包括询问及反诘证人之权利以及请求法庭协助搜取或调阅于自己有利的各种证据文件之权利(见同条丁、戊两项)——这些事项在本章第二和第三节及本书第四章中将有较详细的阐述,此处从略。

第十条规定的是在审讯开始以前向法庭提出的一切申请、动议和要求必须履行的一定手续。这纯粹是手续细节问题,无关宏旨。像这样的条文原是可以不必摆在宪章里面的。

宪章第四章是"法庭之权力与审讯程序",自第十一条至第十五条,共五条。这一章涉及的事项范围比较广泛,大都是些属于程序法上的问题。

第十一条规定法庭的权力。但这里所谓权力并不是指法庭的管辖权(这是法庭真正的最重要的权力,本书第一章已有阐述),而是指在审讯过程中法庭所具有的行政事务性质的权力,例如传唤证人出庭作证之权力,审讯被告及诘问证人之权力,命令提供证据文件之权力,命令及执行证人宣誓或作出声明之权力,任命官员执行法庭指定的任何任务(包括庭外采录证据的任务)之权力。

第十二条的标题虽是审讯之进行,但其内容并非规定整个审讯过程中的步骤、阶段或顺序(这些事项在第十五条中另有规定),而只是规定在审讯过程中法庭为保证审讯应公正及迅速采取的措施及应行使的权力,例如:法庭应采取措施使审讯程序(无论是陈述、提证或辩论)严格限制于控诉中所提出的问题,并防止及排除一切与本案问题无关的陈述及一切可使审讯拖延的行为;法庭应行使维持法庭秩序之权力,对不守纪律或藐视法庭之人应断然予以相当之处罚,包括剥夺其参加审讯程序之全部或部分的权利。此外,对于个别患有严重的精神或身体上病症之被告,法庭有权决定其是否应当停止出庭受审。

第十三条是关于证据的规定。这一条的规定是比较详细的,它列举了各种可以和应该采纳的特定证据的项目,以及提出和登记证据的手续、格式。它的总的精神是:关于采纳证据,法庭不受一般技术性的采证规则之拘束;法庭将尽一切可能采取简单、便捷而不拘泥于技术性的程序,并得采用法庭认为有作证价值之任何证据。这一条的用意虽善(目的在保证审讯进行尽量迅速、简便),但事实上,由于大多数法庭成员未能摆脱英美法系高度技术性的、烦琐复杂的证据法规则的影响,审讯还是不能很迅捷地进行。法庭审判之所以拖延至两年半之久,其原因虽多,然采证手续之过分烦琐、复杂也是重大原因之一。关于这件事,在本书第四章中将有专节予以阐述和讨论,此处从略。

第十四条是关于审讯地点。条文规定除第一次审讯应在东京(法庭的常设地址)举行外,以后的任何审讯应在何地举行,可由法庭自行决定。然而,事实上,在远东法庭整个存在期间,审讯都是在东京举行的,法庭从来没有援用过这条条文。

第十五条是审讯程序之进行。这是一个很重要的条文,因为它把整个审讯进程所应遵循的步骤、阶段和顺序规定了一个如下的大体轮廓:首先是检察官宣读起诉书;其次是法庭对被告作认罪与否之询问;其次是检察官长及每一被告分别各作一次简赅的"开始陈述"(即所谓"始讼辞",日本人称之为"劈头陈述"或"冒头陈述");再次是检察官提出控诉被告们犯罪的证据及被告们(或由他们的辩护律师)提出反控诉的辩护证据,证据包括证人和文件;再次是被告和检察官诘问对方所提供的任何证人及反诘对方所提出的任何文件;再次是被告(或由其辩护律师)陈述意见(致"终讼辞");再次是检察官陈述最后意见(致"终讼辞");最后是法庭制定判决书及判处各被告的罪刑,并宣布之。

这一条只是规定法庭审讯进程的一个大体轮廓和一些主要步骤。在实际审讯进行中,情况却要比这烦琐复杂得多。这在本书第四章中将有较详细的说明,此处从略。

宪章第五章,亦即最后一章,是"判决与刑罚"(第十六条及第十七条)。

第十六条规定法庭对于认定有罪的被告有权判处死刑或它认为适当之其他刑罚。法庭既然有权判处死刑,则有权判处其他刑罚乃是当然之事。因为,死刑是刑法上公认的最重的刑罚;一个有权判处最重刑罚的法庭无疑地有权判处较轻的刑罚。

这条条文虽规定法庭有权对被告们判处死刑,但是法庭实际上是否应该行使这种权力而对某些被告判处死刑却是另外一个问题。这个问题当年在远东国际法庭法官们之间曾引起过争辩。除了那位主张全体被告无罪开释的印度法官之外,还有少数或个别法官,由于他们所代表的国家已经废除了死刑制度,因而主张远东法庭也不判处死刑而以判处无期徒刑(终身禁锢)为法庭科刑最高限度的。他们的主张未能获得多数法官的赞同,因而远东法庭仍然判处了七名罪责较重的被告战犯以绞死刑。由于某些法官拒绝投任何被告的死刑票(包括主张不适用死刑条款的法官们在内),而确定对某一被告的科刑又非至少有六票不可,因此远东法庭判处被告死刑的数量及比例均远较纽伦堡法庭所判处的为低。

此外,庭长威勃爵士(澳大利亚法官)还有一种奇特的想法和主张。他主张把全体被告流放到一个孤岛上去,正如当年英、俄、奥等国处罚拿破仑一世那样。他的这种奇特设想并未邀得多数法官的重视;但是他不但拒绝对任何被告投死刑票,而且把他自己这种奇特主张在他个人的"异议书"(对法庭判决书的不同意见)里公布了出来。

关于威勃庭长和其他法官的异议书,以及法庭在定罪和科刑问题上的实际投票情况,本书以后将有所叙述,此处从略。

第十七条是关于判决与复核。这一条规定法庭的判决书须附具理由,并应于公开庭中宣读。这是一般法院所遵循的常规,远东国际法庭自亦不应例外。事实上,远东法庭的判决书长达1 200余页,洋洋数十万言,判决理由应有尽有,公开宣读持续了六天半之久,这不但满足了本条规定的要求,而且创造了世界司法史上的空前纪录。

本条又规定:法庭的审判记录应送交盟军最高统帅核办,法庭的判决将以盟军最高统帅的命令执行,盟军最高统帅对法庭判决的刑罚还可以斟酌情形予以减轻,但不得加重。

在这里,便产生了这样一个有趣的法律问题:盟军最高统帅既然有权改变(减轻)法庭判决的刑罚,远东法庭的判决在法理上是否能够算作终审判决或最后判决?如果能算的话,那么,最高统帅的减刑权在法理上又算是属于什么性质?

依作者的见解,远东法庭的判决无疑应该被认为是最后判决或终审判决。一个判决是否是最后的或终审的,其关键在于当事人对该判决是否仍然有权上诉,以及是否存在着有权撤销该判决而对案件重新审判的机关。很显然,对远东法庭的判决,当事人无论被告或检方是不能上诉的,同时也没有任何机关(包括盟军最高统帅)是有权撤销远东法庭的原判而对案件加以重审的。至于盟军最高统帅的减刑权,那只能算是属于行政特赦权的性质,犹如一国元首通常可以对国内最高法院所判的刑罚行使赦免权或减刑权一样。这种赦免权或减刑权的行使在法理上对于"原法庭的判决是终审的判决或最后的判决"这样一个结论并无损害。在纽伦堡,宪章规定这种权力是由盟国对德管制委员会行使的。[1] 然而,纽伦堡法庭的判决,犹如东京法庭的判决一样,都应该被认为是一审终结的、不能上诉的最后判决。

虽然纽伦堡宪章和东京宪章分别规定了赋予盟国对德管制委员会

---

[1]《纽伦堡国际军事法庭宪章》第二十九条。

及东京盟军最高统帅以减刑的权力，但是事实上他们都没有行使这个权力。在纽伦堡，对被告们的刑罚是完全按照国际法庭的判决执行的。在东京，那位盟军最高统帅麦克阿瑟虽然一贯有意庇护日本战犯，但是在那时候（1948年年底）他还不敢冒天下之大不韪，公然改变远东法庭的判决。因此，对日本各首要战犯的刑罚，他仍然按照远东国际法庭的判决去执行了。在执行绞刑的那一天，1948年12月23日，麦克阿瑟还向报界发表了声明，宣称"我没有任何理由去变更远东国际法庭对被告们所判处的刑罚。如果这样缜密的诉讼程序还不能信赖的话，如果这样博学的法官们还不能信赖的话，那么，世界上便不会有任何可以信赖的事物了"。[1]

——以上是关于远东国际军事法庭宪章中某些条文的简要的解说。至于宪章有关各机构组织的条款，将于本章以后各节中分别援引时予以阐述；有关诉讼程序的条款，将于本书第四章中引用时再作进一步的说明。

二、法庭的地址及布置

《远东国际军事法庭宪章》第一条中规定法庭的常设地址是在东京。但是第十四条又规定：除第一次审讯应在东京举行外，以后的任何审讯应在何地举行，可由法庭自由决定。乍看起来，这两条规定似乎是抵触的，其实不然。为了对外行文便利及其他种种原因，法庭必须有一个正式的、固定的、具永久性的常设地址，这便是东京。但是为了审讯

---

[1] 麦克阿瑟这篇关于执行远东国际军事法庭判决的冠冕堂皇的声明，见东京及各地1948年12月23日报章。但是，这篇声明言犹在耳、墨迹未干，他便指示检察长把巢鸭监狱里所剩下的唯一的一批甲级战犯，以"罪证不足，免予起诉"为借口，全部释放了。在判决执行开始之后只有一年多的工夫，他又擅自颁布了那个所谓的"第五号法令"，规定那些经远东国际法庭判处徒刑的战犯，在服刑届满刑期三分之一以后，经盟国多数的同意，便可予以提前释放。（参阅1950年5月15日周恩来总理的声明）

的实际方便起见,宪章又规定了法庭有权在第一次开庭之后自由决定将其全部或一部分审讯工作迁移到任何他们认为适当的地点去进行。这原是为了工作的效率和便利设想,同时也是对法官们的自由意愿表示尊重的意思,用意是好的。

然而,事实上,在远东国际法庭存在的整个期间,它的审讯工作始终是在东京进行的。唯一的一次"例外"(其实并非真正的例外)是在1947年春天。那时法庭要传唤一名前日本关东军参谋长石原莞尔中将出庭作证,而石原莞尔长期病卧山形县吹浦町不能动弹。法庭于是派了新西兰籍的法官诺斯克洛夫特带了书记官、记录员、检察辩护双方代表以及几名随员前往石原莞尔的吹浦住所,举行日本人所谓的"临床审讯"。这是一般法庭在有迫切需要时指派一名"授命法官"代表法庭在庭外采取证据所常用的办法,不能视为法庭审讯工作改变了地点进行。然而,就是这种办法远东法庭也只采用过一次。

1946年夏季,那是远东法庭开庭的第一个夏天,由于东京气候酷热,而法官们出庭又必须穿着厚的黑色缎制"法袍",因而汗流浃背,感觉异常苦闷。那时确有个别法官建议把审讯工作暂时迁移到日本避暑胜地轻井泽去举行。经考虑后,法官们大都认为这事的牵涉面太广,耗费也太大;要把这样一副庞大的审讯机器和这样众多的有关人员搬到日本任何其他地点去实际上是不可能的。因此,这个建议未能邀得多数法官的赞同。但是,有鉴于盟军总部迟迟未能给法庭装修冷气设备,法庭决定以"罢工"(停止审讯)来对总部施加压力。果然不出所料,法庭全部冷气设备不到一个星期工夫便装置好了。审讯工作于是便告恢复。法庭这一次"罢工"的举动曾引起世界舆论的讥评。幸而,临时迁移到轻井泽去的计划未能实现,否则必然会遭到舆论界更大的攻击。

由上所述,可见宪章虽有法庭可以自由选择其审讯地点的规定,但远东法庭的审讯工作自始至终都是在东京的常设地址举行的。

※　　　※　　　※　　　※

远东国际法庭在东京的常设地址是在市谷区的原日本陆军部大厦。这个大厦在战前一度是著名的日本陆军士官学校，日本军国主义分子的摇篮；在战时是军部和参谋本部合组的大本营的所在地，亦即日本侵略战争发号施令的中心。审判日本主要战犯的国际法庭设在这里，不能说没有深远的意义。

战后东京，由于百分之七十五以上的房屋都被炸毁烧光，到处呈现着断瓦残垣、遍地焦土的凄凉景象。但是有某些地区和某些建筑物却屹然耸立，像沙漠中的绿洲或大海中的孤岛一样。远东法庭所在地便是这种绿洲或孤岛之一。

关于法庭的外部环境，东京《朝日新闻》（日本销路最广的日报之一，每天发行达五百万份）有过这样一段富于诗意的描述（题为"梦之迹"）：

杜鹃之花，或红或白，在土堤青草中放着芬香，而东京法庭即沿此土堤而直上。有钢骨水泥之大厦巍然屹立，其在大门之前，立有英文的木牌标记，写着五个大字："INTERNATIONAL MILITARY TRIBUNAL, FAR EAST"（远东国际军事法庭）。

但在木牌附近土丘上之青松，依然独茂。此钢骨水泥之大厦乃旧时陆军士官学校所在地。在太平洋战争发生后，陆军省及参谋部之一部迁入此间办公，正所谓军阀发号施令（亦即痴人说梦）之中枢地点。现在所用于审判战犯之大厅适为该建筑物之大讲堂。换言之，即二十世纪毁坏人类文明之日本军阀老巢是矣。时当春夏之交，昭和廿一年（日本投降第二年，即 1946 年）5 月 3 日，审判开始于市谷台矣。呜呼！杜鹃之芬芳，春色之荡漾，一切的一切，均属过去之梦而已。[1]

_____

[1]《东京裁判》（朝日新闻法庭记者团著），第一辑，1946 年二乙一ス社刊行，第 1 页。

※　　※　　※　　※

法庭所在的大厦，即原"军部大厦"，从外表看来是一座相当高大壮观的立体建筑，但是它内部实际可以使用的房屋却只有三层。[1] 第一层，即地面上的一层，除供开庭之用的审判大厅之外，大部分都是供书记官室及其管辖下的各种机构的工作人员办公之用。法庭的记录、翻译人员，打字、印刷人员，警卫、看守人员，收发、传达人员，摄影、录音人员，勤杂、服务人员等，他们工作和休息地点都在这一层。此外，被告休息室、证人休息室、辩护律师的会议及休息室、新闻记者的发报及休息室、旁听人休息室，等等，也都设在这一层，地点大都是紧靠着审判大厅。

大厦的第二层大部分是供法官办公、休息及会议之用。每一法官都有毗连的办公室两间，一间是供他自己之用，一间是供私人秘书及打字员之用。庭长的办公室便是战时日本首相东条英机当年的办公室，而二楼中央那间比较宽大的法官会议室便是战时大本营的那班日本军阀巨魁因策划侵略战争而经常集会的地方。

除了法官办公室及会议室之外，书记官长的办公室也是设在二楼。此外，在二楼的一端还设有一个特别雅致的小餐厅，专供法官、检察官及高级职员休息时小饮及中午便餐之用。据说，这里的厨师犹如帝国饭店的厨师一样，都是日本全国最善于烹饪西菜的能手，而服务员亦多是能操流利英语的日本女郎。然而，事实上，法官们中午经常都是驱车回到他们居住的帝国饭店去用膳，光顾这个餐室的机会是不多的。

大厦三楼大部分是供检察处人员办公及会议之用。检察长、各国陪席检察官和助理检察官在这里都有各自的办公室。另一部分房屋便

---

[1] 远东国际法庭所占用的大厦，一般盟国人士及日本人都叫它为"军部大厦"（War Ministry Building），因为自从战前陆军士官学校迁走以后，日本陆军省（简称"军部"）一直是设在这里。就是在1941年太平洋战争发生以后，参谋本部和海、陆军省合组的大本营中枢设在这里的时候，日本陆军省依然全部在此办公。因此，叫它做"军部大厦"是没有什么不妥当的。

是用于保管法庭的档案文件及图书资料的。此外，还有一部分辟作法庭某些较高级职员的宿舍。法庭职员绝大部分都住宿在庭外，而警卫、服务和勤杂人员又都住在楼下，三楼的这些宿舍只是供给极少数由于职务上的需要或由于某种特殊原因而不得不在法庭内住宿的地位较高的职员（如个别的法庭书记官，个别法官的私人秘书，以及主管印刷、打字及新闻发布的工作人员）之用。

法庭大厦除了这三层办公场所之外，在一楼的最后面便是审判大厅，这是法庭工作的中心，也是举世瞩目的所在。

审判大厅是战前日本士官学校（战时日本大本营）的礼堂（日本人称其为"大讲堂"）改建的。大厅是方形的，面积很宽，原可容约 2 000 人听讲或集会之用。在盟军总部决定把远东国际法庭设置在这里之后，便着手翻修改造的工程，经过三个多月的工夫才全部完成。据说翻改工程是以纽伦堡国际法庭审判大厅的图案为蓝本的，但是它的场面之大和设备之精比纽伦堡那个审判大厅还要胜过一筹。

※　　　※　　　※　　　※

审判大厅内部设备和布置的大概情形是这样的：

在大厅的上首方、靠厅壁的高台上是一条长长的桌子，桌子后面摆着十一张高大的楠木沙发椅，椅子后面紧靠墙壁地方是一个大木架，木架中插着参加审判十一国的国旗——这便是法官座席台。开庭时十一位法官鱼贯而入，沿梯登台，各自就座自己的席位，庭长居中，其他法官按照美、中、英、苏、加、法、荷、新、印、菲次序分别左右就座。

在法官席前面，位置稍低之处，又是一条长长的桌子及若干把椅子，这是供法庭的登记官、书记官和法官私人秘书坐的。

遥遥面对着法官座席、在大厅的下首方紧靠墙壁处是被告座席台，这个台分为高低两层，28 名受审被告战犯分为两行就座于此。这些当年不可一世的元凶巨憝在开庭时经常成为观众视线集中之焦点。

法庭场景

在靠近法官台的前面设有一张稍高于地面的小小的斜面站台。这是供检察官或被告辩护律师向法庭发言之用的。由于同时不能有两个人发言，所以这个站台是很小的，只能供一人使用。台上装有扩音器和红信号灯。发言正在被翻译时，红信号灯便亮着，等到红灯熄灭以后，发言者始可继续发言。这种扩音器和信号设备在庭长座席上也有设置，因为庭长也是时常要代表法庭发言的。

在靠发言站台的左边是一个高于地面的小小的证人座台。由于不能有两个证人同时作证，所以这个座台也很小，只能供一人之用。

检察官或辩护律师发言时必须站立在发言站台上，而证人发言时却安坐在证人座台中。这并不是由于法庭对证人特别尊敬或优待，而是由于证人们除了陈述自己的证言之外还时常要答复检察和辩护双方那冗长、烦琐、几乎永无休止的询问、反诘、再询问、再反诘。例如，伪满皇帝爱新觉罗·溥仪出庭作证时便被诘问达八整天之久；如果要他站立八整天，那便无异于变相的"体罚"，未免太不近情理了。因此，证人发言时是被允许坐着的，而检察官和辩护律师发言时则是站立的。

在证人座台上也设有扩音器和红灯信号设备。红灯开时表示证人的发言正在被翻译着，须俟红灯熄灭后他才可以继续发言。

在发言站台的两旁分别设置着两张长方大桌，每张约可围坐十人，左边的一张是供检方出庭人员之用，右边的一张是供出庭的辩护律师之用。法庭的检察官（包括助理检察官）不下数十人，而辩护律师（日本籍和美国籍的）将近百人，每日在这两张桌子围坐的只是当天有任务的少数，其余的则散坐在他处或者根本不必到庭。

在证人座席与检察官座席之间又是一张长方桌。值日的翻译人员便围坐于此。他们是口齿流利、精通英日语文的一群人。凡是用英语向法庭发言的，他们便要立刻口头译成日语，凡是用日语发言的，他们便要立刻口头译成英语（有时证人或律师系用汉语、俄语或他种语言，他们还要把它译成英日两种语言）。在供他们使用的桌子上装有扩音器和红信号灯操纵器。在他们翻译开始时便扭亮红灯，翻译完毕便把它关熄，以便发言者可以继续发言。

在法庭的所有座位上全都装有"译意风"耳机。每一听者只需扭动一下他所戴的耳机便可听到他所能懂或愿听的语言，英语或日语，有时还有俄语和华语。

语言翻译始终是法庭的一个困难问题，经常引起当事人的争辩。因此，法庭设有一个三人的"语言仲裁委员会"，又名"语言仲裁小组"。这三个人在开庭时必须到庭，以便随时执行职务，他们的座席是设在贵宾旁听席的下面。

在翻译人员座席的后面，设有一张小桌，担任开庭记录的速记人员就坐于此。速记是用速记机器进行的，而不是用手写的。

在审判大厅的右边靠墙的地方，用短栅栏划出了一大长方块的位置，这便是新闻记者的座席。记者座席分为两大部分：一部分是供同盟国记者之用；一部分是供日本记者之用。记者们经常携带照相机、电影摄影机、打字机、发报机，进进出出，熙熙攘攘。这是整个审判大厅中最拥挤和最不安静的一块地方。

在大厅的左边靠墙处，与新闻记者席遥遥相对的是一座长方形的高台，这便是盟国贵宾旁听席所在。这里大约有一百个座位，分为两排，日本人是没有资格坐在这里的。由于贵宾的资格限制极严，旁听者不多，因此这两排座席便是整个法庭最空疏、最安静的一块地方。

在盟国贵宾旁听席的高台下面又是一长排座席，这也是供一部分到庭的检察官和辩护律师就座之用的。三人的"语言仲裁小组"也是坐在这一排。

审判大厅地面一层的布置情形，大概就是如此。（见附图）

审判大厅只有一面有楼，那是在法官席的右边。这个楼除了一间小录音室以外，全部都是供做普通旁听席之用。这里也分为两部分：一部分是日本人的旁听席；一部分是非日本人的旁听席。全楼座席虽可容大约六七百人，但是由于被告们的家属妻子多希望每天遥望到乃夫乃父的形容，以及一般东京居民和过路旅客都渴望看看这些一向骑在日本人民头上的元凶巨憝们的真面目和法庭公审的热闹情景，这些座位是经常"客满"的。[1]

在楼上普通旁听席之一角是一间玻璃小屋，这便是录音室。值得注意的是：远东法庭两年多的全部讯审过程除了保有一份五万多页逐字逐句的全部庭讯的文字记录之外，还保持了一份全部庭讯的钢丝录音记录。法庭开支浩大，于此亦可见其一斑。

法庭的执行官（司仪）在审判大厅里没有固定的座位，他经常进进出出，维持秩序，在开庭和闭庭时高声呼喊一番，在证人登台作证时，担

---

〔1〕在二楼日本人旁听席中，被告广田弘毅的妻子和女儿以及东乡茂德的妻子（一个德国妇女）是每庭必到的，无间风雨，两余年如一日。他们与被告遥遥相望，目遇时常作一会心的苦笑。记得在最后一庭法庭宣布判处广田绞死刑时，广田竟吓得全身发抖，面色惨白，频频以目向右方上顾，寻视其妻女所在，实则其妻女所坐之日本人旁听席在其左方楼上。于此可见此时广田之方寸已乱，神志不清，以致左右方向都不能辨认。旋经两名壮健宪兵用力挟持，始得拖步走出法庭。

○○○○被○○告○○席○○○○

辩护人席(丙)

盟国贵宾旁听席

辩护人席(乙)

检察官席(乙)

语言仲裁小组

翻译人员席

证人台

检察官席(甲)

发言台

辩护人席(甲)

记者席(日本人)

记者席(盟国人)

书记 登记台 登记官席

菲律宾 新西兰 法 苏 中 庭长 美 英 加拿大 荷兰 印度

法 官 座 席

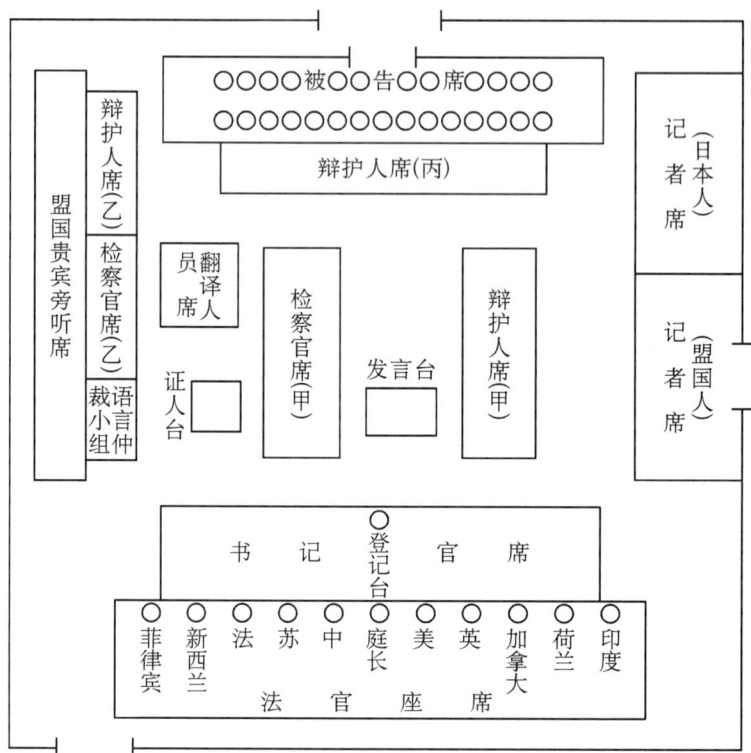

远东国际军事法庭审判大厅坐席示意简图

注：审判大厅仅法官座席的右方（记者席上面）系楼房，座位为梯形，全部供普通旁听席之用（分为日本人旁听席与非日本人旁听席），共有座位约六七百个。（二楼图不备）

任引导并执行宣誓。

审判大厅以及整个法庭的警卫都是由盟军总部的宪兵队担任的。开庭时，在审判大厅里站着大约二十名宪兵，散布全厅，各有其固定的岗位，他们大都是面向法官台站的。只有在新闻记者席和楼上普通旁听席站岗的宪兵，他们是背着法官台而面对记者们及旁听群众的。这事曾引起了记者和听众们的反感，但是为了保证绝对安全，警卫宪兵这种站岗姿态始终没有改变。

——以上即是远东法庭大厦的办公场所及审判场所（审判大厅）分配和布置的大概情形。

三、法庭的成员：法官与庭长

（一）十一国法官简介

在 1946 年 1 月 19 日颁布的远东国际军事法庭宪章里规定，法庭的成员系由五名以上、九名以下之法官所构成；法官的人选系由盟军最高统帅在从日本投降书上签字的九个受降国所提出的候选人名单中任命之。因此，在宪章颁布不到一个月内（2 月 15 日），盟军最高统帅部宣布任命的法庭成员名单只是九名法官，中、苏、美、英、澳、加、法、荷、新各一名。

在 1946 年 4 月 26 日修正的宪章里，法庭成员的最高额便增加了两名，定为十一名，印度和菲律宾也被规定为提名国。[1] 同天，盟军最高统帅又宣布了一名印度籍法官和一名菲律宾籍法官的任命。这样一来，在 1946 年 5 月 3 日法庭正式开庭的时候，法庭的成员便是十一名。他们是：

澳大利亚法官兼庭长　威勃爵士（Sir William Webb）

美国法官　希金士（John P. Higgins）[任职三个月后辞去，由克莱墨尔将军（Gen. Myron Cramer）继任]

中国法官　梅汝璈（Mei Ju-ao）

英国法官　派特里克勋爵（Lord Patrick）

苏联法官　柴扬诺夫将军（Gen. I. M. Zaryanov）

加拿大法官　麦克杜哥（E. Stuart McDougall）

法国法官　柏奈尔（Henri Bernard）

---

[1] 印度和菲律宾并非日本投降书上的受降签字国。它们之被允许参加远东国际法庭是因为它们取得独立后已被允许参加设在华盛顿的盟国对日管制的最高决策机关——远东委员会。为了使远东法庭和远东委员会的成员国完全一致，因而法庭也就增加了印、菲法官各一名，但是巴基斯坦、缅甸、锡兰则付之阙如。它们在远东法庭和远东委员会都没有自己的代表。印尼和越南则因为那时它们的独立战争尚未取得最后胜利，法理上仍然是荷兰和法国的属地，因而在远东法庭和远东委员会都没有他们自己的代表。

荷兰法官　罗林(B. V. A. Röling)

新西兰法官　诺斯克罗夫特(E. Harvey Northcroft)

印度法官　巴尔(R. M. Pal)

菲律宾法官　哈那尼拉(Delfin Jaranilla)

以上十一名法官,除了美国法官希金士以外,在法庭存在的整个期间全都在法庭任职,没有中途更换的情事。希金士的更换是有其特殊原因的。希金士是美国马萨诸塞州最高法院的院长,在他奉派来到东京之后,院务便交给了一位副院长代理。不料这位副院长猝然去世,而另外一位副院长又长期抱病,不能视事。因此,他便呈准美国政府和盟军最高统帅辞去了东京法官的职务而返回到美国去了。美国法官于是改派了美国陆军军法总监克莱墨尔将军充任。这次美国之所以改派一位军人充任,据说系有鉴于苏联法官是一位军人的缘故。

美国法官的更换是1946年7月中旬的事情,那时希金士任职还不到三个月工夫。在新法官克莱墨尔将军出庭的第一天,被告辩护律师们看见有隙可乘,便向法庭提出了一个无理取闹的挑衅性的紧急动议,申请法庭拒绝克莱墨尔的出席。理由是:一、宪章规定法庭成员最高额只是十一名法官,而克莱墨尔的任命是第十二名,因而这个任命是违背宪章的,也就是非法的;二、在中途更换法官,使人怀疑法庭将来是否能够作出公正的判决;三、克莱墨尔身为战胜国将领,又曾任美国陆军军法总监,因此他不可能在远东国际法庭这样的法庭里做一个不偏不倚的法官。

对于这个无理取闹的申请,法庭经过法官会议之后,毅然决然地予以驳斥。

在这以前,即法庭开庭之初,被告律师便向法庭提出过要求庭长和菲律宾法官回避的申请,并且扬言对其他每一法官也要提出同样的申请。对庭长威勃要求回避的理由是:他在被派来到东京之前,曾担任过澳大利亚政府任命的一个"日军暴行调查委员会"的委员长,他对日军

远东国际军事法庭
法官

庭长：
威廉·弗拉德·韦伯爵士
Sir William Flood Webb
（澳大利亚）

密朗·C·克拉默
Myron C. Cramer
被替换法官：
约翰·P·希金斯
John P. Higgins
（美国）

梅汝璈
Mei Ju-Ao
（中国）

帕特里克勋爵
Lord William Donald
Patric
（英国）

伊万·米歇耶维奇·柴扬诺夫
Ivan Mikheevich Zary-
anov
（苏联）

爱德华·斯图尔特·麦克杜格尔
Edward Stuart McDougall
（加拿大）

亨利·伯纳德
Henry Bernard
（法国）

伯纳德·维克多·A·勒林
Bernard Victor A. Röling
（荷兰）

艾瑞玛·哈维·诺斯克罗夫特
Erima Harvey North-
croft
（新西兰）

拉达宾诺德·帕尔
Radha Binod Pal
（印度）

德尔芬·哈那尼拉
Delfin Jaranilla
（菲律宾）

行为必定胸有成见,因而不能虚怀若谷地从事公平审判。对菲律宾法官哈拉尼那要求回避的理由是:他在战时曾为日军所俘,并被迫参加过"巴丹死的进行",[1]对于日军深怀仇恨,因而也不能作出不偏不倚的公正判决。

在这两个无理取闹的申请提出之后,法庭便断然给了它们以严厉的驳斥,于是被告辩护方面要求其他法官回避的申请便没有机会提出。现在事隔不到三个月,他们又乘美国法官更迭之际,再次提出这样胡闹的申请,无非是在贯彻他们那以节外生枝来尽量拖延审判进程的战略。这对东京审判来说,不能不算是一件憾事。假使远东法庭宪章也同纽伦堡法庭宪章一样,有一项禁止要求法官回避的条款,辩护律师们便无隙可乘了。[2]然而远东法庭宪章对这样一个可以预料得到的纠纷竟无规定,这不能不说是宪章的一个漏洞。

※　　　※　　　※　　　※

远东法庭十一名法官名义上虽然是由盟军最高统帅就各国盟国推荐的名单中选择任命的,实际上都是由各同盟国政府所指派的,最高统帅不过形式上加以任命而已。而且这些政府提出的只是各自的一名而不是一个名单,因此,最高统帅事实上并没有选择余地。从理论上讲,这些法官们是国际性的,可事实上他们仍然是各自国家的代表。这个认识从他们的座席后面插有各自国家的国旗,他们所乘的汽车上涂有

---

〔1〕所谓"巴丹死的进行"(Battan Death March)又名"巴丹死亡行军"是第二次世界大战日军暴行中最突出的事件之一,犹如南京大屠杀一样。事件的简单经过是这样:1942年春,当日军占领菲律宾的巴丹半岛的时候,它强迫所有的战俘和平民(不分男女老幼或伤者病者)在烈日当空、酷暑如蒸的情况下徒步走到圣非尔南多的集中营去,全程计120公里,步行继续了9天。在行进中,日军不但不给他食物和饮水,而且百般虐待、任意殴打,对敢于在道旁阴沟中窃取饮水者动辄予以枪杀,以致死尸枕藉,惨绝人寰,菲律宾人和美国人死于是役者达8 000人之多,因此有"死的进行"或"死亡行军"之称。菲律宾法官哈拉尼那便是被迫参加过这次"行军"而得以幸存的一个人。

〔2〕《纽伦堡国际军事法庭宪章》第三条。这一条明文规定禁止提出要求法官回避的申请。

各自国家的国徽等事实中也可以得到旁证。

这十一位法官除了美国法官和苏联法官系两位军人之外,其余的都是文人,大都是在其国内司法界服务很久、富有经验,或者从事法律教学、律师业务或公共活动声誉较著的一些人。例如庭长威勃(五十九岁)是现任澳大利亚昆士兰最高法院院长,自1913年起三十余年以来一贯从事司法实务;英国法官(五十七岁)是苏格兰最高法院法官;新西兰法官(六十二岁)是新西兰最高法院法官;菲律宾法官(六十三岁)是菲律宾最高法院副院长并曾一度任菲律宾总检察长和司法部长;加拿大法官(五十八岁)是加拿大刑事上诉庭法官——这些人都是富于审判经验的老法官。印度法官(五十八岁)原系数学教授,但后来改治法律,也有约三十年的司法业务经验,并且参加过不少的国际活动;中国法官(四十二岁)和荷兰法官(四十岁)是十一人中比较年轻的两个,他们除参加过立法工作或法律实务之外,还担任过多年的大学教授,从事法律理论的研究。法国法官(四十七岁)自从法校毕业以后,曾经营商业及从事殖民地行政事务多年,在第二次世界大战期间,他是戴高乐的"自由法国"的积极拥护者,并且担任过"自由法国"等几个军事法庭的检察长或检察官。

除了上述的九位文人法官之外,远东法庭还有两位法官(苏联法官和美国法官)是现役军人。他们在开庭时不着"法袍"而是穿军服,因此特别引人瞩目。他们虽系军人,但都是正规的大学法科出身,在军队中有过长期的司法和检察工作的经验,并卓著功勋。苏联法官(六十二岁)是现任苏联最高法院军事庭法官,历任战时军事法庭审判长、红军法律学院院长,并且参加过1935—1938年对托洛斯基分子及布哈林分子的审判。他是列宁勋章、红旗勋章、红星勋章、红军二十年服务勋章、莫斯科保卫勋章以及对德胜利勋章的持有者。

美国法官(六十五岁)是远东法庭成员中最年长的一个。他是著名的哈佛大学法科毕业生,拥有相当长期的律师工作经验。第一次世界大战时,他参加美国军队,在法国作战。战后一直在美国军队中担任军法官职及法律教学任务，凡二十余年。第二次世界大战爆发至战争终结，他担任着美国陆军军法总监，这是美国陆军中最高的司法官职。他对美国战时军法制度颇多兴革，卓具成绩。1945 年 11 月他已经退休，但是由于希金士的去职，他在 1948 年 8 月又被美国政府征召入伍，来东京法庭担任法官。他是美国劳绩勋章、卓越服务勋章及名誉法学博士学位的持有者。

以上是远东法庭十一位成员的简单介绍。[1]

（二）法官们的工作关系与"法官会议"

这十一个成员在法庭存在的整个期间大都是辛勤奉公的，彼此相处也很和谐。例如印度法官，他几乎对每个重大法律问题都有其奇特的见解，在法官会议上时常闹别扭，争得面红耳赤；但是，会议一散，大家对他并不歧视。又如苏联法官，由于他是当时社会主义国家的唯一代表，他的观点方法每每是与众不同的，因而他在会议上滔滔不绝的发言也时常引起反感和攻击，甚至成为众矢之的；然而会议一过，大家又谈笑自若，一团和气，并无彼此仇视或轻视的现象。在一个受过高等教育的法官占压倒多数且他们的平均年龄又在五十岁以上的法庭里，这种现象应该被认为是正常的。

法官会议是用英语进行的。按照法庭宪章的规定，法庭的一切程序都要采用两种语言，即英文及被告所能理解的语言——日文。为了保证审判的公正和被告辩护的权利，当然应该使被告们了解法庭上进行的一切，因此，使用日文为工作语言之一是需要的。但是法官会议既没有被告在场而且系秘密性质，自无译成日语的需要。因此，在法官会

---

[1] 关于十一国法官的履历，东京盟军最高统帅部民事情报局曾于 1946 年 10 月 23 日正式发布一份较详细的新闻报道。这个文件曾经东京英文《日本时报》及其他日本报纸予以转载（中文译稿见本书附录）。关于十一位法官的经历、生活等情况，上海《新闻报》驻日特派员谢爽秋也写过一篇较长的报道，连载在 1948 年 3 月 23—25 日的《新闻报》上。

议上,大家都是以英语发言的,不通晓英语的法官由他自己携带翻译。

事实上由于英美系的法官在远东国际法庭成员中占多数,这件事并没有产生很大的困难。英、美、加、澳、新固不待论,即印度和菲律宾,由于长期是英美统治下的殖民地,高等教育都是用英文进行的,因此这两国的法官不但能说英语,而且他们所受过的还是英美派的法律教育。至于中、法、荷三国,他们不是英语国家,在法律体系上也不属于英美派而是属于所谓大陆派(这是与英美派相抗衡的世界另一主要法律体系),但是这三国的法官却都能操英语,同时对于英美法程序也有相当的了解。这是由于远在法庭正式成立之前,包办占领和管制日本的美国政府便向各受降的同盟国政府打过招呼的缘故。

在 1945 年 10 月 18 日这一天,美国国务院便给各受降国家的大使馆送了一份很长的秘密照会。照会详细阐述了美国政府关于处理日本战犯所采取的种种政策和措施。对于甲级战犯,照会说东京盟军最高统帅部即将组织远东国际法庭予以审判,并请各国政府准备提出法官的人选以便最高统帅加以任命。照会并明确表示:在提出人选时各同盟国最好是各自推荐一位能操英语的法律专家。这个照会无疑地在那几个非英语国考虑法官人选时发生了影响。当时中国政府派遣的便是一位留美多年、获有法学博士学位而又在国内大学教授过英美法多年的人。

由于上述各种原因,远东法庭成员中绝大多数都能操英语。苏联法官是唯一的例外。但他随带有一位能操极端流利英语的口译和若干名工作效率很高的笔译人员,因此在工作中并不感到多大困难。他经常滔滔不绝地参加法官们的辩论,还时常写"备忘录"致送各法官同事,但是他的意见和主张却很少得到其他国家法官们的支持或重视。

在法官会议上没有充分发言机会的或者对多数的意见怀有不满的个别法官,在散会后通常是回到自己的办公室去写书面的"备忘录",分别致送给同事们。这种备忘录的内容有的是发挥自己在会议上的"未尽之意",有的是攻击别人在会议上的论点或主张。每当一个重大问题被讨论或被议决的前后,这种备忘录的来往是十分频繁的。谑者称之为法官间的"备忘录之战"(Battle of Memorandum)。这是法官们在出席公开庭审和法官会议以外的另一任务。不过这个任务是自愿承担的,有些喜欢坚持己见或舞文弄墨的人对此甚至感到津津有味,乐此不疲。有些法官们则并不那么热心。

对备忘录作出处理是庭长的责任。如果备忘录中有具体的建议或者要求重新考虑会议已经通过了的裁定或决定,庭长必须召开法官会议加以讨论。如果备忘录中只是在学术理论上发挥自己的主张或是为已经被否决了的主张作一番辩护,甚至有涉及个人攻击之处,那么,庭长便可以置之不理,不必召开法官会议或采取任何其他的行动。

远东法庭成员在组织上还有一点是同纽伦堡法庭大不相同的。在纽伦堡法庭,每位法官都有一位副法官或代理法官。在法官因故不能出席庭审或会议的时候,副法官或代理法官便可全权代理他去执行职务。因此,在纽伦堡法庭里,四国法官每天都是全体出席的。宪章还定了必须有四分之三的同意票才能通过重要决议。[1] 远东法庭则不然,远东法庭根本没有"副法官"或"代理法官"的设置。宪章规定只要法官们半数以上出席便构成法定人数,出席法官的过半数的同意票便可通过任何决议。[2] 这样一来,十一位法官只要有六位出席便可以开庭或开会,出席的六位法官之中只要有四位的同意便可通过任何决议。而且宪章还规定了在同意票和反对票数目相等的时候(如三对三),庭长的一票是有决定性作用的。[3] 如此说来,四位法官或者庭长同两位法官(共三人)便有操纵法庭的可能。这在某些人看来是很危险的。[4]

---

〔1〕《纽伦堡国际军事法庭宪章》第四条第(一)项及第(三)项。

〔2〕《远东国际军事法庭宪章》第四条(甲)项及(乙)项。

〔3〕《远东国际军事法庭宪章》第四条(乙)项。

〔4〕例如苏联金拉斯基和罗森布立特便有过这样的想法。见他们合著的《日本首要战犯的国际审判》(世界知识出版社 1954 年中文译本),第 55 页。

诚然,这种危险在理论上是存在的。但是,事实上,这种事情从来没有发生过。在远东法庭的全部审讯期间,法官缺席的事情是非常稀少的。除了庭长和印度法官曾因事回国而有过短期(数十天)的告假以外,其他的法官几乎每天都到庭工作,缺席是非常偶然的。因此,法官席经常是满座的,很少有过两个以上的空席。例如,中国法官,他在八百一十八次庭审中只缺席过几次。有的法官自始至终就没有告过假。法官们几乎都是准时到庭,排队进去,排队出来,每天进出达八次之多,就像小学生上课下课一样。一般说来,他们的工作态度都是相当认真的,责任感都是很强烈的。在投票决定每个问题的时候都是有多数少数之分的,所谓"正反票数相等时,庭长的投票有决定性"这一规定实际上从来没有发生过作用。

在庭长告假的那个短时期里,庭长职务由美国法官代理,因为美国法官依照法官席次是第一位,坐在庭长的右手方。中国法官是第二位,坐在庭长的左手方。

(三) 法官席次的排列

在这里,必须谈到一下法官座席次序排列的问题,因为这是法庭宪章上没有明文规定而在开庭之前法官们曾经有过一度热烈争执的问题。这种争执是很自然的,在任何国际场合,争席次争座位的斗争总是难免的,国际法庭亦不例外。这不仅是个人的事情,而是有关国家地位和荣誉的问题。

由于远东法庭宪章没有明文规定法官席位的次序,这个问题在开庭前好几天在法官会议上便有过热烈的讨论和争执。照道理说,远东国际法庭法官既是由日本投降书上签字受降各国所派遣,法官们的席次当然应该以受降签字的先后为序。这就是说,应该以美、中、英、苏、澳、加、法、荷⋯⋯为序。这是最合情合理的安排。许多法官,特别是中、美、加等国的法官,都赞成这个安排。

但是庭长却不喜欢这个安排。由于他想使两位与他亲近的英美派法官(特别是英国法官派特里克勋爵)坐在他的左右手,他便千方百计地要反对和变更这个安排。他最初的提议是法官次序应该按照联合国安全理事会以五强为中心安排,即以美、英、苏、中、法为序,但是有人指出:按照联合国宪章,安全理事会五个常任理事是以中、法、苏、英、美(按照国名字母先后)为序的。这样一来,两个非英美派的中国和法国法官将坐在他的两旁,而他所倚重的英国和美国法官反倒不能踞于中央席次。于是,他又提议说:我们不是联合国的组织,不必照五强居中的安排,可以适用一般按国名字母先后为序的办法。但是,这样一来,事情更乱,居中央的将是中、加两国以及法、印、荷、新等国的法官,而庭长所希望接近的英美法官反而离他更远了。在这时候,又有人提议:远东法庭既是国际性的法庭,就不必以国家为序而应以法官个人的年资为序。但是,有人问道:年资是什么?是法官出生年龄的先后,还是在国内任法官的时间的长短?法官也应有高低之分,任一年的初级地方法院法官是否等于任一年的全国最高法院法官?如其不然,又应该如何折算?当律师、当教授的年资同任法官的年资又应该怎样折算?要解决这些问题,就非组织一个委员会去细致地调查研究一下各国的法律政治制度不可——这样争来争去,议论纷纷,莫衷一是。最后中国法官发言说:"我看依照日本投降书上受降签字的次序安排座席最为合理。如果庭长和大家不赞成这个办法,我们不妨找一个体重测量器来,看看各人的体重是多少,然后按照它来安排席次,体重者居中,体轻者居旁。这样,我们便可以有一个最公平最客观的标准。"

这话引得哄堂大笑。庭长对中国法官笑道:"你的办法很好,但是它只适用于拳击比赛。我们是个国际法庭而不是拳击比赛。"中国法官答称:"假使不照受降签字的次序,我认为这是唯一客观可采的标准。纵使我被置于末坐,也当心安理得,并且可以向我的政府有所交代。他们绝不会对我感到不满。如果他们要让中国得到较高的席位,就必须派一个比我肥胖的人来替代我。"显然，中国法官是意识到庭长是在千方百计地设法排挤他，不让他占据法官第二席。

这个问题就是这样半认真、半开玩笑地在开庭前的多次法官会谈中谈论来、谈论去。庭长既不作出决定，又不愿付诸表决，一任其混乱、僵持下去。直到开庭的前一天，庭长那迄未告人的打算才真正暴露出来了。

※ ※ ※ ※

1946 年 5 月 2 日（即正式开庭的前一天）是法官们席次斗争最尖锐的一天，也是具有决定性意义的一天。那天上午书记官长紧急通知各法官，说下午四时举行法庭开庭仪式的"预演"，并且要拍照，嘱各法官届时穿上法衣，做好准备。法官们都按时到了庭，先在法官休息会议室集合。庭长宣布行列及座席的次序是：美、英、中、苏、法、加、荷、新、印、菲，并说这是经过盟军最高统帅同意了的安排。照这个安排，庭长右手方将为美、中、法、荷、印，左手方将为英、苏、加、新、菲，其用意是要英美两国居中，排挤中国，以压制加拿大（照受降签字次序加应排在法之前）作为陪衬，表面上看来似乎也有点符合五强居中的意思。

庭长这一宣布，使大家愕然。中国和加拿大法官最为愤慨。中国法官首先表示说："这个安排是荒谬的，它既非按照受降签字的次序，又非按照联合国安理会五强排列的次序，亦非按照一般国际会议以国名字母先后排列的次序，用意何在，殊属费解。我不能接受这种安排，并不宜参加今天的预演仪式。"说毕便愤然离开会议室，回到自己的办公室，并卸下法袍，以示决心。继之，便是加拿大法官的抗议。

庭长看见事情不妙，中国法官的这一手是他没有预料到的。于是他便亲自来到中国法官办公室里，鼓其如簧之舌，对中国法官婉言解释说："盟军最高统帅要英美居中的意思无非是因为他们对英美法程序熟识一些，纯粹是为了工作上的便利着想，并无歧视中国的意思。中国的席位仍然在苏法之上，是五强的中坚。"中国法官说："这是国际法庭，不是英美法庭,我看不出有英美派居中的必要! 假使有的话,何以加拿大、新西兰等英美法系的法官又被挤在两旁呢?"庭长又说:"照现在的安排,你的近邻将是美国法官和法国法官而不是那位苏联将军,这对你将是很愉快的。"中国法官答称:"我不是为了要愉快而来到东京的。中国遭受日本战犯们的侵略荼害达五十余年,对中国人来说,审判日本战犯将是一件非常沉重严肃的任务,绝不是一件轻松愉快的工作。至于说到苏联人,我们中国人并不像你们西方人那样厌恶或害怕他们。我觉得我们这位苏联同事有说有笑,是一个非常和蔼可亲的人。"

庭长看到他的话全都碰了壁,于是遂带威胁的口吻说:"这是最高统帅的意思。如果因为你的拒绝尊重这个安排而使中美关系陷于不愉快的境地,那将是非常可憾的。你的政府未必同意你的这种行为。"中国法官带点激动地答道:"政府同意不同意是另外一件事,但是我绝不接受这种于法无据、于理不合的安排。一个士兵还只有遵守合法的命令的义务,何况一个法官。况且,中国是受日本侵略最惨烈、抗战最久、牺牲最大的国家,在审判日本战犯的国际法庭里它应有的席位竟会被降低到一贯只知向日军投降的英国之下,这是不可思议的事情! 我不相信中国政府会同意这个安排。同时,我也怀疑这个安排真正是最高统帅作出的。"最后这句话无疑牵涉到庭长的人格和诚实问题。他听了很激动,同时又看到中国法官态度坚决,寸步不让,再也谈不下去,于是他便起身向中国法官说:"我去同其他兄弟商量一下,看看大家的意见如何。请你千万别走,至多十分钟我就回来。"最后这句话是因为看见中国法官故意穿大衣、戴帽子,作出急于要回饭店去的姿态而发的。

果然,不到十分钟,庭长便回到中国法官办公室来了。他面带笑容地说:"我已经同其他兄弟们商量过,他们一致认为今天的预演只是临时性的、非正式的,我们不妨照原定的安排,不必变更。至于明天正式开庭的安排如何,我们今晚可以开个会讨论一番。"中国法官感到这可能又是庭长的一个诡计——先造成既成事实,然后借故取消今晚的会议，或者到明天又说最高统帅不同意作任何改变，我们应该依照昨天"行之有效"的办法，因此他决定现在便应该把这个斗争贯彻到底。他对庭长说："预演固然是临时性的和非正式的，但是许多摄影师和新闻记者都等候在审判大厅里，他们必定要摄取许多照片，甚至刊登在报纸上。这些照片很可能传到中国人民的眼里，他们看到这种于法无据且与中国荣誉地位不相称的安排，必然会感到惊奇，甚至会责难我软弱无能。远东国际法庭的宪章上虽没有规定法官座席的顺序，但是我们法庭之所以设立以及它之所以有权审判日本主要战犯是根据日本投降书而来，按照受降国家签字先后的次序安排席位是唯一合法合理的办法。这事我已在法官会谈中提过多次，多数同事并无异议，也没有人提出过更好的办法。但是你始终不愿将这个问题付诸表决。我看再开法官会议是不必要的。唯一的办法是预演时就依照受降签字次序排列，如果最高统帅不同意，我们明天再开法官会议不迟。倘不如此，我绝不参加。至于我将来怎样办，我还得慎重考虑一下。我可以向政府请示，看它是否支持我，也可以向政府辞职，请它另派一个人来接替。这完全是我个人的事情。"说毕，又作要离去状。

庭长看见他的这一计谋又成泡影，神情非常焦急，便对中国法官说："请你务必再等一等，我同其他兄弟们商量一下就来。"

此时预演仪式已经推迟了约二十分钟，参加的人们已经有点不耐烦了。中国法官心中有数，知道没有他的出席，预演是不会举行的，即使草草地举行了今天的预演，而明天的正式开庭必定会延期。这将掀起轩然大波，因为开庭的日期曾向全世界宣布了，而且一切准备工作都已就绪。对这一点，中国法官是有把握的。由于苏联法官一人迟迟未到，法庭还等了多日才确定开庭日期，而且总部和庭长一再宣称非俟全体法官到齐不拟开庭。现在苏联法官虽然到了，假使中国法官拒绝出席，估计还是不可能开庭的。不按照已经宣布了的日期开庭必然会在日本和全世界造成惊疑和非难。这个责任最高统帅或庭长都是不愿负而且也负不了的。根据这个估计,中国法官认为此时此地是摊牌的最好机会,因而他的态度便更加坚定不移了。[1]

不到十分钟工夫,庭长第三次来到中国法官办公室。他对中国法官说:"大家同意你的意见,预演就照受降签字国的次序进行。今晚我把情况报告最高统帅,看他是否同意。"说完便悻悻地走了。中国法官于是脱去大衣,换上法袍,紧跟着也来到会议室了。预演仪式立即开始,然已较预订时间推迟了半个多小时。预演完毕,法官们还拍了许多照片。

第二天(5月3日)上午九时半,远东国际法庭正式开庭。这是轰动东京的一件大事,法庭内外挤满了新闻记者、摄影记者、盟国来宾和日本旁听群众。法官们九时一刻便齐集在会议室里。未几,庭长进来宣布说:"最高统帅已经同意,我们以后行列和座席的顺序就照昨天预演时的顺序进行。"至此,法官们大都感到松了一口气,因为一个谈论了多日、僵持了多日的问题已经得到了最后的解决。加拿大法官尤感高兴,他笑着低声向中国法官说:"我应该感谢你,要不是你的坚决斗争,我的席位便要排在法国人的后面,这将是很可耻的。我看,原来那个要英美居中的荒谬安排完全是威廉(指庭长)个人的意思,他抬出麦克(指最高统帅麦克阿瑟)来不过是想吓唬吓唬我们而已。"至于那个安排究竟是出自庭长一个人的主意还是他们两个人的主意将永远是一个谜,局外人是不知道,也不可能知道的。

我们在这里较详细地叙述了一下法官席位的斗争,其目的不是要夸大斗争胜利的意义,而是要从这个斗争中吸取经验教训和得出正确认识。首先,必须认识到:在任何国际场合,争席位、争排场的明争暗斗是经常发生而且是不可避免的。这种斗争常常关系到国家的地位、荣

[1] 法官席位之争及中国法官战胜庭长和英美派法官对中国的排挤之事,天津《益世报》驻东京特派员刘浦生在《介绍东京国际法庭的法官》一文中(见1947年8月3日《益世报》)曾做过报道。

誉和尊严,不能把它当作细枝末节,以为无关宏旨而淡然置之。其次,必须认识到:在第二次世界大战之后,中国虽一跃而跻于世界五大强国之列,但是它依然到处遭受压制和歧视。中国作为一个大国,它的权益经常受到侵犯和剥夺。在腐败无能的蒋介石政府统治下,中国一直处于这种境地。这就说明,在那时要维护中国权益便需要进行更坚决更艰巨的斗争。最后还要认识到的是:在进行维护国家权益的斗争中,立场必须合法合理。站稳了合法合理的立场之后,便应该有寸步不让、坚持到底的决心和勇气。当然,也要正确地估计到当时的形势和可能出现的后果,随机应变;如果有勇而无谋,仍然是无济于事甚至败事有余的。

以上是关于法官席位的安排,它是经过尖锐斗争的结果。下面要论述的是庭长的指派、职权和他在法庭里所起的作用。

(四) 庭长的指派、职权和作用

按照远东国际法庭宪章第三条(甲)项的规定,法庭庭长是由盟军最高统帅就法官十一人中指派一人充任的。这同纽伦堡国际法庭情况不同,纽伦堡法庭庭长是由法官们自己选举的。[1]

无论是选举的或指派的,庭长既然出自法官成员之中,他便是法庭成员之一,他的基本任务仍然是审判;在行使审判权上(如作出裁定及判决),他的权利义务是同其他的成员一样的。但是由于他是庭长,在审理程序方面和行政事务方面,他有一些特定的职权,并且能够起一定的作用。这是他与其他法官成员不同之处。

远东法庭的庭长是澳大利亚法官威廉·弗·威勃爵士。他被最高统帅任命为法庭庭长是有多种多样的原因的。首先,操纵战犯侦查及起诉大权的检察长既然必须由美国人担任,则庭长一职势必找一个非

---

[1]《纽伦堡国际军事法庭宪章》第四条第二款。

美国人担任不可,否则包办的形迹将过分暴露。在非美国人之中,又非找一个地地道道属于英美派系的人物不可,因为,正如我们所曾指出过的,远东法庭虽说是一个国际性的法庭,而且宪章上还规定了不受任何技术性规则的拘束,然而事实上,无论在审理程序方面或者语言文字方面,英美派都是占绝对的优势,在法官成员人数方面,英美派也是占压倒的多数。在英美派的法官(美国除外)之中,威勃爵士无疑是麦克阿瑟认为最合适的人选。英国法官派特里克勋爵虽也学识丰富、威望很高,而且聪明过人,但他是苏格兰人,受的是苏格兰法系的教养,不是真正的、嫡系的英美派。至于其他英美派法官,如新西兰的诺斯克罗夫特和加拿大的麦克杜哥,他们虽也是经验丰富的老法官,但是他们的资望手腕都不如威勃远甚。至于印度和菲律宾,虽也可算是英美派的支流,但它们是刚才脱离英美殖民统治的国家,地位很低,对日作战的贡献也相对较小,当然不在麦克阿瑟考虑之列。

澳大利亚虽然人口不多,但是地大物博、形势险要,它是大英帝国的嫡系正宗,在第二次世界大战中又是盟军对日作战的主要根据地。在太平洋战争的艰苦岁月里,麦克阿瑟的总司令部便长期驻扎在那里。因此,他对澳大利亚的感情是特别深厚的,同澳大利亚人士的往来也是特别亲密的。据说威勃爵士在战时便已与麦克阿瑟相结识,交情不坏。这也许是威勃爵士被指派为庭长的原因之一。不过同麦克阿瑟的私人交情不是威勃爵士被任为庭长的主要原因,主要原因还是澳大利亚的国际地位以及威勃爵士个人的学识才能和经验阅历。

威勃爵士不但是西方社会中的一个标准职业法官,有着一副循规蹈矩、守正不阿的样子,而且精力过人,工作勤奋,处理事务的能力很强。他在外表上虽然具有英国绅士式的风度,但在实质上仍然保持着澳大利亚人的粗犷性格。他的态度和言语非常坦白、直率,有时几乎是粗暴、急躁的,因此在庭上时常引起抵抗和冲突。例如,在公开庭审的第二天,正当检察长季楠(美国人)洋洋得意地宣读他那冗长的"始讼致辞"的时候，威勃爵士突然向他厉声说道："你的这些煽动性的词句对于我们的审判毫无裨益。"季楠气得面红耳赤，口出恶声，并以辞职相要挟。在法庭向被告们个别作认罪与否之讯问时，被告荒木答称："在我一生六十多岁中，我没有犯过破坏和平罪，也没有犯过普通战争罪，更没有犯过违反人道罪。"庭长当即申斥他说："我们要你答的只是认罪或不认罪，而不是要你作一篇演说。"有一次日本前首相币原被传出庭作证，因为他是日本政客中操英语最流利的一个，他被允许以英语发言。但在他刚开始说完几个字之后，庭长便要他停止，说："证人，你的英语完全不行！还是用日语发言吧。"

威勃爵士不但对检察官、证人和被告时常流露出急躁，对辩护律师有时更是粗暴严厉。例如，被告铃木贞一的辩护律师、日本著名法学家高柳贤三在法庭管辖权问题辩论时被准许宣读他的一篇冗长的夸夸其谈的辩护状，但是当他用缓慢沉肃的语调方才读完几句的时候，庭长便申斥他说："你用不着装模作样，像煞有介事。你所要说的没有一字一句不是我们早已知道了的。快快念下去，不要浪费我们宝贵的时间。"[1]又如，在审讯过程中，有两名美国律师（施密士和肯宁汉）曾因与庭长发生语言冲突而被迫去职。施密士系由于态度不恭，出言傲慢，经庭长斥责后表示不服，后由法官会议决定停止其职务。肯宁汉在庭上同威勃爵士言语冲突时，被威勃爵士公开斥其为"愚蠢"，肯宁汉极为愤慨，要求庭长收回自己的话并向他道歉。此事曾引起轩然大波。庭长当即宣布闭庭，说这个问题"将由法官会议讨论决定，我将回避此项讨论。"在缺席情况下法官会议立即决定支持威勃爵士，认为他并未失言，无道歉之必要。旋即复庭，宣布法庭的决定。肯宁汉聆悉后愤而请求辞职，法庭当即表示接受。

---

[1] 高柳贤三在法庭朗诵的那篇辩护书已由东京有斐阁出版发行（英日文对照），书名《东京裁判与国际法》(*The Tokyo Trials and International Law*)。高柳贤三是东京帝国大学的老教授，在日本法学界中颇负盛名，他的这个辩护书是较全面地代表被告在法律方面的立场、观点和主张的。

以上所举，只是几个比较突出的事例。这些事例清晰地说明威勃爵士的性格和他对被告、律师和证人一贯的严厉态度。威勃爵士这种态度是经常获得法官同事们的支持的，因为它是对辩护方面永无休止地使审判拖延下去的战术的一种多少有些效果的打击工具。东京审判在无可奈何的情况下还能比较迅速地顺利进行，与威勃的这种爽直性格和严厉态度不是没有关系的。

※　　　※　　　※　　　※

正如前面所指出的，庭长作为法官之一，他的任务是审判；在法庭对审判作出裁定及判决上，他的权利和义务是完全同其他法官们一样的。但是，作为庭长，在审判程序和行政事务方面是有其特定职权的。这些职权，计有下列几项：

庭长主持开庭，并代表法官发言。——在法庭每次开庭、法官们鱼贯进入并登台时，庭长领先，座位居中，退庭时也是由他领队下台，退出法庭。在开庭审讯时，他代表法庭发言，作对诉讼双方以及证人的口头的直接询问和宣布法庭对他们任何动议或申请的裁定。

对出庭作陈述的人们，无论是检察官、辩护律师、被告或证人，法庭直接作口头询问的场合是很稀少的。因为，按照英美法制度，所有可能提出的问题几乎都会由敌对双方（原告与被告）的一方尽量地向另一方提出的。例如，对检方的陈述或主张，辩护方面可以提出种种的非难并要求其答复任何问题，这就形成了一场淋漓尽致的言辞辩论。又如，对检方所提供的证人，辩护方面可以尽量对他的证言提出种种质问，进行无孔不入、无隙不乘的反诘，力图贬低证言的价值。检察方面对被告方面所作的陈述及所提供的证人也是如此。这样，经过双方的互相诘问、互相责难，事实的真相和问题的所在便很容易弄清楚。法官们只需默默静听，就像辩论会里的裁判先生一样。这和大陆法系国家的法官要对出庭者直接发问的情况是迥然不同的。只有在双方质难完结之后，如果某一法官对某一点事实或对某一个问题还有疑问,他便可直接对出庭者加以询问。询问系由该法官用纸条传递给庭长,由庭长宣布,并令出庭者立即答复。但是,这种情况事实上是不常有的。

法庭对出庭者直接发问的事情虽不常有,但是在开庭的过程中,它对检察和辩护双方律师所提出的无数临时动议或申请却要随时加以解决。特别是当双方盘诘一个比较重要的证人的时候,这种动议或申请是非常频繁的。例如,对检方提供的一个证人,先是由检察官(法庭经常称其为"检方律师")作直接询问。如果被告辩护律师认为证人的答复将对被告不利时,他便可在证人答复之前立即起立向法庭提出临时动议,说:"我反对这个问题的提出,因为它于本案毫无关联性或重要性。请法庭加以制止。"在直接询问完毕之后,任何被告辩护律师对他都可以进行反诘,目的是再搜取一些有利于被告的证言,或者揭露他以前的证言中有自相矛盾之处,以减少其作证价值。对辩护律师在反诘中向证人提出的任何问题,如果检察官认为于己方不利时,同样可以向法庭提出临时动议,说:"我反对向证人提出这个问题,因为它于本案毫无关联性或重要性。请求法庭加以制止。"

对被告提供的任何证人,其情况亦复如此。无论在被告辩护律师对他执行直接询问或检察官对他执行反诘的时候,对方都可以"于本案毫无关联性或重要性"为借口而请求法庭制止某个问题的提出。

非但对出庭作证的证人是如此,双方对待彼此提供的作证文件的情况亦复类似。每当一方(检察方面或辩护方面)向法庭提出一个作证文件的时候,如果对方认为有隙可乘,便会向法庭提出临时动议,要求法庭拒绝接受,说"它于本案毫无关联性或重要性,因而没有作证的价值"。此外,对于文件真实性的怀疑也可以作为请求法庭拒绝接受的理由。

考虑到法庭在审讯过程中曾传唤数以百计的证人和接受了数以千计的文件,这种来自双方的临时动议是多如牛毛、不可计数的,而且是无穷无尽、永无休止的。被告辩护方面实行其拖延政策便以此作为最有力的工具。

对每一个这样的临时动议,法庭即使明明知道其为无理取闹,却不能不当场作出裁定,否则审讯便不能继续下去。

裁定是由庭长当场宣布的,但是它必须根据法官多数的意见。在开庭的最初期,为了作这种裁定,法庭经常宣布暂时休庭,并举行法官会议去讨论、表决。这样,每作出一个裁定,哪怕是最简单的裁定,至少要消耗 20 分钟。而且休庭频繁,对一切出庭的人们都不方便。时日不久,法官们便认识到休庭解决不是好办法,于是他们决定除了对特别重大问题应举行会议之外,对一般临时动议都应在庭上立即解决。

解决的方法是法官们当场投票。每人在纸条上写出他自己的意见,传递给庭长,庭长应即以多数人的意见作为法庭的裁决,并立即宣布之。这样,只需两三分钟便可解决一个简单的临时动议。

最初,法官们在纸条上写的字数是比较多的,语气很客气,而且是文绉绉的,像一封短信一样:开始是"亲爱的庭长",继之便是"我赞成接受"或"我反对这个动议",最后还有"理由是……",或者"因为……",底下还签上自己的名字或缩写。后来,大家感到非但纸上写的首尾客套话不必要,就是附具理由也是多余的,因此纸条上便只写"赞成"或"反对"便够了。最后,索性连"赞成"或"反对"字样都不用,而以"+"或"-"符号去代替,"+"表示赞成,"-"表示反对。这样一来,在每个临时动议提出之后,法官们就立即忙于画票向庭长迅速传递,庭长只需把这十一张票收齐后,计算一下正负数目,便可立即宣布法庭的裁定。这样,不到一分钟问题便可以解决了。

法庭作出裁定的办法虽然简化到不能再简化的地步,然而由于临时动议十分频繁,它仍然是开庭时最浪费时间的事情,也是法官们最感头痛的事情。特别是庭长,因为他要代表法庭当场宣布裁定,更不能不忙于左顾右盼,收集投票和计算投票。

法庭的一般裁定(90%以上的裁定)都是用上述这种当庭投票的方

法作出的。只有重大问题才宣布休庭,举行法官会议讨论。任何法官认为有举行会议之必要时都可以随时递一张纸条给庭长要求开会,庭长必须立即宣布休庭。此外,任何法官对出庭人的陈述如有问题要提出,他也可以递一张纸条给庭长,庭长必须代为询问。因为,庭长不但是开庭时的主持人,而且是代表法官们的唯一发言人。

有些与审判实质无关、纯属事务性的琐细的临时动议或要求,是可以由庭长个人解决的。例如,有一次,某一证人因为摄影记者的镁光灯太亮对他的目力刺激太甚,致使他不能冷静思考,请求法庭予以制止。庭长立即命令熄灭灯光,停止摄影。又如,有一次,某辩护律师正在向法庭夸夸其谈地作陈述的时候,忽然感觉小便急得难熬,于是他便请求法庭允许他告假离开法庭两分钟,说什么"这个请求是由于生理上的迫切需要"。庭长当即打趣地对他说:"这是对法庭从来未有过的奇怪请求。但是,无论如何,我还是批准你的请求。"——诸如此类的琐细事情,庭长当然可以擅自决定,没有投票表决或休庭开会讨论之必要,从来也没有任何法官提出过抗议,说庭长"越权"或"不民主"。

※　　　※　　　※　　　※

除了主持开庭并代表法庭和法官们发言之外,庭长第二个任务便是主持法官会议——召集会议并任会议主席。这个任务远没有前一任务繁重,因为法官会议不是经常开的,不像公开庭审那样每天非搞足五个钟头不可(上午九点半至十二点,下午一点半至四点,中间各休息二十分钟)。有些小事情,只要法官们在休息室碰头的时候谈谈,庭长征询一下各人的意见便可解决,不必举行正式的法官会议。

只有在下列几种情况下,庭长才召开法官会议:

(1)检察处、辩护团(或任何被告的辩护律师)或书记官长关于重要事项向法庭提出书面要求或建议,例如要求法庭休庭若干天,以便准备诉讼材料;要求法庭对特定事项停止某一部分程序规则的适用;要求法庭传唤某人出庭作证(一般都是在诉讼每一阶段开始时,由诉讼双方各开具一张很长的名单提送法官会议审查,一次核准,但亦可随时作个别的请求)。

(2)开庭时当事人提出的临时动议而为用当场投票方式所不能解决者,应由法官会议解决。这种情况有二:一是庭长在听悉动议之后,自己认为问题重大,不适宜于用前面所说的那种简单的当庭传递纸条投票的方法解决,遂当即宣布休庭,召开法官会议商讨,复庭后当众宣布决定的结果;二是对于临时动议当庭投票的结果,有某一个或几个法官感觉不满,因而用纸条通知庭长,要求开会讨论,庭长应立即宣布休庭,并声明刚才当庭所宣布的裁决无效,法庭正式的裁定应俟法官会议结束后复庭时再行宣布。根据集体负责和成员权义平等的原则,法官要求召开会议的权利是绝对的;任何法官都可随时随地用书面或口头要求庭长召开会议,庭长必须立即照办,不得以任何理由加以抗拒或拖延。

(3)在法官们之间的所谓"备忘录之战"中,如果发现某个备忘录里有要求同事们重新考虑某项法律裁定或事实认定的意思,或者庭长个人认为某备忘录中有值得大家研究的问题,他可以召集会议,让大家就那个备忘录的内容讨论和争辩一番。这种讨论和争辩大都是学院式和理论性的,对于法庭未来的工作虽不乏指导和参考的价值,但是实际上它从来没有导致过法庭对于已往裁定的推翻或改变。

庭长仅仅在上述三种情况下才召开法官会议,因此法官会议不是经常开的。它对庭长和法官们都不是一种沉重的负担,它和开庭时要穿上法袍、聚精会神、正襟危坐每天达五小时之久的情况完全不同。在两年多的审讯过程中,正式的法官会议召集过不到一百次,每次开会的时间不长,大约半小时至一小时,有时只是一二十分钟(最后讨论法庭判决书和被告刑罚的整天会议除外)。

法官会议是秘密的,一切程序都用口头进行,不作记录;法官们只能自己出席,不准携带任何私人秘书或随员。苏联法官柴扬诺夫将军是唯一的例外。由于他不通晓英语,被特许随带一名翻译(六十多岁的老太太伯恩斯坦夫人,此人非常能干,精通英、法、德语,译话迅速就像自动机器一样,丝毫不耽搁会议的时间),但是这位翻译也是经过保密宣誓,并由苏联法官出具保证的。书记官长非经法官会议的邀请或批准,也不得列席会议。

由于法官会议是秘密的,因此日本人常称之为"秘密庭",以别于"公开庭"或"公审庭"。其实这是不正确的。会议既不作记录,又没有双方当事人或他们的代理人参加,哪能以开"庭"视之?

会议的气氛是非常随便的,大家各抒己见、畅所欲言,你一句、我一句,完全不拘形式。庭长等到同事们的意见差不多一致了,或者多数人的意向已经很明显了,便作出结论,作为法庭成员多数的意见。只要没有强烈的抗议或异议,庭长便把它当作法庭的决定或裁决去宣布。由此可见,法官会议通过决议一般是不经过投票表决手续的,而宪章上关于票数相等时庭长一票具决定作用的规定事实上也是等同具文,从来没有适用过。

※   ※   ※   ※

庭长除了主持开庭和召集法官会议之外,他的另一任务,亦即第三项任务,便是处理日常的例行公事和签署法庭的重要文件,例如公告、指令、传票等。这项任务是毫不繁重的,因为比较重大的关系审判程序的事情都已经过法官会议的议决,而比较细微的关系行政、管理、人事或经费的事情又有书记官长(美国人)大权在握,总揽一切,庭长只是在必要时画画押而已。

由于远东国际法庭系盟军最高统帅部设立的一个机构,因此除了法官们系由各国政府推荐、经最高统帅加派之外,其余自书记官长以下的法庭大小职员都是由最高统帅部直接地或通过书记官长任免的。法庭的一切行政事务、人事安排以及经费开支也都是由书记官长直接秉承最高统帅部的意志行事的。这些事情完全是由美国人包办的。

不但法官们不闻不问，就是庭长也只能听听书记官长的汇报，在一些必须盖印或签字的文件上盖上法庭的印章或签上自己的名字，如此而已。庭长在这一项任务上所花的时间是不多的，所费的思考是很少的。

由以上所述，可见庭长的工作并不比其他法官繁重多少。虽然在开庭和会议的时候，他要比其他法官更聚精会神、更多费脑力，但是他所花的时间却是和其他法官们一样多的。因此，正如其他法官一样，到了星期五下午散庭以后，他也是忙于收拾行装，向预订的地点出发，去作周末旅行。

（按：法庭每周休庭两天，法官们星期六和星期日两天多喜离开东京到外埠或近郊去消度。特别是那几位嗜好狩猎或游泳或打高尔夫球的法官们，他们几乎每周都有一个周末消遣计划，在东京周末是找不到他们的踪影的。由于日本是一个风景秀丽、江山多娇的国家，到处是游览区，到处是温泉，而法庭对于法官们周末旅行的安排又是特别周到，照顾得无微不至。至于日本男女侍者的善伺人意、体贴入微，更是世界闻名的。因此，周末旅行对法官们来说确是他们在东京的生活中最愉快最有趣的一件"大事"。[1]）

---

[1] 盟军最高统帅部对法官们在周末和休假期间的旅行安排和照顾是非常慷慨、周到的。每一法官只需提前一两天告诉书记官长办公室他周末打算到什么地方去，乘什么交通工具（火车、汽车或飞机），住什么旅馆，随行人员多少名，需要多少房间，多少车辆，书记官长便会通知总部，再由总部通知各有关方面做好接待准备。这种旅行的全部费用都是免收的，据说是写在法官所属国家的账上，将来在该国应得的日本赔款中扣除。在法庭较长的休庭期间，法官往往有更大的旅行计划。例如，在1946年5月法庭休庭两星期的时候，中国法官和美国法官便向总部要了一架专机，带着近十名随行人员（连同五名机上工作人员），浩浩荡荡地飞到中国，在上海、北平等地作了约十天的游览旅行。在开庭以前，中、美、新、加、荷五国法官也曾向总部要一架专机，作过一次全日本的空中旅行。又如，在1947年春天，法庭又有一个短期休庭，中国法官便带着14名随行人员（其中除了2名私人秘书之外，大都是想作免费旅行的中国朋友和法庭职员）到京都、大阪、神户等地作了一星期的游览旅行。总部特为他们挂了一节命名"天堂号"的花车（原系专供日本天皇出巡之用的），以供来往乘坐，并在京都最华丽的饭店订了许多房间供他们住宿，每个人都按其级别有一辆轿车或吉普车供游览乘坐之用，而这一切都是"免费"的。由此可见，盟军总部对于法官们游览旅行的照顾是无微不至，并且十分慷慨的。其所以如此，一 （转下页）

此外，庭长还有一个小小的任务，那便是交际的任务。每当这 11 位法官被总部高级官员或各盟国代表团团长邀宴的时候，他总是坐首席而且代表同仁应酬一番，说些客套话，有时还要作一篇简短的祝词或谢词。同时，如果遇有特殊贵宾，例如某一盟国的总理、外交部长或高级军事长官之类的人物，来到法庭旁听，经书记官长的建议或该国法官的要求，他也得通知法官们在休息时间内到会议室举行一个简单的茶会或酒会对他招待一下，寒暄一番。但这种情况并不多，平均每一个月还不到一次。法官们在东京社交生活中虽经常是被邀出席庆祝会、招待会、宴会、酒会的对象，但是法庭作为一个机关或者法官们作为一个集体却从来没有自己举行过一次大宴会或酒会。这是因为按照西方司法界的传统，法官们应该是独立的、超然的，不宜同外间有很多的交际应酬。至于同日本人的往来，那是绝对禁忌的。他们所住的帝国饭店对日本人是禁区，警卫森严，除了日本籍的服务人员以外，其他任何日本人都不许进去。

庭长和法官们在东京的职务、工作和生活情况，简单说来便是

（接上页）方面是为了表示对盟国代表人物的重视和优待，以冲淡一点美军包办领日本事项的气氛；另一方面却是因为这种费用反正是由日本政府提供的占领费项下开支的，对美国说来是慷他人之慨、惠而不费的。至于说将来由该法官所属国家应得的日本赔款中扣除，那只是一句空话。因此，各盟国法官也就乐得借此享受一番，豪华一度。因为，他们知道，要得到这种赔款，无异于"俟河之清"了。这便是周末游览和休假旅行之所以成为法官们公余生活中最感兴趣的事情的原因所在。然而他们的这一点小小享受比起美国占领军将领的挥霍无度，又是小巫见大巫了。举例来说，盟军参谋长的私人住宅占用的就是某著名日本王公的一座大花园官邸，他过着豪华的宫廷式的生活，征用的日本佣人达 6、70 人之多，后经美国记者的揭露和攻击才减为 40 余名。又如美军第八军长，他同样是过着极端豪华的生活。在他征用的无数日本佣仆之中便有 2 名全日本最著名的冰激凌食品制作师，专为他的家庭和客人制作冰激凌食品。他们不但可用冰激凌制成各式各样的飞禽走兽、花草果木，而且可以把它制成飞机、军舰。有一次，军长在宴后以这种冰制食品款待法官们，使法官们殊为惊异而赞赏不已。至于盟军统帅麦克阿瑟的享受，那更是不在话下。他在家里用餐或宴客时，经常有 8 个身穿日本大礼服的日本侍者鹄立桌旁伺候，俨然帝王式的排场。美占领军将领剥削日本之残酷以及他们生活之穷奢极欲，从上述的几桩小事中便可窥见一二。美占领当局对日本人力和物力的浪费实在惊人，连美国新闻记者都看着不顺眼。例如盟军总部高级职员和国际法官寄宿的帝国饭店，它里面的每一名住客便平均占用三个半服务人员。这不过是美国记者在新闻报道中所揭露的许多事例之一而已。

如此。

四、起诉机关:国际检察处

国际检察处是东京盟军最高统帅部(简称"盟军总部")的一个组成部分,但对远东国际军事法庭说来,它又是一个起诉机关,在法庭审讯的案件中代表十一个起诉国家担任原告。

(按:盟军总部为了执行日本投降条款曾经设置了许多专门性的处或组,其中主管法律问题和战犯审判的计有两处:一为法律事务处,一为国际检察处。对这两个不同机构的不同性质和职权必须首先认识清楚,以免造成观念上的混乱。)

法律事务处除承办总部的一般法律事务之外,还主管日本战犯的引渡以及对乙、丙级日本战犯的检举、逮捕、侦查和组织审讯他们的法庭。这些法庭大多是临时性的,由 3 至 5 名军法官组成,每案审讯的被告只是一名或数名,被控的罪名都是暴行罪,亦即普通的战争罪行。这些法庭采用的程序是简易的诉讼程序,因而它们结案也就比较迅捷。由于这些对乙、丙级战犯们的审讯大都是在横滨举行的,因此一般日本人便称之为"横滨裁判",以别于远东国际法庭对日本首要甲级战犯的"东京裁判"。[1]

设在横滨的这些法庭的组织工作以及对乙、丙级被告战犯的逮捕、侦查、起诉工作都是由法律事务处担任的,事实上都是由美国人包办的。但是为了点缀门面起见,它有时也邀请少数有关的同盟国人参加。例如,在该处担任侦查和搜集证据的便有两名中国人。在横滨各法庭

---

[1]"东京裁判"(日本人称审判为裁判,英文为 Tokyo Trial,单数)系专指远东国际军事法庭对日本首要甲级战犯的审判(因为这种审判只有一次,故用单数)。"横滨裁判"(Yokohama Trials,复数)则系指美军法庭(或美军与其他盟国所组成的"混合军事法庭")对日本乙、丙级战犯举行的审判。这种审判都是在横滨举行的,故称"横滨裁判"(因为这种审判曾举行过多次,故用复数)。

讯审的许多案件中,中国军事代表团也曾有过几次被邀派遣一名法官参加。但这只是起形式作用。就实质说,对日本乙、丙级战犯的横滨审判,从起诉到判决都是由美国人包办、操纵的。同盟国为了避免这种操纵,唯一的办法只有要求把某些乙、丙级战犯引渡到自己的国内法庭去受审,理由是这些战犯的罪行造成了对该盟国的直接损害。例如,在1946年,当时的中国政府由于受到来自人民群众的压力便要求过盟军总部把著名的乙级战犯谷寿夫、酒井隆、矶谷廉介、柴山六郎等押送到中国来受审。除非有特殊原因,盟军总部对于任何盟国的这种引渡要求是不能拒绝的。[1]

　　除了引渡到盟国去受审的少数战犯之外,对所有在日本本土上的乙、丙级战犯的逮捕、侦查、调查和起诉一类的工作都是由法律事务处主持的,对这种战犯的审判也是由它筹划和组织的。这是法律事务处的主要任务和职权。

　　国际检察处的任务和职权便大不相同。它是总部专为处理日本主要战犯(亦即“甲级战犯”)而设的。《波茨坦公告》既然已把日本主要战犯必须受到严厉的法律制裁作为日本投降的一项条款,那么,将来组织一个国际法庭去审判这些战犯乃是势所必至,也是理所当然。可是国际法庭只能从事审判。它既系国际性的,其组织手续亦必较为繁难迂缓,而事先的种种准备工作和起诉工作则非有专门机构和大批人员去

---

〔1〕依照一般国际法原则和各盟国首领们在战时的多次宣言以及远东委员会的决议,暴行实施地国家对于主持或参加该项暴行的乙、丙级战犯如果请求盟军总部引渡到该国去受审,盟军总部一般是不能拒绝的。中国政府请求引渡谷寿夫、酒井隆等,因为他们在日本侵华战争中在中国各地犯下了无数的残酷暴行,谷寿夫曾是史无前例、骇人听闻的“南京大屠杀事件”的主谋之一。至于南京大屠杀事件的主犯及最高责任者松井石根,以及中国人民所深恶痛绝的土肥原贤二和板垣征四郎,中国政府当初也一度有向总部请求引渡来华的意图,嗣因他们已被列名为首要甲级战犯交由远东国际法庭审处,遂作罢论。这几名甲级战犯后来都被远东法庭判处了极刑。不妨设想,如果他们被引渡到中国,当时的蒋记政府很可能会从轻发落之甚至来个“无罪开释”的。罪大恶极的“三光政策”(人民杀光、财产抢光、房屋烧光)的创始人,日本华中派遣军总司令冈村宁次就被宣告无罪释放了。

立即着手从事不可。国际检察处便是专门为执行这种任务而设立的机构。

国际检察处的任务是很繁重、复杂的,但它的权力也是很大的。在法庭宪章公布之前,亦即日本被占领的最初期间,它便受命选择法庭的地址,修建和布置法庭的内部,而更重要的便是开具甲级战犯的名单,对他们加以逮捕、执行侦查,并录取各犯的详细口供。在法庭宪章公布之后,它便派员到日本各地的和同盟国的有关机关团体以及有关人士处作实地调查,搜集罪证材料,并就这些材料作精密的分析、比较,然后再确定被告的名单,最后起草起诉书。在法庭正式开庭之后,它要负担在诉讼程序中检察方面所应负担的一切责任,例如提供文件和证人证物去支持起诉书中所控告的罪行,询问自己提供的证人,反诘被告提供的证人,参加言辞辩论,并对被告个人及全案作出最后的总结发言,亦即致"终讼词"。

有鉴于案情的庞大,被告的众多,牵涉问题之复杂,以及双方提出的证件证人之浩繁,不难想象,这种检察工作是相当艰巨的。它需要盟军总部的巨大人力财力的支持。同时,这个机构的权力以及它对日本战犯的检举和对东京国际审判的影响都是非常之大的。因此,主持其事者不但必须是美国人,而且必须是为麦克阿瑟所亲信的美国人。这个人便是约瑟夫·季楠(Joseph B. Keenan)。

季楠在盟军总部是国际检察处处长,同时又是最高统帅的法律顾问。他很受麦克阿瑟的宠信。在日本刚被占领、法庭尚未成立的时候,他便受命以总部一名大员的身份从事一系列的准备工作,例如法庭地址的选择,改建工程的进行,甲级战犯的逮捕和侦查,证据文件的搜集,法庭宪章的拟订,起诉书初稿的起草,等等。虽说那时已有纽伦堡的先例可资借鉴,但是由于日本和德国的情况颇不相同,这些准备工作不能不说是相当繁重的。

在 1946 年 1 月 19 日法庭宪章公布的同时,季楠便正式被任命为检察长,负对远东国际法庭所审讯的各个被告执行检察的全责。

检察长的权力特大是远东国际法庭宪章最突出的一个特点,也是它和纽伦堡最显著的一个差别。

按照纽伦堡宪章(第十四条),参加审判的四个国家(苏、美、英、法)都有其各自的首席检察官,他们的地位是完全平等的;在工作中他们是分工、合作的;对于应该决议的事项,他们是采取"合议制",由多数决定的。[1] 这种情况就像一般法庭的成员(法官)一样,地位完全平等,每个法官都拥有同样的一个表决权。

远东国际法庭宪章的规定却大不相同。宪章关于法官权力的规定虽然完全同纽伦堡宪章一样,采用的是"合议制",但是关于检察官方面采用的却是"首长制",或者也可以称为"独裁制"或"包办制"。

宪章第八条规定:"盟军最高统帅指派之检察长对属于本法庭管辖权内之战争罪犯的控告负调查及起诉之责。"该条又规定:"任何曾与日本处于战争状态之联合国家得指派陪席检察官一人,以协助检察长。"

照上述条文看来,对于一切远东国际法庭管辖权内之战争罪犯,亦即"远东的主要战争罪犯",事实上也就是日本主要战犯或甲级战犯,其"调查和起诉"的责任,亦即检察官的全部责任,是由检察长一人担负的,而这位检察长是由"盟军最高统帅指派"的。虽然国际检察处是一个相当庞大的组织,拥有很多的工作人员,但是独揽大权、最后决定一切的却是检察长。至于各同盟国家(亦即条文中所称"联合国家"),它们只能各派一名"陪席检察官",以"协助"检察长。由此可见,各国陪

---

[1]《纽伦堡国际军事法庭宪章》第十四条有如下的规定:"每一签字国……应各指派检察官一人,所有检察官应组成一委员会……";"此项委员会对于一切事项应以过半数之投票决定之,并为便利起见,应按照轮流之原则指定一人为主席";"如对应受本法庭审判之某一被告之指定或对该被告应被控诉之罪行,倘双方投票相等时,则应采取主张该被告应受审判或对该被告应控某项罪行之检察官的意见"。

席检察官对检察长的关系是从属的关系而不是平等的关系，它和各国法官对庭长的关系完全不同。因此，我们说它采用的不是同纽伦堡检察处一样的"合议制"，而是"首长制"，甚至可说是"独裁制"或"包办制"。对于检察长来说，各国陪席检察官只是处于顾问、咨议或助手的地位。

此外，关于陪席检察官还有两点值得注意的。第一，在规定有权推荐法官人选的国家名单的条文里，宪章指明为"日本投降书各签字国、印度及菲律宾共和国"（共 11 国），而关于陪席检察官，宪章却规定"任何曾与日本处于战争状态之联合国家"均得指派一名。虽然条文是这样规定的，但是事实上派了陪席检察官参加的却还只是那 11 国。第二，宪章规定了法官、庭长及检察长都要经过盟军最高统帅的任命，而各国陪席检察官却不必经过这样的手续。因此，陪席检察官的中途退职和换人接替是很简单方便的，不会引起任何方面的注意或抗议。例如苏联和印度原派的陪席检察官便中途去了职，由别人接替或兼代。至于各陪席检察官长期或短期告假回国而由他人临时代理的事情则更是常有的。

※　　　　※　　　　※　　　　※

虽然宪章上规定的陪席检察官的地位并不高，权力并不大，但是由于检举日本法西斯的元凶巨魁是举世瞩目的一件大事，尤其是深受日本侵略之害的亚洲人民所特别关切的一件大事，因此同盟各国对于派遣的人选还是很郑重的，他们派遣的大都是富有检察经验和法律学识的人，平均年龄在五十岁左右。

美国的陪席检察官是由检察长季楠自己兼任的，季楠是个富有资财的美国大律师，曾一度任美国联邦副检察长；中国派遣的是上海高等法院首席检察官向哲濬；英国是科明斯－卡尔（A. S. Comyns-Carr，属于自由党的英国国会议员，皇家大律师）；苏联是高隆斯基（S. A. Golunsky，苏联科学院通讯院士）；澳大利亚是曼斯菲尔德（A. J.

Mansfield,昆士兰州最高法院法官);加拿大是诺兰(H. G. Nolan,加拿大陆军军法次官,军事审判机关的副长官);荷兰是穆尔德尔(W. G. F. Borgerhoff-Mulder,海牙特别法庭法官);新西兰是奎廉(R. H. Quilliam,最高法院检察官);印度是梅农(Govinda Menon);菲律宾是罗伯茨(Pedro Lopez,国会议员)。[1]

以上11位陪席检察官在东京审判整个期间,绝大多数是继续在职,始终其事的。只有苏联检察官高隆斯基在法庭开庭不到半年时由于健康欠佳辞职回国,他的职务改由他的助理检察官瓦西里耶夫(Vasiliev,苏联三级国家司法顾问)担任了。此外,印度陪席检察官梅农,由于在东京没有多少事情可做,便中途回国去了。印度政府并未改派新人,只是把有关印度方面的检察工作委托给了英国陪席检察官科明斯-卡尔代为照顾。在审判最后阶段,澳大利亚的陪席检察官曼斯菲尔德也离职回国,他把有关澳大利亚的检察工作委托给了新西兰陪席检察官奎廉代为照顾。由于检察处是采取首长制,各国检察官只是处于协助检察长的地位,因此一两个人的缺席对于工作并没有什么重大影响。

※　　　　※　　　　※　　　　※

检察处的办公场所是在法庭大厦的三楼。除了检察长拥有一间较大的办公室之外,每一参加国的陪席检察官及其随带的工作人员都有一间独自的办公室,并组成一个小组。这些小组是以国别命名的,例如中国组、苏联组、法国组,等等。由于大多数的陪席检察官都是只身来到东京的,既没有带工作人员,也没有带很多资料证据,这种以国别分组的意义是不大的,检察工作主要是在检察长统一指挥下,由许多他所亲信的美国助理检察官去进行的。这些助理检察官大都是盟军总部中

---

[1] 此处原稿缺失法国检察官奥内托(R. L. Oneto)的名字。——编者注

远东国际军事法庭
检察官

首席检察官：
约瑟夫·贝瑞·季南
Joseph Berry Keenan
（美国）

向哲濬
Hsiang Che-chun
（中国）

亚瑟·S·柯明斯-卡尔
Arthur S. Comyns Carr
（英国）

谢尔盖·亚历山德罗维奇
·戈伦斯基
Sergei Alexandrovich
Golunsky
（苏联）

阿兰·詹姆斯·曼斯菲尔德
Alan James Mansfield
（澳大利亚）

亨利·格兰顿·诺兰
Henry Grattan Nolan
（加拿大）

罗伯特·奥尼托
Robert L. Oneto
（法国）

W. G. F. 伯格霍夫·穆德
W. G. F. Borgerhoff
Mulder
（荷兰）

罗纳德·亨利·奎廉
Ronald Henry Quilliam
（新西兰）

P. P. 戈文达·麦农
P. P. Govinda Menon
（印度）

佩特罗·洛佩兹
Pedro Lopez
（菲律宾）

有过法律训练和律师资格的美国军人或文职人员，他们的权限有时比陪席检察官还要大得多。例如，塔凡纳尔（Tavenner）、萨顿（Sutton）、摩罗（Moorrow）等都是季楠的亲信和得力助手，在国际检察处都是"红极一时"的人物。[1] 在季楠告假的时候，他时常指定塔凡纳尔代行检察长的职权。但是在另一些时候，他却指定英国陪席检察官科明斯-卡尔代行他的职权。这是因为科明斯-卡尔不但学识经验都很丰富，而且态度雍容，脑筋敏捷，口齿犀利，无论是在进行法律性的言辞辩论方面或是在询诘证人方面（包括直接询问检方自己的证人和反诘被告辩护律师提出的证人），他的工作都是做得特别出色的。因此，季楠有时不能不借重他，虽然他并不是季楠的亲信，同麦克阿瑟更无渊缘。以学识才能而论，科明斯-卡尔无疑是各陪席检察官中最突出的一人，同时也是最受法庭尊敬和最为被告及辩护律师们所畏惧的一人。他的实际人望远在政客式的季楠之上，其他那些庸庸碌碌的美国助理检察官更难望其项背。

上面已经指出过：国际检察处以国别分组的意义是不大的。这是因为：第一，远东法庭的检察工作是综合性的，由检察长和他的许多美国助理担负全责，也可以说是由他们整个地包办，而不是像纽伦堡法庭一样，依照国别分工负责的。第二，各国的陪席检察官大都是单枪匹马、一个人来到东京，在人力方面够不上独自设立一组，因此他们在整个的检察工作中只能由检察长视其个人能力之强弱指派担任或多或少的一部分工作。对于有关他们本国的检察事项，他们至多只是提出一些意见和与国内取得联系，以便搜集一些证据材料和提供一些必要的

---

〔1〕美国助理检察官是季楠检察长所最倚重的一群，他们是国际检察处的核心和骨干。他们几乎全是在盟军总部服役的职员，人数没有一定，事忙时便由季楠多向总部调用几名，事闲时则减少几名。这些人有的因为服役期满便离开东京回国去了，那时便又有新人补充进来，因此他们的流动性是很大的。但是季楠最得力的几名助手，如塔凡纳尔和萨顿之辈，在法庭整个审讯期间却始终供职于检察处，从未离开过。

证人而已。

但是也有例外。苏联检察组是发生了相当作用的。其原因是：第一，苏联陪席检察官不是只身来到东京，也不只是带来一两个秘书或翻译，而是带来了一大群的工作人员，数目在10名以上。有了这样充足的人力，苏联的工作当然容易展开，不必事事仰赖于美国人。第二，苏联情况与资本主义国家不同，它的隔离政策和保密制度使得外间对它不易接触或深切了解；因此，关于日本对苏侵略的作证文件档案完全要靠他们自己去搜集和提出，出庭的证人也要靠他们自己去提供和询问，对被告们所提出的辩护证人和证件也要靠他们来反诘或反驳。而且，日本对外蒙古（即"蒙古人民共和国"）的侵略的检察工作也是由他们代庖的。由于上述原因，苏联检察组在法庭检察处是具有相当独立性的，它的领导人高隆斯基（其后是瓦西里耶夫）以及拉金斯基、罗森布立特等助理检察官在法庭就日本对苏、对蒙的侵略活动审讯被告的阶段中，在检察方面是负过主要责任而且起过重大作用的。

此外，中国检察组在国际检察处中较之其他各组（苏联组除外）也还算是人力充足的。但是由于日本对华侵略的历史太长，案情复杂，绝大部分的检察工作都还是由检察长和他指定的美国人员担任的，中国组只是从旁协助而已。由于当时政府的腐化含苟，对法庭工作不给予应有的重视，在开庭的初期中国陪席检察官只带去了两名秘书（裘劭恒、刘子健）。随着审讯的进展，经有关方面的再三请求和呼吁，在审讯的后期，国民党政府才允许增加几名顾问（倪征燠、吴学义、鄂森、桂裕）。自从这几位到来以后，中国检察组的工作才有了一些进展。对于侵华证据资料的搜集、补充，以及对于被告证人的反诘方面，中国检察组都起了相当重要的作用。吴学义和刘子健在日本政府秘密档案里搜集了不少关于被告土肥原贤二和板垣征四郎罪恶活动的有力证据，这些证据在审判后期都作为补充证据由检方陆续向法庭提出了。在被告板垣征四郎亲自登台作证的时候,倪征燠向他所作的长时间的反诘是很有声色的,对法庭最后判处板垣以极刑起了一定的作用。

除了苏联陪席检察官所领导的苏联组在日本对苏、对蒙侵略罪行的检察工作方面保持了很大的独立性和中国陪席检察官所领导的中国组在日本对华侵略罪行的检察工作方面提供了不少帮助之外,其他各国陪席检察官所领导的以国别命名的检察组大都有名无实。但这并不是说这些陪席检察官无事可做或者毫不重要。相反,在整个检察工作的分工里,他们是时时被检察长指定担任或大或小的任务的。比方说,检方要向法庭提出一个有问题的重要作证文件(辩护方面可能反对,因而可能引起言辞辩论),或者反诘一个重要但狡黠的被告或被告提供的辩护证人(必须对他的证言进行无孔不入、无隙不乘的盘质和非难),那么,检察长便非时常借重那位能力特强的英国陪席检察官不可。由此可见,陪席检察官在法庭的任务的多寡和艰易是因他自己的能力的强弱大小而异的。一般说来,各国派遣的陪席检察官的能力都在那些美国助理检察官之上,但是由于季楠的私心,这些美国助理在法庭"表演"的机会却是很多的,几乎占三分之二以上。季楠是一个标准的美国政客,本位主义非常浓厚。他竭力要把远东法庭的检察工作做成是一出美国人独演的"美国戏"。因此,非不得已,他是不愿意借重别国人的。这是各盟国的陪席检察官和助理检察官在漫长的讯审过程中经常感觉苦闷和不满的原因所在。

※　　　※　　　※　　　※

国际检察处每周举行一次例会,出席者为各国陪席检察官和一些被检察长特别邀请的美国助理检察官。会议由检察长季楠主持;季楠缺席时则由塔凡纳尔(美国助理检察官)或科明斯-卡尔(英国陪席检察官)代理。例会完全是工作会议的性质,讨论的只是本周内在庭内庭外有些什么工作,如何分工,某件工作由哪个人去担任。例如,在检方提证的阶段,决定哪些证据文件应该提出,由哪些个人分别向法庭陈述并参加辩论,哪些证人应被邀出庭作证,由哪些人分别对他们作直接询问并在对方反诘时负责保护他们;在对方(被告方面)提证的阶段,决定由哪一个人对某些被提出的文件进行反对或抗议,由哪一个人对某一辩护证人进行反诘和攻击;等等。诸如此类关系一周内检察处内部分工的种种问题,都是在每周的工作会议例会上讨论的对象。

在工作会议上,参加的全体陪席检察官和一部分被邀的美国助理检察官(别国的助理检察官或顾问、秘书是从不被邀的)都可以自由发言,畅抒己见,季楠检察长也装作虚心倾听的样子。但是,对于一切关键问题、战略问题,他是胸有成竹的。对一切问题他都保持最后的决定权。有时遇到某国陪席检察官坚持己见,因而同他发生争执的时候,他便会拿出他最后的法宝,用带威胁的口吻说:"请您注意法庭宪章的规定,检察长是负调查和起诉的全责的。"至此,对方也就不便争论下去了。据说,这种情况在他同苏联陪席检察官之间发生过多次。

季楠是一个很有点手腕并且善于装模作样的美国式的政客。他不但是麦克阿瑟的亲信,而且同当时的美国总统杜鲁门还有相当的关系。他在处理日本主要战犯问题上,表面上虽也做出很尊重盟国意见的样子,对同盟国检方人员也还搞些联络拉拢,但是骨子里他是执行袒护日本战犯和恢复日本军国主义的政策的,一切唯杜鲁门和麦克阿瑟之马首是瞻。

在领导和主持国际检察处这个权力很大、用人很多的机构时,他实际上采取的几乎可以说是"独裁制"或"包办制",一切唯我独尊,美国至上。不但在国际检察处内部而且在法庭公开庭上,他的那种飞扬跋扈、盛气凌人的态度都时常会暴露出来。同时,他又是一个非常喜欢出风头的人，在对报界的宣传中，他常常以法庭的主角或主人自居。[1]

季楠的这种态度不能不引起法官们特别是庭长威勃爵士的憎恶和嫉视。因此，遇有机会，威勃便要在公开庭上给他以打击。例如，前面已经提过的，在开庭的第一天，当季楠正在洋洋得意地朗诵他那冗长的始讼致辞的时候，威勃突然斥责他说："你的这种煽动性的言辞，对于我们的审判毫无裨益。"季楠气得面红耳赤，口出恶声，并以辞职相要挟。又有一次，季楠正在高谈阔论地谈到日本实业家、财阀和军火商们如何被军阀们所威胁和控制，他们自己并未参加侵略罪行的时候，他也遭到威勃又一次同样的打击和斥责。由于远东国际法庭采用的是英美式的"国家律师制"，检察官和被告律师处于完全平等地位（在庭上季楠常被称为检方首席律师），对检察长或检察官并无特殊照顾和尊重，像大陆法系对检察长或检察官那样，因此，季楠对于"高高在上"的庭长的打击或斥责只有硬着头皮承受，报复是没有办法的。威勃的这种态度是得到各国法官同事们的充分支持和赞许的。因为，在各法官的心目中，他们都不满意季楠那种过分嚣张跋扈、竭力要把东京审判演成一出"美国戏剧"的样子。此外，对季楠和检方严峻一些还可以增加一点"公平审判"的气氛，表示法庭对双方一视同仁，无所偏袒。这在世界舆论和日

─────────────────

[1] 季楠的飞扬跋扈、好大喜功，从下面两件事中也可以看出来。一件发生在法庭正式开审的前4天。这天，全体法官们在会议室里接见了季楠检察长。季楠将起诉书原本正式呈递给庭长，并就其内容作了概括的说明，最后还声明日文副本已于48小时前分送给了被告们各一份。庭长当即表示接受，命令书记官予以登记，并且告诉季楠于开庭时，可能需要宣读。这原是正常的程序，在英美法里叫做"proceedings in chamber"（意即在办公或议事的屋子里接见当事人而不是在公开庭上）。这是第一次法官们全体的集会，也是他们首次同检察长会见。整个经过不到半小时，大家很愉快地散去。不料季楠当天晚上向报界发表谈话，说他已经把起诉书"交下给法庭了"（handed down to the Tribunal）。法官们对季楠用"交下"字样（既不是"呈递"，又不是"送交"），俨然以法庭的上级自居，都感到异常不满。在第一次公开庭上庭长威勃给他当头一棒，这件事未尝不是导因之一。另一件事更可表现季楠的狂妄性格。按照法庭宪章规定，任何提交法庭的文件都应有英文和日文两种译本。有一次，季楠向法庭陈述说，"这个文件的美国文本已经做成，并已送给了各有关方面"。不称"英文本"而称"美国文本"乃天下罕见之事，可见季楠的大美国沙文主义思想是何等严重。他之所以时常遭到法庭的斥责实为咎由自取，而绝非偶然之事。

本群众对法庭的观感上是有好处的。

由于在公开庭上受过庭长多次的打击，季楠的气焰便不得不稍有收敛。但是作为法庭的检察长、总部国际检察处处长和最高统帅的法律顾问，在处理日本主要战犯的问题上以及推行包庇政策方面，他的权力和影响是非常之大的。非但远东法庭的被告名单是由他开具的，起诉书是由他领导草拟的，检方在讯审中的一切调查、提证、质询、辩论等全部工作是由他指挥操纵的，而且对于未及交付审判的、留待将来再作处理的约40名在押的日本甲级战犯也是被他以检察长的身份，秉承美国政府和麦克阿瑟的意旨，用"罪证不足，不予起诉"为借口而擅自全部分批释放的。关于季楠擅自包庇和释放日本甲级战犯的行径，本书将另有较详细的论叙，此处姑不多述。[1]

五、被告辩护组织：日美辩护律师

辩护机构的庞大和辩护律师的众多是东京审判的一个主要特点，也是它同纽伦堡审判的一个重大差别。东京审判之所以持续至两年半之久，辩护方面组织的畸形以及它在审判中所实行的"延宕战略"实是重要原因之一。

纽伦堡宪章关于辩护方面的规定是简单明了的。宪章第六条（丁）项规定："被告有权在法庭上亲自或借助于辩护人为自己进行辩护。"为了维持审判的公平，刑事被告当事人有自己辩护或聘请他人代为辩护的权利，这是当然的事情，也是任何文明国家司法制度所承认和允许的。宪章第二十三条规定："辩护人职务，经被告之声请，得由在其本国有权出庭之任何律师或本法庭特别准许之其他任何人执行之。"这是关

---

[1] 参阅本书第 章第 节（编者注：因本书是未完成稿，作者原注如此。在现存的第一至第四章中未见季楠包庇、释放日本战犯的内容）。

于辩护人资格的限制。虽然本条条文中有"本法庭特别准许之其他任何人"的规定,但是事实上担任纽伦堡法庭各被告战犯辩护人的都是有律师资格的德国人,而且每一被告只有一名辩护人,是由他自己聘请的。

东京法庭的情况则颇不相同。法庭宪章第九条(丁)项规定:"被告有权由其本人或由其辩护人(但不得同时由两者)进行辩护……"宪章第九条(丙)项规定:"每一被告皆有权自行选任其辩护人,但本法庭得随时拒绝此等辩护人。被告应将其辩护人之姓名呈报本法庭书记官长登记。如被告无人代其辩护并在本法庭开庭时声请代为指定时,则本法庭可为其指定辩护人。遇无此项声请时,倘本法庭认为在实现公平审判上有指定辩护人之必要,仍得为被告指定其辩护人。"

诚然,纽伦堡宪章和东京宪章都承认被告有权自己辩护,也有权由律师替他辩护。这是两个宪章相同之处。事实上,在纽伦堡和东京法庭的被告全都是由律师替他们辩护的,他们自己在法庭审讯中所作的陈述只是以"证人"的身份作出的。[1]

然而纽伦堡宪章和东京宪章在关于辩护的规定上毕竟有很大的出入。

首先,纽伦堡宪章明文规定了辩护律师的资格,而东京宪章却没有这样的规定。这是两个宪章在文字上一个不同之点。但是在实际上,东京法庭的被告辩护律师也都是在其本国具有律师资格并且经过法庭

---

[1] 远东国际法庭宪章规定被告有权为自己辩护或者由律师替他辩护,但二者不可得兼,那就是说,不可由自己同时又由律师进行辩护。纽伦堡法庭宪章虽无明文规定,但实际情形亦复如此。这是西方国家特别是英美的一种司法制度,中国人是不易了解的。在东京和纽伦堡两个法庭的全部被告既都自愿选择了由他们的律师进行辩护,他们自己便不能有任何辩护行为,例如参加言辞辩论,提出申请或异议,询问或反诘证人等。这一切的辩护工作都必须由他们的辩护律师来做。然而,被告却也有时被传唤登台作陈述或发言。在这种场合下,他是以"证人"而不是以"犯人"或"被告"的资格出庭的;法庭此时也是以"证人"而不是以"被告"呼之。所有对一般证人适用的程序规则,如律师们对他的询问和反诘等,对他都是完全适用的。法庭对他在庭上所作的一切发言和陈述都当作证人的"证言"而不当作被告的"供词"看待。

形式上的核准的，犹如纽伦堡法庭的被告辩护律师一样。

其次，东京宪章规定了倘使被告自己不能选任其辩护人的时候，他在开庭时可以声请法庭为他指派；或者虽然没有这样的声请，而法庭认为为维持公平审判有此必要的时候，也可以为他指派辩护人。纽伦堡宪章却没有这样的规定。然而，事实上，在纽伦堡和东京两个法庭的全部辩护律师都是由被告们自己聘任的，因而东京宪章上的这项条文也就等同虚设了。

此外，东京法庭宪章还规定了法庭得随时拒绝被告所聘任的辩护人，而这样的规定是纽伦堡宪章所没有的。正如前面所指出的，东京法庭曾经利用过这项条文所赋予的权力先后取消过两名美国辩护律师（施密士和肯宁汉）的出庭资格。其实，照一般法理说，法庭对于藐视法庭或行为不当的辩护律师是可以采取适当的纪律措施或惩戒措施的，包括革除其出庭资格在内。纽伦堡法庭虽没有革除过任何辩护律师，但是照一般法理和惯例说，它是有权这样做的。由此可见，东京宪章的这项规定只不过是用文字肯定了一个普通的司法原则或惯例，并没有特别重大的意义。

由上所述，可见纽伦堡宪章和东京宪章关于辩护方面的这几项规定文字上虽有些不同，实质上的差别并不很大。然而，在实际执行这些宪章条款的过程中，纽伦堡法庭和东京法庭所出现的情况却大大不同。

由于辩护律师的人数和国籍在两个宪章中都没有硬性的规定，东京和纽伦堡便发生了迥然不同的现象。在纽伦堡，每一被告都是老老实实、规规矩矩地由一名他自己聘任的德国律师替他辩护；在东京，则每一被告除了他自己聘任的几名（自2、3名至5、6名不等）日本律师之外，还有一名美国律师替他辩护。因此，辩护律师之众多和庞杂，以及由此而带来的喧扰和拖延便成了东京法庭和东京审判的最大特征之一。

每一名被告拥有好几名日本律师已经是有点反常的现象，但是有鉴于案情的庞大和复杂，这还不能说是十分不合理的现象。然而每一名被告必须同时拥有一名甚至一名以上的美国律师为他辩护，却是一个极不正常而且很不合理的现象。

被告和日本律师最初请求要有美国律师参加辩护的理由是：在远东国际法庭的宪章中虽然没有明文规定采用英美法系的诉讼程序，相反，有的地方还特别声明法庭不受任何技术性的诉讼规则的拘束；[1]但是，实际上，由于宪章和程序规则都是英美法系人员所拟订以及英美法系人员在法官和检察官中占有压倒的多数，因此，远东法庭的整个诉讼程序都受着英美法系的严重影响。日本一向是"大陆法系"的国家，日本律师对这种英美法系的诉讼规则是不熟识的，更说不到运用自如。以为了保证公平和迅速的审判为借口，他们便请求法庭给每一名被告加派一位英美法系的盟国律师去帮助他们，特别是在诉讼程序方面，以便顺利地进行辩护。

日本被告辩护方面的这个请求迅速地得到了总部和法庭的核准。起先总部还打算除了美国律师之外，也邀请一些英联邦国家的律师来参加辩护，以冲淡美国遇事包办的气氛。但是英联邦各国，包括英国、澳大利亚、加拿大和新西兰，都表示不愿意为日本战犯辩护，因而都拒绝了派遣他们的律师担任远东国际法庭的辩护工作。因此，所谓"英美法系"的盟国辩护律师实际上全都是美国人。

由上所述，可见远东国际法庭的每一被告除拥有 2、3 名至 5、6 名不等的日本律师之外，还各拥有一名（甚至两名）美国律师。这就造成了律师盈庭、喧宾夺主的反常现象。这种现象是纽伦堡国际法庭所没有的，也是任何国际法庭所罕见的。

现在把各被告所拥有的日本籍和美国籍的辩护律师的姓名开具

---

〔1〕例如宪章第十三条（甲）项中规定："本法庭不受技术性采证规则之拘束。本法庭将尽最大可能采取并适用便捷而不拘泥于技术性的程序，并得采用本法庭认为有作证价值之任何证据。

如下：

荒木贞夫： （日本律师）菅原裕、莲冈高明、德冈二郎

（美国律师）L. G. MacManus

土肥原贤二：（日本律师）大田金二郎、加藤隆久、木村重治、北乡
为雄

（美国律师）F. N. Warren

桥本欣五郎：（日本律师）林逸郎、奥山八郎、金濑薰二、菅井俊子、
岩间幸平

（美国律师）E. R. Harris

畑俊六： （日本律师）神崎正义、国分友治、今成泰太郎

（美国律师）A. G. Lazarus

平沼骐一郎：（日本律师）宇佐美六郎、泽邦夫、毛利典一、柳井恒夫、
北乡为雄

（美国律师）F. N. Warren

广田弘毅： （日本律师）花井忠、莅泽信一、广田正雄

（美国律师）George C. Yamaoka

星野直树： （日本律师）藤井五一郎、右田政夫、松田令辅

（美国律师）G. C. Howard，G. C. Williams

板垣征四郎：（日本律师）山田半藏、佐佐川知治、阪埜淳吉、大越
兼二

（美国律师）F. G. Mattice

贺屋兴宣： （日本律师）高野弦雄、田中康道、藤原谦治、山际正道、
楢桥渡

（美国律师）M. Levin

木户幸一： （日本律师）穗积重威、木户高彦

（美国律师）W. Logan

木村兵太郎：（日本律师）盐原时三郎、是恒达见、安部明、北乡为雄

（美国律师）G. C. Howard

小矶国昭：（日本律师）三文字正平、高木一也、小林恭一、松坂时彦、斋藤诚一

（美国律师）A. W. Brooks

松井石根：（日本律师）伊藤清、上代琢禅、大室亮一

（美国律师）F. G. Mattice

南次郎：（日本律师）冈木敏男、松泽龙雄、近藤义一

（美国律师）A. W. Brooks

武藤章：（日本律师）冈本尚一、佐伯千仞

（美国律师）R. F. Cole

冈敬纯：（日本律师）宗宫信次、小野清一郎、藏重铁一

（美国律师）S. A. Roberts，G. G. Brennan

大岛浩：（日本律师）岛内龙起、内田藤雄、牛场信彦

（美国律师）O. Cunningham

佐藤贤了：（日本律师）草野豹一郎、数马伊三郎、井上益太郎

（美国律师）G. G. Brennan，G. N. Freaman

重光葵：（日本律师）柳井恒夫、金谷静雄、三浦和一、宇佐美六郎

（美国律师）G. A. Furness

岛田繁太郎：（日本律师）高桥美次、奥山八郎、泷川政治郎、祝岛男、安田重雄、铃木勇

（美国律师）G. G. Brennan，E. R. Harris

白岛敏夫：（日本律师）成富信夫、佐久间信、广田洋二

（美国律师）C. B. Carlyle

铃木贞一：（日本律师）高柳贤三、戒能通考、加藤一平、福岛寿

（美国律师）M. Levin

东乡茂德： （日本律师）西春彦、加藤价次郎、七田基玄

　　　　　　（美国律师）George C. Yamaoka, B. B. Blakeney

东条英机： （日本律师）清濑一郎、内山弘、盐原时三郎、河北健次郎

　　　　　　（美国律师）G. F. Blewett

梅津美治郎：（日本律师）宫田光雄、小野喜作、池田纯久、梅津美一

　　　　　　（美国律师）B. B. Blakeney

大川周明： （日本律师）大原信一、金内良辅、福冈文子

　　　　　　（美国律师）A. W. Brooks

日本辩护人会会长（总辩护人）：鹈泽聪明

　　　　副会长（东条的辩护人）：清濑一郎

　　从上面的名单看来，日本辩护律师便有 100 名以上，加上 20 余名的美国辩护律师，总数几乎达到了 130 名。[1] 这不能不说是一个惊人的数字。由此可见，辩护律师之多和辩护阵容之盛是远东国际法庭最突出的一个现象。

※　　　　※　　　　※　　　　※

　　日本辩护律师是有组织的，这个组织的名称是"日本辩护人会"。它是在法庭开庭的前夕成立的。在 1946 年 5 月 4 日（开庭的次日）该会第一次的集会中，白发苍苍的鹈泽总明被选为会长，亦即被告的总辩护人。鹈泽曾任东京律师公会会长，是这些日本辩护人中比较年高望重的，也是在日本法西斯军阀统治时期比较历史清白的，因而他被选为会长。鹈泽在法庭的表演不多，态度比较中和，给人们以"恂恂儒者"的印象。在他不多的发言里，他常喜高谈些政治哲学的道理，如"王道与霸道"的区别，"八纮一宇"的解释等，硬说日本政府一向重视和平、民主、

---

〔1〕这个数目还未包括在审讯进程中死去的被告松冈洋右及永野修身二人的辩护律师在内，名单中亦未将他们的辩护律师列人。被告大川周明虽因精神病态暂时中止受审，但他仍有随时恢复受审的可能，因此他的日美籍辩护律师还是被法庭保留着，以便在审讯过程中随时照管他的利益。

讲信修睦、世界大同,反对使用武力、从事侵略。他还喜欢装着十分推崇中国法官的样子,常说日本的这些观念都是来自中国,博学的中国法官对它们必有更精深的了解。

在 1946 年 5 月 4 日日本辩护人会第一次会议上,还选举了大战犯东条英机的辩护人清濑一郎为该会副会长。清濑是一个老奸巨猾的旧式日本政客。他在日本辩护律师中是很突出的一个。关于此人,我们在下面还有机会谈到。

至于一般日本辩护律师,他们大都是战前日本比较有声望的职业律师,但也有个别不甚著名的律师系由于同被告有亲友关系而被选为辩护人的。一般说来,日本律师对于案情是很熟悉的,对于搜索有利于被告的证据(证人、证件)是非常卖力的。但是日本律师在法庭公布庭上的表演并不很多;他们宁愿把那些在公市庭上"冲锋陷阵"的"射击手"的任务让他们的那些张牙舞爪的美国同事去干,而他们自己却藏在后面做"兵工厂"("制造炮弹")的工作。因此,从表面上看,他们在法庭上的态度还算是老老实实、循规蹈矩的。

但是也有例外。有些个别的日本律师在法庭上也是很嚣张的。例如,前面提过的东条英机的那个辩护律师清濑一郎便是其中最突出的一个。清濑是一个著名的日本反动政客。在战前日本法西斯军阀统治时代,他是一个相当重要的帮凶。[1] 这样一个人竟被允许在远东法庭当辩护律师是令人惊异的。这种事情在纽伦堡法庭是不可能发生的;在那里,所有被告辩护律师都要经过严格的审查,凡是与希特勒纳粹匪帮有任何严重瓜葛的人都不准担任辩护人的职务。可是远东法庭忽视

---

〔1〕清濑一郎在日本军事占领结束后的政治生活更是活跃。他一跃而跻身于当权的自由民主党显要人物之列。在岸信介内阁时代和池田勇人内阁时代,他都担任着日本国会众议院议长的职务。在这一时期,他还发起在名古屋为远东国际法庭处死的七大战犯建立一块庞大的纪念碑,把他们当作"殉国烈士"或"民族英雄"看待。纪念碑的建筑费 500 万日元是由清濑一郎、三文字正平(前小矶国昭的辩护人)和林逸郎(前桥本欣五郎的辩护人)筹募的,落成典礼是由清濑主持的。

了这一点,造成了律师们气焰嚣张的恶劣现象。[1]

清濑不但在言辞辩论、抗议检方作证文件和反诘检方提供的证人时表现得穷凶极恶,时常遭到法庭的制止和申斥,而且在他替东条所撰的那篇冗长的强词夺理的辩护状里大事宣传日本帝国主义的"理论",美化日本法西斯政府的侵略战争政策。在辩护状的封面上,他还偷偷摸摸地擅自加上了"此乃一历史文件也"字样。这事被发现后遭到了法庭的严厉斥责。庭长对清濑说:"何以这是一篇历史文件?这样一篇东西还配称作历史文件吗?"然而,尽管如此,法庭为了维持"公平审判"起见,依然是让清濑把那篇辩护状在公开庭上全部宣读了。

除了清濑一郎之外,在这约 100 名日本律师之中,高柳贤三是另一个值得注意的人物。高柳是东京帝国大学的老牌教授,著述丰富,是当时日本法学界的一个权威。他在远东法庭担任铃木贞一的辩护律师。但是此人除了在总辩护阶段曾经提出并朗诵过一篇冗长的"东京裁判与国际法"的论文之外,[2]在法庭上并没有什么精彩的表演。然而,以学识和品质而论,高柳不能说不是日本辩护律师中比较可敬的一个。

除了鹈泽总明、清濑一郎和高柳贤三之外,其他日本律师大都

---

[1] 远东国际法庭对于被告的日美辩护律师的人选几乎没有进行过任何认真的审查,一切都是由盟军总部包办的。因此,有些战前日本军阀统治时代的反动政客,如清濑一郎之流,也担任了远东法庭的辩护律师。甚至有些被告往时的僚属并与被告犯有"同谋"嫌疑的人也被准许担任律师职务,替被告辩护。例如,被告梅津的日籍律师池田纯久便是梅津的一个老部下。他是一名日本陆军中将,曾在梅津部下担任过关东军参谋部第五课课长和副参谋长等职。在 1942 年,他奉梅津之命,率领一批军官到南洋各地考察日本人在那里建立的军事占领制度,以便根据考察所得制定关东军对苏联领土的占领计划。池田是极端仇苏反苏的,正如梅津和其他关东军将领一样。据说远东法庭的苏联检察人员曾一度主张申请法庭拒绝池田出庭,终以检察长季楠不愿提出此项申请(表面的理由是中途申请更换辩护人将遭日本人以不公平之议),遂作罢论。

[2] 高柳贤三的论文,载《东京裁判与国际法》(*The Tokyo Trials and International Law*),东京有斐阁出版发行(英日文对照)。高柳的名著《法律哲学》,在战前我国大东书局曾经有过中文翻译本出版。

庸庸碌碌，没有引起人们的特别注意。他们在法庭上的表演都不很多。对于不甚重要的文件或证人，他们虽也担任一些说明、抗议或质询的工作，但是当有重大的、有关键性意义的文件提出时或证人出庭时，他们宁愿让那班百无禁忌和好出风头的美国律师去照管。

※　　　※　　　※　　　※

美国辩护律师在法庭里虽然没有像日本辩护人会一样的正式组织，但是他们却有一个领首或头子，作为他们在必要时的代表。这个人先前是科尔曼（Coleman），科尔曼返美以后，名义上是美国籍的、在美国土生土长的日本人山冈（Yamaoka），实际上是卜烈维特（Blewett），东条英机的美国辩护人。卜烈维特是美国哥伦比亚大学校董之一，他是一个富有资财的美国律师，在东京法庭的美国辩护人中是资望最深的一个。当然，在西方社会里，财富的多寡几乎是一个人资望深浅的唯一标志。

科尔曼最初的野心是很大的。在法庭开审之前，他曾要求盟军总部和远东法庭批准设立一个同国际检察处地位相等、平起平坐的"国际辩护处"。法官们还专为听取他关于这个要求的意见开过一次会议。会议最后决定拒绝他的要求，理由是：检举日本战犯和给他们以公正的审判是盟国的不可逃避的直接的法律责任，但是为战犯们辩护并不是盟国的这样的责任。法庭之所以允许盟国（美国）律师参加辩护纯粹是为了在诉讼程序上协助被告自己选择的日本辩护律师。辩护是被告们的权利而不是同盟国的义务。因此，在盟军总部里设立一个所谓"国际辩护处"的机构是没有必要的。

后来盟军总部根据法官会议的意见也同样拒绝了科尔曼的请求。不久，科尔曼便辞职回到美国去了。在漫长的审判过程中，美国律师先后辞职回国的除 Coleman 外，还有 Guyder、Young、Alen、Dill、

Haynes、Kleimen、McDonnell、Ruchik、Williams，共十人。[1] 这 10 个人是上面美国律师名单中所未曾列入的。如果把他们也加了进去，则曾经参加辩护的美国律师将达约 40 名之多。以 100 名以上的日本律师，再加上近 40 名的美国律师，辩护方面在远东法庭里的阵容可说是"洋洋大观"了。以 20 几名被告而拥有 100 多名辩护律师，这不但是纽伦堡法庭所从未有过，而且是任何法庭上或任何审判中所罕见的。就保证被告辩护权一事来说，远东国际法庭可算是慷慨宽大！

正如上面所指出过的：远东国际法庭每一被告之所以获准配备一名美国律师，原本是为了在诉讼程序法律技术方面可以协助他的日本辩护人。这些美国律师有的是从美国招来的，有的是原本就在盟军总部任职的。但是他们的薪给全都是由盟军总部法务处支付，而不是由被告本人或日本政府支付的。只从这一事实看来，他们的任务已经是再明显不过的了。在辩护工作上，他们应该仅仅起助理或技术顾问的作用。比起被告们自己所选任的日本律师，他们的地位应该是次要的。

但是随着审判的进展和国际形势的变化，一种主次颠倒、反宾为主的现象便发生了。美国律师在辩护工作中反而起了主要作用，日本律师却甘愿退居"后台"，至少在公开庭上的表现是如此。举凡在公开庭上一切张牙舞爪、剑拔弩张的"表演"，几乎都是由这些美国人担任的。下面只举一个例子，便可看出这些美国律师是何等肆无忌惮。

在 1946 年 5 月 14 日的公审庭上，被告辩护方面申请取消起诉书中第三十九项所控诉的罪行。这项罪行是日本偷袭珍珠港美国舰队，杀害美国海军上将季德及大批美国海军军官和水手的罪行。美国律师布莱克尼（Blakeney）强辩说："如果说海军上将季德在珍珠港被炸死是谋

---

[1] 美国辩护律师大半是在东京总部任职的有律师资格的现役军人。他们服役期满后大都急于回国，辩护人职务只好交由他人接替。这 10 个人的情况便是如此。此外也有服役虽届期满，但自愿继续留在东京执行辩护人职务的。至于那些直接从美国招聘来专为被告辩护的非现役军人，如卜烈维特之辈，他们既没有服役期满的问题，当然是继续任职直到审讯结束。

杀案的话,那么我们就得知道在长崎动手投掷原子弹的那个人的名字,我们就得知道制定这一作战计划的参谋总长,我们就得知道对这一切负责的总司令。"[1]最后一人,布莱克尼无疑是在影射美国总统杜鲁门,因为按照美国宪法,总统是负责指挥全国军队的最高司令官,事实上在广岛和长崎投原子弹也是由他决定的。

在一个审判战犯的法庭上,美国律师竟把他自己祖国总统的行动和被告日本战犯的犯罪相提并论,这是不能不使人惊异的事情。美国律师之极端放肆,于此可见一斑。

诚然,投掷原子弹是不可宥恕的。但是远东法庭审判的是日本战犯们所犯的罪行,在这个审判里美国律师竟把美国自己的战争行为扯了进来,这是十分不适宜的,而且是丝毫不相干的。这种不体面的怪事,恐怕只有居心不良的人才干得出来。

※　　　※　　　※　　　※

美国律师在法庭上不但表现得肆无忌惮,而且有时还表现得不可想象的愚蠢。下面是一个有趣的例子:

国际检察处为了要证明日本帝国主义者通过各级学校教育去培养和灌输日本青年对外侵略的思想,曾经请求法庭传唤一名日本教育家前田到庭作证。在 1946 年 8 月 2 日证人前田作了正面陈述之后,美国律师克莱曼(Kleimen)对他执行反诘。

克莱曼向证人问道:"你说各校校长在课程问题上都受着陆军军官的指挥。请你告诉我,难道在小学课程里不教授日本语文吗?"这个问题引起了全场的笑声。庭长插嘴说:"真是没有道理!难道在日本学校里能不教授日本语文吗?"克莱曼向法庭解释说:"如果对法庭方便的话,我现在倒想竭力求得对早在两个月前便引起法庭注意的那个问题的答案,即日本学校的课程究竟是些什么?但是,如果对法庭不方便的

---

[1]《远东国际军事法庭审判记录》(1946 年 5 月 14 日),第 212 页。

话，我也可以放弃不提。"

庭长答道："我们不希望听取这个问题。"

克莱曼说："好……那我就改提下面一个问题：学生们上不上算术课呢？"

庭长怒斥道："你真是岂有此理！这扯得太远了。须知道，克莱曼律师，你是站在国际军事法庭的面前，而这个法庭是审判前日本帝国的领导分子对人类所犯下的滔天罪行的。"

克莱曼继续辩道："如果您同意的话，我认为在审讯的现阶段上弄清楚这样的课程问题是很重要的。"

庭长抑制了愤怒，随口说道："那就请你继续发问吧。"

克莱曼便继续向证人问道："在这些学校里，有音乐、图画、手工、日本历史等课目吗？"

这个问题引起了法庭听众更大的笑声。庭长怒不可遏地向证人说道："证人，你不必回答这种问题。"

至此，克莱曼已经感觉到他精心准备的那一连串可笑的问题无法再提出了，便垂头丧气地对庭上说："我再没有问题了。"[1]

※　　　※　　　※　　　※

从以上两个事例，不难看出美国律师荒唐放肆和愚蠢可笑到了什么地步。他们的行为虽时常遭到法庭的制止和申斥，但是通过这种行为，他们依然可以达到他们拖延审判的目的。他们无隙不乘、无孔不入地利用英美法系烦琐复杂的诉讼程序，竭力使东京审判的时间拖长。正如我们在前面所指出过的，东京审判之所以进展缓慢，经年累月，被告辩护方面的这种"延宕战略"实为主要原因之一。

当时的国际形势也助长了他们对实行这种战略的信心和积极性。

---

〔1〕《远东国际军事法庭审判记录》(1946 年 8 月 28 日)，第 3145—3146 页。

　　首先是美国日益露骨的袒护日本战犯、重新武装日本和恢复日本军国主义的政策。随着东京审判的进展，美国政府和盟军总部袒护日本帝国主义分子，从而恢复日本军国主义使其为美国侵略战争政策服务的企图，一天比一天地更加明显了。他们一批又一批地释放了在押的日本战犯，大量地解除了对日本军国主义分子的整肃。这就助长了这些被告辩护律师们的侥幸心理。他们幻想着：如果审判拖得足够长久，可能盟军总部终归有一天会结束审判，把这些被告战犯们全部释放，甚至予以起用。

　　其次是美苏关系的日趋紧张。自从第二次世界大战终结之日起，美苏关系一直不是圆满的。远东法庭开庭以来，报纸上几乎每人都充满了关于双方如何张牙舞爪、剑拔弩张的报道，特别是在柏林封锁及其以前一段时期里，仿佛第三次世界大战爆发迫在眉睫。这就又给了被告和他们的律师们另一种错觉，引起了另一种幻想。他们幻想着：只要审判能够尽量拖长，可能有一天大战会爆发，那时国际阵营必定要起根本的变化，绑上了美国战车的日本必然会得到美国的重视，而远东法庭里的这些以侵略能手著称的被告们不但会中止受审，恢复自由，而且可能东山再起，重理旧业，担任美国的帮凶角色。

　　以上两种幻想虽然都未能实现，不但第三次世界大战不曾爆发，柏林危机终得解决，而且美国也不敢冒天下之大不韪，中断或干涉东京的国际审判，但是这两种幻想确实是促使被告辩护方面对东京审判采取积极"延宕政策"的一个重大原因。他们千方百计、无所不用其极地要使审判拖延下去，拖得越久越好。

　　面对辩护方面这种"延宕战略"，大多数法官们是感到厌烦、忧虑甚至焦急的。但是由于法庭宪章上和组织上有些无法纠正的缺点，例如，前面指出过的被允许出庭辩护律师太多，诉讼程序太烦琐，以及为了保证公平审判不能压制辩护方面畅所欲言，等等，他们也是无能为力和莫可奈何的。

　　诚然，对待这种"延宕战略"，法庭在可能范围内也还采取过一些措施,例如变通了法庭程序规则中某些过分烦琐的规定,简化了法官们作出裁决的投票方法,对信口雌黄或过分冗长的发言随时加以干涉或制止,甚至根据宪章第九条(丙)项的规定开除过两名傲慢不逊、最爱胡闹的美国律师。[1] 这些措施对于遏制辩护方面的嚣张无疑地起了一定的作用,但是它并不能给辩护方面的"延宕战略"以决定性的打击,因而法庭审判进行得依然很缓慢,浪费的时间依然很多。

此外,值得注意的还有:辩护方面的这种战略不仅是浪费了法庭的时间,拖延了审判的进度,而且给了日本被告们以歪曲事实,颠倒是非,用"慷慨"而冗长的陈述公开宣传日本帝国主义当年从事对外侵略的种种荒谬"理论"的机会。这不能不说是东京审判中最可憾的一件事情。

六、法庭的行政事务与人事安排

远东国际军事法庭的行政事务和人事安排几乎完全是通过书记官长(美国人)秉承盟军总部的意旨进行的。书记官长名义上虽说是要接

---

〔1〕远东法庭为了要维持"公平审判"的外貌,并未充分行使宪章上所赋予的权力。例如宪章第十二条规定,"本法庭(甲)将审讯工作严格地限制于迅速审理控诉中所提的各项问题,(乙)采取严格措施以防止任何足以引起不合理拖延审讯之行为,并排除一切与本案无关之问题及陈述";第十三条(甲)项规定,"本法庭将尽最大可能采取并适用便捷而不拘泥于技术性的程序……";第九条(丙)项规定"……本法庭得随时拒绝此等(被告的)辩护人"。但这些条文法庭都没有充分认真地利用过。诚然,法庭曾经取消过两名美国律师(施密士和肯宁汉)的辩护资格,但那是审讯后期和末期的事情,对于阻止拖延审判并没有发生多大的实际效力。施密士系在1947年3月以在公审上冒犯法庭而被停职;而肯宁汉的停职则在1948年10月,其原因并非由于他在公审庭上的行为不端,而是由于他在庭外的言论荒谬。肯宁汉曾出席1948年9月7日美国律师公会于西雅图举行的代表大会,作了一篇关于东京审判的报告。在报告中,他肆意批评和诋毁远东国际军事法庭,说它不客观、不公正,对被告怀有偏见,不给辩护律师以充分辩护的权利。这篇报告公开发表在美国报纸上,早为法官们所获悉。肯宁汉回东京后,法庭遂命其于公开庭上作出能使法庭满意的解释。在肯宁汉结结巴巴、支支吾吾地作了一番"解释"之后,法官们举行了会议,一致认为不能满意,并决定以"诽谤法庭"为理由停止其辩护人的职务。但是此时审判已进入判决书起草阶段,公开庭讯事实上已告结束,因此,法庭的这个决定只是象征性的,并无任何实际意义。

受庭长的领导，实际上他是盟军总部的一员，在一切行政事务和人事安排的工作上都是服从总部指挥的。较小的事情他要向总部参谋长请示，较大的事情还要通过参谋长取得最高统帅的同意。庭长只是必要时在某些文件上签上自己的名字或授权书记官长盖上法庭的印章而已。这些文件大都只是与审判进行有关的，如传唤证人、调阅文件、核对或驳回检察或被告方面的书面申请、变更程序规则、同各盟国政府取得证据上的联系等。至于法庭内部的一切行政事务、人事安排、经费开支、档案保管等，庭长是不闻不问的。这些事情完全操之于书记官长，而书记官长又必须秉承总部意旨。因此，就行政和人事等方面说来，远东国际法庭是完全没有独立性的，它只是盟军总部的一个附属机关而已。

由于盟军总部是一个由美国人包办的机关，里面的职位几乎全为美国人所占据，同样，远东国际法庭的行政事务也完全形成了美国人包办的局面。除了一些不甚重要的翻译和服务人员等职位有些是由盟国人或日本人担任之外，法庭管理行政事务的全部职员几乎清一色地都是美国人。

由此可见，在行政事务和人事方面，远东国际法庭不但没有独立性，而且也没有国际性。

※　　　※　　　※　　　※

远东国际法庭在行政事务方面的内部组织是不规则和不系统的，不像一般机关一样在首长领导之下设立若干部门，每一部门之下又分为若干科、室或组。远东国际法庭完全没有这样一套整齐的行政体系，各机构的名称也极不划一。它的行政事务机构及人事配备完全是适应工作的实际需要，同时也参照了英美等西方资本主义国家法院组织的一些传统惯例。下面我们便把远东国际法庭内部关于行政事务的一些比较重要的机构和人员，他们的职权范围和工作关系，以及个人的性格和作风，作一简要的介绍。

书记官长和书记官室——书记官长的任命和职权是在法庭宪章第三条"职员与书记官室"中规定的。[1] 他是由盟军最高统帅直接任命的，因此他在法律地位上虽是法庭的一个属员，在某些法定职务上要听法庭或庭长的指挥，但是他对任命他的最高统帅（盟军总部）却负有更大的责任。实际上，书记官长每遇稍微重大一点的事情都是要请示总部，并完全秉承总部的意志行事。这一点，我们在上面已经着重指出过。

书记官长是法庭行政事务方面的最高职员，他总揽书记官室的一切职权，组织、领导、指挥该室的一切工作和人员。

按照宪章的规定，远东法庭的书记官长的职权是很广泛的，因为远东法庭的书记官室和一般法院的书记官室不同，它不仅主管庭审记录、收发文件和保管档案等日常事务，而且要组织和指挥整个法庭的全部行政事务和人事工作。它等于某些机关的秘书处，而书记官长便是秘书长。事实上，宪章条文的文字上也是这样称呼他的。[2] 打个比喻来说，远东国际法庭的书记官长或秘书长就像我国某些机关的办公厅主任，他在机关首长的领导之下，是整个机关的一切行政事务和人事安排的最高责任者。不过就远东法庭来说，领导他的首长不是法庭的庭长，更不是法官们，而是盟军总部（盟军最高统帅及其参谋长）。

担任法庭书记官长的是美国陆军上校华尔布里奇（Col. Walbridge）。这个人沉默寡言，行动有点神秘。他除了偶尔列席涉及重要行政事务的某些法官会议之外，在法庭中是不易看见的（有关审判事务的法官会议，例如讨论法律问题或作出裁定及判决的各种会议，除法官们自己出席外，是禁止任何人列席或旁听的，书记官长亦不例外）。华尔布里奇的主要任务是联系盟军总部。他经常出入于总部之门，奔走于总部与法庭之间。在法庭采取任何比较重大的行政措施或人事更

---

[1]《远东国际军事法庭宪章》第三条第二项。

[2] 在《远东国际军事法庭宪章》中，书记官长的英文名称系 General Secretary（秘书长或总书记）。我们参照法院组织规程的一般称呼，把它译为"书记官长"。

换之前,他都要向总部参谋长或通过参谋长向最高统帅报告、请示。不言而喻,他是一个为总部所信任的人。在他的心目中,总部的意志便是一切。他同庭长和法官们以及一般公众的接触是很少的。

在华尔布里奇之下有一名亨尼上校(Col. Haney),他的职务是助理书记官长,但是一般人多喜以"副书记官长"称呼他。亨尼的性格同华尔布里奇的大不相同。他的态度特别和蔼可亲,平易近人,而且经常公开在法庭中出头露面。因此,一般公众以及检察和被告律师们对法庭行政事务有什么琐细要求或意见,都喜口头向他提出。重大要求或申请当然必须用书面向法庭书记官室提出。法官们对事务上有什么意见或要求,例如要打印什么文件、要安排什么旅行节目等,也是向他提出的。亨尼是同法官们最接近也是法官们最有好感的一个人。他对法官们的照顾是很周到的,几乎是"有求必应"。

此外,在书记官室中还有一个人是同法官们更接近的,他是柯勃特上尉(Capt. Colbert),他的职位是法官随从副官(judges' Aide)。这个职位是专为照顾法官们的生活起居和办理法官们交办的任何大小公私事务而设的。在法官外出旅行的时候,他负有随从、联系和保卫的责任。1946 年 5 月中美二法官乘一架总部的专机到上海、南京、北平等地去游览访问的时候,柯勃特便是随行者之一;一切交通、住宿、饮食、参观日程等事项都是由他联系和安排的。那时大战刚完,中国在名义上虽也一跃而号称"五强"之一,但实际上它几乎是处于美军占领状态。所有通都大邑的高级旅馆都被美军所占用,交通路线和工具也为美军所控制。那次旅行倘使不是由柯勃特向美军联系作出妥善安排,其混乱和困难必定是不堪设想的。回忆起这件事,不能不令人感到可耻和痛心!

※　　　※　　　※　　　※

语文翻译部——在书记官室领导指挥下的最重要的两个工作部门是语文翻译部和事务管理部。在远东法庭里,语言和文字翻译的工作是非常繁重艰巨的,它需要大量的人力和物力。

按照宪章的规定,英文和日文是法庭的正式用语。因此,在法庭上口头说的每一句话、每一个字,无论出自庭长、检察官、被告律师或证人,都必须立即进行口译,原话是英语的译成日语,原话是日语的译成英语。听众们只要拨动他们座上的耳机("译意风")的开关,便可选择他所能听懂的语言。如果陈述者(大都是不能讲英语或日语的证人)讲的是汉语、俄语、德语、法语或蒙古语,翻译人员还必须立即把它同时译成英语和日语。远东法庭每天开庭达五小时之久,这种在公开庭上的立即的口头翻译工作无疑地是一件很繁重而且消耗时间的工作。这是人们所能想象得到的。

非但对在公开庭上的口头陈述是如此,同样地对一切向法庭提出的书面文件也必须事先译成日文或英文,原件是用英文写的译成日文,原件是用日文写的译成英文,原件是用第三种文字写的还必须同时译成英文和日文。虽然有一部分文件在原告或被告向法庭提出时已具备译文副本,但是有鉴于法庭接受的和发布的文件之多,这种笔译的工作也是很繁重的。

由此可见,远东法庭翻译部门的工作是法庭日常事务中一项艰巨而且重要的工作,因为它可能影响到审判的质量和效果,同时又最容易引起诉讼双方的抗议和争执。这一部门不但需要较多的人力配备,而且需要较高的语文技术水平。

主持语文翻译部的是安德生(Anderson),他是这一部的主任(director,日本人译为"部长"),副主任是琼士(Jones),当然都是美国人。为了工作上的便利,这一部门还任用了伊丹(Ytami)等几个美国籍的、在美国土生的日本人(日本人叫这种人为"二世",意即指他们是侨外日人的第二代)。此外,无论担任口译或笔译的绝大部分工作人员都是精通英语的日本知识分子,其中许多还是高级知识分子。例如,东京帝国大学的老牌国际法教授横田喜三郎便是其中突出的一个。[1] 这些日本人不但知识水平很高，而且大都脑筋灵敏、英语流利。特别是在公开庭上担任立即的口头翻译的那些比较年轻的日本人，他们口译的迅捷就像自动机器一样，使听众感到舒畅满意。但是由于这些人（约20至30名）绝大部分都是日本政府外务省（外交部）介绍来的，盟国人士特别是法官们对他们翻译的忠实性，即是否不偏袒日本被告，总是有点不放心似的。

语文翻译部是法庭各行政事务单位中唯一任用了一些非美国人的部门，其余各部门都是清一色地由美国人包办的（事务管理部所雇用的日本服务员及勤杂人员除外）。

语文翻译部除了长期任用一批日本人之外，在个别的困难场合，还时常向其他机关调用或商借得力人员去临时帮忙。例如，在苏联和蒙古证人出庭作证的时候，他们的翻译便是从苏联驻日军事代表团借调来的。又如，在伪满皇帝溥仪、"七七事变"时的北平市长秦德纯、宛平专员兼县长王冷斋以及许多为"南京大屠杀事件"到东京来作证的中国人出庭的时候，他们证词的翻译工作大部分是由当时的中国政府驻日军事代表团派人担任的，一部分是由中国法官的私人秘书担任的。

※　　　　※　　　　※　　　　※

语文仲裁委员会（又名语文仲裁小组）——这个委员会或小组系专为解决语文翻译上的纠纷而设置的。有鉴于英文和日文的语法结构迥然不同，翻译上的差错和争执是很容易发生的。譬如某一个检方提供的日本证人在作证时说的一句日本话，经翻译员译成英文后，辩护律师方面认为有欠正确，可能对被告不利，他有权当场提出异议，请求法庭交付仲裁。法庭便须立即命令仲裁委员会举行会商，并将会商结果立即公开向法庭报告。如果报告主张更改，庭长便公开命令记录员在记

---

[1] 横田喜三郎是著名的日本国际法学家，精通英语，曾任联合国国际法委员会日本籍委员。在远东国际法庭开庭的那几年，他一直担任着法庭日文翻译科主任。

录上予以更改。同样,检察方面也可随时行使这种权利。这种权利不但对口头翻译可以行使,对任何文件上的翻译误差或异议,任何有关方面亦可请求法庭交付仲裁。法庭对解决这种纠纷只有完全依赖这个三人组成的仲裁委员会或仲裁小组。为了随时解决问题,在开庭的时候这三个人必须呆坐在岗位上,不能须臾离开。

语文仲裁委员会的决定是最终的,不能更改的。

这个委员会的主席是模尔少校(Maj. Moore),是一个据说在日本担任过教学工作约二十年的美国人。模尔返美后,由腊佛特(Larft)继任。其他两名成员(佐野、笕)是精通英语的日本人。

※　　　　※　　　　※　　　　※

事务管理部——这也是书记官长领导指挥下的一个重要部门。这个部门的工作范围是非常庞杂和广泛的。除了它本身有些特定的业务之外,几乎一切其他部门不管的事情它都必须照管。它的性质同一般机关的总务司或总务处颇相类似。

首先,打印和记录的工作。由于远东国际法庭的文件浩如烟海,打字和印刷(有时是用摄影复制)的工作是特别繁重的,而且这种工作常常是有时间性的,需要迅速处理。翻译部只管翻译;一个文件或记录译好之后,它便被交到事务管理部,打印(英文、日文)和送达的责任都是由后者承担的。

法庭每天的开庭速记也是一项相当繁难的工作。在开庭的时候,事务部不但要派技术很高的专人出庭去作速记,而且要于下午散庭后赶忙把它翻印出来,装订成册(每日五个小时的开庭速记的记录长约80至100页),并且要在法庭规定的晚间八时以前送到各法官住所和各有关方面(包括检察官和被告律师处),以便他们有充分时间可以阅读。如果任何有关方面发现记录上有任何错误,必须于次日开庭之始向法庭申请改正。法庭如准许其申请,庭长当即公开宣布并命令记录员照改。这是唯一可以改正法庭记录的机会;这个机会一经错过,记录便成为铁案了。由于远东国际法庭完全不采用所谓"自由心证"而是采用"证据主义",因此记录便是全部审判的关键所在,也是法庭未来判决的唯一根据。[1] 所以各有关方面对于这份每天的开庭记录都是特别重视的。就法官们说来,无论他们一天的工作和应酬多么忙,在深夜安睡以前他们几乎都是要把这本记录浏览一遍的。积年累月,这份记录到审判终结时篇幅已近五万页,字数近一千万之多!

除了一份速记的文字记录之外,法庭还自始至终保持了一份录音记录。这种记录的机器操作也是事务部的事情。事务部还必须负责保管法庭的一切文件、记录及档案,并随时供应有关方面的调阅或查核。

其次,对于法庭数以百计的工作人员和雇用的日本服务员、炊事员、司机及搞清洁卫生等的勤杂人员的人事管理,也是事务部的一件繁重工作。这些人的任免、工作分配、薪给待遇、作息制度、劳动纪律等都属于事务部的主管范围。

招待工作也是事务部的一件相当麻烦的工作,因为在开庭期间时常有同盟国的贵宾来到法庭参观或旁听,对这些人事务部必须有一番招待和向导。庭长或个别法官对于某些来自同盟国的特殊人物有时也要举行酒会或茶会招待,而事前的一切准备布置也是交由事务部负责办理的。

分配和送发盟国人士普通旁听席和贵宾旁听席的入场券给各盟国代表团也是事务部的工作之一。这件工作看来虽是小事,但是如果办得不好却最易引起盟国代表团的不满或抗议。好在这两席的旁听人平时并不拥挤,特别是到了审判后期,贵宾席上的座客几乎是寥若晨星、屈指

---

〔1〕所谓"自由心证"是指法官们在作出判决的时候不但要根据被法庭正式接受了的一切证据,而且可以自由运用他自己心里(即主观上)认为适当的证据和他自己对于案情的理解。这是"大陆法系"国家一般采用的制度。在这种制度之下,承审法官的自由斟酌权是比较广泛的。但"英美法系"国家一般都是采用"证据主义",即法官在作出判决的时候必须客观地严格地根据诉讼双方向法庭公开提出并被法庭正式接受了的证据。在这种制度之下,一切都要唯证是赖,承审法官的自由斟酌权是非常之小的。远东国际法庭采用的是证据主义,因此作证文件和开庭记录便构成了最后判决的最重要的甚至可以说是唯一的根据或基础。

可数,所以一般说来,这事的问题还不很大。至于日本人旁听席的入场券,一向是由法庭交给日本外务省负责分发的,法庭事务部不加干预。[1]

此外,关于文件收发、食堂管理、物资采购、金钱出纳、账目会计等,也都是属于事务管理部的工作范围。总之,一切其他单位不管的事情,事务管理部都是要管的。

关于开庭时一切仪式、程序、纪律和秩序的维持,以及犯人和监狱的管理监督等,却都设有专门机构和专门人员负责主管,不属于事务管理部的职权范围。

事务管理部的部长是哈力士(E. R. Harris)。他原是一个美国海军军官。在他之下,还有一个哈加登(B. A. Hargaden),他的职务是事务主任,实际上等于副部长。这两个领导人都是受书记官长的节制的,遇有部内较大的事情都是要请示书记官长的。他们是法庭高级职员中工作最忙碌的两个人。

※　　　　※　　　　※　　　　※

在公开审庭的时候,法庭另外有一套人马。这些人在组织体系上虽亦属于书记官室,并受书记官长的一般领导,但在公审庭上执行职务的时候,他们是要听从庭长指挥的。书记官长不能干预公审庭的事务,他也不经常出席公审庭。

在开公审庭时必到的事务人员之中(翻译、仲裁、录音、摄影的人员除外),最重要的是下列三人:法庭执行官、登记官、宪兵队长。

---

[1] 在公开庭审的任何时候,日本人旁听席上都是坐得满满的,从来没有一个空位子。日本人要想得到一张旁听券是非常困难的。据说日本外务省除了每天发给每名被告家属两张旁听券之外,所有其余的旁听券都是当天清晨由该省派人按照排队先后的次序发给排队鹄候在该省大门外的群众,每人一张,发完为止。因此,有许多人在头一天的午夜或傍晚便在那里排队等候着。也有些人排队领到旁听券之后便拿去转卖给他人,做“黑市”生意。据东京朝日新闻社报道,在被告东条英机登台受审的那几天,一张旁听券的黑市价格竟高到日币八百元以上。当然,在主管发券的人员方面,“走私”和“开后门”的事情也不是没有的。

法庭执行官（Marshal of the Court）是日本人的译称，从名义上看来，好像他的权限很大似的。其实，他的职务只是在法庭开庭时任司仪或赞礼，执行宣誓和维持庭审时的秩序。这种职务是十分简单而机械的。在开庭前十五分钟，当旁听群众都已到齐（旁听者必须于开庭前半小时入座），他便要高声当众宣布一下旁听者的几项重要守则，如开庭时不得谈笑喧哗，不得中途退出，法官们进出时必须全体肃立等，并约略解释一下旁听座上耳机的用法。

等到法官们开始鱼贯走进审判大厅的时候，他便高声喊叫一声："全体肃立！"法官们依次登台就座以后，他便高声喊叫一声："全体就座！"在此之后，他还得再喊一声："远东国际军事法庭现在开庭！"散庭时，他又得喊一声："全体肃立！"待法官们鱼贯步出审判大厅之后，其他人员及旁听群众始准离座。

法庭每天（星期六、星期天休庭）的公开庭审是分四段时间进行的（上午9点30分至10点40分，10点55分至12点整；下午1点30分至2点40分，2点55分至4点整）。法官们进出审判大厅每天达四次之多，因此法庭执行官每天这样的"司仪"或"赞礼"的任务也就是四次。这是一项非常机械的、形式主义的任务。

除了执行上述任务之外，法庭执行官另一任务便是引导出庭作证的证人进入审判大厅，登上证人台席位就座，并在他开始发言之前执行宣誓。誓词很简单，仅仅表明证人将本乎良知，忠实陈述，如有欺诈，愿受制裁，而没有像许多西方法庭那样的宗教气氛，说些什么"在上帝的面前……"或"甘受上帝的制裁"或"上帝其助我"等一类的话。这是很自然的，因为参加远东国际法庭的国家并不都是信奉基督教的国家，而出席远东国际法庭的证人大多数并不是基督教徒。[1]

---

〔1〕法庭职员的誓词和出庭证人的誓词颇不相同。在任职之前，法庭的一切职员都要宣誓或签署誓词。书记官长和书记官室全体职员的誓词中都没有"上帝其助我"一类的带有宗教气氛的词句。日本籍的记录员和翻译员的誓词中也没有此类词句。但是在非日本籍的记录员和翻译员的誓词中，其结尾却有"上帝其助我"字样。这是一件矛盾、费解的事情。不过一个非日本籍的记录员或翻译员，如果他不信仰上帝，可以用"声明"去替代"誓词"，"声明"中是没有带宗教气氛的词句的。因此，对这些人来说，他们在"誓词"和"声明"之间是可以有所选择的（参阅《远东国际军事法庭程序规则》第八条）。

宣誓的仪式也很简单。证人和执行官面对面地站立，各举左手，执行官每朗诵一句誓词，证人便跟着重诵一遍，诵毕就坐。就坐后，他便开始发言，一般多是首先宣读他事前准备好了的证词。发言或宣读毕，双方的任何律师都可以就他的证词对他进行询问和反诘。这种对证人的询问和反诘可能拖得时间很长，有时要连续好几天之久。在证人整个的作证过程中，执行官都站在或坐在他的近旁，就像一个监护人或保护人一样。等到一切完毕，庭长说一声："证人，你的义务解除了。"执行官便引导他步出审判大厅。

在法庭公审过程中，如果某人的发言或举动引起旁听人们的骚动或过大的笑声，执行官便要高喊几声"肃静！ 肃静！"例如，某律师在发言中途忽然小便急了，请求法庭停审两分钟并准许他离开审判大厅，庭长以滑稽口吻说道："这种申请对我们说来确系一件新奇事物，但是我们仍然批准你的申请。"这话引起了哄庭大笑，那时执行官便不得不高喊几声"肃静！ 肃静！"

此外，法庭如果认为任何人在公开庭审中有违反纪律或扰乱秩序的行为，庭长随时有权命令执行官，再由执行官指挥在场的法庭宪兵，把那个人强制驱逐出去。但是，事实上，在两年多的公开庭审中，法庭始终没有行使过这种权力，因此执行官也就始终没有执行过这一任务。就是那两次美国律师被法庭革职并禁止参加庭审，他们也都是自动退出法庭的，并不是由执行官强制驱逐出去的。

担任法庭执行官的是一个叫樊美脱（Van Meter）的美国军官。他是一个身体魁梧、八字胡须、声音洪亮和态度严肃的人。他对执行他的这个看来似乎很机械乏味的职务是非常认真的，感觉津津有味，各方面对他的印象还算不坏。

※ ※ ※ ※

登记官（Clerk）——在公开庭审的时候，坐在法官席低一层的那一长排书记官席中央的是法庭的登记官。[1] 这个登记官的唯一任务是登记被法庭正式接受了的作证文件(简称"证件")。因此,他事实上只是一个证件登记官。由于证件是将来判决的主要的甚至可说是唯一的基础,而一个证件是否应被接受又常常是双方争执的焦点所在。为了郑重起见,法庭便特别设置了这样一个专司证件登记的登记官。凡是诉讼双方向法庭提出的任何证件(经过辩论或不经过辩论)都必须在登记官于公开庭审中当众高声宣唱及编号之后始能正式地被接受归档,作为法庭的有效证据的一部分。

在诉讼一方(检察方面或辩护方面)向法庭提出一个文件请求法庭接受为证据之后,如果对方不表反对或抗议,登记官便毫不犹豫地高声宣唱一声:"检察(或辩护)文件第……号已被法庭接受,并正式登记为法庭证件第……号。"如果对方表示反对或抗议,法庭便让双方就这个证件是否应被接受的问题进行辩论。辩论停止之后,法庭便用法官投票表决的方法作出裁定。如果对方只是单纯地表示抗议,双方并不进行辩论,法庭也是用投票表决的方法作出裁定。在比较复杂并经过激烈辩论的少数场合,法庭的裁定大都是经过宣布休庭、举行法官会议讨论以后由法官们投票表决作出的。但是在极大多数的场合,特别是在问题很简单、是非很明显和双方没有进行辩论的场合,这种表决一般都是由法官们当庭用纸条(纸条是用最简单的文字或记号表明自己的意思:赞成接受或拒绝接受)迅速传递给庭长的方法进行的。[2]

法官们多数表决通过的结果,无论这种表决是在法官会议中或在

---

〔1〕登记官的英文名称为 Clerk。按:Clerk 一字在英文中用途甚广,举凡书记、录事、事务员、店员、监工都可叫做 clerk。在英美法院组织中,一般书记官或记录员也都常称为 clerk。远东国际法庭的 Clerk,由于他的职掌是专司登记,与一般书记官不同,因此,我们便译称其为登记官。

〔2〕关于法官们在作出裁定时所使用的各种投票方法,本章第三节中已有较详细的说明,此处不赘。

当庭投票中得出的,便算是法庭的正式裁定,庭长立即当庭宣布:"我们决定接受这一作证文件"或者"我们决定拒绝这一作证文件"。庭长宣布的法庭的这种裁定(或决定)是最终的裁决,不能推翻。

在证件被拒绝的场合,提出的一方(检察官或辩护人)只好把文件收回,停止发言,并退出陈述台。在证件被接受的场合,登记官便要高声宣唱道:"检察(或辩护)文件第……号已经接受,并正式登记为法庭证件第……号。"在法庭所接受了的数以千计的证件中,每一件都是经过了他这样的宣唱的。

登记官的这一宣唱看来虽纯属形式主义的,却也有相当重要的实际意义。因为,经过他这一宣唱,加上正式编置一个号码,这个文件作为一个合法有效的作证文件的身份便无可争辩地确定了;同时,提出的一方便可开始全部地或择要地宣读文件的内容,而他所宣读的每一句、每一字都会在法庭的庭审记录中反映出来。正如我们上面所指出的,由于远东国际法庭不采"自由心证"制度,庭审记录便是法官们对全案作出最后判决的主要根据。

在法庭决定接受每一证件之后这样地宣唱一下,并按照次序给它编一个号码,这便是登记官在开庭时的唯一任务,也就是他的全部职责。他可算是法庭证据的"把关人"。法庭在全部审判过程中接受了约5 000件证件,其中每一件都是经过了他这个"关口"的。

担任登记官职务的是一个叫德尔(Dell)的美国人。据说他曾在美国地方法院充任过法官多年,在未调到法庭来以前是盟军总部的一个文职人员。由于他在法庭的工作是十分单纯和非常机械的,很少同旁人接触,所以人们对他的印象不深。

※　　※　　※　　※

宪兵队长(Provost Marshal)——在法庭开庭的时候,经常在场、不能片刻离开的重要行政人员,除了上述的执行官和登记官之外,还有一个宪兵队长。[1] 他的职务是双重的：一是在法庭内的，二是在法庭外的。

宪兵队长在法庭内的职务又可分为两项：一是对整个法庭的，二是在公开庭审时的。

对整个法庭来说，宪兵队长负有警卫整幢法庭大厦、保证法庭的安全和维持法庭内部秩序的完全责任。因此，宪兵岗位的布置、门警的安排、出入行人的检查等，举凡一切有关法庭安全和秩序的各种措施，都是他的职权范围内的事情。派驻法庭的宪兵完全归他指挥，听他的命令。

在法庭开庭的时候，宪兵队长的责任也是很繁重的。在开庭以前，他必须检查审判大厅的各部分，包括各角落，对旁听群众进行严格的搜查，布置开庭时的宪兵岗位，押送被告们从监狱到法庭来受审。在开庭的时候，他要负责监视被告战犯和旁听群众，以及维持庭内的秩序，使不发生任何意外。至于对违反纪律或藐视法庭的任何人的驱逐出庭，他必须秉承庭长和法庭执行官的指示行事，不能自作主张，独断独行。

在法庭开庭的时候，宪兵队长经常是站在被告席的入口处中央，与法官席遥遥相对，意思好像是表示对受审战犯们的监视，防止他们逃走。非遇有特别事故，他是不离开这个岗位的。

以上所述是宪兵队长对整个法庭的警卫和开公审庭时的安全所负的责任。但是他更重要的职务还是在法庭以外执行的，那便是对被告战犯们的看管。这是一项非常繁重的任务。

---

〔1〕远东国际军事法庭，由于它是"军事法庭"的性质，所以对于法庭的警卫和监犯的看管不是像一般法院一样由普通"法警"担任，而是由盟军最高统帅部所派的宪兵队负责。派驻法庭和监狱的宪兵为数约自八十名至一百名，都是统帅部挑选的比较高大、精干、仪表很"帅气"的美国军士，归"宪兵队长"（Provost Marshal）率领、指挥（按：Provost Marshal 系军队编制中的名词，意即"宪兵司令官"或"宪兵指挥官"。日本人译为"宪兵队长"，此处姑从日译）。

这些被告战犯虽然每天出席远东法庭受审,但是他们的羁押场所却不是远东法庭而是距法庭很远的巢鸭监狱。

巢鸭监狱是东京最著名的一个大监狱,可容纳犯人 1 000 余人,经常被监禁在内的总在 400 人以上。在日本被占领时期,盟军总部便把它征用了,作为羁押日本战犯(其中也有乙、丙级日本战犯以及尚未起诉的甲级战犯)及其他罪犯的场所。

在被羁押于巢鸭监狱的众多犯人里,远东国际法庭审讯的这二十几名被告的地位是特别的。他们的看管完全交由法庭的宪兵队长负责,不受巢鸭监狱一般规章制度的拘束,也不受巢鸭监狱典狱长和工作人员的管辖。他们的羁押地点虽在巢鸭监狱之内,但是在行政管理上却是完全独立的。

法庭的宪兵队长对远东国际法庭这些被告的看管名义上虽说也受庭长的指导监督,事实上他却完全是秉承盟军总部的意旨行事的,遇事都是直接报告和请示总部。

一般说来,由于这些被告们都是战前显赫一时的人物,是长期骑在日本人民头上的大军阀、大官僚和大财阀,法庭对他们的看管是十分宽大的,同普通犯人待遇的差别不可以道里计。

举例来说,这些甲级战犯在巢鸭监狱中每人都占有一间相当宽敞和整洁的住房。[1] 他们吃的是同一般占领军一样的西餐,在节日还可

---

[1] 远东国际法庭的这些被告在关进巢鸭监狱的初期都是每人配给一间固定的住房。但是自从 1946 年年底纽伦堡审判结束以后,他们的住房便要每个星期移换一次。据说这是受了被纽伦堡国际法庭判处绞刑的德国大战犯戈林于受刑前用隐藏在监房里的毒药自杀了的影响。自那时起,远东法庭主管监狱的宪兵队便采用了更换监们住房的办法,企图以这个办法使他们不容易在自己房内隐藏或埋藏自杀的药品或工具。当然,除了这种经常"换房"的办法之外,宪兵队还时常要严格地检查他们的衣物用具。那时报界盛传戈林自用的是藏在他口中金牙齿内的一种剧毒的氰化物。因此,远东法庭宪兵队对于被告监们的身体各部分也时常搜查,而且搜查得特别认真。对于他们亲友送来的用品和食物检查得尤其严格,为的是怕他们效法戈林,在不易发现的地方暗中隐藏着自杀的毒药。现在看起来,这事是可笑的。但是,在当时,法庭宪兵队确实是把预防监犯们的自杀当作一种十分重要的任务来看待的。

以吃到为他们特别准备的日本饭菜。他们受着全日本最好的医药照顾。他们在休息的时候可以自由地交谈,并且每天中午都可以接见家属亲友,甚至有时还可以向报馆记者发表谈话。这样宽大的待遇是一般战犯监狱中所罕见的。

随着美国庇护日本战犯以图恢复日本军国主义的政策的日益暴露,这些被告们在狱中所享的待遇更是优厚无比了。负看管他们全责的宪兵队长到了后来便成了他们的知心朋友了。

担任法庭宪兵队长的是一个美国军官——肯禾尔塞上校(Col. A. S. Kenworthy)。他四十余岁,中等身材,态度沉默,寡于言笑。由于他在菲律宾担任过审判那个绰号"马来亚之虎"的日本战犯山下奉文大将的军事法庭的宪兵队长,总部认为派他这样一个人担任远东国际法庭的这件工作是再适宜不过的。

肯禾尔塞在看管被告战犯们的工作上严格遵守着总部的指示,并且完全反映着美国的对日政策。在法庭开审的初期,他对被告们的态度和所采取的措施是相当严厉的。但是,随着时间的推移,美国的袒日政策逐渐明朗化,他对被告们的态度便越来越友好和善,他所采取的管理措施也越来越松弛宽大了。

肯禾尔塞在执行他的职务上还喜欢玩弄两面派的手法。一方面,在法庭举行公审的时候,以及在每天用大汽车押解被告们由监狱到法庭受审的来往路上,他对这些被告们所采取的措施表面看起来都是非常严峻认真的,好像对付一群江洋大盗一样。这是做给盟国人士和日本群众看的。在向庭长和法官们汇报狱中情况的时候,他也总是绘声绘色地把看管制度说成是多么认真,他对犯人们的态度是多么严峻。但是,另一方面,特别是在巢鸭监狱内部,实际情况却完全不是那么一回事。在监狱里,他对被告们的态度非但是和蔼可亲,而且是有求必应。他对这班元凶巨魁们的照顾是孤心苦诣、无微不至的。无怪乎在法庭公审庭快要终结的时候(1948 年 2 月 1 日),被告们赠送了他一幅长约丈许、裱得非常精致美观并有全体亲笔签名的"感谢状",状上充满了肉麻的词句,例如称颂肯禾尔塞有"古武士之风格"、"慈父般的亲切"等。

肯禾尔塞对被告战犯们宽大无边的态度以及他惯于玩弄的两面派手法,绝不是由于他个人的秉性乖张和独出心裁。他这种种做法不过是当时美国日益加紧的重新武装日本、恢复日本军国主义的政策的体现和反映而已。作为一个老练的美国军人,肯禾尔塞对于美国的意图非但善于体会,而且是忠实执行的。

以上是一些关于远东国际法庭的行政组织和人事安排的实际情况以及法庭某些重要行政人员的性格和作风。最后,让我们谈一谈法庭的经费问题和档案问题,因为它们也是属于法庭行政事务范围以内的事情。

※　　　※　　　※　　　※

先谈经费。远东国际法庭是没有独立预算和独立会计的,它的一切经费开支最后都要纳入到盟军总部的账目上去。

但是这并不是说法庭没有独自的出纳账目,或者它完全不经手金钱开支。不过由法庭直接开支的款项是很有限的,主要都是一些行政方面的开支。法庭的重大开支不是由盟军总部支出便是由同盟各国或日本政府负担。

举例来说,数以百计的法庭职员们(从庭长、法官到警卫、勤杂人员)的工资原本应该是法庭一笔最大的开支,但是法庭对此完全没有负担,也不必过问。庭长和各国的法官、检察官和随带的秘书、随员、翻译等等,他们的薪水都是由各派遣国政府自己供给的。美国的助理检察官和辩护律师(大都是盟军总部的现役军人或文职人员),他们的工资是由盟军总部在占领军项下直接开支的。日本辩护律师的工资是由日本政府开支的。法庭的行政人员(自书记官长、执行官、登记官到速记员、打字员、摄影员,其中90％以上都是盟军总部调来任用的美国人),

他们的工资都是向盟军总部直接支取的。美国辩护律师（无论是由盟军总部调用的或直接来自美国的），他们的工资也都是由盟军总部直接支付的。至于警卫法庭的美国宪兵队长和宪兵们，他们本是占领军编制中的一部分而被临时调来法庭服务的，其薪饷当然是取自盟军总部。法庭聘用的日本技术人员（翻译、印刷工、电工等）以及雇用的日本勤杂人员（厨师、侍女、清洁夫等），他们都算做盟军向日本政府"征用"的人员，其工资酬报是由日本政府支付的。至于法庭的改装、维修、设备等基本建设项目的费用，那都是由盟军总部担负的，法庭并不直接支出分文。

由以上事实看来，法庭全部职工的工资以及重大的基建开支都由其他机关负担，没有一项由法庭支付。法庭直接支付的只是某些行政事务项下的经费。必须指出：这项支出并不包括各国法官及其随从人员的住宿、伙食，以及假期或周末旅行的交通、旅馆等费用，因为这些费用是由盟军总部在占领费项下垫付，并且声明将来在各该法官所属国家应得的日本赔款中扣除的。[1]

在法庭直接开支的少数项目中，证人的费用和印刷纸张消耗无疑是最大的两项。

在全部公审的过程中，法庭传唤了约 500 个证人出庭作证。这些证人有的是日本人，有的是盟国人，有的住在东京或来自日本某埠，有的来自海外辽远的地方。对于住在东京或来自日本某埠的证人，法庭的开支是不多的。对于来自海外的证人，法庭的开支却是很大的，因为除了替他们买来往的飞机或船票以外，还要招待他们的住宿和伙食，此外还要给每人每日零用钱美金一元。而且，来自海外的证人不是随时到达便可随时出庭作证的，必须等待审理到了需要他作证的某个阶段，他才会被传唤出庭。因此，有的证人在东京滞留得很久，有的证人因为

---

〔1〕关于"在日本赔款项下扣除"的说法，参阅本章第三节（四）目下的第三条脚注。

自己职业或工作关系中途回国,去了再来。这种情况便更增加了法庭的开支。

除了证人的开支之外,法庭用于印刷纸张的费用也是惊人巨大的,而且有不小的浪费。法庭接受的每一作证文件都要复制(影印、铅印或打印)许多份副本,以便分发给各法官和双方当事人以及各有关方面。此外,每天的开庭记录、备忘录、申请书和其他文件也是多得不可胜数:而这些也都需要铅印或打印许多份副本。因此,印刷(铅印、影印)和打字工作便成了法庭事务部门工作中最繁忙的一件,而它所消耗的纸张数量之大是令人咋舌的。据报纸透露,法庭用于印刷打字的纸张每天需要三到五吨之多。这样大量的纸张消耗,再加上打印所必需的油墨、胶片、药水、复写纸等,无疑地构成了一项巨大的开支。由于战后的日本造纸工业已被破坏,生产纸张的质量不高,因此,法庭用纸大都是外国(美国、瑞典)进口的。这就使法庭对纸张的开支更加庞大了。

除了以上两项较大的开销(证人费用和印刷纸张)之外,其他由法庭直接支付的费用,例如法官馔食茶水的供应,贵宾们的酒会招待,以及零星器皿、杂物和文具的添置等,都是很有限的,所费不多,甚至微不足道。

从以上所述,可以看出:由法庭直接开销的项目是不多的,这种开销只占法庭全部开销的一小部分。然而,就是这一小部分的开销,据报纸透露,自法庭开庭起到审判终结止,已经耗去了美金 750 万元之多。法庭的浪费实在惊人!

无论是由远东法庭直接开支的或由盟军总部开支的,最后都要归入到总部的"占领费开支"账上去,而这项"占领费"是由美国向日本政府索缴的。至于这笔占领费总共是多少,怎样开支的,那却始终是一个谜,因为美国人一直把盟军总部看做自己的"家务",总部的财政收支是从来不公开的。

自从 1951 年 9 月美国等四十八国同日本在旧金山签订的"对日和约"中规定了各签字国宣布对日放弃一切赔偿要求之后,[1]美国在包办占领日本时期的那笔"糊涂账"更是无人过问了,而所谓"由各该盟国应得的日本赔款项下扣除"的问题也根本不存在了。

※　　　※　　　※　　　※

最后,让我们谈一谈远东国际法庭的档案和档案的处理。

远东国际法庭档案库存的档案是相当丰富的,日本人常用"汗牛充栋"、"浩如烟海"一类的辞藻去形容它。

远东国际法庭档案的来源,主要有下列几个:

(1)诉讼双方(检察方面和辩护方面)所提出而被法庭接受了的作证文件的原件(亦称"正本")。这种原件(正本)为数将近五千卷,均经登记归档,存库备查。影印或铅印或打印的副本则分发给各有关方面。这种作证文件有些是在提出时全部被提出者在公审庭上宣读了,并记入了开庭记录。但是有许多作证文件,由于篇幅太巨,提出的一方在公审庭上只是宣读其内容的一部分(当然是比较重要的、有关的一部分),因而在开庭记录中记载的也只是这一部分。例如,著名的《木户日记》(法庭接受的最重要证件之一)共有十几册之多,但在法庭上被宣读了的只是其中极小的一部分。任何作证文件,只要它被法庭正式接受了,便都有作证的完全效力,都被当作证件归档存案,无论它的内容是全部地或只是部分地在法庭上被宣读过。

(2)盟军总部在占领日本初期所缴获的日本政府的秘密档案,如历年来的御前会议记录,内阁会议记录,战时核心阁议("五相会议")记录,大本营的决策和作战计划,军部的秘密指令和文告,外务省的秘密

_____

[1]参阅《旧金山对日和约》第十四条"乙"款。这个非法条约的全文载《国际条约集(1950—1952)》(世界知识出版社),第333—350页。

报告和电讯等。这些文件都是属于"极机密"一类的文件,在战前或战时日本从来没有公开过的。在日本投降的时候,日本政府曾经费尽心机地将它用若干金属保险箱装好,巧妙地隐藏了起来,但终究被占领军神话般地发现了。[1] 由于这些文件对于远东法庭审判日本首要战犯具有莫大的价值,盟军总部便把它几乎全部移交了法庭档案室保管(纯粹属于军事机密的文件除外,如日本战时的军队编制、军需生产、作战计划之类)。检察和辩护双方向法庭提出的证据很大一部分都是从这些档案中淘取的。设在法庭大厦三楼的档案室便成了诉讼双方的武库,双方的工作人员都孜孜不息地像沙里淘金般似地在那堆积满架的、数量浩大的档案文件中寻找于己方有利的材料。哪怕是一鳞半爪,只要看来对己方有利,他们都要不遗余力地尽量搜刮,尽量向法庭提出。至于法庭是否接受,那是另外一件事。尽管如此,双方在这卷帙浩繁的日本档案中所提取出来作证的材料毕竟有限,仅占全部档案的极小部分。因为,这种日本档案不啻为日本政府(包括天皇、内阁、国会、大本营、军部等)数十年来在政治、军事、经济、外交各方面的重大决策和措施的全部内幕写真,而法庭所需要作为证据的只是近十余年来(自 1928

---

〔1〕日本政府为了消灭罪证,在投降以前便把大部分的档案文件都烧毁了。当然,也有一部分是被炸毁的,因为在日本投降前一两个月内盟军飞机曾昼夜不停地狂炸东京,投下数以万计的炸弹,因而东京和横滨一带的建筑物(包括政府机关的房子)大约有 75% 以上全被炸光或烧光了。但是,日本政府最秘密、最重要和最富有历史价值的档案资料却没有被炸毁烧光。日本政府中的那班元凶巨魁们早已把它装进几个金属保险箱中秘密地埋藏起来了。埋藏的地点是在东京一家被炸毁了的保险公司的地下室里。他们满以为公司的高大建筑物既已倒塌,地下室已为断瓦残砖所深深埋盖,加上附近又是一片废墟,满目疮痍,在这种情形之下,它是不易被发觉的。然而,据报道,在日本被占领不到四个月的工夫,他们的这个"秘窖"便被巡逻的盟国宪兵神话般地发现了。这个发现原是偶然的,但当时的新闻报道却绘声绘色地把它描写得像是一种有计划的"探险"活动似的。"秘窖"被发现之后,盟军总部便把所有埋藏在地下的那些保险箱都挖掘出来了,并且发现每只箱上都贴有封条,封条上写着:"非经内阁决议,不得启封。"这就不但表明这些保险箱里储藏的必是日本政府极端重要的秘密档案,而且表明隐埋这些档案的行动完全是日本最高当局有计划、有步骤的一个集体阴谋。毫无疑问,远东法庭的这些被告战犯们至少有一部分可能参与了这个阴谋,其中某些人,如东条、木户、永野、东乡、土肥原之流,或许还是这个阴谋中的核心人物。

年皇姑屯炸案起至 1945 年日本投降止）日本扩大其侵略阴谋，从事侵略战争，以及它在侵略战争中所犯违反人道及国际法惯例的种种暴行的有关材料，特别是同这二十余名被告战犯直接有关的材料。毫无疑问，后者只能是前者的一小部分。由此可见，这种日本档案未被法庭利用的仍占绝大部分。对于这一部分未作为作证文件向法庭提出的材料，法庭当然不能把它当作证据看待。但是，对于研究日本近代史的人们，特别是对于研究日本帝国主义侵略史或对外关系史的人们，日本政府的这种机密档案却是无价之宝。

除了上述两类材料之外，远东国际法庭档案室还收到了不少从纳粹德国的秘密档案库里所缴获到的有关日本的侵略阴谋及德日互相勾结的材料，以及个别同盟国送来的有关日本侵略战争和日军在各地的种种暴行的材料。这些材料一部分已经为诉讼双方所利用，作为证件向法庭提出了，但是大部分仍然搁置在档案室中。当然，对研究历史的人们来说，这些材料的价值也是很大的。

以上所述是远东国际法庭档案室重要资料的组成概况。正如我们在前面所指出的，这些资料不但对于远东法庭的审判关系重大，而且对于日本研究也具有莫大的价值。

可是在法庭审判结束不久，盟军总部便把档案室所有的一切文件和资料，无论是法庭接受了的证件原本，或是日本政府的机密档案，或是从纳粹德国搜来的秘密文件，或是同盟国提供的作证资料，全部都接收了，并且不久便送到华盛顿美国陆军部去了。现在这些东西都成了美国独有的财产，其他同盟国是休想染指的。非但如此，连影印或打印的复制档案也被美国完全接收过去了，不让其他同盟国分享一册。记得当时中国政府曾想谋得一部"木户日记"的影印本，几经交涉，最终还是遭到美国政府的坚决拒绝。盟军总部鉴于《木户日记》具有重大的作证价值和历史价值，曾经用照相的方法把它制成了影印本达一百部之多。但是对一个同日本关系最密切、作战最长久,而且是远东国际审判主要参加者之一的同盟国连这样一部影印本都吝而不与,美国政府之极端专横自私,多疑善嫉,竟一至于斯!

这便是远东国际军事法庭"浩如烟海"、"汗牛充栋"的全部档案的最后归宿。

第三章 日本主要战犯的逮捕与起诉

一、盟军总部对主要战犯的四次逮捕令

依照 1945 年 12 月 26 日莫斯科会议的决议,盟军最高统帅被授予实施和执行 1945 年 9 月 2 日日本投降书中所载之一切投降条款的权力,而"忠实履行波茨坦宣言(按:即 1945 年 7 月 26 日《促令日本投降之波茨坦公告》)之条款"乃日本投降的重要条件之一(见《日本投降书》第一条及第六条)。《波茨坦公告》第六条规定:"欺骗及错误领导日本人民使其妄欲征服世界之权威及势力,必须永久剔除。"第十条规定:"吾人无意奴役日本民族或消灭其国家,但对于战争罪犯,包括虐待吾人战俘者在内,将处以严厉的法律制裁。"[1]

为了实施上述两项条款,盟军最高统帅部(简称盟军总部)在日本被军事占领的最初期便立即开始采取了下列两项措施:一是分批逮捕了一百余名首要的战争罪犯,亦即所谓"甲级战犯";这些被逮捕者都是对日本侵略战争负有重大责任的大政客、军阀、财阀、外交家或宣传家。二是分批"整肃"了近二十万所谓"日本军国主义分子";凡是日本侵略战争时期在日本政府、军队、法西斯团体或大企业中担任过比较高级的

---

[1] 莫斯科会议决议见《国际条约集(1945—1947)》(世界知识出版社)第 120—128 页,波茨坦公告见同书第 77—78 页,日本投降书见同书第 112—114 页。

职务的日本人都在被"整肃"之列。[1]

盟军总部采取上述两项措施是必要的,因为惩治战犯和取缔军国主义分子不但是国际文件授予它的权力,同时也是它对盟国不可逃避的义务。

必须指出,盟军总部在日本投降和盟军登陆后的初期对于行使这种权力和履行这种义务是相当严厉、认真的,可以说是雷厉风行,剑及履及,使日本反动派一时陷于极度惶恐和苦闷之中。这显然是由于那时战争甫告结束,盟国人民对于日军侵略的创痛记忆犹新。就是美国人民对于珍珠港的浩劫和对日作战的艰苦亦未能轻易忘怀。因此,在同盟国之间还存在一种同仇敌忾的共同感觉,大家都有严惩日本战争祸首和肃清日本军国主义的强烈要求。同时,在这期间,美国政府尚未明显地表现出对日本反动势力的庇护、扶植态度,尽管华盛顿和华尔街的某些人早就有把日本变成美国在远东的有力帮手的构想。

由于上述原因,盟军总部在占领初期对于逮捕战犯和整肃军国主义分子的工作进行得还算是比较迅捷及时和严格认真的。

整肃问题同远东国际法庭的审判没有直接关系,兹不多述。

此处要着重叙述的只是主要战犯的逮捕。因为,逮捕他们的目的无疑地是为了将来交付审判,使其接受严厉的法律制裁。事实上,此后不久成立的远东国际军事法庭的审判对象都是从他们这些人里面挑选出来的。

日本主要战犯(亦即所谓"甲级战犯")的逮捕系在 1945 年 9 月至同年 12 月间分四次进行的。

---

[1] "整肃"是日本人所用的词语,英文原为 purge,意即"清洗"或"取缔"。凡是被整肃的人,在整肃没有被解除之前,都不准担任任何公职。他们不但不准担任各级政府的任何官吏或议员,就是社会团体或企业团体的较高职务,如会长、经理、董事、主任、书记、会计之类,亦不准担任。在占领初期,盟军总部曾分批整肃了日本军国主义分子达 19 万多人。后来由于美国袒护日本反动势力的政策抬头,他们的整肃便一批又一批地被解除了。到 1952 年 9 月《旧金山和约》签订的时候,大部分的被整肃者都已恢复了公民权。《和约》签订之后,日本政府便索性全部解除了对这些人的整肃。

　　　　　　※　　　　※　　　　※　　　　※

　　盟军总部第一次战犯逮捕令是在 1945 年 9 月 11 日发布的。那时距日本正式签署投降书(9 月 2 日)和美军开始登陆(9 月 3 日)还不到十天工夫。

　　这一次逮捕令所指名要逮捕的战犯总共是 39 名,恶名昭著的前国务总理大臣东条英机被列为第一名。

　　这一次的逮捕令有两个特点:一、逮捕的对象大都是发动太平洋战争时的日本政府首脑和在太平洋战争中犯有严重暴行的高级军官;二、除了若干的日本战犯之外,某些曾同日本合作、参与侵略的外国官吏也在逮捕之列。这些人是在战争终结时未及逃返祖国而仍滞留在日本领土内的。

　　由于上述特点,这次逮捕战犯的范围从一方面说是比较窄的,因为许多重要的日本战犯还未包括在内;从另一方面说又是比较广的,因为其中还有十几名非日本籍的外国战犯。

　　这次逮捕令指名要逮捕的除了太平洋战争期间的日本首相东条英机外,还有东乡茂德(外相)、岛田繁太郎(海相)、贺屋兴宣(藏相,即财政大臣)、岸信介(国务大臣兼军需次官)、寺岛健(交通大臣、海军中将)、岩村通世(司法大臣)、小泉亲彦(厚生大臣)、桥田邦彦(教育大臣)、[1]井野硕哉(农林大臣)、土肥原贤二(陆军大将、航空总监,长期在中国从事间谍特务活动)、桥本欣五郎(法西斯军人,樱会、日本青年党及赤城会之发起者)、铃木贞一(企划院总裁兼国务大臣)、上田良武(海军中将、海防义会理事长)、本间雅晴(驻菲律宾日本派遣军司令官、陆军中将)、[2]黑田重德(同上)、村田省藏(驻菲律宾日本大使)、长滨彰(驻菲律宾宪兵司令官)、太田清一(马尼拉暴行之直接负责人,陆军中佐)等 27 名日本人,另外还有非日本人 12 名,其中有菲律宾傀儡政府伪

---

〔1〕小泉亲彦和桥田邦彦两人在被捕之前便自杀了。

〔2〕本间雅晴在被捕不久便被引渡到菲律宾去了。他是和那个绰号"马尼拉之虎"的日本大将山下奉文同时在驻菲律宾的美国军事法庭受审并被判处死刑的。

大总统劳莱尔(Laurel)，该傀儡政府驻日大使瓦格斯(Vargas)和国民会议议长阿奎诺(Aquino)，德国驻日大使斯达玛(Stahmer)和德国大使馆中将武官克莱茨玛(Kreitschmer)，缅甸伪政府驻日大使貌博士(Dr. Mau)，泰国驻日大使伍伊齐德，以及战时在日本法西斯政府服务的澳大利亚人两名，荷兰人和美国人各一名。

这些第一批被捕的非日本人，无论凭什么标准，都并非全部够得上被称为"甲级战犯"，更够不上被称为"首要战犯"。因此，在总部决定将来的远东国际法庭只是专事审判日本战犯之后，他们便全都被遣送回国，听任他们自己的祖国予以处理。据后来获悉，这些人的命运颇有幸与不幸之分。有的是被以背叛祖国罪名受审，而被其国内法庭判处罪刑；有的却被宣告释放而逍遥法外，甚至参加国内竞选活动，企图重登政治舞台。

至于第一次逮捕令指名要逮捕的日本战犯27名，除了小泉亲彦和桥田邦彦两人在逮捕前业已自杀身亡之外，其余25名全都被总部宪兵捕获入狱，有的个别战犯还是自动投案的。[1]

在这一批日本战犯的逮捕中，东条英机的逮捕无疑是最富于戏剧性的。他临捕时的张皇失措和自杀不遂的滑稽演出曾引起全世界舆论的讥评，而日本人民对他的贪生丑态抨击得尤为尖锐刻骨。

（按：日本自宣布无条件投降之后，国民自杀之风一时流行颇盛。老百姓因不愿做"亡国奴"而自杀者有之，身居高位者因不愿做"阶下囚"而自杀者亦有之。例如，三任国务总理大臣之近卫公爵，曾任陆军大臣之阿南大将与杉山大将，以及曾任关东军总司令之本庄大将等人，他们或则切腹自裁，"以身殉国"；或则夫妻双双服毒，同归于尽。这种举动

---

[1] 盟军总部对于第一批战犯的逮捕手续是相当混乱的。对某些战犯，在逮捕令发布的次日便进行了逮捕；对另一批战犯却在逮捕令发表好几天之后方才加以逮捕。关于自动报到投案的办法，逮捕令也没有明确的规定。但是从第二次逮捕令发布时起，这些事情便弄清楚了。一般自动投案的期限规定是十天，如果在获悉逮捕令后十天之内不前往巢鸭监狱自动报到，则盟军总部的宪兵队将在第十一天的清晨将前来强制执行。

虽是日本"大和魂"、"武士道"法西斯教育多年熏陶的结果,然其死事之悲壮,决心之坚定,不能不令人感动。然而,东条的"自杀"却大不相同。)

东条英机原是日本侵华祸首之一,又是发动太平洋战争之最高责任者,他自己当然知道在日本投降以后,必定会被交付有司,受到严厉的法律制裁。因此,自盟军开始登陆之日起,十天以来,他便闭门谢客,独居斗室,整天徘徊于生与死的问题之间。贪生吗?又怕作阶下囚,异日仍然难免一死;自杀吗?又下不定足够的决心,鼓不起足够的勇气。

就这样彷徨犹豫了约有十天工夫,到了 9 月 11 日盟军总部那个东条名列第一的 39 人的逮捕令发布并经电台广播之后,东条还是下不了自杀的决心。直至总部宪兵队吉普车隆隆之声闻于户外,宪兵们开始包围其住宅的时候,东条才拿起手枪向自己的腿部射击,仅仅伤及皮肤,并未击中要害。在这象征性的一击之后,他便束手就擒,被宪兵押解而去。这便是轰动一时的所谓东条自杀滑稽剧的真相。这幕滑稽剧引起了世界舆论的嘲弄和讥评。日本人民对它抨击尤烈,认为它是日本民族的奇耻大辱。他们说,东条身为陆军大将,从军四十余年,纵使不能杀敌致死,何以连自杀的本领都不曾具备?[1]

朝日新闻派驻法庭记者团的一段话最能代表当时日本人民对于这件事的一般观感。它说:

---

[1] 为了缓和日本人民对东条的攻击和粉饰东条的丑态,在东条内阁时代曾任递信院总裁,后来又在远东国际法庭担任东条辩护律师的盐原时三郎曾对日本新闻记者发表过以下的谈话:"东条之所以召世间之讥讪,倘事先能接得通知,以及有充分之时间考虑,则失败或不至如此。盖战败后东条之态度曾有两种立场之见解:第一,如有自由发言机会,亟欲将本人所信与战事勃发之真相负责写成一书,公之于世。同时,又深恐为外国拘捕,故手枪始终不离身旁。彼又曾邀医生在心脏部位画一墨圈;人浴后仍画墨圈于原处。东条不但终日置军刀于身旁,且在爱用之烟斗内盛以青酸加里,以备万一。至十一日被捕前始终未获预告,故东条仍以为尚有考虑余裕。及至吉普之声迫近,乃觉察为正式逮捕,于是先就浴然后再着新军服,退至书斋,以手枪击墨圈,身虽倒而不得一死。今既复生,故当将一切实情公之于世。"盐原的这篇谈话破绽百出,欲盖弥彰,丝毫也没有收到说服日本人民谅解东条的效果。

世间对东条之自杀咸评为滑稽儿戏。当年身任陆相，其对士兵所发'战阵训'谓'男儿不当身为战俘而生还'。今则发布该训之本人不得其死，丑态毕露。试观陆相阿南、杉山夫妻之勇于就死，未有不嘲笑东条于地下者！盖前日东条对美国新闻记者发表谈话，早已自觉以决生死。乃不此之图，直待美国宪兵逮捕之前而仓皇失措。何昔日之鲁莽成性，而今日之胆小如鼠？是不啻将战败日本之原形暴露无遗矣！[1]

在第一次逮捕令中名列第二的太平洋战争时任海军大臣的岛田繁太郎大将的态度倒是比较诚恳直率。岛田在心安理得地被捕之后对报界发表过一个谈话。他说："本人自编入预备役后，即以在野之身冀望胜利，以迄终战。惟大诏涣发以后，闭门思过，其间亦曾有意割腹，以谢天下。乃圣上有须忠诚履行波茨坦宣言之圣旨，遂苟延性命，以迄于今。本人列为战犯受拘，早在意料之中。惟上无以对日皇，下无以对国民，斯为愧耳！"[2]

岛田的话很可以代表当时被捕的大多数日本甲级战犯的一般心情。

第一批逮捕令中指名的39个战犯，除东条有过一幕滑稽表演和小泉、桥田两人早已自杀之外，其余36人都很驯服地就捕，或自动报到。他们被暂时收容于横滨刑务所，旋即被转移到大森监狱，稍后又被转移到巢鸭监狱。[3]

---

〔1〕见《东京裁判》（朝日新闻法庭记者团著）第1辑，第12页。
〔2〕同上书，第13、14页。
〔3〕第一批逮捕非但手续及期限不甚明确，即收押场所亦经一迁再迁。因此，列名逮捕的战犯们大都惊惶失措，意存观望；但挺身自动前往监狱报到投案者，亦不乏人。在9月14日上午自动前往报到投案者有岩村通世，下午有贺屋兴宣、井野硕哉、铃木贞夫、村田省藏；15日上午有桥本欣五郎、上田良武，下午有本间雅晴、黑田重德；16日有寺岛健；17日有岸信介；23日有土肥原贤二；30日有东乡茂德（此人因患病被允在自宅治疗若干时日，故报到特迟）。自第一批逮捕以后，各次逮捕令中均明确规定报到期限为十天，报到地点为巢鸭监狱，亦即羁押日本各级战犯的固定场所。

在这 36 名囚犯中，那 12 名非日本籍的犯人不久便被释放出狱，由盟军总部遣回他们各自的祖国。本间雅晴则被引渡到菲律宾美军军事法庭受审，旋与山下奉文一同被判处绞刑。因此，这批人中长期羁押在巢鸭监狱的只是东条英机等 23 名纯日本人。

※　　　　※　　　　※　　　　※

盟军总部第二次战犯逮捕令是 1945 年 11 月 19 日发布的，距第一次约二月有余。这次命令中指名逮捕的都是比较重要的日本战犯，共 11 人，其姓名如下（括弧内的各人简历系日本终战联络事务局所加注的）：

荒木贞夫（陆军大将，男爵，历任陆军大臣、教育大臣（文相），极端军国主义分子）

本庄繁（陆军大将，男爵，枢密院顾问，任关东军司令官时不顾日本上层政界之意旨，擅自挑起满洲事变（即"九一八事变"）之责任者）

鹿子木员信（前言论报国会理事长，多年参加秘密团体，鼓吹军国主义，为已故之头山满（日本法西斯领袖）之亲密战友）

小矶国昭（陆军大将，曾任首相，为日本北进及南进扩张政策之提倡者）

久原房之助（前政友会总裁，故首相田中义一及荒木贞夫大将之挚友，曾参与"二二六事件"阴谋）

葛生能久（前法西斯团体黑龙会主干，为已故头山满之亲信）

松冈洋右（前外相，在外相任内签订德日意三国同盟，一贯以反美而博得军部及军国主义团体之欢心）

松井石根（陆军大将，任中国派遣军司令官时对南京大屠杀暴行以及对美舰巴纳号（S. S. Panay）和英轮瓢虫号（Ladybird）轰炸事件之负责者，其后又任大政翼赞会兴亚总部总理）

真崎甚三郎（陆军大将，青年将校之指导者，尝鼓动少壮军人发动革新运动，夺取政权）

南次郎（陆军大将，"九一八"满洲事变时任陆相，又曾任朝鲜总督及法西斯团体大日本政治会总裁）

白鸟敏夫（前驻意大利大使，为日本法西斯军国主义分子中最顽固之一）

以上11名被捕的日本战犯，从他们的地位之高和罪责之大说来，都够得上称为"甲级战犯"或"主要战犯"。由此可见，这次的逮捕名单是经过比较郑重的考虑的，不像第一次名单那样庞杂，其中既掺有不少的非日本人，也掺有个别够不上被称为"甲级战犯"的日本人。

第二次逮捕令指名的这11名战犯除了本庄繁已经自杀和松冈洋右正染重病之外，都是在逮捕令发布后十天之内自动报到投案并携带行李入狱的。

本庄繁的自杀，值得在此一提。

本庄大将是日本法西斯军人领袖之一，也是日本侵略政策的积极推动者之一。1931年他正任日本关东军司令官，因而他一向被认为是"九一八事变"的最高的直接的负责人。

日本投降之后，本庄早已感到自己被当作战犯受审乃势在难免之事。杉山元帅（当时的陆相）夫妇于未被列名战犯之前便双双服毒自杀，以及东条自杀未遂的滑稽表演遭受世人的严厉抨击，这两件事给本庄的刺激至深。因此，在听到总部对他的逮捕令发出的消息之后，他便立即自裁身亡。那时他正在青山旧陆军大学辅导本部理事长办公室，时间是11月20日上午十时半。

本庄的自杀在日本人眼光中被认为是一件很壮烈的举动。他死后留有早已准备好了的遗书两件，并题有"诚以贯"三个字。[1]

松冈洋右是这一批列名逮捕者中另一个引人注意的战犯。他是在

---

[1] 本庄繁的遗书在审讯过程中曾由他的儿子以证人资格在远东法庭宣读过，其主要内容是把"九一八事变"及继续侵占中国东北的责任由他一人负担起来，目的无非是为了减轻日皇及其他同僚战犯们的罪责。

美国生长的日本人，英语说得很流利，历任外务大臣、日本出席国际联盟首席代表、南满铁路总裁等职，以鼓吹退出国联和缔结德、日、意轴心国军事同盟而博得法西斯少壮军人的欢心。在太平洋战争时期，他因患肺病已退出政治舞台。自日本投降到他被指名逮捕这一段时期，他一直病卧在长野县北安昙郡故居。11月19日逮捕令发布之后，松冈于20日以棉被裹头对来访的新闻记者发表如下谈话：

> 余虽被命前往巢鸭监狱报到，但余患全身硬化症，不能步行半里之遥。余年已六十有六，实已无能为力矣。日本缔结三国同盟原系为促成和平，故余于日俄中立条约成立后即拟渡美商订太平洋协定。此事曾与近卫首相商妥。可惜近卫内阁不久瓦解，遂失却此一良好机会。吾人做梦也没有料到同美国开战。此殆为宿命所注定。及至战败则情况诚然严重。至余所爱好之俳句（日本歌赋），近亦毫无闲情逸致及之矣。

松冈的这篇谈话无疑地是在洗刷自己的罪责，但也表现了他内心中的无限悲哀。回想当年在国联大肆咆哮和在莫斯科同斯大林热烈拥抱接吻时那种叱咤风云、不可一世的豪迈气概，前后宛若两人。[1]

松冈虽然患病严重，但盟军总部还是把他按期逮捕入狱，在狱中进行治疗。在次年五月远东国际法庭正式开庭讯审的时候，他被列名为受审的28名首要日本战犯之一。但是受审不到四个月，松冈便病死狱

---

〔1〕松冈洋右是日本政客中最狂妄的冒险家之一。他生长于美国俄勒冈州，幼时曾在该州充当童仆，故西方报纸常称其为"俄勒冈童仆"。回日本后，由于他能操流利英语，并善于逢迎军阀巨头和结识少壮军人，便逐步登上了日本的政治舞台。1933年日本退出国际联盟时，他是日本首席代表。在国联大会上，他大肆咆哮并竭力诋毁中国，说"中国不是一个国家，而仅仅是一个地理上的名词"。1941年4月松冈在同苏联签订了苏日中立条约后启程回国，斯大林到莫斯科车站送别，在互相拥抱接吻之后，他对斯大林说："如果你违反了这个条约，我一定要你的脑袋"，说毕以手加于斯大林颈上，作欲割状。此人言行之狂妄，于此可见一斑。

中。从那时起,他的名字就在被告名单中被勾销了。

※　　　※　　　※　　　※

盟军总部第三次战犯逮捕令是在1945年12月2日发布的,距第二次逮捕令仅13天。这次指名逮捕的是59名,其中绝大多数都是长期骑在日本人民头上的"知名之士",同时他们的战争罪嫌也都严重得使他们足够被划入"甲级战犯"之列。

这批被捕的战犯中有两名前国务总理大臣(广田弘毅、平沼骐一郎),有一名日本言论界老前辈、八十三岁的德富猪一郎,还有一名七十二岁的日本亲王梨本宫守正王。

第三批逮捕的59名的名单如下(括弧内各人的略历系日本终战联络事务局加注的):

鲇川义介(贵族院议员、前满洲重工业日产社社长)

天羽英二(历任外务次官、情报局总裁)

青木一男(历任企划院总裁、大东亚大臣)

有马赖宁(历任兴亚同盟总裁、大政翼赞会总务长)

藤原银次郎(历任通商大臣、国务大臣、军需大臣、查察使)

古野伊之助(同盟通讯社社长)

乡古洁(三菱重工业社社长)

浚藤文夫(历任农林大臣、内务大臣、国务大臣、大政翼赞会少壮团团长)

秦彦三郎(陆军中将,历任参谋本部次长、陆军大学校长、关东军参谋长)

畑俊六(陆军元帅,历任中国派遣军司令官、陆军大臣)

平沼骐一郎(枢密院议长,历任国务总理大臣、国务大臣)

广田弘毅(历任外务大臣、国务总理大臣)

本多熊太郎(外交官,前驻南京汪伪政府大使)

星野直树(历任内阁书记官长、国务大臣,曾与满洲有密切关系)

井田磐楠（贵族院议员、前大政翼赞会总务长）

池田成彬（历任日本银行总裁、财政大臣、通商大臣、枢密院顾问官、三井合名总理事）

池崎忠孝（众议院议员、文部参事官，关于远东问题有若干著述）

石田乙五郎（陆军少将，前宪兵司令官）

石原广一郎（石原产业社社长）

上砂政七（陆军少将，前台湾军宪兵司令官）

河边正三（陆军大将，日华事变时任华北派遣军司令官，继任缅甸派遣军司令官）

菊池武夫（陆军中将，以攻击"天皇机关说"著名）

木下荣市（陆军少将，东部军管区宪兵队长）

小林顺一郎（陆军大佐，大政翼赞会总务）

小林跻造（海军大将，历任海军次官、联合舰队司令长官、台湾总督、中央协力会议议长、大政翼赞会会长，小矶内阁时曾任国务大臣）

儿玉誉士夫（战时在中国从事特务活动，著有狱中内外记）

松坂广政（前法务大臣，检察总长）

水野炼太郎（前法务大臣，历任大政翼赞会顾问、兴亚总同盟总理，并曾参加其他各政治团体活动）

弁田口廉也（退役陆军中将，在缅甸作战时曾大事活跃）

长友次南（陆军少将，中部地区宪兵司令官）

中岛知久平（中岛飞机企业之创始人，历任通商大臣、铁道大臣、内阁顾问，东久迩宫内阁时任军需大臣）

中村明人（陆军中将，历任宪兵司令官、泰国派遣军司令官）

梨木宫守正王（陆军元帅、军事参议官、神宫祭主）

西尾寿造（陆军大将，历任中国派遣军司令官、东京都长官）

纳见敏郎（陆军少将，前台湾军宪兵司令官）

冈部长景（贵族院议员，历任内大臣秘书官长、陆军政务次官，东条

内阁时任文部大臣）

大川周明（前东京帝国大学教授，著有《复兴亚细亚之诸问题》及关于远东民族运动的各种著作，系一大亚细亚主义狂热者）

大仓邦彦（大仓精神科学研究所创办人，历任东洋大学及上海同文书院校长）

大野广一（陆军少将，宪兵出身，前陆军第十一师团长）

太田耕造（法政大学教授，历任文部大臣及大政翼赞会总务长）

太田正孝（历任报知新闻社社长、大藏省政务次官、大政翼赞会总务）

樱井兵五郎（前民政党干事长，缅甸军政府首席顾问）

笹川良一（国粹大众党党主，超国家主义者）

佐藤贤了（陆军中将，历任陆军省军务局长、战争最高指导会议干事长）

下村宏（历任朝日新闻社副社长、情报局总裁）

进藤一马（玄洋社社长）

盐野季彦（前检察总长、法务大臣）

四王天延孝（陆军中将，日本反犹太人协会会长）

正力松太郎（读卖报知新闻社社长）

多田骏（陆军大将，历任参谋本部次长、华北派遣军总司令官）

高桥三吉（海军大将，历任联合舰队司令长官、军事参议官、大政翼赞会兴亚本部顾问）

丰田副武（海军大将，历任联合舰队司令长官及大本营军令部总长）

津田信吾（钟实钟纺社社长，前大藏省顾问）

浚宫淳（陆军大将，历任参谋本部次长、军事参议官，在安南活动甚久）

横山雄伟（此人在战时始露头角，日本人及外国人均以猜疑之眼光视之）

从以上59人的情况来看，这次指名逮捕的战犯的范围是比较广泛的，他们的代表性是相当全面的。其中不但有军人、政客、外交家，而且有企业家、财阀、出版家、言论家，还有一般人认为不可侵犯的皇亲贵族。

自从这个名单公布之后，日本上层社会便掀起了一片恐慌和疑惧。那班一贯欺压人民的头面人物几乎人人自危，因为他们绝大多数都同日本侵略战争有关，都是有战争罪嫌疑的。他们害怕这一阵来势汹汹的逮捕之风将来会越刮越大，有朝一日会刮到自己身上来。但是后来的事实证明他们的这种恐惧是多余的。由于美国逐渐地表现出对日本反动势力的袒护态度，战犯逮捕之风不是越刮越大而是越刮越小。我们将可看到：自从第四次逮捕令发布之后，这股风便停止了。继之而来的是一股相反的风，那便是庇祖战犯之风，释放战犯之风。

这一批指名逮捕的 59 人，正同上一批那些人一样，其中绝大多数都是在逮捕令发表后十天以内自动前往巢鸭监狱去报到投案的。[1]在投案前后，有些人还对外国新闻记者发表了谈话，申述自己的感想或洗刷自己的罪责。例如，前陆相畑俊六元帅对外国记者说："本人遭到今日之事早在预料之中。深感战争责任之重大，对本人过去之经历实无强辩之余地。"高桥三吉海军大将也说："事已至此，毋宁自动前往接受处分为愈耳！"但是前首相平沼骐一郎却对外国记者说："世人多误会余为日本法西斯之指导者，殊不知余实反对法西斯思想之人。"读卖新闻社社长正力松太郎则谓："本人被列名战犯逮捕，或系出于某种误会。"

---

〔1〕盟军总部规定战犯们在十天期限内自动前往监狱报到的这个办法，在战后日本是行之有效的，没有出过任何意外。这在许多外国人看来似乎是一件不可思议的事情。但在当时日本的情况之下，这个办法确是实际可行的。因为日本是一个岛国，战败后的日本完全孤立起来了，四面都被盟国海军所包围，对外的出路完全断绝了，任何战犯要想逃跑到国外去是绝对不可能的。其次，日本一向是一个著名的"警察国家"，国家警察对于各地的户口迁移和国民行动调查得非常周密，侦查得非常认真，登记得非常严格。因此，任何战犯要想在国内躲藏起来也是极端困难的。由于上述原因，极大多数被指名逮捕的战犯们都乐于在期限内自己最方便的一天离别家人，携带行李，从容不迫地自动到监狱里去报到，而不愿不光彩地被宪兵们戴上手铐，绑上囚车，押解而去。

八十三岁的日本新闻界耆宿德富猪一郎（别号苏峰）也是自动投案的。当逮捕令发表的时候，他正在热海伊豆山养疴。在他老态龙钟、蹒跚入狱之际，他作了一首述怀的汉文短诗，颇为日本人所传诵一时。诗云："血泪为谁振，丹心白首违；沧桑转瞬变，八十三年非。"

在第三批指名逮捕的甲级战犯中，另有一人也引起了当时日本社会的轰动，那便是儿玉誉士夫。儿玉是上海被日军占领时期那个著名的特务机关（"儿玉机关"）的主持人。他原系一个年轻的"白面书生"，论地位和年龄都够不上"甲级战犯"的资格。但是由于他作恶多端、罪责深重，才使他列名为第三批逮捕的主要日本战犯之一。

恰巧在第三批战犯逮捕令发表的那天（12月2日），日本报纸大登特登关于儿玉贪污致富的一项骇人听闻的报道，说他在主持上海儿玉机关的时候，由中国人手中讹诈盘剥了不义之财达三十万元之多。三十万元本不是一个太大的数目——在日本侵略巨头中，凡是在中国久混过的，哪一个不是腰缠累累、满载而归？不过由于儿玉贪污的报道恰巧是同对他的逮捕令同一天发表的，因此便引起了日本社会的特别注意。[1]

这只是一个小小的插曲。儿玉并没有被编入第一批在远东国际法庭受审的战犯之列。相反，他在巢鸭监狱呆了不到三年工夫便被盟军总部擅自释放了，而他那曾经轰动一时的"贪污致富案"更是无人过问了。

※　　　　※　　　　※　　　　※

盟军总部的第四次甲级战犯逮捕令是在1945年12月6日发布的，距第三次逮捕令仅仅四天。

这是对日本主要战犯的最后一次逮捕。命令中指名逮捕的只是9个人，其中有两个（近卫、木户）是日本政界特别重要的人物。名单

---

[1]《东京裁判》（朝日新闻法庭记者团著）第1辑，第23—25页。

如下：

近卫文麿（公爵，曾三度担任国务总理大臣，侵华战争的最高责任者之一）

木户幸一（侯爵，内大臣，历任文部大臣、内务大臣、厚生大臣、日本皇室机要顾问、重臣会议主持人）

酒井忠正（伯爵，贵族院副议长）

大岛浩（陆军中将，驻德大使）

大河内正敏子（理研所所长）

绪芳竹虎（历任国务大臣、情报局总裁）

大达茂雄（贵族院议员，曾任内务大臣）

伍堂卓雄（历任通商大臣、铁道大臣）

须磨弥吉郎（历任南京总领事、驻西班牙大使）

以上九名中最引起震动的无疑是近卫和木户两个巨头。木户是皇室事务的总管（宫内大臣），又是日皇最亲信的心腹。他是内阁与皇室联系的中心枢纽，十多年来他是日本政界一个举足轻重的人物。他同日本政界的上层人物，特别是近卫文麿，都有着密切的关系。

在这最后一次指名逮捕的人物之中，近卫文麿的逮捕以及他以后的自杀无疑是最引起日本社会震动的一桩事件，有简单叙述一下的必要。

近卫在日本政界是一个"风云人物"。他以贵族公子哥儿的身份，常自诩为"命运之儿"，意思是说他是幸运的宠儿，也就是中国人所谓"天之骄子"。他一贯受着日本硕果仅存的唯一元老和充任过三次日本首相的西园寺公望的栽培和宠爱，因而爬上了日本政府的最高层。

同西园寺一样，近卫也三度担任过国务总理大臣，时间是在日本发动全面侵华战争到太平洋战争开始，亦即1937年卢沟桥事变到1941年珍珠港事变这四年之中。日本全面侵华战争之扩大和持久，近卫是负有主要责任的。在他的首相任内，他屡次叫喊着：非打得中国"屈膝求和"不可,否则绝不停止战争。

与西园寺的期待相反,近卫不但不制止或稍微约束一下那班侵略成性的军阀们的狂妄野心,反而一味附和他们,从中推波助澜,以博取他们的欢心和拥戴。

然而,近卫毕竟不是军阀出身。他虽为日本侵华战争卖尽气力,却仍然不能取得军阀们的完全信任,同时他也没有足够的勇气使日本投入更大的冒险。因此,在日军偷袭珍珠港和发动太平洋大战的前夕,他便被赶下了首相的宝座。代之而起的便是那个地地道道的、不折不扣的军阀头子东条英机。

由于没有直接参加发动太平洋战争,近卫估计美国对他的感情可能不坏,因此在日本战败、快要投降的时候,他又以公子哥儿的姿态,亟谋重登政治舞台。在东久迩宫亲王任首相的投降内阁中,他担任了一名不管部的国务大臣。1945 年 10 月 5 日(距日本投降仅一月许)这个寿命不及两月的东久迩宫内阁实行总辞职,继之而起的是自"九一八事变"以来蛰居已久的币原喜重郎。在币原内阁时代,近卫又调任内大臣府御用挂之职。在这期间,他日夜奔走于其恩师、京都帝国大学名誉教授、日本宪法学权威佐佐木惣一之门,俨然有从事修改宪法大业之企图。稍后,日本国内外攻击贵族的舆论甚嚣尘上,近卫遂于 10 月 24 日向天皇辞去公爵荣衔。但是他的政治野心并未稍有收敛。就在辞去荣衔的那天,他还急急忙忙地去访晤了当时日本政府组织的宪法问题调查委员会的委员长松本国务大臣,说明他对于日本国体的见解,希望在制宪大业中有他一份贡献。同时,外间还盛传近卫将以在野之身组织新政党,在未来的总选举中大肆活动。

然而事情的发展并不取决于近卫的主观愿望。近卫的无耻活动和狂妄野心引起了同盟国舆论界的大大不满。《纽约时报》在一篇社论中猛烈攻击近卫,说他绝非修订日本宪法的适当人物,并且说如果近卫被列为战犯受审,世界上不会有任何一人反对。

美国人包办的盟军总部对于同盟国的舆论一向不甚重视，但是对于来自美国本国的舆论，特别是像《纽约时报》这样有地位而且能代表垄断资本统治集团的报纸的言论，却不敢等闲视之。

由于《纽约时报》和其他方面对近卫越来越猛的攻击，盟军总部感到对近卫问题不能继续保持沉默而不予以澄清。于是，在11月1日盟军总部发言人便对记者们宣称：近卫的任务只限于总部同皇室的联系；至于修订日本宪法，总部自始便丝毫没有借重近卫的意思。总部的这个发言不啻是对近卫的当头一棒，使他的幻想受到沉重的打击。

继之而来的便是11月底召开的日本第八十九届临时议会。在这届议会召开时，议员斋藤隆夫首先提出质问，并一再直指近卫之名，说他是酿成全面侵华战争的祸首，对第二次世界大战的起源和日本惨败的结果都负有最高的直接的责任。这是对近卫的第二次沉重打击。临时议会对近卫虽未作出任何决议，但野心不死的近卫至此已感到不但幻想破灭，而且四面楚歌，无地自容矣。

事情的发展很快。12月6日傍晚，正当近卫在其轻井泽岛森的华丽别墅里同访客围炉而坐的时候，无线电收音机送来了盟军总部发出逮捕他的命令的消息。这对近卫来说是一次最致命的打击，结束了他的全部政治生命和幻想。

逮捕令照例规定自动前往巢鸭监狱报到的期限为十天；倘使超过了12月15日仍未报到，总部宪兵即将执行强制逮捕。

此时的近卫在精神上遭受着极大的折磨。他在轻井泽的别墅里呆了五天，闭门谢客，终日绕室彷徨，进行着剧烈而痛苦的思想斗争。他徘徊于"偷生"与"自尽"两条道路之间。是效杉山、本庄等人而悲壮自裁，还是学东条、岛田等人的忍辱偷生？——对这个问题，他作不出决定。

12月11日近卫从轻井泽的乡间别墅回到了他在东京荻外庄的公爵官邸。在官邸里，他虽常召集其夫人千代子、胞弟文秀（日本著名音乐家）、已嫁的胞妹以及子女等人闲话家常，表面上佯作镇静，但是生与死的问题仍然紧紧地抓着他的神经，迄未获得解脱。这样又拖了五天，一直拖到报到限期届满、总部即将对他执行强制逮捕的前夕，即12月15日的晚间。

在这一晚，近卫仍旧是同其夫人、弟妹、子女等人谈论家常及善后布置，直至深夜一时，但未露出有自杀之意。追众人散去后，他又召唤他的儿子通隆单独进行了长时间的谈话，谈话涉及侵华战争。他坦白承认自己对于中国事变的责任重大，罪有应得。通隆离去后，近卫乃独自在十二叠之日本室更换白色服装，饮毒自杀。至16日拂晓为其妻子发觉时，则近卫尸体已僵、面色惨白，而室内则电灯尚明，火盆内之褐色药瓶中尚有一两滴毒汁残存。至此，这个风云一时的贵族哥儿便与世长辞了。"幸运之儿"的下场并不幸运！

近卫死后不久，盟军总部宪兵队的捕囚车以及争取报道逮捕情景的各国新闻记者的吉普车便蜂拥而至。但是由于逮捕的对象已不存在，大家也只好颓然而返了。

第四次逮捕令中指名逮捕的战犯，除了近卫在逮捕前数小时服毒自杀以外，其余诸人都是在规定的报到期限内静悄悄地前往巢鸭监狱自动投案的。

自从第四次逮捕令发布之后，盟军总部便没有对日本主要战犯再发布过任何逮捕令。与日本人的预料相反，战犯逮捕之风不是扩大而是完全停止了。

※　　　※　　　※　　　※

总计盟军总部四次逮捕令中指名逮捕的人数共为118名（第一次39名，第二次11名，第三次59名，第四次9名），但是到1946年年初实际在监狱里羁押的不过100名左右。因为，那些非日本籍的战犯已经全部被遣送回国；有些日本战犯在逮捕之前已经自杀，例如本庄繁、近卫文麿、桥田邦彦、小泉亲彦；有的被引渡到国外去受审，如本间雅晴；

还有个别的战犯,由于特殊原因,在被捕不久便被盟军总部以罪嫌不足为借口而擅自释放了,例如梨本宫亲王、乡古洁、上田良武。[1]

从严格的法律观点来说,战时日本上层人物够得上被称为"主要战犯"或"甲级战犯"的绝不止这百余人,但是这百余人的确都是货真价实的"主要战犯"或"甲级战犯"。因为长期以来这些人都曾利用过他们的特有地位和影响,把日本推上侵略战争的道路。这些人既不是全体日本主要战犯的总和,那么,他们的逮捕和审判只能说是对日本甲级战犯们的一种"象征性"的惩罚而已。

自从 1945 年底甲级战犯逮捕之风停止之后,盟军总部面临的迫切课题是:一、组织审判日本甲级战犯的国际法庭;二、从已经逮捕的甲级战犯中作些调查准备工作,以便能够挑选出若干人来,作为首先向法庭起诉的对象。

关于前一项课题,我们在前一章("远东国际军事法庭的宪章及组织")中已有详细的论述,下面我们要谈的是第二点。

二、国际检察处对战犯们的调查工作及起诉准备

国际检察处是盟国最高统帅部(简称"盟军总部")一个重要组成部分,它对处理日本甲级战犯自始便负有主要的责任。但是,要很好地履行这个责任却不是轻易、简单的事情,而是一项相当繁重艰巨的工作。

在日本被占领的初期,国际检察处忙的是拟订甲级战犯的名单,分

---

[1] 上田良武是第一批被捕的 39 名战犯之一,他是从巢鸭监狱中被释放出来的第一个人。乡古洁是在 1946 年 4 月 13 日被释放出狱的。乡古洁是三菱财阀巨头,他的被释预示着盟军总部对于日本垄断资本家的罪责将不予追究。果然,在不久以后,那些大财阀、大军火商和大企业家都陆续被释放了。检察长季楠还发表过谈话,说日本资本家之所以参加侵略战争完全是受了军人枪杆子的逼迫,并非出于自愿。

批加以逮捕。在特定情况之下，它又要决定某些被捕了的战犯是否可以提前释放或遣送他国。例如，全部非日本籍的战犯的遣送回国，梨本宫、乡古洁、上田良武等人的不起诉开释，以及本间雅晴的被引渡给菲律宾去审判——这些事情都是由国际检察处决定的。

国际检察处处长是美国政客季楠。关于季楠飞扬跋扈的性格和独断独行的作风，在前面我们已经谈到过。[1]然而，尽管如此，季楠对于检举日本主要战犯以及初期筹办国际法庭是卖过气力的，他在东京审判组织方面所起的作用和影响是很大的。

由于季楠同时兼任盟国最高统帅麦克阿瑟的法律顾问，又是麦克阿瑟所亲信的人物，因此，在1945年底战犯逮捕之风停息之后，起草远东国际军事法庭的宪章以及选择法庭地址和修建法庭内部的各项任务也都落在他的身上。因为，逮捕战犯的目的无疑是交付法庭审判，使他们受到《波茨坦公告》中所谓的"严厉的法律制裁"。当然，在执行此项任务的过程中，季楠曾获得了一大批工作人员的协助，但是负最高责任的还是他一个人。

1946年1月19日，盟军总部颁布了远东国际军事法庭宪章，并且任命了法庭的法官，同时也指派了季楠为法庭的检察长。这就使季楠在盟军总部法律顾问和国际检察处处长两个职位之外，又加上了一个远东国际法庭检察长的职位。显而易见，任命季楠为检察长的意思就是要把他所主持的国际检察处作为远东国际法庭的起诉机构，使他能利用该处的全部人力物力去进行法庭的起诉工作。

按照远东国际法庭宪章的规定，检察长对于被控诉的各被告战犯的罪行负有"调查"及"起诉"的完全责任，其他盟国所派遣的陪席检察官只能在此项工作中对他予以协助。[2]很显然，远东国际法庭的检察

---

〔1〕关于季楠检察长的性格和作风，本书第二章第四节中已有较详细的描述，此处不再赘言。
〔2〕参阅《远东国际军事法庭宪章》第八条。

组织是采"首长制",也可说是采"独裁制"或"包办制"。这是远东法庭和纽伦堡法庭在组织原则上一个最大不同之处。在纽伦堡,检察工作是采取"合议制",检察长的职权由四国检察官组成的委员会执行,委员会主席由四国检察官轮流担任,四国检察官的权利义务是完全平等的。[1]

自从法庭宪章公布、季楠被正式任命为检察长之后,他便立即动员了国际检察处的全部人员去开始从事各种起诉准备工作。除此之外,他还从美国聘来了一批对于罪证调查富有经验的"专家"。这时法庭组织尚未就绪,各国陪席检察官尚未来到东京,以后来到也是先后参差不齐,因此,在1946年初,检察处的起诉准备工作完全是由美国人包办的。

大体上说,远东法庭检察处的起诉准备工作是分为下列几个项目或步骤进行的:一、侦讯犯人,录取口供;二、从浩如烟海的日本政府档案中搜集可以作证的文件;三、实地采访调查,录取证人的书面证言及约定证人出庭口头作证;四、联系各盟国政府及有关机关,收集证据文件;五、决定首先受审的被告人选;六、草拟起诉书(或称"公诉状")及其附件。

以上各项工作无疑地都是相当艰巨的,特别是由于法庭审理的这个案件牵涉的地域范围广泛,经历年代久长,犯罪种类复杂以及被告战犯众多。

下面让我们扼要地分别叙述一下这些工作是怎样进行的。

※　　　　※　　　　※　　　　※

首先谈谈侦讯犯人,录取口供。

在旧式的司法制度里,口供几乎是犯罪的唯一证据。只要犯人对所犯罪行坚决不招认,案子就判不下来。反之,无论用什么方法,只要能使犯人自己口头招认一下或在文件上画个押,打个手印,那便算是一

---

[1] 参阅《纽伦堡国际军事法庭宪章》第十四条。

切都解决了。因此，便发生了许多"严刑逼供"、"屈打成招"以及强迫画押打印的种种残酷野蛮现象。这种情况在我国的旧戏曲里被展现得十分充分。

现代司法制度并不认为犯人的口供是犯罪的唯一证据，尤其不能用肉体刑罚或威胁迫使犯人提供口供，承认自己的罪行。但是，由犯人在不受威胁的情况下自由自愿地提供的口供，在今日仍不失为法庭判定犯人有罪无罪或罪轻罪重的一种有力证据。因为，一个人对他自己没有做过的坏事是绝不会招认的，而且有些事情只有当事人才知道得最清楚。

因为口供在现代司法制度中仍然是一种重要的有价值的证据，所以侦讯在巢鸭监狱羁押的近百名甲级日本战犯，录取他们的口供，便成了检察处起诉准备中的一项首要的工作。事实上，这种工作在 1945 年最后三个月，当那些战犯们一批又一批地押进监狱的时候，便已开始。只是由于当时检察方面的人力不足，掌握的背景材料也太贫乏，那时的侦讯是很肤浅、初步的，向犯人所提的问题不能深入，不能击中要害，亦不能穷追到底。

然而，就在这种肤浅的初步的侦讯过程中，好几名罪恶并不算小的战犯却被宣告释放了。例如，上田良武便只是经过这样一番草草率率的"侦讯"之后，国际检察处就以"罪嫌不足，不拟起诉"为借口而把他释放了。乡古洁财阀的释放虽为时稍晚，但他也都没有经过严格认真的侦讯。由此可见。侦讯也常被检察处用来作为达到某种秘而不宣的政治目的的手段。

但是对于一般在押的甲级战犯，检察处的侦讯工作还是很认真而且很有成绩的。特别是在 1946 年最初三个月里，亦即法庭宪章公布之后到起诉书定稿之前，在这一段时间里，检察处对于侦讯犯人、录取口供的工作进行得非常积极，其原因如下：一、人力加强了。检察处向美国调聘的一批技术高强和经验丰富的侦讯人员陆续到达东京了。这些人大都是美国联邦调查局的职业侦查人员，他们在掌握犯人心理和运用侦讯技术方面是很有把握的。只要抓住了背景材料,他们是善于跟踪追击,盘根问底的。二、背景搞得比较清楚了。由于几个月的酝酿和准备以及一些初步尝试,所有参加侦讯的检察人员对于日本历史、社会、政治各方面的一般情况以及在押战犯们的精神面貌和历史履历,从实际接触中和政府档案中,已经摸得比较熟识了。三、各国陪席检察官和他们的助理人员陆续到达了东京。这些人虽然很少直接参加侦讯工作,但是他们可以提供有关的背景材料和需要犯人澄清的各种问题。同时,在他们的关切和注视之下,美国工作人员对此项工作也不得不采取积极的、认真的态度,以期做出一些成绩来。四、法庭组织接近完成,起诉书必须尽快撰拟,而从在押的全体战犯中挑选首批受审的被告又是一个先决问题。但是,非对他们进行一次普遍深入的侦讯,这个问题是不能解决的。

由于上述种种原因,对在押的战犯们的侦讯调查和录取口供越到后来便越成了检察处在起诉准备中的一项特别急迫的工作。它动员了更多的人员紧张地从事此项工作,主力当然还是那班由美国联邦调查局调来的"专家"和季楠检察长的一些亲信人物。

国际检察处对犯人侦讯的方式是很特别的。

在英美法系里,没有独立的侦讯程序;他们的侦讯工作是采用"预审"的方式,在法庭里而不是在监狱里进行。远东国际法庭在诉讼程序上虽大体采用英美制,但在侦查工作上却有它独特的方式。

检察处对这些日本战犯的侦讯是在羁押他们的监狱即巢鸭监狱内进行的。对个别因病保释在家治疗的战犯,这种侦讯还可以在他家里进行。[1]

---

〔1〕例如,对前首相平沼骐一郎的侦讯和录供工作便是在他家里进行的。平沼当时年已八十岁,因病保释在家疗养。因此,对他的侦讯每次都是由侦讯员带同书记官、翻译员、速记员等到他的住所去进行。平沼由于年事已高,倚老卖老,在被侦讯时对侦讯员所提的许多问题常说记忆不清,不能回答。这时,他的妻子便在旁"提示"一下,据说这样便可以"帮助"他"重新回忆"。

侦讯的方式既不像英美"预审庭"那样隆重,却也不像派遣一两个人去作一次采访调查那样简单。每次出席侦讯程序的除了受讯犯人、侦讯员和翻译员之外,还有书记官和速记员。在程序开始之前,侦讯员还要领导受讯人、书记官、翻译员和速记员举行宣誓。在侦讯完毕以后,速记员应将速记记录译出,作为正式的"侦讯记录",然后由侦讯员、翻译员和书记官在该记录上签字,以昭郑重。但是无论速记记录初稿或是译出后的正式侦讯记录都不向受讯者宣读或交他审阅,更不需要他签字,承认无讹。这是侦讯程序中一个很大的缺点,因为在以后检察官向法庭提出这种"侦讯记录"作为证件的时候,受讯的被告及其辩护律师便时常可以提出异议,对记载是否正确故意表示怀疑,甚至抵赖或否认他在侦讯时所招认的供词。在这种情况下,法庭有时就必须传唤侦讯员或侦讯时在场的其他人员到庭对质。这样枝节横生,就在一定程度上拖延、扰乱了法庭的审讯进程。

正如前面所指出过的,侦讯工作是一件十分繁重艰巨的工作。我们只要想到远东法庭审理的这个案件牵涉的地域范围之广,犯罪年代之长,罪行种类之繁,特别是在押的重要战犯人数之多以及他们每个人在日本近二十年来政治舞台上的活动之错综复杂,便可知道要做好这项工作绝不是一件轻而易举的事情。一个好的侦讯员首先必须摸熟日本近二十年来在政治、经济、军事、外交各方面的大体情况,其次便是研究受讯犯人在哪些方面担任过什么重要职务,有过些什么罪恶活动,然后才能向他提出一些关键性和能击中要害的问题。

当然,侦讯人员在准备工作中经常依据的是那浩如烟海的日本政府的文件档案以及检察处联系的若干日本人所提供的资料和线索,但是他必须付出辛勤的劳动去挖掘、整理和决定取舍。此外,在侦讯中,他还必须运用自己的智慧能力,掌握侦讯技术和犯人心理,步步进逼,跟踪到底。这样,他才能作出出色的成绩,他取得的口供日后在法庭上提出时才是检方有力的证据。

一般说来,国际检察处的侦讯工作做得还算是有成绩的,工作质量也还算高的。从犯人侦讯得来的口供记录,有不小部分曾被检察方面有效地利用了,作为支持对该犯控罪的有力证据提交法庭。

侦讯工作从 1945 年底主要日本战犯逮捕完毕起,到 1946 年 5 月法庭正式开始审讯止,一直是国际检察处的一项最紧张最繁重的工作。在初期,侦讯的对象是全体在押的甲级战犯,工作当然不能细致深入。到了后期,特别是在首先受审的被告 28 名人选已经决定之后,侦讯的火力便集中地对着这 28 名被告。个别历史比较复杂的被告被侦讯竟至五六次之多,口供记录长达数十页,一般平均也都在两次以上。侦讯工作越是接近法庭开庭便越紧张,好像赛跑的人快到终点的时候要特别卖气力似的。

这是有原因的。按照英美法系的原则,检察官对犯人进行侦讯和录取口供的工作只能在法庭尚未受理起诉书之前进行。一旦法庭受理了起诉书,指定了正式庭审开始的日期之后,诉讼双方(检察方面和被告及其辩护人方面)便形成了两个敌对的阵营,非经法庭的允许或双方彼此的同意,不得有所往来或接触。检察官非但对被告本人不能有所交往,就是对被告辩护方面所提供的证人亦不得有所接洽或接触,否则他便犯有"勾引对方证人"的罪名。[1] 反之,被告或其辩护律师对检察官方面所提供的证人也是一样。总之,在开庭以后,诉讼双方便应被视为壁垒分明、严阵以待的两个敌对性的实体;被告此时的身份是作战的一方,因而他当然可以拒绝向对方提供任何帮助,更不必说任凭检察处对他进行侦讯、录取口供。

---

〔1〕这个罪名在英美法中叫做 tempt the witness,意思是搞乱、软化、勾引或贿赂对方的证人,使其不能一心一意地为对方作证。按照英美法系惯例,诉讼双方与本方所提供的证人事先可以尽量进行磋商,甚至教唆或指导他出庭时应该说什么和怎么样说。但是对于对方所提供的证人在庭外却不许有任何接触,否则便有"勾引对方证人"之嫌。这种视证人为"私有财产"的做法,是极不合理的。唯一的补救办法便是在公开审中,诉讼一方对另一方提供的证人及其证言,在执行"反诘"的权利的时候,尽量予以攻击,指出其破绽及矛盾所在,借此以减低其作证的价值。

这项原则在远东国际法庭的宪章或诉讼程序规则里是没有明文规定的。它纯粹是英美法系里的一个虽不合理却又牢不可破的传统惯例。远东国际法庭恰恰采用了这个传统惯例。这就说明了英美法系的传统观念在东京审判程序方面的影响之大。同时,它也说明了为什么检察处对被告战犯们的侦讯和录取口供的工作必须急急忙忙地在1946年4月29日法庭正式接受起诉书以前全部完成。[1]

※　　　　※　　　　※　　　　※

检察处在准备起诉中的第二件主要工作便是要从那堆积如山、卷帙浩繁的日本政府的公文档案里找出与各被告战犯罪行有关的材料。这种材料,一方面可以被利用作为在开庭前对战犯们进行侦讯和录取口供时的背景参考,而另一方面又可以被利用在开庭时作为向法庭正式提出的书面证件,以支持检察处的控诉。由于这种材料是录自日本政府的公文档案,它的作证价值无疑地是极高的。

但是要搜寻这类材料绝不是一件简单容易的事,而是一件非常繁重艰巨的工作。原因是:

(1)尽管远东法庭大厦三楼档案资料室里的日本政府的公文档案堆积如山,但这并非日本政府公文档案的全部。很大一部分的公文档案早已被飞机炸毁或者被日本官员于投降前自动烧毁。即使全体工作人员辛勤劳动,费尽心机,要想从剩余的这些公文档案材料中去拼凑起一幅每个被控战犯的罪行全图,那也是绝对没有可能的。侥幸的是由于占领军的传奇式的发现,那几大箱埋藏在地窖里的日本政府最机密

---

[1] 在远东国际法庭被控的战犯中,板垣征四郎和木村兵太郎是没有经过侦讯的。由于日本投降时他们两人都率领日军驻扎在海外(板垣在新加坡,木村在缅甸),直到法庭开庭的前夕方才押解来到东京,投入巢鸭监狱。因此,检察处便来不及对他们进行侦讯和录供的工作。被告重光葵和梅津美治郎也有类似的情况。由于在本章下一节要提到的特殊原因,这两名战犯是在起诉书提出的前夕方才逮捕入狱的,因而检察处就没有时间对他们进行侦讯,录取口供。因为,正如上面所指出的,一旦起诉书提出之后,检察官和被告是彼此不能有接触的。

的文件(历次御前会议、内阁会议、五相会议、枢密会议、重臣会议的详细记录等)都被挖掘出来了。[1] 这些文件也陈列在法庭的档案室里。这确实是无价之宝。它对于日本政府侵略政策之形成,侵略战争之发动,以及那些任过首相或大臣的被告战犯们在其中出过什么主意,作过什么发言,扮演过什么角色,等等,都提供了极端可靠的证据,而这种证据必然为法庭所接受。检察方面在论证对某些首要战犯的控诉时曾经充分地利用过这种材料。

(2)法庭档案室所收集的日本政府档案文件虽然并不齐全,但是它的卷帙仍然是极其浩繁。日本人常用汉词"浩如烟海"和"汗牛充栋"去形容其多。要从这"浩如烟海"、"汗牛充栋"的成千成万的档案卷宗里去找出同某一战犯罪行有关的一段一节或者一行一句,那有时简直是像大海捞针一样困难。由此可见,要有效地利用这种档案就非付出巨大的人力和辛勤的劳动不可。

(3)语文上的困难也是很大的。日本政府的公文档案都是用日文写的,而检察处的工作人员大都是不懂日文的。因此,他们就非借助于雇用的日本人不可。但是这些日本人的翻译质量和忠实性如何却不是没有问题的。这样,就更增加了这项工作的复杂性和困难性。

由于上述的几种困难,检察处这项工作在起诉书起草的时候以及公开庭审的初期还没有做出很大的成绩。那时他们只是找出了一些勉强可以支持起诉书和可以打击某些被告的文件。至于能够深入地打击每个被告的证据大都是后来在审判过程中找到和提出的。因为,越到后来,工作人员从这"浩如烟海"的档案中寻找证据的技术便愈加熟练;他们对日本历史、政治和国情的了解也有所增进;而同盟各国的检察人员,特别是中苏两国的陪席检察官和他们的助理人员,此时也可以插手帮忙了。例如,关于重光葵和梅津美治郎的罪行的许多有力证据便是苏联检

---

〔1〕关于这几大箱日本政府秘密档案的传奇式的发现,见本书第二章第六节。

察人员在日本档案中找到和摘出的。又如,关于土肥原贤二和板垣征四郎的罪行的许多有力证据便是中国检察人员倪征燠、吴学义、刘子健等在日本档案中找到和摘出的……这些证据都是开庭以后向法庭提出的,有的还是在反诘辩护证人时和检方进行反驳时作为补充证据提出的。

在这里,必须指出:提证的工作是贯穿着整个审理过程的一项主要工作。诉讼任何一方,只要它能找到对自己有利的证据,总是有办法在某一适当的阶段向法庭提出的。因此,检察方面这种挖掘证件的工作在庭审结束之前一直都在孜孜不息地继续努力,不像侦讯战犯和录取口供的工作那样,到庭审开始便必须立即停止。

此外,还有两件事值得在这里提到:一是在远东法庭档案室里所陈列的,除了堆积如山的日本政府档案之外,还有一小部分外间不能看到的其他文件和手稿,例如"满洲国大事记"、"木户日记"、"西园寺公札记"等。这种资料虽然不多,但它也是诉讼当事人挖掘证据的对象。二是为了维持"公平"、"平等"的原则,法庭不但让检察人员到档案室去随意翻阅、任意摘取他们所需要的资料,而且也让被告辩护律师们去任意翻阅、尽量摘取他们认为对被告有利的任何资料。因此,档案室便成了诉讼双方的"共同武库",每天都有三五成群的检察人员和辩护人员在那里孜孜不息地做"打捞"工作。他们在法庭上虽然属于两个敌对的阵营,但在档案室里他们却是"各尽所能、各取所需",并且"和平共处"、"互不侵犯"。这不能不说是远东法庭里一个很特别、很有趣的现象。

※　　　※　　　※　　　※

检察处在起诉准备中的第三项工作便是派人到各地去对战犯们的罪迹进行现场采访和调查。由于日本战犯的罪迹遍及全东亚和太平洋区域,这种采访调查当然不可能普遍、全面,而只能是有重点地、有选择地进行。这种方法对于某些种类的罪行是特别适宜的,对于某些其他的罪行却没有多大用处。例如,破坏和平罪中关于日本侵略政策的形成以及侵略战争的发动,这种证据只有从日本政府档案、主要战犯的口供等方面去找,派人到外地去采访调查是不会有结果的。但是对某些日本战犯在亚洲各地命令或纵容部下大规模地屠杀平民、虐待俘虏、烧劫财产、强奸妇女等种种非人道的暴行,派人到犯罪地区去作现场调查的好处是很大的:第一,他们可以向当地亲历目睹的人们录取证词,由陈述者签字后将来便可作为书面证言向法庭提出。由于证人是罪行的亲历目睹者,他的证言便是第一手资料,其作证价值是巨大的。第二,在采访调查的过程中,工作人员还可以预先约定所谓"关键性证人"(key witness)在审判的适当阶段中到东京来出庭作证,用口头的陈述对被告战犯做有声有色的控诉。

由于实地调查访问的方法对大屠杀一类的暴行特别适宜,国际检察处在法庭讯审开始以前曾经有重点地采用过多次,并且很有收获。例如,关于日军在马尼拉等地的暴行,"巴丹死的进行",缅泰路的强制劳动,南洋各集中营中的任意虐杀等,他们都曾派人到菲律宾、印尼、缅甸、南洋各地去作实地调查,收集了不少的书面证词。然而做得最有成绩的还是关于南京大屠杀事件的实地调查。这是季楠检察长亲自出马干的。

南京大屠杀事件是日军在第二次世界大战中的一件最突出的暴行,其规模之大、时间之长、杀人之多,都是历史上所罕见的。这事件曾经轰动全世界的舆论,遭到善良人类的普遍谴责。负责控诉日本战犯罪行的国际检察处当然要把这件事作为一个重点去处理,特别是由于这件事的祸首和主犯不是别人而正是已经逮捕在押的松井石根大将。为了彻底弄清事件的真相和收集较多的证据去支持检察方面的控诉,检察长季楠在 1946 年 3 月初便调用了一架盟军总部的专用飞机,在中国陪席检察官陪同下,亲自率领了六七名得力的检察人员浩浩荡荡地由东京来到中国,在南京、上海、北平等地盘桓了约两个星期之久。

诚然,季楠等人之来到中国是另外有一个目的的,那便是要在中国观光、游览。[1] 季楠常对人说："中国是文明古国,古迹名胜之多甲于天下,到了远东而没有到过中国,那将是一件极大的憾事。"然而季楠一行人毕竟是为了调查证据而来的,至少名义上是如此。因此,他们也做了一些收集证件、访问证人的工作,取得了一些成绩。

在来华期间,他们访问了一些官方机关和慈善团体,收集了不少有关南京大屠杀的统计数字,访问了一些亲历目睹的中外人士,取得了许多份书面证言,并且预约了十来个有力的证人到东京去出庭作证。此外,关于1937年卢沟桥事变中中日军队谁首先开火的问题,他们也作了一些调查,并且也预约了几位关键人物(如当时的宛平行政专员兼县长、第二十九军副军长及北平市长)到东京去出庭作证。在全部审讯过程中,检察处对南京大屠杀事件和卢沟桥启衅事件的提证工作做得是比较有声有色的。这就说明:实地调查访问所费的财力人力虽然较多,它却是起诉准备中的一项富有意义的工作。

但是,由于人力财力的限制,在起诉书提交法庭和法庭开审以后,派员到外地去实地调查采访的工作便完全停止了。这时检察处的人力减少了很多,那些被临时征调来帮助侦讯和录供的美国联邦调查局的人员大都回国去了。留下的人员以及国际检察处原有的工作人员几乎全部都投入了"庭内斗争"。向盟国政府或盟国各地征求作证文件和录取书面证言实际上只好由各陪席检察官分别负责向他们各自国家的机关团体或个人去设法取得。在手续上,国际检察处在征集证据文件工作中要与各盟国保持公文上的联系。不过这只是形式上的问题。实际上推动此项工作的还要靠各同盟国派到法庭来的检察人员,因为他们对于

---

[1] 游览观光无疑是季楠一行人来到中国的一个重要目的。在季楠返回东京以后,有人问他这次旅行的收获如何,他回答说:只要看到一个北京的天坛,便不虚此行了。他对中国古迹名胜的估价之高,于此可见一斑。季楠在美国执行律师业务多年,颇具资财。他那次在中国买了不少的古玩、字画、锦缎和首饰。他对中国当时市场上流行的讨价还价("漫天要价,就地还钱")的制度最具反感,常常埋怨他买某件东西所付的价钱有时竟超过其同行人员买同样东西所付价钱的两倍以上。

自己国家的情况最清楚,他们知道用什么办法和在什么地方才能取到所需要的证件。他们的实际努力要比国际检察处的一纸公文效力大得多。

各同盟国提供的各种材料,如政府文件、调查报告、书面证言等,对于检察处的起诉工作也给了不小的帮助。许多这类材料在审讯的过程中都被作为证件向法庭提出了。在这方面,中国和苏联供给的是比较多的。但是,由于美国检察长的顽固偏见和居心叵测,这些材料中的相当一部分都被搁置起来而并未向法庭提出。[1]

三、28 名被告战犯的挑选及其简历

从上面两节中,我们看到:国际检察处在 1945 年底先后分批逮捕了一百余名的日本主要战犯("甲级战犯"),对他们进行了普遍的侦讯,录取了大量的口供,并且在侦讯过程中还以"罪嫌不足"为借口擅自陆续释放了好几名犯人。同时,对这近百名在押战犯的罪行,检察处从法庭档案室里堆积的大量日本政府档案以及各盟国送来的许多文件中辛勤地做了一番挖掘、整理的工作。此外,对个别战犯的罪行还有重点地派员到外地进行过一些实地调查和证据采访。

因此,到了 1946 年开春,检察处对于所有在押的甲级战犯们的历史、地位和罪行已经摸出了一个初步轮廓,对于他们之间错综复杂的政治关系也有了一个大体上的了解。他们此时所掌握的材料勉强够初步草拟起诉书之用。

但是在草拟起诉书之前,有一个先决问题,那便是:在这许多在押的甲级战犯之中,究竟有多少人、是哪些人应该首先作为被告起诉,提请法庭列为第一案去审理? 显然,把全体在押战犯都包括在一个案件

---

[1] 中国和苏联方面提供给检察处的材料中有些是涉及日本皇室的,有些是涉及经济侵略和财阀们的责任的。这类材料多被季楠搁置起来了。例如,关于日皇批准进行细菌战的材料和荒木在日军侵占西伯利亚时的罪行的材料等都遭到季楠的压制而未能作为证据向法庭提出。

中去起诉受审是不适宜的。那时正在开庭的纽伦堡国际法庭，其受审的被告德国首要战犯也不过 22 人；而纽伦堡所审理的案情比东京法庭将审理的却简单得多，犯罪的年代也短一些。因此，国际检察处遂决定首批受审的人数应以纽伦堡受审的人数为标准，即使稍微有所增加，亦不应超过 30 名。

另外一个先决问题是，在控诉被告们的犯罪行为时，其犯罪年代应从什么时候算起？到什么时候为止？对于犯罪行为应算到 1945 年日本投降时为止，检察人员是一致同意的。对于犯罪行为应从什么时候算起，他们之间却存在着很大的不同意见，发生过严重的争执。有些人说：远东国际法庭审理的是第二次世界大战中日本战犯们的罪行，而日本对外侵略之所以变为世界大战的一部分是由于日军偷袭珍珠港，进而引起它对一系列国家的战争，所以 1941 年 12 月 7 日日军偷袭珍珠港事件应该作为犯罪日期的起点。有的人说：日军之所以偷袭珍珠港以及随之而来的对一系列太平洋国家作战，都是为了要解决它对中国的战争，前者不过是后者的继续和延长，因此，1937 年 7 月 7 日日军在卢沟桥发动的全面侵华战争应该被认为是犯罪日期的起点。又有人说：1937 年卢沟桥事件不过是 1931 年 9 月 18 日日军侵占沈阳和开始吞并满洲（中国东北四省）的继续和延长，事实上中日战争自那时起便已开始，因此"九一八事变"应该被认为是犯罪日期的起点。更有人说：1931 年"九一八事变"之所以发生，其导因是 1928 年 4 月日军在皇姑屯炸死张作霖事件，从那时起日本侵占全中国的企图便已暴露无遗，而中日实际敌对状态那时便已发生，是故正本清源，被告战犯们的犯罪日期应从 1928 年算起。最后的这个主张无疑地是比较正确的，合乎逻辑的。从中国人的观点来说，也还算差强人意的。当然，这个日期还可以推得更久远一点，但是推得太久远了，提证是有困难的。

国际检察处经过郑重考虑和辩论之后，便决定采取最后的这一主张，因而对日本战犯们提起控诉的犯罪行为是从 1928 年（皇姑屯炸案）

起至 1945 年（日本投降）止，总共约十七年的光景。

※　　　※　　　※　　　※

在起诉对象的人数（约 20 至 30 人）和犯罪的时期（约十七年）两个问题决定之后，检察处面临的另一个更困难的问题便是：哪一些在押的甲级战犯应该首先被起诉？换言之，哪 2、30 名甲级战犯应该被挑选出来作为第一案的被告，使其首先在远东国际法庭受审？

这个问题在检察处内部是有过很激烈的争议的。诚然，对于某些罪大恶极、臭名远扬的元凶巨魁如东条英机之流，大家是毫无异议的。但是对于比较次要的人物，各人却有不同的意见。例如，苏联陪席检察官自始便坚决主张鲇川义介（贵族院议员，满洲重工业日产株式会社社长）和中岛知久平（中岛飞机之创始人，历任商相、铁相、军需相）应该列名为第一批受审的被告。但是季楠检察长未予同意，因为鲇川和中岛都是日本的大企业家、大资本家，而袒护财阀和资本家，自始便是美国政府的既定政策。关于这一点，我们在评述乡古洁（三菱重工业株式会社社长）被突然释放时便已经提到过。[1]

经过长时间的讨论和争辩，季楠最后决定挑选下列 28 人作为第一批起诉的被告（其顺序是按照其姓氏的英文字母的先后顺序排列的）：

1. 荒木贞夫（ARAKI, Sadao）

2. 土肥原贤二（DOHIHARA, Kenji）

3. 桥本欣五郎（HASHIMOTO, Kingoro）

4. 畑俊六（HATA, Shunroku）

5. 平沼骐一郎（HIRANUMA, Kiichiro）

6. 广田弘毅（HIROTA, Koki）

7. 星野直树（HOSHINO, Naoki）

8. 板垣征四郎（ITAGAKI, Seishiro）

9. 贺屋兴宣（KAYA, Okinori）

10. 木户幸一（KIDO, Koichi）

---

[1] 关于乡古洁等人的释放，参阅本章第一节的最后一条脚注。

11. 木村兵太郎(KIMURA, Heitaro)   12. 小矶国昭(KOISO, Kuniaki)

13. 松井石根(MATSUI, Iwane)   14. 松冈洋右(MATSUOKA, Yosuke)

15. 南次郎(MINAMI, Jiro)   16. 武藤章(MUTO, Akira)

17. 永野修身(NAGANO, Osami)   18. 冈敬纯(OKA, Takasumi)

19. 大川周明(OKAWA, Shumei)   20. 大岛浩(OSHIMA, Hiroshi)

21. 佐藤贤了(SATO, Kenryo)   22. 重光葵(SHIGEMITSU, Mamoru)

23. 岛田繁太郎(SHIMADA, Shigetaro)   24. 白鸟敏夫(SHIRATORI, Toshio)

25. 铃木贞一(SUZUKI, Teiichi)   26. 东乡茂德(TOGO, Shigenori)

27. 东条英机(TOJO, Hideki)   28. 梅津美治郎(UMEZU, Yoshijiro)

这28名战犯绝大多数都是在1945年底先后被捕的,早已被羁押在巢鸭监狱。但是其中有4个人情况并不是那样。他们是:重光葵、梅津美治郎、板垣征四郎、木村兵太郎。

重光葵和梅津美治郎是日本的投降代表。1945年9月2日盟国代表在东京湾密苏里号军舰上举行受降仪式的时候,他们两人分别代表日本天皇、日本政府和日本大本营在日本投降书上签了字。因此,盟军总部对他们多少有些"好感",或者至少认为对他们应该有点"照顾"。所以,在四次逮捕令中,他们始终没有被列名为逮捕的对象。但是以其地位之高和罪恶之大,他们不但有资格被列为"甲级战犯",而且应该列名为首批受审的主要战犯。

事实上,检察处在决定首批受审人选的时候已经这样做了,他们是正式列名在起诉书里被控的两个人。然而对他们的逮捕却在向法庭提出起诉书的同时。因此,他们入狱的时间便算是在正式起诉之后。正如我们在前面所指出的,在起诉书正式提出之后,检察官和被告便处于对立地位，彼此是不能有所往来或接触的。由于这个原因，检察处对他们两人便没有时间进行任何侦讯和录取口供的工作。在检察处对重光和梅津的控诉材料中，侦讯报告或本人口供是不存在的。

板垣征四郎和木村兵太郎也有类似的情况。他们二人之所以未被列名于1945年那四次逮捕令中，倒不是由于对他们有什么特殊照顾，而是因为他们那时都不在日本国内。当日本投降的时候，板垣大将和木村大将都在海外作战，担任着重要的军职（板垣是日本第七战区总司令，驻扎在新加坡；木村是缅甸派遣军总司令，驻扎在仰光）。在日本投降之后，他们都遭到当地政府的拘捕。由于他们的劣迹昭彰，早已被国际检察处选为第一批起诉的对象。但是等到开庭的前夕，他们才被押解来到东京，投入巢鸭监狱。因此，检察处也来不及对他们进行侦讯或录取口供的工作。

除了上述4人之外，其余24人都长期被羁押在巢鸭监狱里，并且都经过检察处很认真的侦讯，都有很详尽的口供书存案。在法庭审讯的过程中，这些口供都充分地被检察处作为证据利用了。

※　　　　※　　　　※　　　　※

对于第一批起诉的这28名被告主要战犯的名单，人们大体上是感觉满意的，遗憾的只是检察处出于微妙的原因没有把任何重要的财阀、大资本家如鲇川义介、久原房之助、中岛知久平之流列名其间。但是，除了这个缺点之外，名单还算是差强人意的；所有的被告都是长期骑在日本人民头上的野心勃勃、罪恶昭著的法西斯侵略分子。在日本多年来的政治、军事、外交宣传各方面的罪恶活动中，他们的重要性是特别突出的。

把这28名被告战犯的地位或罪行分析一下，我们便可发现其中有：

（1）曾任国务总理大臣的东条英机（太平洋战争的发动者）、广田弘毅（老牌外交家）、平沼骐一郎和小矶国昭（老牌法西斯军人）。这四位首相都是日本政界中赫赫威名、不可一世的人物，在整个起诉期间（1928—1945年），他们都是日本对外侵略活动中的首要分子。

（2）积极鼓吹侵略的老牌军国主义典型人物荒木贞夫、南次郎。

（3）对华长期侵略中活动最力、罪恶最大的土肥原贤二、板垣征四郎、梅津美治郎，以及对中国人民施以残酷暴行的主犯松井石根、畑俊六。

（4）战时日本经济动员和对华经济榨取的主要策划者和执行者、理财家贺屋兴宣、星野直树。

（5）东条内阁发动太平洋战争的主要策划者及参加者永野修身、岛田繁太郎、木户幸一、铃木贞一、佐藤贤了、冈敬纯。

（6）太平洋战争期间在菲律宾、缅甸各地实施残酷暴行的主犯木村兵太郎、武藤章。

（7）积极推动侵略阴谋的老牌外交家重光葵、东乡茂德、松冈洋右，以及积极勾结德意轴心国家组织反共军事同盟的大岛浩、白鸟敏夫。

（8）疯狂鼓吹法西斯主义和对外侵略政策的理论宣传家和煽动家大川周明、桥本欣五郎。

把 28 名被告分为以上八类并不是绝对准确的，因为在这些人的长期活动中，他们的所作所为是很复杂的、多种多样的，并不限于一格。上述划分只是就他们长期的复杂的活动中最突出的重点而作出的。同时，从这八类的分法之中，我们也可以看出：检察处之所以把他们列为第一批起诉的对象绝不是偶然的，而是因为他们在全部日本对外侵略战争中不但是主要的人物，而且是有代表性的人物。[1]

当然，这 28 名战犯的代表性并不是完整的，可能还有不少在这八个方面或其他方面有代表性的战犯不曾被包罗进去。不过照原来国际检察处的设想，这只是起诉的第一案，其他重要战犯将来在第二案，其

---

[1] 苏联派到远东国际法庭的陪席检察官高隆斯基（苏联科学院通讯院士）在 1947 年 3 月 27 日关于"日本首要战犯的审判"的一次讲演中把东京被告战犯们分为五类，即：一、国务总理大臣；二、军事要人；三、外交要人；四、财政经济要人；五、日本帝国主义思想家。他把宫廷重臣木户幸一侯爵列于五类之外而独自成为一类。这虽不失为一种可行的分类法，但是它的毛病却是在各类战犯的数字上太不平衡。被告中可以列入"军事要人"一类的要占半数以上，而其他各类却只能有二三人或三四人。此外，把许多"军事要人"笼统地划为一类也不易表现他们各自的特征和罪责重点之所在。因此，我们不采取高隆斯基的分类法。

至第三、第四案中还是要起诉的。这是当时国际检察处以冠冕堂皇的声明所郑重保证的。但是，后来事情的发展却证明完全不是这样。由于美国包庇日本反动势力的倾向越来越露骨，在远东国际法庭审讯第一案的过程中，国际检察处便把绝大部分在押的日本甲级战犯都个别或分批地擅自释放了。在远东国际法庭对第一案宣判不久，国际检察处把巢鸭监狱所剩余的唯一的一批甲级战犯索性也全部释放了。至此，起诉的对象便完全消失了，远东国际法庭已经无事可做、无案可审了，结果只有无形解散。这时，"归心似箭"的法官们也乐得早日解除任务，买棹言旋。这种虎头蛇尾的做法曾引起过日本群众的非议和不满。他们问道：同样是甲级战犯，罪恶相差不远，何以有些人便判处绞刑或终身禁锢，有些人却完全逍遥法外，不但没有受到法律制裁，而且连受审都不曾经过？

对日本群众的这个问题，要找到一个合乎逻辑的答复是很难的。因此，我们唯有承认：东京审判，正如纽伦堡审判一样，只能被认为是对战犯们的一种"象征性"的惩罚。

※　　　※　　　※　　　※

以下是远东国际法庭受理的首先被控的 28 名甲级战犯的简历：

〔各人的年龄系以 1946 年开始受审时计算。他们自 1928 年至 1945 年（即本案控诉的犯罪时期）的经历是按照起诉书附件（戍）编录的。——作者注〕

荒木贞夫　七十岁，日本陆军士官学校及陆军大学毕业，曾任驻俄使馆武官，伯力特务机关长，宪兵司令官，参谋本部第一部部长，陆军大学校长，第六师团长等职。

荒木于 1928 年至 1945 年之间（即本案控诉的犯罪期间）曾担任下列各要职：陆军教育总监部总务局局长（1931 年）；犬养内阁及斋藤内阁之陆军大臣（亦称"陆相"，1931 年 12 月至 1934 年 7 月）；晋升陆军大将（1933 年）；最高军事参议官（1934 年至 1936 年）；内阁对华顾问委员会顾问官（1937 年）；近卫内阁及平昭内阁之文部大臣（亦称"文相"，即文化教

远东国际军事法庭
A 级战犯被告

荒木贞夫
Araki Sadao

土肥原贤二
Doihara Kenji

桥本欣五郎
Hashimoto Kingoro

畑俊六
Hata Shunroku

平沼骐一郎
Hiranuma Kiichiro

广田弘毅
Hirota Koki

星野直树
Hoshino Naoki

板垣征四郎
Itagaki Seishiro

贺屋兴宣
Kaya Okinori

木户幸一
Kido Koichi

木村兵太郎
Kimura Heitaro

小矶国昭
Koiso Kuniaki

松井石根
Matsui Iwane

松冈洋右
Matsuoka Yosuke

南次郎
Minami Jiro

武藤章
Muto Akira

永野修身
Nagano Osami

大川周明
Okawa Shumei

大岛浩
Oshima Hiroshi

冈敬纯
Oka Takazumi

佐藤贤了
Sato Kenryo

重光葵
Shigemitsu Mamoru

岛田繁太郎
Shimada Shigetaro

白鸟敏夫
Shiratori Toshio

铃木贞一
Suzuki Teiichi

东乡茂德
Togo Shigenori

东条英机
Tojo Hideki

梅津美治郎
Umezu Yoshijiro

育大臣，1938 年 5 月至 1939 年 8 月）；内阁顾问官（1940 年至日本投降止）。

荒木一向被认为是法西斯军国主义分子的典型，富于侵略思想。由于 1931 年侵占中国东北四省有功，遂被封为男爵。他曾利用其影响压迫外务省，使日本退出国际联盟。自 1932 年"五一五事件"后，他和真崎参谋次长及林教育总监便逐渐形成了日本陆军之三大中心人物。[1] 1931 年"三月事件"及"十月事件"发生时，皇道派少壮军人及法西斯狂徒曾拟拥戴荒木、林、真崎三大将组织以荒木为首的军事独裁内阁，但未获成功。[2]

土肥原贤二 六十四岁，陆军士官学校及陆军大学毕业，多年浪迹中国，从事间谍颠覆活动，是中国人所最熟识的著名日本特务。他担任过步兵第三十联队队长，奉天特务机关长，步兵第九旅团长等职。

---

[1] 所谓"五一五事件"系指 1932 年国务总理大臣犬养毅被杀事件。"九一八事变"发生、日军侵占中国东北四省并建立"满洲国"之后，日本政府内部有两派不同的意见。一派主张与中国重开谈判，使局势暂时和缓一下；一派主张抓紧机会，继续扩大对中国的武力侵略。犬养是属于前一派的，荒木是属于后一派的。1931 年底犬养奉命组阁，他原打算以阿部信行为陆军大臣，但是由于军部的压力和威胁，这个职位还是被荒木夺取了。荒木是得到"皇道派"法西斯军人的拥护的。于是，总理大臣与陆军大臣之间便时常发生争执。在 1932 年 5 月 8 日犬养于横滨发表反对军人干政、赞扬民主政治的演说之后，这个争执发展到了爆炸点。1932 年 5 月 15 日，当犬养首相因患病正独自在官邸休养的时候，被闯进去的几个少壮军官给暗杀了。被告大川周明为这个暗杀提供了手枪。被告桥本欣五郎在他所著的《世界再造之道》一书中，承认他也与这次暗杀事件有关。

[2] 所谓"三月事件"和"十月事件"系指 1931 年"九一八事变"发生前后在日本国内发生的两次未成功的"政变"。"三月事件"是被告桥本和大川所计划的。计划中的步骤是先由大川等发动并领导一个旨在对议会和政党表示不满的群众性的大示威，在示威中力图和警察发生冲突并使其扩大，从而造成一个恐怖混乱的局面，然后由陆军来宣布戒严，以便达到解散议会、建立军事独裁政权的目的。桥本把陆军演习用的三百个炸弹交给了大川，他们想用这些炸弹来引起群众的惊愕和混乱，加强真像一个暴动的外观。但是由于大川欢喜若狂、热心过火，他事先便把这个阴谋计划透露给当时的陆军大臣宇垣。宇垣这才看清了阴谋的全貌，他于是立刻运用了他的一切力量和影响把这个计划打消了。于是所谓"三月事件"在未发生以前便被阻止了。所谓"十月事件"，也是少壮军人企图发动的一次未成功的"政变"。这时"九一八事变"已经发生，有一些激烈的少壮军人不满于政府的顾虑太多，患得患失，而主张由日本陆军干脆占领和开发"满洲"全部，以便进一步侵略中国。但是，他们认为，要实行这一主张非先解散国会、取消政党而由军人组织军事独裁政权不可。他们的计划是要"用暗杀政府首脑的手段，来廓清思想上和政治上的气氛"。桥本和他的樱会是这个阴谋计划的中心。桥本自己供认：为了迅速树立以荒木为首的政府，他打算在 1931 年 10 月上旬便要实行这个计划。但是由于根本中佐的告密，这个阴谋未实行便被破坏了，为首者桥本等还遭到了逮捕。

土肥原于 1928 年至 1945 年间，曾担任下列各要职：中国东北特务机关长（1931 年 9 月，即"沈阳事变"发生时）；沈阳市长（1931 年 9 月至 10 月，日军侵占时期）；供职关东军总司令部（1933 年）；华北"自治政府"首席顾问、驻中国东北日本第五军军团长（1938 年至 1940 年）；最高军事参议官（1940 年至 1943 年）；陆军航空总监（1941 年）；晋升陆军大将（1941 年 4 月）；日本东部军总司令（1943 年）；驻新加坡日本第七方面军总司令（1944 年至 1945 年）；陆军教育总监（1945 年 4 月）。

土肥原是日本军人中最著名的"中国通"。他是曾任袁世凯顾问的坂西利八郎门下的杰出弟子。在 1931 年 9 月 18 日"沈阳事变"之前，他已经在中国呆过二十多年，能操一口流利的华语，结交了许多中国的军人、政客。他一贯从事间谍特务活动，为日本搜集秘密情报，并极力在当时的中国军阀之间挑拨离间，翻云覆雨。因此，在北洋军阀混战时代，几乎每一次的中国内战或政变（如直皖战争、两次直奉战争、张勋复辟等）都有此人插手其间。至于"皇姑屯事件"、"九一八事变"、"七七事变"、"满洲国"的成立等，那更是他精心策划的"杰作"。土肥原在 1931 年不过是一个陆军大佐，但是由于他侵略中国有功，到了 1941 年便晋升为陆军大将。这在日本是罕有前例的。土肥原与臭名远扬的板垣征四郎、矶谷廉介、冈村宁次是日本陆军士官学校第十六期同班毕业生，他们早已立志要毕生致力于侵华活动，妄图灭亡中国。[1] 四人之中，土肥原无疑是最积极、

---

[1] 这四个野心勃勃的侵华巨酋的姓名和罪行都是中国人民所耳熟能详的。他们的下场也不尽相同。土肥原和板垣是在远东国际法庭被控的两名被告，最后法庭判处了他们绞死刑。矶谷因地位较低，未被国际检察处当作首要战犯向远东国际法庭起诉。他是 1946 年夏季盟军总部根据中国方面的要求把他押送到中国去受审的，不久便被判处了死刑。冈村是四人之中最"幸运"的一个。他不但未被判死刑而且得以逍遥法外。冈村系日本最后一个中国派遣军总司令，以实行其穷凶极恶的"三光政策"而为中国人民所痛恨。在日本投降时，他奉命代表日本办理在华日军投降及遣返等善后事宜，遂与蒋介石政府建立了较为密切的联系。因此，冈村形式上虽亦列名战犯，但是在蒋介石政府逃迁台湾之前便被宣判无罪而释放了。这是 1949 年 1 月 26 日的事情。释放后不到五天工夫，他便连同二百六十名已经判决并在中国服刑的日本战犯被一艘美国军舰接到日本去了。冈村回到日本之后逍遥法外，继续从事敌视中国人民的活动。

最凶猛、阴谋最多、手段最毒的,他对中国人民犯下了无数令人发指的罪行。

桥本欣五郎 五十七岁,陆军士官学校及陆军大学毕业,曾任驻俄使馆及驻土耳其使馆之武官。在土耳其时,他深敬土耳其总统凯末尔之为人。回国后遂模仿土国之国民运动,在日本纠合青年军官组织"樱会",鼓吹"天皇归一"之法西斯国家体制。那时桥本不过是一个中佐军官,但是他的煽惑力却很大,在少壮军人之中追随者甚众。

桥本于1928年至1945年间的主要经历如下:供职于陆军参谋本部(1933年起);自陆军现役中退休(1936年2月);撰著《桥本欣五郎宣言》(1936年);重入陆军现役(1937年);南京大屠杀时指挥炮兵联队(1937年);指挥炮击"瓢虫号"与"巴纳号"两舰之日本军队(1937年);著作大量书籍,常在《太阳大日本》杂志及其他刊物上发表文章,并常作公开讲演,均系鼓吹侵略战争者;参加若干社会团体,其目的均在怂恿军人控制政府,促进侵略战争;策动若干阴谋,其目的在于打倒他认为侵略野心不足之政客及官员;大政翼赞会创办人之一(1940年);当选为众议院议员(1942年)。

桥本是一个极端法西斯型的国家主义者,一贯疯狂鼓吹大日本沙文主义及军事独裁政体。他和大川周明(另一法西斯狂徒)是1931年的"三月事件"及"十月事件"的主谋,妄图以军事政变推翻内阁,组织军人独裁政府。政变失败之后,他又纠合若干少壮军人成立法西斯色彩浓厚之"日本青年党"。1937年全面侵华战争爆发后,他率领日军转战于杭州湾、芜湖、松江、九江庐山各地,并疯狂地击沉了英美军舰,因而给日本制造了外交麻烦。[1]被调回国之后,桥本又把他的"日本青年

---

[1] 日军在1937年进攻南京时击沉了美国军舰"巴纳号"(Panay)、英国军舰"瓢虫号"(Ladybird),当时曾引起西方国家的震惊。日本军队此举原系有意试探美英等国的态度,并非偶然的意外。后来由于美英态度强硬,日本便软化了。它向它们表示了"深切的遗憾"和"真诚的歉意",并且答应"赔偿一切损失"、"惩办肇事人员"以及"发布预防将来可能发生类似事件的必要命令"。这事件通过外交途径解决之后,为祸之首桥本欣五郎便奉命解除了现役军职,离开了中国战场,而返回日本去从事政治活动了。

党"改组为"赤诚会",其后又以"赤诚会"参加统一的"大政翼赞会"新体制。在新体制中,桥本是一个重要角色,他担任着该会的常任总务,直至日本投降。

畑俊六 六十八岁,陆军士官学校及陆军大学毕业,是日本典型的法西斯军人,以鼓吹军器机械化闻名。在 1904—1905 年的日俄战争时,他任野炮第一联队中尉,于松树山战役中受伤,子弹穿入胸膛,故此人终身瘦弱,形似病夫。

畑于 1928 年至 1945 年间曾担任下列各要职:伪满时期在中国东北任日本驻军师团长(1933 年);日本陆军航空局长(1935 年);台湾军总司令(1936 年至 1937 年);陆军教育总监兼最高军事参议官(1937 年 8 月);晋升陆军大将(1937 年 2 月);华中派遣军总司令(1938 年 2 月);最高军事参议官(1937 年 1 月);阿部内阁陆军大臣(1939 年 8 月至 1940 年 1 月);两次任华中派遣军总司令(1940 年 7 月至 1944 年);晋升陆军元帅,为元帅府成员(1944 年 6 月);陆军教育总监(1944 年 11 月起至日本投降止)。

畑服务日本陆军四十余年,在日本军人中是一个具有现代战术头脑的杰出人物。在日本法西斯少壮军人强夺政权的阴谋和斗争中,他时常是参加者之一。畑在两度担任日本华中派遣军总司令时,转战于长江流域达四五年之久。对于日军在华中所犯的无数残酷暴行,他是负有直接责任的。

平沼骐一郎(前首相) 八十岁,东京帝国大学法科毕业。他是远东国际法庭审判的二十八名首要战犯中年龄最长、资格最老的。在 1923 年出任司法大臣、踏入政界之前,平沼多年以来一直在司法界服务,是一个职业法官,并于 1911 年担任过检察总长。1923 年山木首相第二次组阁,平沼受任为司法大臣,这是平沼参加政治活动的第一步。

从此以后,他便放弃了其司法官生涯而积极地投入政治运动,从一个先天的神道主义者逐步变成了日本法西斯的先锋和首领。日本最早的法西斯团体"国本社"便是平沼发起和主持的。

平沼于1928年至1945年间曾担任下列各要职:"国本社"社长(1926年至1936年,平沼实为该组织之创办人);枢密院副议长(1930年至1936年);枢密院议长(1936年至1939年);国务总理大臣(1939年1月至8月);近卫内阁国务大臣、副首相(1940年7月至1941年10月);思想控制会委员(1941年8月);枢密院议长(1945年)。

平沼后半生的政治活动之所以一帆风顺,完全是由于他的大日本主义和法西斯的思想主张能够迎合激进派少壮军人的心理,因而取得他们的信任和拥护。他同陆军中的荒木、真崎和海军中的加藤、末次等巨头密切勾结,互相支援,在日本政界中几乎是一个"不倒翁"。他利用他曾任司法官数十年的资望,在日本司法界中广泛地拉拢党羽,散播法西斯种子。平沼因为年事较高,在外表上看起来"道貌岸然",颇有"淳厚长者"之风,实则非常深沉险诈,几乎每次日本政变背后都有他的阴影。

广田弘毅(前首相)　六十九岁,东京帝国大学法科政治系毕业。广田毕生服务于日本外交界,是一个法西斯色彩十分浓厚的老牌外交家。他在外务省服务数年之后,即晋升为驻荷兰公使,旋又调回外务省,任欧美局局长。

广田于1928年至1945年间曾担任下列各要职:驻苏联大使(1930年);斋藤内阁外务大臣(1933年9月至1934年7月);冈田内阁外务大臣(1934年7月至1936年3月),国务总理大臣并一度兼任外务大臣(1936年3月至1937年2月);近卫内阁外务大臣(1937年6月至1938年5月);内阁顾问官(1940年)。

广田1936年任首相时曾勾结德国缔结德日防共协定,其倾向法西斯轴心之态度已昭然若揭。其后于任近卫内阁之外相时又成立德日意三国防共军事同盟，正式把日本的国策拖上了轴心勾结的路线。1937年起侵华战争之逐步扩大，终至不可收拾，近卫首相虽首当其罪，咎有应得，但身任外相的广田逢迎军阀，一味蛮干，实亦负有重大责任。同平沼一样，广田的政治资本也是善于以法西斯侵略思想和作风勾结反动军人，从而博得他们的欢心和爱戴。广田是极端黩武主义团体"玄洋社"的中坚分子，亦即被外界称为"黑龙会"的法西斯组织的重要角色。

星野直树　五十五岁，1917年于东京帝国大学毕业后即进入大藏省（财政部）供职多年，以理财手腕灵活、能力高强见重一时，被誉为日本财政界"后起之秀"。

星野于1928年至1945年间曾担任下列各要职："满洲国"政府财务处总务局局长（1932年）；"满洲国"财政部总务司司长（1934年）；"满洲国"政府财政部次长（1936年）；"满洲国"国务院总务厅厅长（1936年12月）；"满洲国"总务长官（1938年7月）；[1]近卫内阁企划院总裁，继任国务大臣（1940年7月至1941年4月）；东条内阁书记官长兼国务大臣（1941年10月16日至1944年7月）；大藏省顾问官（1944年12月）。

星野到"满洲国"以前不过是日本大藏省的一个干练职员，但是他到了"满洲国"之后，便逐渐成了一个侵略能手。他勾结历届在满洲的菱刈、本庄、三宅、冈村、东条等日本关东军巨头，组织所谓"满洲友之会"，博得他们的信任和赏识，因而攫到了"满洲国"的财政大权，对中国

---

〔1〕"满洲国"傀儡政府的官制，每部设部长（亦称"总长"，后改称"大臣"）一人，由一挂名之中国傀儡充任；设次长一人，由掌握实权之日本人充任。是故所谓"次长"事实上便是该部独揽大权之最高长官。这些日本次长每星期集会一次，会上的一切决议只是提交傀儡政府的"国务会议"一字不改地照案通过，付诸实施。"满洲国"的所谓"国务总理"，情形亦复如此。这个职位名义上由一名老朽昏庸的大汉奸（如郑孝胥、张景惠之流）担任，但是在国务院里设有"总务厅长"（或"总务长官"），事实上便是国务总理。他独揽"满洲国"的一切行政大权，大小汉奸对他都是奉命唯谨的。星野长期担任过这个职务，他对"满洲国"的种种罪恶措施当然要负很大一部分的责任。

东北人民实行残酷的经济剥削、掠夺和榨取,使东北的全部资源和人力尽为日本的侵略战争政策服务。在从事这种罪恶活动达八年之久以后,星野回到国内,担任近卫内阁和东条内阁中的要职,使日本一方面能持续其侵华战争,一方面能发动其对美英各国的太平洋大战。在日本人心目中,星野是东条的左右手之一。

板垣征四郎 六十二岁,仙台陆军幼年学校及陆军士官学校毕业,曾参加 1904—1905 年日俄战争。此后便供职于关东军,在中国东北长期从事罪恶活动。他和著名的"中国通"土肥原、冈村、矶谷等是士官学校同期毕业生,也是中国人民所最痛恨的日酋之一。

板垣于 1928 年至 1945 年间曾担任下列各职务:关东军陆军大佐(1929 年);关东军副参谋长(1934 年);日本驻华第五师团长(1937 年 3 月);关东军参谋长(1936 年至 1937 年);近卫内阁及平沼内阁之陆军大臣兼内阁满洲事务局总裁(1938 年 6 月至 1939 年 8 月);中国派遣军参谋长(1939 年 9 月);朝鲜军总司令(1941 年 7 月至 1943 年);最高军事参议官(1943 年);驻新加坡日本第七方面军总司令(1945 年 4 月)。板垣于 1932 年晋升关东军少将,1937 年 5 月还曾供职于参谋本部,1941 年 7 月晋升陆军大将。

板垣 1929 年只是关东军的一个陆军大佐,到 1938 年便出任陆军大臣,1941 年更被擢为陆军大将,其晋升之速在日本是罕有先例的。其所以然者,无非是为了酬劳他侵略中国的"巨大功迹"。在任职关东军时代,板垣是日军侵占中国东北,强使其脱离中国和成立"满洲国"傀儡政权的主要策划者和执行者。据说他自己还一度梦想过要做"满洲国皇帝"。1937 年全面侵华战争发动之后,他又率领日军转战于山西、山东、苏北等地,对中国人民犯下了无数的残酷暴行。同土肥原一样,板垣的名字和罪迹在中国人民中是妇孺咸知的。在日本投降的时候,板垣正在新加坡任日本派遣军总司令。他是在远东国际法庭正式开审的前一天才被押解到东京的。

贺屋兴宣 五十八岁，是战时日本最突出的一个理财能手，有"财政魔术家"之称。

贺屋于1928年至1945年间曾担任下列各要职：大藏省（财政部）书记官长（1934年）；近卫内阁大藏大臣（1937年6月至1938年5月）；兴亚院顾问（1939年）；华北开发株式会社总裁（1939年至1941年）；东条内阁大藏大臣（1941年至1944年2月）；大政翼赞会理事（1944年）。

贺屋之所以能取得日本战时财政大权，也是由于他在政治主张上能够迎合法西斯军人的侵略政策和战争政策，从而得到他们的欢心和支持。在日本发动对外侵略战争的两个最重要的（全面侵华战争和太平洋大战）时期，贺屋都担任着藏相的职位，不啻是日本战时财政的总指挥。他控制着日本国内的金融、货币和对外贸易，动员了全国的财力资源，因而有力地支持了军阀们的侵略战争。在担任所谓"华北开发株式会社"总裁时期，他对中国资源还进行过直接的残酷掠夺和榨取。在日本投降前不久，日本政府妄图挽救濒于破产的金融，设立了一个"通货对策委员会"，由贺屋任委员长。这是贺屋在日本政府中担任的最后一个要职。但是由于日本经济日益恶化，通货膨胀急转直下，这个号称"魔术家"的"魔术"至此也就无能为力了。

木户幸一 五十八岁，系明治维新时元勋木户孝允之曾孙，世袭侯爵。木户曾毕业于东京帝国大学法科。在校时与绰号"花花公子"的近卫文麿交情最深，因为两人同自贵族出身而又志趣相投。在此后的长期政治生涯中，他们互相勾结、彼此支援，逐渐成了日本政界的两个显赫人物。木户在大学毕业后便投身政界，任农商省事务官、工务局课长、产业合理局部长等职。

木户于1928年至1945年间曾担任下列各要职：内大臣府书记官长

（1930 年）；近卫内阁文部（文化教育部）大臣（1937 年）；近卫内阁厚生（实业、生产）大臣（1938 年）；平沼内阁内务大臣（1939 年）；内大臣（1940 年至 1945 年）；日本天皇之首席机要顾问。木户还多次担任过"重臣会议"的主持人。

木户曾长期供职内大臣府，继又亲任内大臣多年。他对日本政界波涛起伏、风云变幻的影响是非常巨大的，因为内大臣不但是最亲近日本天皇的一个宠臣，而且是联系天皇与内阁的枢纽；每次内阁改组和首相更迭都要由他上奏天皇裁可的。[1] 木户任内大臣之初，正值近卫内阁改组，日本军人酝酿发动太平洋大战，并坚决要拥护东条英机上台。木户对此不但未加遏制，而且推波助澜，予以支持。说者谓东条"冒险内阁"的组成，木户的推荐实与有力。同近卫一样，木户也是贵族中被法西斯军阀所操纵而甘愿为其工具之一人。

木户爱作日记，数十年如一日。在日本投降后，他的这部巨帙的日记被盟军总部所搜获，旋即移交给了远东法庭，保管于档案室中。多年以来，木户一直是日本政府中的关键人物之一，因而他的日记对于法庭认清日本政治演变的内幕情况，例如侵略政策的逐步形成、侵略战争的逐步推进、历届内阁的人事更迭、军人派系的明争暗斗等，是非常有帮助的。诉讼双方也都从这部日记中尽量搜取有利于己方的材料而加以摘录，作为证件向法庭提出。不过有鉴于木户本身便是一个法西斯思想极浓而且富于封建贵族阶级偏见的人，法庭对他的日记的作证价值还不是完全无条件、无保留地肯定的。然而，尽管如此，木户日记还不失为关于日本近二十年来最高层政治、经济、军事、外交各方面的内幕

---

〔1〕"内大臣府"和"内大臣"（有时亦称"宫内大臣"）在战前日本政治上的地位是非常重要的。"内大臣府"不是内阁的一个附属机关，而是照料天皇和管理宫内的一切事务的最高机关；"内大臣"不是内阁的一名阁员，而是联系内阁和天皇的媒介人，同时又是天皇最亲信的政治顾问和助手。每次政府改组、内阁更迭，以及继任首相和各部的人选，都要通过他奏请天皇予以"裁可"，因此，他不但是日本政治中的一个关键人物，而且对各种改变内幕情况最为熟识，木户担任此职多年，他的私人日记当然不能不为法庭所重视。

活动和演变的最详细、最有系统而且比较准确的私人记载。[1]

木村兵太郎　五十八岁,陆军士官学校炮科及陆军大学毕业,曾任陆军师团部参谋,第一次世界大战后奉派随日军出征西伯利亚,旋任驻德武官。回国后,木村长期供职于参谋本部,并兼任陆军大学教官。

木村于 1928 年至 1945 年间曾担任下列各要职:关东军参谋长(1940 年);近卫内阁及东条内阁之陆军次官(1941 年至 1944 年 2 月);最高军事参议官(1943 年);缅甸日军总司令(1944 年);晋升陆军大将(1945 年)。

木村在任关东军参谋长以前是一个干练的职业军人。但是自从担任了关东军参谋长之后,特别是在两度担任陆军次官之后,他便成为日本法西斯军人侵略集团的一员,并且在其中占有重要的地位。在太平洋战争的后期,木村奉派驻扎缅甸,任日军总司令。对日军在缅甸的种种残酷暴行,他是负有直接责任的。这是他后来被远东国际法庭判处绞刑的主要原因之一。

木村于日本投降时仍停滞在缅甸,他是在远东国际法庭开庭的前夕才被押解到东京来受审的。

小矶国昭(前首相)　六十七岁,陆军士官学校及陆军大学毕业,曾参加 1904—1905 年日俄战争;随即奉派至中国东北,担任特务间谍工作;继供职参谋本部及参加军队工作,历任步兵第二联队大队长、第五十一联队队长等职,1926 年晋升陆军少将,1931 年晋升陆军

---

[1] 在巨帙的《木户日记》中,仅系有关各被告罪责的部分才被法庭涉讼双方所摘要录去,作为证据向法庭提出。检察方面所摘录的是不利于各被告的记载,辩护方面所摘录的是有利于各被告的记载。但这些记载只占日记中的很小一部分,而全部日记对于日本近二十年来政治外交的历史研究都有巨大的价值。因此之故,盟军总部便把它全部照相影印了一百份,这些影印本连同日记原本都已被运往华盛顿,由美国陆军部所独占,连一部影印的副本都不肯给予同它并肩作战的盟国,由此可见美国政府之专横自私。

中将。

小矶于 1928 年至 1945 年间曾担任下列各要职：陆军省军务局长（1930 年）；犬养内阁陆军次官（1932 年）；关东军参谋长（1932 年至 1934 年）；朝鲜军总司令（1935 年至 1936 年）；平沼内阁拓殖大臣（1939 年）；米内内阁拓殖大臣（1940 年）；朝鲜总督（1942 年 5 月）；国务总理大臣（1944 年 7 月至 1945 年 4 月）。小矶于 1937 年晋升为陆军大将。

小矶国昭和畑俊六系士官学校同期毕业生。他俩都是日本军人法西斯集团中的核心人物，同时又是在战略战术方面较具现代头脑的人物。小矶在 1925 年任参谋本部兵用地志班班长时即主张开凿下关与门司之间的地道，并且将他亲自设计的图案分送各有关方面征求同意，后来得到上级的批准。此项工程早已完工。小矶从那时起便大露头角，此后二十年里他在政治上扶摇直上，平步青云。但是到他继东条内阁而登上首相宝座的时候，日本的失败已经注定，无可挽救，因此他在任首相的九个月期间只是维持残局，毫无建树可言。

松井石根　六十九岁，陆军士官学校及陆军大学毕业，长期供职于参谋本部，继任关东军特务机关长及陆军第十一师团团长等职。松井在日本军人中亦有"中国通"之称号；为了替日本全面侵华作准备，他对中国地理形势特别是中国东南沿海各省的地理形势研究至深，了解至切。

松井于 1928 年至 1945 年间曾担任下列各要职：日内瓦军缩会议日本陆军全权代表（1931 年）；最高军事参议官（1933 年 3 月）；华中派遣军总司令（1937 年 10 月至 1938 年 2 月）；内阁顾问官（1938 年 7 月至 1940 年 1 月）；兴亚同盟顾问（1940 年）；大政翼赞会大东亚事务部顾问（1943 年）；大东亚开发株式会社总裁（1944 年）。松井于 1933 年创办"大东亚社"，并晋升为陆军大将。

在日本法西斯军人集团中,松井最大的特点是,除了精通中国的地理形势之外,他一贯主张"大陆政策"(主张日本的侵略矛头应首先指向中国及亚洲大陆)并竭力鼓吹"大亚细亚主义"(即主张日本独霸亚细亚,不容欧美白种人染指)。1937年7月全面侵华战争爆发,日军在淞沪作战失利,三易主帅,最后改派松井为总司令。松井率领日军由杭州湾登陆,攻克上海,直扑南京。1937年12月南京沦陷后,松井纵容部下对中国平民实行肆无忌惮和不分皂白的屠杀、强奸、放火、抢劫种种罪行,持续达六个星期之久,被杀者达数十万人之多,造成史无前例的"南京大屠杀事件"。这一事件当时曾轰动全世界的舆论,遭到善良人类的谴责。日本政府有鉴于此,遂不得不将松井调遣回国。松井回国后对南京惨案佯表忏悔,并声言将事退隐,实则他的法西斯侵略活动迄未停止。[1]松井对南京大屠杀事件的罪责是他后来被远东国际法庭判处绞死刑的主要原因。

松冈洋右 六十六岁,生长于美国俄勒冈州。回日本后,供职于外交界,善操英语并工于逢迎,益以鼓吹侵略,遂博得法西斯军人之欢心而逐步跻身于外交显要之列。

松冈于1928年至1945年间曾担任下列各要职:出席国际联盟大会的日本首席代表(1933年);南满铁路总裁(1935年至1939年);内阁顾问官(1940年);近卫内阁外交大臣(1940年7月至1941年7月)。松冈

---

〔1〕松井在法庭辩护时曾提出一张他在私邸设置的奉祀南京死亡将士祭坛的照片,企图借此证明他确有忏悔的诚意。他说:自从南京大屠杀事件发生以后,他回到日本便感到内疚神明,抱歉万分,于是决心退出政治,茹斋礼佛,并设有祭坛,朝夕礼拜。但是松井这些举动完全是虚伪的矫揉造作。他提出的那张所谓"祭坛"照片上显示着他在"祭坛"上设有两块牌位,一块写着"日本阵亡将士之灵位",一块写着"中华阵亡将士之灵位"。松井把侵略者和被侵略者、杀人者和被杀者等量齐观,而且被祭祀的对象只是双方的将士,根本没有涉及被杀害的数十万中国人民,这是十分荒唐的。同时,松井的"退休"之说也是虚伪的。记录表明:他在1938年初奉调回国之后,还在内阁以及兴亚同盟、大政翼赞会等法西斯团体中担任过重要职务,1944年更就任最富于侵略性的"大东亚开发株式会社"的总裁。

著有《昭和维新》(1938年)及其他书籍和论文,并常发表演说,鼓吹轴心同盟及侵略战争。

松冈是日本外交家中最狂妄之一人。他曾代表日本宣布退出国际联盟;极力鼓吹与德意法西斯国家勾结,组成轴心军事同盟。同苏联缔结中立条约更是他一生的"得意杰作"。未几,德军开始进攻苏联,近卫三次内阁最后倒台,而这位狂妄自大、不可一世的松冈洋右的政治生命也就从此宣告结束。那时他的肺病复发,长期养疴故里。被捕时,他已病入膏肓,受审不到四个月便与世长辞了。此后,他的名字便从被告名单中一笔勾销,因而法庭判决书中也就没有判处他的罪行。

南次郎 七十三岁,陆军士官学校骑兵科毕业,历任骑兵第三旅团长、驻华日军司令官、骑兵学校校长、陆军士官学校校长、骑兵总监、陆军第十六师团长、参谋本部次长。1930年晋升陆军大将,为当时日本军人中资格最老者之一。

南于1928年至1945年间曾担任下列各要职:朝鲜军总司令(1929年);若槻内阁陆军大臣(1931年4月至12月);最高军事参议官(1931年至1934年);关东军总司令(1934年至1936年);朝鲜总督(1936年至1942年);枢密院顾问官(1942年至1945年);大日本政治会总裁(1945年)。

南次郎同荒木贞夫一样,是一个老牌的法西斯军人的典型,富于神道观念及侵略思想。他们几乎成了日本少壮派军人崇拜的偶像。1931年"九·一八事变"发生时,南正任陆军大臣。他非但不惩戒肇事军人,而且对他们百般庇护,欺蒙若槻首相及压制内阁同僚,不令事件和平解决而使战争扩大至东北四省全部。在日本侵占中国东北全境以及"满洲国"成立的过程中,南次郎的阴谋活动随处可见,其影响十分重大,作用极其恶劣。南次郎又曾任朝鲜总督多年,他在伪善的假面具之下,对朝鲜人民的剥削、奴役和镇压是无所不用其极的。他是朝鲜人民最痛恨的日本巨酋之一。

武藤章 五十五岁,陆军士官学校及陆军大学毕业。毕业后授陆军大尉,并奉派赴欧美考察,旋在德国学习陆军战术。归国后,供职于陆军省及参谋本部。

武藤于 1928 年至 1945 年间曾担任下列各职务:陆军大学教官(1930 年至 1932 年);陆军省军务局高级职员(1935 年至 1936 年);参谋本部课长(1937 年);陆军省军务局局长(1939 年 10 月至 1942 年 4 月);武藤并曾在苏门答腊任日本第二警卫师团总指挥(1943 年),在菲律宾任山下奉文大将统率的日本第十四方面军参谋长(1944 年)。此外,武藤在 1937 年 8 月以后还先后供职于华中派遣军参谋部、关东军总司令部,为陆军大佐。

武藤是各被告中比较年轻的一个。他是日本法西斯军人中的"后起之秀",以精通战术及足智多谋著称。他的官阶虽不高,但实权却很大。他供职于陆军省军务局很久,并担任过该局局长数年。军务局系日本陆军省的一个中心枢纽,地位至为重要。在他任军务局长时,他对侵华战争之扩大,汪伪政权之成立,日德意轴心之勾结,日军之强占安南,日美交涉之破裂,以及太平洋大战之发动和对美英各国之宣战等,都作了重要的甚至可说是决定性的献策。在指挥苏门答腊日本警卫军和在菲律宾任山下奉文大将参谋长的时候,他纵容并指使部下对当地人民犯下了无数的残酷暴行。[1] 他之所以后来被远东国际法庭判处绞刑,暴行罪责的严重程度是主要原因之一。

永野修身 六十七岁,海军耆宿,日本海军学校及海军大学毕业;

---

[1] 山下奉文大将系驻菲律宾日军总司令,他是在 1945 年被驻菲美国军事法庭判处绞刑的,同时被判处绞刑的还有本间雅晴。本间是在日本被捕,后来被引渡到菲律宾去受审的。

1904—1905 年日俄战争时任海军特别陆战队中队长，以成功炮击旅顺港被誉为有指挥能力之军人；1920 年任日本驻美使馆海军武官及华盛顿军缩会议日方海军代表加藤大将之随员；回国后任军令部参谋及第三舰队司令官；其后又历任第一派遣海外舰队司令官及练习舰队司令官。

永野于 1928 年至 1945 年间曾任下列各要职：海军参谋次长（1930年）；日内瓦海缩会议日本代表（1931 年）；最高军事参议官（1933 年）；伦敦海缩会议日本首席代表（1935 年）；广田内阁海军大臣（1936 年 3月至 1937 年 2 月）；日本联合舰队总司令（1937 年）；（再任）最高军事参议官（1940 年）；海军参谋总长（1941 年 4 月至 1944 年 2 月）。永野于1934 年晋升为海军大将，后来又晋升为海军元帅。

永野是日本资格最老的海军名将之一。他除了一般地参与了日本法西斯军人夺取政权及对华侵略的种种阴谋之外，特别是对偷袭珍珠港和发动太平洋大战要负重大责任。同当时的首相东条英机和联合舰队总司令山本五十六一样，他也是一个主张进攻珍珠港和对美、英等国作战最力的人。

永野在审讯过程中患病身死。自那时（1947 年 1 月 5 日）起，他的名字便从被告名单中取消了，因此远东国际法庭的判决书中也没有对于他的判处。

冈敬纯 五十七岁，海军学校及海军大学毕业。第一次世界大战时曾率日舰对德作战，战后奉派赴土耳其考察，归国后长期供职于海军省及海军军令部。

冈于 1928 年至 1945 年间曾担任下列职务：海军省总务局及军务局课长（1938 年）；海军省总务局及军务局局长（1940 年 10 月至 1944 年 8月）；小矶内阁海军次官（1944 年 7 月）；镇海（朝鲜）海军要港司令官（1944 年 9 月至 1945 年 6 月）。冈于 1942 年晋升为海军中将。

冈敬纯一生服务于日本海军,以有事务才能著称。他的官阶虽不甚高,但所居的职位却很重要,最能影响上级的决策。同武藤在日本陆军中所处的地位一样,冈在日本海军中也是一个举足轻重的关键人物。他长期供职于海军省军务局并担任过该局局长多年,而同期又正是日本的"多事之秋",许多重大的军事决策,特别是以海军偷袭美国的珍珠港、发动太平洋海战和攻占西方国家在东南亚各属地等,都是在冈的任期内作出的,冈当然是这些侵略阴谋的参与者之一。据说,与东条、山本和永野不同,冈同他的上司岛田海军大臣对于日本海军在太平洋的种种冒险计划是主张要慎重考虑的,因而被当时的一般法西斯军人讥为"胆小"、"无能"。但是他的"胆小"、"无能"并没有阻止他们屈服于这些冒险计划,也没有阻止他们积极地执行这些冒险计划。因此,他对于这些计划仍是负有一定的责任的。

大川周明 六十一岁,日本法西斯文人中最狂妄的宣传家和煽动家。大川系东京帝国大学哲学科毕业,最初研究印度哲学,继则对殖民制度及殖民政策深感兴趣。1925年撰有《特许殖民公司制度之研究》论文,得授法学博士学位。自那时起,大川即从事写作及讲演,鼓吹大日本主义、大亚细亚主义之类的法西斯学说,并组织"老壮会"、"犹存社"等法西斯型的神秘团体。1924年大川与安冈正笃(金鸡学院院长)合作,创办《日之出》杂志,鼓吹打倒政党及特权阶级,联合对现状不满分子,形成右派中心势力,俾以武力夺取政权。

大川于1928年至1945年间的主要活动有:担任南满铁路东亚研究所所长(1926年起);参与策划"九一八事变";撰写《日本文明史》(1935年)及其他多种书籍和论文,并时常发表演说,一贯鼓吹侵略战争,鼓吹以暴力将白种人逐出亚洲。

大川是种族主义、沙文主义的疯狂宣传者及煽动者,惯于在政治上兴风作浪,其行径同狂妄军人桥本欣五郎至相类似。因此,他们两人在政治上的结合亦最密切。1931 年以失败告终的"三月事件"和"十月事件"是他们两人策划并主持的。[1] 是年"九一八事变"日军侵占沈阳的阴谋,他们两人也都有份。"九一八事变"成功之后,大川在次年(1932年)更创设另一法西斯团体("神武会"),企图结合少壮军人,以暴力推翻内阁及议会,实行"昭和维新"。1932 年 5 月 15 日刺杀犬养毅首相事件(即著名的"五一五事件")也是大川在幕后策划并供给军火的。合以罪证确凿,大川被检举入狱,并被法院判处徒刑十五年,后减为四年。1937 年大川出狱后,正值中日全面战争爆发,当时日本的空气更有利于大川的大亚细亚主义及法西斯主义的宣传。此时的大川不但是一个有名的社会人物,而且是首相近卫文麿的入幕之宾,誉者且称其为"近卫智囊团"的中坚分子。在战争的年代里,大川仍然狂妄地鼓吹他那一套日本型的法西斯主义的思想和理论。

大川平生写作甚多,其名著为:《日本文明史》、《复兴亚细亚问题》、《日本精神之研究》、《日本及日本人之道》、《日本二千六百年史》。这些书都是用大日本沙文主义的观点方法写的,其宣传意义甚大而学术价值却很小。

大川在日本投降以后,特别是近卫自杀以后,由于幻想破灭,刺激至深,因而神志恍惚,举止失常,出现了初期精神病的症候。法庭公审的第一天,大川在被告席中的座位适在东条的背后,散庭时他以手掌频击东条的秃头,并大声喊叫"我要杀死东条!我要杀死东条!"后经法庭指定医学专家验查,认为大川确患精神病,于是法庭决定并宣布对大川之审讯暂时停止。1948 年 11 月法庭宣判时,大川仍在病中。大川既未经审讯,法庭当然无法判处他的罪刑。[2]

─────────────────

[1] 关于 1931 年"三月事件"和"十月事件"以及 1932 年"五一五事件"的详情,见本节"荒木贞夫"项下的两条脚注。

[2] 远东国际法庭对大川周明宣布的虽是"暂行停止审讯"并保留于他康复后由"本法庭或其他法庭予以审讯"的权利,但是在远东法庭宣判后不到两个月工夫(1948 年 12 月 24 日),他便被盟军总部连同在押的最后一批甲级日本战犯一齐宣布释放出狱了。大川不但从此逍遥法外,后来还曾当选为国会议员。说者咸谓这是对法律正义的嘲弄。

大岛浩 六十一岁,陆军士官学校及陆军大学毕业,历任驻德大使馆辅佐武官、驻澳大利亚使馆武官、野战炮兵第十联队长等职。

大岛于1928年至1945年间曾担任下列各职务:日本驻德大使馆武官(1936年);日本驻德大使(1938年10月至1939年10月);再度任驻德大使(1941年2月至1945年5月德国投降)。

大岛是日本法西斯军人中具有外交家头脑之一人。他长期供职于驻德使馆,并两度任驻德大使。他对希特勒的雄心和纳粹德国的成就异常崇拜,对他们侵略计划的成功满怀信心。因此,他极力主张勾结轴心国家,使能相互支持,分宰世界。1936年德日反共条约的签订和1940年三国军事同盟的确立,大岛多年的活动是起了重要作用的。同驻意大使白鸟敏夫一样,大岛在日本人心目中是一个鼓吹轴心勾结的中心人物。

大岛任驻德大使一直到德国投降。德国投降后,大岛为盟军所逮捕,不久便被押解送回日本。他是1945年12月6日盟军总部最后一次逮捕令所指名要逮捕的九名甲级战犯之一,是自动前往东京巢鸭监狱报到的。

佐藤贤了 五十二岁,陆军士官学校及陆军大学毕业,毕业后担任陆军省整备局职员,继任华南派遣军幕僚及中国派遣军副参谋长等职,并曾奉派供职驻美使馆武官处多年,对美国政治、经济、军事、外交各方面颇具了解,在陆军省内有"美国通"之称。

佐藤于1928年至1945年间曾担任下列职务:陆军大学教官(1935年);企划院成员(1937年至1938年);陆军省军务局课长(1941年2月至1942年4月);陆军省军务局局长(1942年4月至1944年12月)。佐藤于1941年10月晋升为陆军少将,1945年3月晋升为陆军中将。

佐藤在日本陆军中官阶虽不甚高,但是由于他足智多谋、勇于任事,颇能博得上级长官的欢心和信任。1938年他便被派作军部代表,向日本国会说明总动员法案,并威胁议员们必须通过。他在东条内阁时期曾两度任职于陆军省中最重要的机关军务局,并任该局局长两年半之久,对于东条内阁的各项侵略冒险阴谋和作战计划莫不参与策划,而截断安南北部的交通线及以后强占安南的计划都是佐藤的"杰作"。

重光葵 六十岁,东京帝国大学法科毕业,以外交官考试第一名的成绩被录取到外务省供职。其后历任驻德使馆及驻英使馆秘书,外务省参事、条约局课长,驻华使馆一等秘书等职。

重光于1928年至1945年间担任下列各要职:驻华公使(1931年);斋藤内阁及冈田内阁之外务省次官(1933年至1936年);驻苏大使(1936年11月至1938年11月);驻英大使(1938年至1941年4月);驻南京汪精卫傀儡政府大使(1941年12月至1943年4月);东条内阁外务大臣(1943年4月至1944年7月);小矶内阁外务大臣兼大东亚省大臣(1944年7月至1945年4月)。

在日本投降时的东久迩宫内阁里,重光复被任为外务大臣。1945年9月2日在密苏里号军舰上举行投降签字仪式时,重光为日方两代表之一,代表日本天皇及政府,另一日方代表系代表日本大本营之梅津美治郎。

重光原系一职业外交家,以才识过人而崭露头角。在狂风暴雨般的年代中,他原不失为一个比较稳重的外交工作者。但自日本全面侵华战争特别是太平洋战争爆发以后,重光担任了东条内阁外务大臣,便完全同军阀打成了一片,成了日本侵略阴谋的一个重要的参加者和策划者。1932年1月28日上海战争爆发时,重光正任驻华公使。是年4月29日重光出席上海日本军民庆祝天长节的集会时被一朝鲜爱国志士以炸弹相投,炸去了他一条大腿(侵沪日军最高统帅白川海军大将在会上被炸身亡)。从此以后,重光步行便经常要靠腋下的两根木柱支持,既不雅观,又不方便。谴者说这是被侵略者给侵略者打上的"反侵略的烙印"。

岛田繁太郎　六十四岁，与海军名宿山本五十六元帅及盐泽幸一大将同期毕业于日本海军学校。毕业后，历任驻意使馆海军武官，海军大学教官，第七潜艇舰队司令，第三舰队及第一舰队参谋长等职。

岛田于 1928 年至 1945 年间曾担任下列各要职：联合舰队参谋长（1930 年）；海军军令部次长（1935 年至 1937 年）；第二舰队司令（1937年 12 月）；中国海舰队司令（1938 年 5 月）；东条内阁海军大臣（1941 年10 月）；最高军事参议官（1944 年）；海军军令部总长（1944 年 2 月至 7月）。岛田于 1940 年晋升为海军大将。

岛田长期以来在日本海军中身居高位，他不但熟知日本法西斯军人的一切侵略阴谋和行动，而且是一个有力的参加者。东条内阁发动太平洋大战时，他正任海军大臣，当然要负连带责任。但是在日本人方面却有一种传说，说岛田对于偷袭珍珠港和对美作战素持反对态度，他至少是主张慎重的，而岛田在法庭上的辩护也一直沿着这条路线进行。然而这种辩护是徒劳的。不论岛田主观上曾经一度有过什么想法，以他在太平洋战争中所长期担任的极为重要的职务来说，岛田绝不可能不被认为是这次侵略阴谋中的参加者，犹如他在对中国的历次侵略阴谋中一样。

白鸟敏夫　六十岁，东京帝国大学毕业，进外务省后曾被派任职于日本驻华、驻英、驻美、驻德等国使馆，继而奉调回国任外务省情报局局长。

白鸟于 1928 年至 1945 年间曾担任下列职务：外务省情报局局长（1930 年）；驻瑞典、挪威、丹麦、芬兰公使（1936 年）；驻意大利大使（1939 年）；外务省顾问官（1940 年）；大政翼赞会政治会理事。白鸟曾在《现代日本》杂志上撰有论文,指出以发动世界大战来建立"亚洲新秩序"之必要(1941 年 4 月 16 日)。

白鸟是日本外交界一个比较年轻的人物,以善操英语及鼓吹勾结德意、对英美采强硬外交等主张见重一时。白鸟为一极端的沙文主义者,早年即与法西斯煽动家大川周明有所勾结,鼓吹联合轴心国家,继续侵略中国,反对英美及苏联。1931 年"沈阳事件"发生时白鸟正任外务省情报局局长,他在宣传中对中国极尽恶毒诬蔑之能事。其后借军部之力,坚持主张日本退出国际联盟,并提倡所谓"亚细亚门罗主义"及"日本皇道精神"。在驻意大使任内和担任松冈外相顾问官时期,他都曾竭尽全力去促成德日意三轴心国反共军事同盟的缔结,认为非如此不能建立"世界新秩序"。当时日本舆论界称松冈洋右、大岛浩和白鸟敏夫为"轴心外交三男子",绝非偶然。

铃木贞一 五十九岁,陆军士官学校及陆军大学毕业。毕业后供职参谋本部,历任部员及新闻班长等职。

铃木于 1928 年至 1945 年曾担任下列各职务:陆军省军务局课员(1931 年);内阁调查局官员(1935 年);陆军第十四联队长(1936 年);兴亚院政务处处长(1938 年 12 月至 1941 年 4 月);兴亚院代理总裁(1940 年);近卫内阁及东条内阁之内阁企划院总裁兼无任所国务大臣(1941 年 4 月至 1943 年 10 月)[1];内阁顾问官(1943 年 11 月至 1944 年 9 月);大政翼赞会理事(1944 年)。

铃木在日本法西斯军阀群里也是一个"后起之秀"。以资历论,他不但比荒木贞夫、南次郎、畑俊六、松井石根、小矶国昭等人差得很远,就是比起东条英机、板垣征四郎、梅津美治郎、土肥原贤二等人来也还

---

[1] 所谓"无任所国务大臣"(minister without portfolio)是不主管或领导政府任何一部的国务大臣,故又称"不管部国务大臣"或简称"国务大臣"。他是内阁阁员之一,参加一切内阁会议和决策。就政治地位来说,他和其他管部的阁员是完全平等的。

是"后进"。他在陆军将领中的资历只是同武藤章、佐藤贤了等人不相上下。但是由于铃木热衷于政治活动，并富于谋略、善用权术，因此他在政治上的升调比他们都快，官职也爬得最高。1931年"九一八事变"发生时，他不过是参谋本部的一个普通职员，但是由于他坚决主张日本退出国际联盟，遂博得军部领导人的赏识。在1937年日本发动全面侵华战争之后，铃木便大显身手，在策划侵华的中心机构兴亚院担任要职，并一度代理总裁。[1] 在1941年太平洋战争发动前后，他在近卫首相及东条首相任内担任国务大臣兼企划院总裁，对动员全国人力财力和加强军需生产去支持侵略战争做出了出色的贡献。无疑地，铃木此时早已成了日本军人侵略集团中的一个要员。

东乡茂德 六十五岁，东京帝国大学文科毕业，连应五次外交官考试始获录取，但这并不能证明东乡的资质鲁钝。考试及格后，东乡即进入外交界工作，历任外务省欧美局第一课课长，驻美大使馆一等秘书，驻德大使馆参事官，外务省欧美局局长等职。

东乡于1928年至1945年间曾担任下列各要职：驻德大使（1937年10月）；驻苏大使（1938年10月）；东条内阁之外务大臣兼拓殖大臣（1941年10月至1942年3月）；铃木内阁之外务大臣兼大东亚省大臣（1945年4月）。

东乡在日本外交家中原是态度比较温和、手段比较稳重的一个。在任驻苏大使的时候，他曾任劳任怨致力于使"诺门罕事件"和日苏渔业问题获得解决。但是他在东条内阁中担任了外相，而太平洋战争正

---

〔1〕日本政府的"兴亚院"在远东法庭英文文件上的译名系"China Planning Board"——"中国企划院"。这个不顾字义而专论实质的译法是可取的。因为，日本政府的所谓"兴亚院"名义上看来似乎是旨在振兴亚洲，实际上它完全是一个策划侵略中国的专门机构。它的业务主要是计划对中国的经济侵略，即怎样对中国财富资源和人力物力实行残酷无情的掠夺和剥削，去支持日本的"大东亚圣战"。

是这个时期发动的,因此他对日本进攻美英各国是负有连带责任的,犹如他对东条内阁坚持继续和扩大对华侵略应负连带责任一样。并且,在日军即将进攻珍珠港的那种箭在弦上、间不容发的时候,东乡还用欺诈手段扣压了美国罗斯福总统亲致日本天皇作最后呼吁的电报,故意使事态发展到不可挽救的地步。这充分证明:东乡除了应负连带责任之外,他个人在主观上也是赞成这个阴谋的,并且是阴谋的主要策划者之一。至于他任职不久便因与东条意见不合而愤然辞职,长时间退出政治舞台,以及在日本崩溃前夕曾出任铃木内阁的外相,主张媾和,并曾向苏联呼吁,请求居间调停——这种种以后发生的事实,绝不能用来洗刷东乡对自己以往的行为所应负的责任。

东乡之妻是一德国妇女。在两年左右的共818次的公开庭审中,这位妇人无间风雨,每庭必到,端坐于二楼日本人旁听席中的一个固定座位,用耳机倾听审讯的进行,并不时遥睇其夫,目遇时则相对做一会心的苦笑。这事给人们的印象很深,一时传为美谈。

东条英机(前首相) 六十三岁,陆军士官学校及陆军大学毕业,毕业后长期任职于陆军省、参谋本部及关东军司令部。他是法西斯军人侵略集团中最激进的一个,也是其领导人之一。

东条于 1928 年至 1945 年间曾担任下列各职务:参谋本部第一课课长(1931 年至 1932 年);陆军递信(交通)学校调查课课长(1932 年);关东军宪兵司令(1935 年);关东军参谋长(1937 年);近卫内阁之陆军次官(1938 年 5 月至 12 月);陆军航空总监(1938 年至 1939 年);近卫内阁之陆军大臣(1940 年 7 月至 1941 年 12 月);国务总理大臣兼陆军大臣(1941 年 12 月 2 日至 1944 年 7 月),在此期间内还一度兼任内务大臣、军需大臣、参谋总长等职。东条于 1940 年 10 月晋升为陆军大将。

东条在远东国际法庭被告二十八名主要日本战犯中是最突出的一个,西方报刊常把东京审判称为"对东条及其他二十七名日本主要战犯的审判"。这是因为东条不但一贯参与对华侵略的种种阴谋,而且是发动太平洋大战的主谋和祸首。日本偷袭珍珠港、对美宣战,以及此后对英、法、荷、澳等西方国家一系列的猛烈进攻和残酷暴行大都是在东条首相任内实行的,因此他便成了西方国家最痛恨的对象,被它们认为是日本侵略集团中最凶恶的首领。其实,以资历论,东条在法西斯陆军军人中比起荒木贞夫、南次郎,甚至畑俊六、小矶国昭、松井石根等还只能算是一个"后进"。但是,比起这些人来,东条在性格上无疑是更富于侵略性和冒险性的,对于执行侵略阴谋是最坚决、最大胆的。在同僚中,东条素有"剃刀"之称,盖其思想之尖锐和行动之敏捷有非常人所能及者。在太平洋冒险失败、日本濒于崩溃之际,东条不但被迫下野,退出政治舞台,而且成了日本人民所痛恨的目标。在日本投降不久,东条于行将就捕之际所表演的那幕"自杀未遂"的滑稽剧被揭露以后,他更遭到日本人民的唾弃和嘲骂。

东条是后来被远东法庭判处绞刑的七名被告战犯之一,也是被判处绞刑的两名日本前首相之一,另一名是广田弘毅。

梅津美治郎 六十五岁,陆军士官学校及陆军大学毕业,毕业后奉派赴欧洲各国考察军事,归国后历任陆军省军务局课长、步兵第一旅团长等职。

梅津于1928年至1945年间曾担任下列各要职:陆军省总务局局长(1931年);华北日本驻屯军司令官(1934年至1936年);广田内阁、林内阁、近卫内阁之陆军次官(1936年3月至1938年5月);关东军总司令兼驻"满洲国"大使(1939年至1944年);参谋总长(1944年7月起至1945年日本投降止)。梅津于1940年晋升为陆军大将。

梅津是日本法西斯军人中资望很高、能力很强的一个,在日本历次的侵略阴谋中,他经常是一个中坚分子。在当时的日本人心目中,梅津被称为"陆军之宝"。在他担任华北日本驻屯军司令官的时期,为了实现日本在占领东北之后进一步吞食中国的侵略政策,他曾千方百计地勾结华北军人,鼓吹"华北自治",企图使华北脱离中国而建立在日本操纵下的傀儡政权。1935 年签订的那个臭名远扬的"何(应钦)梅(津)协定"便是梅津对当时辱国丧权的中国政府利诱威胁的结果之一。[1] 梅津于 1938 年还曾一度率领日军在华北作战,对中国人民犯下了不少的残酷暴行。在他担任关东军总司令兼驻伪满大使的那五年,正是日本对外侵略战争发展的高潮时期,梅津用尽了一切残酷手段掠夺、榨取中国东北的财富资源和人民血汗,以供日本维持其罪恶战争之用。由于这种种原因,梅津美治郎的恶名和罪行也是中国人民所家喻户晓的。

在梅津出任他最后的也是最重要的一个公职(参谋总长)的时候,日本已经是穷途末路、奄奄待毙了。不到一年工夫,它便宣布了无条件投降。在密苏里号军舰上举行投降仪式的时候,梅津是代表日本大本营在投降书上正式签字的两个日本代表之一,另一个是代表日本天皇及日本政府的重光葵。

由于梅津和重光是日本投降代表,在盟军总部看来,似乎不无微劳可念,理应有所"照顾"。因此,对他们二人的逮捕是迟延到起诉前夕方才执行的,不像其他的甲级战犯一样,在起诉好几个月以前便关进了监狱。

以上是在远东国际法庭受审的 28 名日本甲级战犯的简单履历。正如前面所指出过的,在漫长的审判过程中,两名被告(松冈洋右和永野修身)患病身死;另一名(大川周明)得了精神病,暂时中止受审。因

---

[1] "何梅协定"是日本粗暴地干涉中国内政和分裂中国主权的一个典型文件。它规定了中国中央政府的军队必须全部从河北省撤退;取消河北省国民党党部,不准它有任何活动;并禁止河北省境内的一切反日行为。这个协定只是为了解决一个所谓"河北事件"的问题而签订的,而当时日本人在华北制造的"事件"是不胜枚举的。单就这个"协定"的内容来看,便可以明了日本对中国主权的侵犯和中国政府对日本的屈从达到了什么样的程度!

此,在 1946 年 5 月法庭开审时被告原是 28 名,但是到了法庭宣判的时候,它判处的被告只是 25 名而不是 28 名。

四、中美英苏等十一国对日本主要战犯的起诉书

(一) 起诉书的呈递和接受

"起诉"在任何讼案中都是极重要的步骤,它是当事人一方(原告)所采取的第一个步骤。只有在起诉书呈递给法院并为法院所接受之后,讼案才算成立,法庭的审讯程序才能开始。

关于刑事案件中起诉行为的性质,在法理学上有两种说法,在司法实践中也有两种做法。一说,起诉必须经过法院的"批准"方为有效,因而它应该被认为是法院审讯程序的一部分。在实践中,英美法院对于较严重的刑事案件一般都必须经过"大陪审团"的初步审理,亦即所谓"预审",去决定起诉是否能够成立,然后法院根据"大陪审团"的这个决定去决定它是否受理起诉。[1] 因此,许多人认为受理起诉应该被视为是法院"批准"起诉,从而构成法院审讯程序的一部分。另一种说法是:法院对于在它管辖权范围内的起诉只是单纯地接受或受理,并不需要经过初步审查或预审的程序。因此,起诉应该被视为是当事人一方(原告、检方)的行为,与法庭审讯程序无关。在实践中,"大陆法系"法院一般都没有"大陪审团"或预审的制度,它对当事人的起诉纯粹是"接受"。

---

[1] "大陪审团"(grand jury)是英美法系中的一个古老的制度。与通常由 12 个公民所组成的一般的"陪审团"(或称"小陪审团")不同,它是由 12 个至 24 个公民所组成,因此有"大陪审团"之称。在某些刑事案件中,法院在进行实质审理之前,必须召集一个由当地公正不偏的公民所组成的"大陪审团",把该案提交给它进行"预审"。在"预审"中,大陪审团有权接受证据并听取证人及当事人之陈述,最后决定该案是否有相当证据,是否可以作为一个讼案成立。他们的意见和决定应由首席陪审员(foreman)以书面陈述(presentment)的形式地向法院提出。然后法院根据这个书面陈述去决定它对该案是否进行审理。这个制度在英美法系的国家里,大体上仍然保持着,只是由于各国以后的立法不同,大陪审团的适用范围、职权、组织等略有差别而已。

至于起诉以前的一切侦讯、调查，及录取口供等工作，那都只能算是检察方面的起诉准备工作，与法庭程序无关。

关于远东国际军事法庭检察处的起诉的性质如何，人们也有不同的看法。例如苏联法学家拉金斯基和罗森布立特便坚决认为它是法庭的行为，而不是原告一方（检方）的行为，因为它曾经过法庭的"批准"。[1]

拉金斯基和罗森布立特的看法是错误的，因为它与事实不相符合。远东法庭接受起诉的事实经过是这样的：[2]

1946年4月29日下午四时，远东国际法庭全体十一位法官聚集在法官会议室里，列席的只有书记官长华尔布里奇和主管登记的书记官德尔。

未几，检察长季楠走了进来。就座后，他开始发言说："由检察长及各盟国检察官签署的起诉书的原本在我这里。我现在要把这份起诉书交给德尔书记官。"

庭长威勃问道："你打算把它登记归档吗？"

季楠答称："我现在就把它提出来。"

庭长说："这是起诉书原本。如果在开审时被告要求宣读的话，它将被当庭宣读。"

在这几句对话之后和检察长行将离去之际，庭长最后又对季楠说："我们命令你现在就把起诉书和宪章的副本提交每一被告。"[3]

季楠检察长于聆悉并点首示意后，便离开了会议室，庭长立即宣布散会。

这个起诉书呈递的整个过程所耗的时间不到十分钟。法官们事前

---

〔1〕拉金斯基、罗森布立特：《日本首要战犯的国际审判》（中译本），世界知识出版社，第91至92页。

〔2〕见《远东国际军事法庭审判记录》（1946年4月29日），第116—119页。

〔3〕庭长对检察长的这句话是根据《远东国际军事法庭宪章》说的。宪章第九条（甲）款规定"……应送达每一被告以起诉书（包括任何修改）及本法庭宪章之副本各一份，副本所用文字应为被告所了解者，并应尽早送达，俾被告有充分时间作辩护之准备"。

既没有阅读过起诉书的本文，更谈不上审查、讨论。这样一个再简单不过的程序怎能说成是法庭对起诉书的"批准"行为？从理论上说，法庭的任何行为必须经过法官会议的集体讨论，并作出决议。远东国际法庭对检察处的起诉书完全没有采取这些步骤，它只是单纯地"接受"了这份起诉书和命令书记官把它登记归档而已。

由此可见，像拉金斯基和罗森布立特所坚持的检察处的起诉书是经过远东法庭"批准的"说法，非但在理论上讲不通，而且也与事实不符合。

事实上，法庭对起诉书内容之庞杂烦琐和缺乏逻辑上的严谨性自始便是不满意的。例如起诉书内控诉被告们的罪状有五十五项之多，但是后来经过法庭的简化、压缩之后，在判决书里保存下来的只是十项，五分之四以上都被法庭删除了。这是后话，此处不必多谈。我们之所以在此处提到一下，只是作为起诉书并不是经过法庭"批准的"的观点的一个旁证而已。

(二) 起诉书的形式和前言

国际检察处递送给远东法庭的起诉书开端写的是："呈远东国际军事法庭第一号起诉书。"用"第一号"这样的字样无疑地表示国际检察处当时的设想是：在第一号起诉书中被控的二十八名战犯审判结束之后，将有第二号、第三号……起诉书的提出。但是，事实上，正如我们所一再指出的，由于美国庇护日本战犯的政策日益明显，所谓第二号、第三号……起诉书都成了泡影，根本没有出现。

起诉书的第一号标题是这样写的：

美国、中国、英国、苏联、澳大利亚、加拿大、法国、荷兰、新西兰、印度、菲律宾。

控　　告

荒木贞夫……（共二十八名，次序依照其姓氏的英文字母先后

排列，此处从略）

从起诉书的这个标题看来，提起诉讼的原告无疑地是对日作战的十一个主要同盟国，而不是国际检察处或盟军总部。但是按照《远东国际军事法庭宪章》的规定，检察长却负有对被告起诉的全责。[1]这两者之间，乍看起来，似乎是有矛盾的。既然十一国列名原告，就不应该规定由检察长负起诉之责。既然要检察长负起诉之责，就不应该用十一国的名义作为起诉的原告。这种看法不是完全没有道理的。一个比较合理的折中的解释是：有鉴于这个案件的空前重大，起诉必须以十一国国家的名义为之，而检察长所负的所谓起诉责任只是在技术上支持起诉的责任。检察长只能被视为代表原告而处在诉讼进程中的一个首席律师，而真正的原告却应该是十一个同盟国家。法庭称检察长为"检方首席律师"，或"检方主任律师"，理由或许就在这里。

关于起诉书的内容，法庭宪章的规定是十分简单的。它只要求"起诉书对每一被控诉之罪行应有清晰、精确及充分之说明"，此外别无其他的要求。[2]

国际检察处代表十一国所撰拟并向远东法庭提出的起诉书，大体说来，还算是能够满足宪章的要求的，虽然其中也有不少而且是严重的缺点。

起诉书控告被告们的罪状共为五十五项。在分别陈述这些罪状之前，它有一个简短的"前言"，扼要地说明了一下日本帝国主义统治集团犯罪活动的政治意义和特征。"前言"写道：

"在本起诉书中所提及之年月间（按：指自 1928 年 1 月 1 日至 1945 年 9 月 2 日），日本的对内和对外政策是由一个犯罪的军国主义的集团

---

〔1〕参阅《远东国际军事法庭宪章》第八条（甲）款。
〔2〕参阅《远东国际军事法庭宪章》第九条（甲）款。

所控制及指使，这些政策乃造成严重的世界混乱、历次侵略战争，并使各国爱好和平人民的利益，以及日本人民自身的利益均遭受极大损害之原因。一种自称日本民族比亚洲各民族甚至比世界各民族都优越的危险思想一贯有系统地毒化了日本人民的意识。日本已存在的各种代议机构都被用为广泛侵略之工具，而一类似希特勒德国设立的纳粹党和意大利设立的法西斯党的政党体制旋被采用。日本经济财政资源大部分都被为军事目的而征用，日本人民的福利大受损害。

"在这些被告之间成立了一个阴谋，参加这个阴谋的还有其他侵略国家，即纳粹德国和法西斯意大利之统治者。这个阴谋的主要目的在于取得这些侵略国家对世界其他部分的控制和剥削，并且为此目的而犯下了或鼓励他人犯下了本宪章所称的破坏和平罪、战争犯罪和违反人道罪，从而威胁并损害着人类的尊严和自由的基本原则。

"为了实施和完成这个阴谋计划，被告们利用他们的权力、他们的官职以及他们的个人声望和影响，企图并实际策划、准备、发动并执行了对美国、中国、英国、苏联、澳大利亚、加拿大、法国、荷兰、新西兰、印度、菲律宾以及其他爱好和平各国人民的侵略战争，并破坏国际法以及神圣条约所规定的义务和保证。为了进一步促成这个计划，被告们图谋并实行了破坏公认的战争法规和惯例的各种行为：谋杀、残害和虐待战争俘虏、被拘平民以及海上人员，不给他们足够的饮食、宿舍、衣着、医药及其他照顾，强迫他们在非人道条件下劳动，并使他们横遭侮辱；榨取战败各国的人力和经济资源以供日本之用；掠夺公私财产；以没有军事需要的任何理由，肆意毁坏城市乡村；对沦陷区无辜平民实行大规模的屠杀、强奸、抢劫、绑架、残害及其他种种野蛮暴行；对日本政府人员和机关实行陆海军人的控制及操纵；用建立大政翼赞会、实行民族扩张主义的教育、散布战争宣传以及严格控制新闻及广播的方法，对公众舆论作侵略战争的心理准备；在战败各国中成立傀儡政府；同德国和意大利缔结军事同盟，借以增强实行日本扩张计划的军事力量。"

起诉书前言最后一段是这样写的：

"因此，上述各国，根据 1945 年 7 月 26 日波茨坦公告，1945 年 9 月 2 日日本投降书和 1946 年 1 月 19 日盟国最高统帅部所颁布并于 1946 年 4 月 26 日修正过的本法庭宪章，经由下面签名的赋有代表其各自政府参加对首要战犯们进行侦查和起诉的全权代表，兹对上开全体被告人犯，就下列所指范围，即破坏和平罪、战争犯罪、违反人道罪，并就法庭宪章中曾加以定义的各种罪行的共同计划或阴谋，提起控诉。据此，上述各国提出下列各罪状中所指名的各犯作为本案的被告。"

（三）对被告们控诉的五十五项罪状

继"前言"之后，起诉书便提出了对被告们控诉的罪状共五十五项，其中有些是对全体被告提出的，有些是对一部分被告提出的。这是起诉书的主要部分。这五十五项罪状又分为三大类；第一类是"破坏和平罪"（亦即侵略罪）；第二类是"杀人罪"；第三类是"其他普通战争犯罪及违反人道罪"。兹分述如下：

第一类　破坏和平罪（自罪状第一至罪状第三十六）

罪状一　全体被告，在 1928 年 1 月 1 日起至 1945 年 9 月 2 日期间内，曾以领导者、组织者、教唆者或同谋者之资格，参加制定或执行一个共同计划或阴谋，因而他们对于任何人在执行这个计划中的一切行为均应负责。这个计划或阴谋的目的系在取得日本对东亚太平洋、印度洋以及两洋附近各国和洋内各岛之海陆军及政治经济的控制地位。为达此目的，他们阴谋单独地或联合其他国家进行侵略战争及违反国际法、条约、协定和保证之战争，以对付任何反对此项目的之国家。

罪状二　全体被告，在罪状一所述的期间内，曾以罪状一中所述的资格参加制定或执行一个共同计划或阴谋。其目的系在用直接攫夺或设立傀儡政权的方法,取得对中国辽宁、吉林、黑龙江及热河各省之陆海军及政治经济的控制地位。为达此目的,他们阴谋进行侵略战争及……之战争,以对付中国(注:加"……"处系重复罪状一中之词句,因而从略。以下同此)。

罪状三 全体被告,在……期间内,曾以……资格,参加制定或执行一个共同计划或阴谋。其目的系在……取得对中国全部之陆海军及政治经济的控制地位。为达此目的,他们阴谋进行侵略战争及……之战争,以对付中国。

罪状四 全体被告,在……期间内,曾以……资格,参加制定或执行一个共同计划或阴谋。其目的系在取得东亚太平洋、印度洋及其附近各国之海陆军及政治经济的控制地位。为达此目的,他们阴谋进行侵略战争及……之战争,以对付美国、英联邦(包括大不列颠及北爱尔兰联合王国、澳大利亚、加拿大、新西兰、南非、印度、缅甸、马来西亚以及英帝国在国际联盟中没有代表出席的其他部分领土)、法国、荷兰、中国、葡萄牙、泰国(暹罗)、菲律宾、苏联和任何反对他们的国家。

罪状五 全体被告,在……期间内,曾以……资格,参加或执行一个共同计划或阴谋。其目的系在使德、意、日三国取得全世界之陆海军及政治经济的控制地位,三国并将各在其自己范围内拥有特殊的控制地位,日本的范围将包括东亚太平洋、印度洋以及两洋附近各国及其中各岛屿。为达此目的,他们阴谋伙同德意两国互相支援,进行侵略战争及……之战争,以对付妨碍他们达此目的的国家,特别是美国、英国、法国、荷兰、中国、葡萄牙、泰国(暹罗)、菲律宾及苏联。

——以上五项(1—5)系对全体被告共同阴谋进行侵略战争的控诉。

罪状六 全体被告,在……期间内,曾计划及准备对中国进行侵略战争及……之战争。

罪状七 全体被告,在……期间内,曾计划及准备对美国进行侵略战争及……之战争。

罪状八 全体被告,在……期间内,曾计划及准备对大不列颠及北爱尔兰联合王国以及在本起诉书各罪中未单独列举之英联邦的其他部分进行侵略战争及……之战争。

罪状九 全体被告,在……期间内,曾计划及准备对澳大利亚进行侵略战争及……之战争。

罪状十 全体被告,在……期间内,曾计划及准备对新西兰进行侵略战争及……之战争。

罪状十一 全体被告,在……期间内,曾计划及准备对加拿大进行侵略战争及……之战争。

罪状十二 全体被告,在……期间内,曾计划及准备对印度进行侵略战争及……之战争。

罪状十三 全体被告,在……期间内,曾计划及准备对菲律宾进行侵略战争及……之战争。

罪状十四 全体被告,在……期间内,曾计划及准备对荷兰进行侵略战争及……之战争。

罪状十五 全体被告,在……期间内,曾计划及准备对法国进行侵略战争及……之战争。

罪状十六 全体被告,在……期间内,曾计划及准备对泰国(暹罗)进行侵略战争及……之战争。

罪状十七 全体被告,在……期间内,曾计划及准备对苏联进行侵略战争及……之战争。

——以上十二项(6—17)系对全体被告计划及准备侵略战争的控诉。

罪状十八 被告荒木、土肥原、桥本、平沼、板垣、小矶、南、大川、重光、东条、梅津,在 1931 年 9 月 18 日或其前后,曾对中国(按:指东北四省)发动侵略战争及违反国际法、条约、协定和保证之战争。

罪状十九　被告荒木、土肥原、桥本、畑、平沼、广田、星野、板垣、贺屋、木户、松井、武藤、铃木、东条、梅津,在 1937 年 7 月 7 日或其前后,曾对中国(按:指中国全部)发动侵略战争及……之战争(注:加"……"处系重复罪状十八中之词句,因而从略。以下同此)。

罪状二十　被告土肥原、平沼、广田、星野、贺屋、木户、木村、武藤、永野、冈、大岛、佐藤、岛田、铃木、东条、东乡,在 1941 年 12 月 7 日或其前后,曾对美国发动侵略战争及……之战争。

罪状二十一　罪状二十中列名之各被告,在 1941 年 12 月 7 日或其前后,曾对菲律宾发动侵略战争及……之战争。

罪状二十二　罪状二十中列名之各被告,在 1941 年 12 月 7 日或其前后,曾对英联邦发动侵略战争及……之战争。

罪状二十三　被告荒木、土肥原、平沼、广田、星野、板垣、木户、松冈、武藤、永野、重光、东条,在 1940 年 9 月 22 日或其前后,曾对法国发动侵略战争及……之战争。

罪状二十四　罪状二十中列名之各被告,在 1941 年 12 月 7 日或其前后,曾对泰国发动侵略战争及……之战争。

罪状二十五　被告荒木、土肥原、畑、平沼、广田、星野、板垣、木户、松冈、松井、重光、铃木、东乡,在 1938 年 7 月及 8 月中,曾进攻苏联哈桑湖地区,发动对苏联之侵略战争及……之战争。

罪状二十六　被告荒木、土肥原、畑、平沼、板垣、木户、小矶、松冈、松井、武藤、铃木、东乡、东条、梅津,在 1939 年夏季曾进攻蒙古人民共和国之喀金戈尔地带,发动对蒙古之侵略战争及……之战争。

——以上九项(18—26)为对部分被告发动侵略战争的控诉。

罪状二十七　全体被告,在 1931 年 9 月 18 日至 1945 年 9 月 2 日期间内,曾对中国实行侵略战争及违反国际法、条约、协定和保证之战争。[1]

罪状二十八　全体被告,在 1937 年 7 月 7 日至 1945 年 9 月 2 日期间内,曾对中国实行侵略战争及……之战争(注:加"……"处系重复罪状二十七中的词句,因而从略。以下同此)。[2]

罪状二十九　全体被告,在 1941 年 12 月 7 日至 1945 年 9 月 2 日期间内,曾对美国实行侵略战争及……之战争。

罪状三十　全体被告,在 1941 年 12 月 7 日至 1945 年 9 月 2 日期间内,曾对菲律宾实行侵略战争及……之战争。

罪状三十一　全体被告,在 1941 年 12 月 7 日至 1945 年 9 月 2 日期间内,曾对英联邦实行侵略战争及……之战争。

罪状三十二　全体被告,在 1941 年 12 月 7 日至 1945 年 9 月 2 日期间内,曾对荷兰实行侵略战争及……之战争。

罪状三十三　被告荒木、土肥原、平沼、广田、星野、板垣、木户、松冈、武藤、永野、重光、东条,在 1940 年 9 月 22 日及以后,曾对法国实行侵略战争及……之战争。

罪状三十四　全体被告,在 1941 年 12 月 7 日至 1945 年 9 月 2 日期间内,曾对泰国实行侵略战争及……之战争。

---

[1] 自本项(罪状二十七)起至罪状三十六止,控告的是被告们对各盟国实行(实际进行)了(waged)侵略战争。在此以前的各项罪状(罪状第一项至第二十六项)系控告他们共同计划或阴谋实行侵略战争,以及他们对各盟国策划和准备了(planned and prepared)侵略战争和发动了(initiated)侵略战争。起诉书中把侵略战争的步骤分得如此琐细是否明智,在本章第五节(起诉书的特点和缺点)中将有详细的讨论,此处不赘。

[2] 本项罪状的措词几乎与前项(罪状第二十七项)完全相同,所不同的只是犯罪开始的日期。前项的犯罪日期系从 1931 年 9 月 18 日(即"沈阳事变")算起,至 1945 年 9 月 2 日(日本投降)为止。而本项的犯罪日期系从 1937 年 7 月 7 日(即"卢沟桥事变")算起,至 1945 年 9 月 2 日为止。按照逻辑或普通常识讲,从 1931 年 9 月 18 日开始的对中国的侵略必然包括从 1937 年 7 月 7 日开始的对中国的侵略在内。因此,本项罪状作为一项独立的罪状提出,非但是不必要的,而且是重复的,容易造成混乱。起诉书内容之重床叠架,画蛇添足,以及缺乏逻辑上的严谨性,于此可见一斑。

罪状三十五　罪状二十五中所列名之各被告，在 1938 年夏季，曾对苏联实行侵略战争及……之战争。

罪状三十六　罪状二十六中列名之各被告，在 1939 年夏季，曾对"蒙古人民共和国"及苏联实行侵略战争及……之战争。[1]

——以上十项（27—36）系对全体被告或部分被告实行侵略战争的控诉。连同前面对被告们共同阴谋（五项）、计划准备（十二项）和发动（九项）侵略战争的控诉，共计三十六项，构成起诉书内第一类"破坏和平罪"的全部内容。

第二类　杀人罪

杀人罪原为普通战争犯罪之一种，但在本起诉书内却特别把它剔出，列为独立的一类，其用意可能是要引起法庭及人们的非常注意和重视。被告们被控的此类罪行共为十六项（罪状三十七至五十二），兹分述如下：

罪状三十七　被告土肥原、平沼、广田、星野、贺屋、木户、木村、武藤、永野、冈、大岛、佐藤、岛田、铃木、东乡、东条，在 1940 年 6 月 1 日至 1941 年 12 月 8 日期间内，曾以领导者、组织者、发动者或同谋者之资格，参加制定或执行一个共同计划或阴谋，其目的在于以对美国、菲律宾、英联邦、荷兰及泰国发动非法的武装冲突并非法地命令或纵容攻击这些国家的领土、船只及飞机的方法，去杀害和谋杀这些国家武装部队的成员和被攻击地点的平民，而这些国家与日本原系处于和平状态的。

这种攻击之所以非法是由于它违反了 1907 年 10 月 18 日签订的海

---

〔1〕起诉书缺乏逻辑上的严谨性在本项控诉中亦有所表现。所谓"蒙古人民共和国"原系中国领土的一部分。1924 年 6 月它虽在苏联的扶植下片面地宣布了"独立"，但中国正式承认其独立却是 1946 年在当地举行了"公民投票"之后。因此，从严格的法理上说，1939 年对外蒙古的侵略不能称为对"蒙古人民共和国"的侵略。据说，关于这一点，中国陪席检察官当时曾提醒检察长注意，但检察长认为名义问题无关宏旨，无理地拒绝修改。

牙第三公约第一条关于战争开始的规定。本罪状中列名的每一被告对于违反或藐视该约的行为和后果都负有责任。

罪状三十八 被告土肥原、平沼、广田、星野、贺屋、木户、木村、松冈、武藤、永野、冈、大岛、佐藤、岛田、铃木、东乡、东条，在……期间内，曾以……之资格，参加制定一个共同计划或阴谋，其目的在以……的方法，去杀害和谋杀……（注：加"……"处系重复罪状三十七中之词句，因而从略。以下同此）。

这种攻击之所以非法，是由于它违反了1908年11月30日美日两国关于远东政策的换文（第二条及第三条），1921年12月13日英、法、日、美签订的《关于太平洋区岛屿属地及领地的条约》（第一条），以及1928年8月27日英、美、日、德、法、比、波、捷等十五国所签订并为世界大多数国家（四十八国）所加入的《巴黎非战公约》，亦称《白利安—凯洛格公约》（第一条及第二条）。本罪状中列名的每一被告对于违反或藐视这些条约或其中任何条款的行为和后果都负有责任。[1]

罪状三十九 罪状三十八中列名之各被告，在罪状三十七及三十八所述之情形下，曾命令、驱使并容许日本武装部队于1941年12月7日上午7时55分（珍珠港时间）攻击那时同日本尚保持和平关系的美国之夏威夷领土珍珠港的船只，非法杀害季德海军上将和其他美国海陆军人员约四千人，以及姓名和确数现在尚未查明之平民若干人。

罪状四十 罪状三十八中列名之各被告，在罪状三十七及三十八所述之情形下，曾命令、驱使并容许日本武装部队于1941年12月8日上午零时二十五分（新加坡时间）攻击那时同日本尚保持和平关系之英联邦的吉连丹新高打之领土及飞机，非法杀害姓名和确数现在尚未查明之英联邦武装部队成员若干人。

---

〔1〕本项罪状所控告的犯罪内容实质几乎与前一项（罪状第三十七项）所控告的相同。不相同之处只是两项中所指责的被告们所违反的条约不同和本项中列名的被告多了一名松冈洋右而已。

罪状四十一　罪状三十八中列名之各被告,在罪状三十七及三十八所述之情形下,曾命令、驱使及容许日本武装部队于 1941 年 12 月 8 日上午八时(香港时间)攻击那时同日本尚保持和平关系之英联邦香港的领土、船只及飞机,非法杀害姓名和确数现在尚未查明之英联邦武装部队成员若干人。

罪状四十二　罪状三十八中列名之各被告,在罪状三十七及三十八所述之情形下,曾命令、驱使及容许日本武装部队于 1941 年 12 月 8 日上午三时(上海时间)攻击那时同日本尚保持和平关系之英联邦的停泊在上海的船只"海燕号",非法杀害姓名现在尚未查清的英联邦海军成员三名。

罪状四十三　罪状三十八中列名之各被告,在罪状三十七及三十八所述之情形下,曾命令、驱使及容许日本武装部队于 1941 年 12 月 8 日上午十时(马尼拉时间)攻击那时同日本尚保持和平关系之菲律宾的领土达佛,非法杀害姓名和确数现在尚未查明的美国武装部队成员及菲律宾武装部队成员和菲律宾平民若干人。

罪状四十四　全体被告及其他人等多名,在 1931 年 9 月 18 日至 1945 年 9 月 2 日期间内,以领导者、组织者、教唆者或同谋者之资格,曾参加制定或执行一个共同计划或阴谋。其目的在图谋和容许大规模地在陆地或海上屠杀敌国的战争俘虏、放下武器的军人、占领区内的平民以及被击毁船只的船员,妄图以这种残酷手段取得他们当时进行的非法战争之胜利。

罪状四十五　被告荒木、桥本、畑、平沼、广田、板垣、贺屋、木户、松井、武藤、铃木、梅津,在 1937 年 12 月 12 日及以后,曾违反罪状三十八中所提到的条约款项,非法命令、驱使及容许日本武装部队攻击南京市并实行违反国际法之屠杀,非法杀害数以万计之中国平民及已解除武装的中国军人,其姓名及确数现在尚未查清。

罪状四十六　罪状四十五中列名之各被告,在 1938 年 10 月 21 日及其后，曾……非法命令、驱使及容许日本武装部队攻击广州市并……非法杀害姓名及确数现在尚未查明之中国平民及已解除武装之中国军人，为数甚多（注：加"……"处系重复罪状四十五中之词句，因而从略，以下同此）。

罪状四十七　罪状四十五中列名之各被告，在 1938 年 10 月 27 日前后，曾……非法命令、驱使及容许日本武装部队攻击汉口市并……非法杀害姓名及确数现在尚未查悉之中国平民及已解除武装之中国军人，为数甚多。

罪状四十八　被告畑、木户、小矶、佐藤、重光、东条及梅津，在 1944 年 6 月 18 日及其前后，曾……非法命令、驱使并容许日本武装部队攻击长沙市并……非法杀害姓名及确数现在尚未查悉之中国平民及已解除武装之军人，数以万计。

罪状四十九　罪状四十八中所列名之各被告，在 1944 年 8 月 8 日前后，曾……非法命令、驱使及容许日本武装部队攻击湖南省之衡阳市并……非法杀害姓名及确数现在尚未查悉之中国平民及已解除武装之军人，为数甚多。

罪状五十　罪状四十八中列名之各被告，在 1944 年 11 月 10 日及其前后，曾……非法命令、驱使及容许日本武装部队攻击广西省之桂林及柳州二市并……非法杀害姓名及确数现在尚未查悉之中国平民及已解除武装之中国军人，为数甚多。

罪状五十一　被告荒木、土肥原、畑、平沼、板垣、木户、小矶、松井、松冈、武藤、铃木、东乡、东条、梅津，曾命令、驱使及容许日本武装部队于 1939 年夏季攻击当时尚与日本保持和平关系之蒙古及苏联的领土哈金戈尔河地区，并非法杀害姓名及确数现在尚未查悉之蒙古及苏联武装部队成员若干人。

罪状五十二　被告荒木、土肥原、畑、平沼、广田、星野、板垣、木户、松冈、松井、重光、铃木、东条，曾命令、驱使及容许日本武装部队于 1938

年7月及8月间攻击当时尚与日本保持和平关系之苏联的领土哈桑湖地区并非法杀害姓名及确数现在尚未查悉之苏联武装部队成员若干人。

——以上十六项(37—52)系对全体被告计划阴谋屠杀和对部分被告在攻占某些城市时命令、指使及纵容日军大规模地屠杀当地和平居民和已解除武装的军人的控诉,这些罪状构成起诉书中第二类罪行(杀人罪)的全部内容。

第三类　其他普通战争罪及违反人道罪

罪状五十三　被告土肥原、畑、星野、板垣、贺屋、木户、木村、小矶、武藤、永野、冈、大岛、佐藤、重光、岛田、铃木、东乡、东条、梅津及其他人等多名,曾于1941年12月7日至1945年9月2日期间,以领导者、组织者、教唆者或同谋者之资格,参加制定或执行一个共同计划或阴谋,因而他们对他们自己或任何他人在执行该计划时之一切行为应负责任。这个计划或阴谋之目的系命令、授权或准许日本每一战场上之海陆军司令官,日本陆军省之官员,日本领土或占领区内的平民拘留所和战俘集中营劳役队之管理人员,日本宪兵及民警,以及这些人员的下属,去经常地和不断地对当时在日军权力下的数以万计的美国、英联邦、法国、荷兰、菲律宾、中国、葡萄牙及苏联之战俘和平民采取违反本起诉书附件所列各公约、保证及习惯所规定的战争法例之行动,并使日本政府对这种违法行动避免采取适当的步骤予以制止。

关于中国方面,上述共同计划或阴谋系在1931年9月18日开始;除上列各被告外,被告荒木、桥本、平沼、广田、松井、松冈及南次郎亦应负责。

罪状五十四　被告土肥原、畑、星野、板垣、贺屋、木户、木村、小矶、武藤、永野、冈、大岛、佐藤、重光、岛田、铃木、东乡、东条、梅津,在1941年12月7日至1945年9月2日期间,曾命令、授权及准许罪状五十三中所列的各项人员从事该罪状中所述的各种违法行为,因而犯有违反战争法之罪行。

关于中国方面,此项命令、授权及准许系在 1931 年 9 月 18 日开始;除上列各被告外,被告荒木、桥本、平沼、广田、松井、松冈及南次郎亦应负责。

罪状五十五 被告土肥原、畑、星野、板垣、贺屋、木户、木村、小矶、武藤、永野、冈、大岛、佐藤、重光、岛田、铃木、东乡、东条、梅津,在 1941 年 12 月 7 日至 1945 年 9 月 2 日期间,由于他们各自所任的官职关系,对美、英、法、荷、中、菲、葡萄牙和苏联的武装部队以及属于日军权力下数以万计的各该国的战争俘虏和平民原应负责确保各项公约、保证、战争法规和习惯之适用,但是他们却故意藐视自己的法律责任,不采取遵守它们或防止它们被破坏的适当步骤,因而他们犯有违反战争法之罪行。

关于中国方面,此项犯罪行为系在 1931 年 9 月 18 日开始;除上列各被告外,被告荒木、桥本、平沼、广田、松井、松冈及南次郎亦应负责。

——以上三项(53—55)系对部队被告共同计划或阴谋违反战争法规之控诉,以及对他们通过积极行为(命令、授权或准许)或消极行为(藐视自己的法律责任,不加制止)致使其部下得以肆意从事违反战争法规之行为的控诉。这三项罪状构成起诉书中第三类罪行("其他普通战争罪及违反人道罪")的全部内容。事实上这三项控诉都是关于杀人罪以外的普通战争罪行的控诉而不是关于法庭宪章中所规定的违反人道罪的控诉。可以说,单纯的独立的对被告们违反人道罪的控诉,在东京起诉书里是不存在的。东京起诉书控告项目之乱杂及不平衡,于此可见一斑。对于起诉书的批评,我们将于"起诉书的特点及缺点"一节中详加论述,此处姑不多赘。

(四)起诉书的五个"附件"的内容概要

起诉书除在正文中列举了对被告们控诉的五十五项罪状之外,在正文之后还有五个"附件",作为说明及充实各项控诉罪状的重要参考资料。

附件（甲）是检察处用以支持其对被告们第一类（即破坏和平罪或侵略罪）各项罪状的控诉之主要事实细节的综合说明。这个附件共分十节：1. 对满洲（中国东北部）的军事侵略；2. 对中国其他部分（中国全部）的军事侵略；3. 对中国及"大东亚"的经济侵略；4. 腐蚀及胁迫中国及其他占领区的方法；5. 一般的战争准备；6. 日本政策和战争舆论的组成；7. 日、德、意三国的勾结，对法属印度支那及泰国的侵略；8. 对苏联的侵略；9. 对美国、菲律宾，及英联邦诸国的侵略；10. 对荷兰及葡萄牙的侵略。在这十节的每一节里，检察处都简单扼要地叙述了日本侵略的事实经过，每节字数不多，自二三百字至六七百字不等。

附件（乙）列举了二十个日本侵略者所违反的条约名称及其有关条款。这些条约是：1. 1899 年 7 月 29 日签订的和平解决国际争端的海牙公约（其中的第一条及第二条）；2. 1907 年 10 月 18 日签订的和平解决国际争端的海牙公约（其中的第一条及第二条）；3. 1907 年 10 月 18 日签订的关于战争开始的海牙第三公约（其中的第一条）；4. 1908 年 11 月 30 日美日关于远东政策的换文；5. 1912 年 1 月 23 日及 1913 年 7 月 9 日关于扑灭鸦片毒品的海牙公约及最后议定书；6. 1919 年 6 月 28 日签订的《对德和约》，亦即所谓《凡尔赛条约》（特别是《国际联盟公约》中的第十、十二、十三、十五、二十二、二十三条）；7. 1920 年 12 月 17 日国际联盟根据凡尔赛条约制定的"委托管理条款"（其中的第三条及第四条）；8. 1921 年 12 月 13 日英、法、日、美四国签订的关于太平洋区岛屿属地及领地的条约（其中的第一条）；9. 1922 年 2 月 4 日代表英国政府以及日本和上述四国条约其他签字国致荷兰政府的同文照会；10. 1922 年 2 月 6 日代表英国政府以及日本和上述四国条约其他签字国致葡萄牙政府的同文照会；11. 1922 年 2 月 6 日中、美、英、法、日、比、意、荷、葡在华盛顿签订的所谓《九国公约》，亦称《华盛顿条约》（其中的第一、二、三、四、七条）；12. 1922 年 2 月 11 日在华盛顿签订的日美条约（其中的

第二条）；13. 1928 年 8 月 27 日美、德、英、法、比、日、波、捷等十五国所签订的，以后为世界大多数国家（四十八国）所加入的《巴黎非战公约》，亦称《白利安—凯洛格公约》（其中的第一条及第二条）；14. 1929 年 6 月27 日日本政府关于上项巴黎公约第一条的声明；15. 1925 年 2 月 19 日国联第二次鸦片会议上签订的公约，以及 1931 年 7 月 13 日在日内瓦签订的《麻醉毒品公约》；16. 1940 年 6 月 12 日日本与泰国签订的《赓续友好关系及相互尊重领土完整的条约》（其中的第一条）；17. 1907 年 10 月18 日在海牙签订的《陆地战争中中立国及其国民之权利义务公约》（其中的第一条及第二条）；18. 1905 年 9 月 5 日在朴次茅斯签订的《日俄和约》（其中的第二、三、四、七、九条）；19. 1925 年 1 月 25 日在北京签订的《日苏邦交之基本原则协定》（其中的第五条）；20. 1941 年 4 月 13 日日苏两国签订的《中立条约》（其中的第一条及第二条）。以上这些条约都是经过日本政府郑重签订并批准的，对它当然具有绝对的拘束力，日本当权者原应严格遵守。但是，在起诉书所提到的期间内，这些条约的条款却被被告们肆无忌惮地违反和破坏了。

　　附件（丙）列举了十五项日本政府关于不侵略或不扩大侵略所作的声明或保证。在被告们当权的年代里，他们却自食其言，把这些声明或保证视若废纸。这些保证或声明是：1. 1931 年 9 月 25 日：日本在满洲没有领土的意图；2. 1931 年 11 月 25 日：日本向锦州进军的消息，毫不真实；3. 1931 年 12 月 22 日：日本承认中国（在满洲的）主权，并维持"门户开放"政策；4. 1933 年 1 月 5 日：日本在中国长城以南没有领土野心；5. 1934 年 4 月 25 日：日本丝毫无意于在中国寻求特殊利益，侵害中国之领土及行政之完整，或对他国在中国的真正贸易制造困难；6. 1937 年8 月 15 日：日本对中国没有领土企图，并且将不遗余力地保障外人在华的权益；7. 1937 年 9 月：日本对华北具有和平愿望，并无领土图谋；8. 1939年 2 月 17 日：日本对中国并无领土企图，它将不作超出军事需要范围的占领;9. 1939 年 8 月 26 日:关于在反共协定下加强同德意合作一事,日本已放弃任何进一步的谈判;10. 1940 年 4 月 15 日:对荷属东印度,日本愿意维持其现状;11. 1940 年 5 月 16 日:日本没有进攻荷属东印度的意图或计划;12. 1941 年 3 月 24 日:日本在任何状况下都不会进攻美国、英国或荷属东印度;13. 1941 年 7 月 8 日:日本迄今并未考虑到对苏联作战的可能性;14. 1941 年 7 月 10 日:日本对法属越南没有采取行动的设想;15. 1941 年 12 月 5 日:日军在法属越南的调动仅是预防性的措施。

　　附件(丁)摘录了一些国际公约中关于作战行为的重要条款以及日本保证遵守这些条款的诺言。这个附件是用以支持对被告们的第三类罪状(普通战争罪及违反人道罪)的控诉的。附件中列举的有:1. 1907 年 10 月 18 日海牙第四公约的某些条款及海牙第十公约。此二公约参加者有包括日本在内的四十个国家,因而日本有遵守的义务。2. 1929 年 7 月 27 日在日内瓦签订的《关于战俘待遇的公约》。这个公约的参加者有四十七国之多,因而它是现行公认的和应该共守的国际法原则的有力证明。日本虽未批准这个公约,但是由于它是公约原始签字国之一以及日本政府 1942 年 1 月 29 日给瑞士政府的照会中和 1942 年 1 月 30 日给阿根廷政府的照会中都承认准用该公约,因而该公约各条款对日本是有拘束力的。3. 1929 年 7 月 27 日在日内瓦签订的《改善陆战中伤者病者状态公约》,亦称《红十字公约》。这个公约有四十余国参加,日本乃其中之一;它在战争期间(1942 年 1 月 24 日及同年 2 月 13 日)并一再声明将"严格遵守"这个公约。以上三个公约,由于它们是当时世界大多数国家所签订、批准和加入的,因而也就正确地体现和表达了当时的国际法原则。针对着这些公约的某些重要条款,本附件后一部分扼要地列举并叙述了十五类日军对公约肆无忌惮地违反和野蛮粗暴地破坏的种种行为。这些行为构成起诉书中控告被告们第三类罪行(普通战争罪和违反人道罪)的背景材料和大体轮廓。

附件(戊)分别记载着 28 名被告在 1928 年至 1945 年(即起诉书中控告的期间)各自在日本政府中担任的官职,借以表明他们个人在日本侵略战争期间所应负的责任。本章第三节"28 名被告战犯的挑选及其简历"中对这些人的经历及官职已有比较详细的说明,此处遂不赘述。

一个简短的"前言",五十五项罪状和五个"附件",这便是国际检察处向远东国际军事法庭提出的控告日本 28 名首要战犯的起诉书的全部内容。以下要论述的是这个起诉书的特点与缺点。

五、起诉书的特点和缺点

东京国际检察处向远东国际军事法庭提出的控告日本主要战犯的起诉书之最大特点,同时也就是它的最大缺点,那就是:它对被告们控诉的罪状(共五十五项)编排得过分繁杂琐细,非但缺乏逻辑上的严谨性,有时还不免重床叠架,互相抵触,使一般人看了心缭眼花,难于理解。比起纽伦堡检察处对德国主要战犯的起诉书之纲举目张、简单明了来,这不能不说是东京起诉书的最大缺点。关于这个缺点,我们以后将有较详细的评述。

这里我们首先举出东京起诉书和纽伦堡起诉书的两个比较小的不同之处。

其一,在东京起诉书里,被控的被告都是在东京羁押的战犯,而且都曾亲自到庭受审,没有一个像纽伦堡被告中的鲍尔曼那样被缺席审判的。纽伦堡宪章和东京宪章对这一点虽都没有明文规定,既没有允许缺席审判的规定,也没有禁止缺席审判的规定,但是两个起诉书的做法却不相同。纽伦堡把一个不曾逮捕到案的战犯也列为起诉对象,因而造成了缺席审判的局面,而东京却没有这样做。在东京,被诉的战犯们自审讯第一天起便全体出席法庭受审。诚然,在日本投降后很长的时间里,被告武藤、佐藤、木村和板垣四人都因在海外各战场指挥作战而被同盟国加以逮捕，作为战争俘虏拘押。但是在远东国际法庭正式审讯开始之前，他们都被押解来到了东京。因此，东京法庭的被告（中途死亡或犯精神病者除外）在全部审讯过程中自始至终都是到庭受审的，而在纽伦堡法庭里，被告鲍尔曼一直到判决时为止却始终是以失踪闻，因而法庭不得不对他作出缺席判决。[1]

另一不同之处便是：纽伦堡起诉书除控告 22 名首要德国战犯之外，还要求法庭在审讯过程中审查若干重要的纳粹组织（团体、机关），判决并宣布它们为"犯罪组织"。东京起诉书则完全没有这样的要求，它没有把任何日本法西斯组织、团体或机关作为犯罪起诉的对象。这是两个起诉书的一个比较明显的区别。这个区别的产生并不是由于起诉书本身或者由于检察处见解的互异，而是由于两个法庭宪章的规定不同。

纽伦堡宪章第九条规定说："在审判任何团体或组织的任何个别成员时，本法庭得宣告该个人所属的团体或组织（在同该个人可能判处罪刑的行为有关的情形下）为犯罪组织。"这是一个原则性的规定。根据这个原则，法庭经检察处的申诉，有权宣布任何牵涉到被告们犯罪行为的团体或组织为一犯罪的团体或犯罪的组织。

关于宣告的程序，纽伦堡宪章第九条继续规定说："本法庭于收到起诉书后，如认为适当，应发出如下之公告：公告内称检察方面拟请求法庭作出上述之宣告（即请求法庭宣告某团体或组织为犯罪的团体或组织）。该组织的任何成员有权申请法庭准予就该组织之犯罪性质问题向本法庭陈述意见。法庭对于此项申请有准许或拒绝之权。申请如

---

[1] 马丁·鲍尔曼（Martin Bormann）系由纽伦堡国际军事法庭判处罪刑的 22 名德国首要战犯之一。纽伦堡国际检察委员会向纽伦堡国际军事法庭控告的德国首要战犯原为 24 名。嗣以罗伯特·列在监狱中自杀及哥斯达夫·克虏伯因患精神病被暂免受审，故在 1946 年 9 月 30 日宣判时被判罪刑者为 22 人。鲍尔曼在审讯过程中始终逃亡在外，未能逮捕归案。但法庭并未对他停止审讯（他的辩护是由法庭指定的律师代理进行的），法庭并以"缺席审判"判处了他绞刑。此人下落迄今不明。据 1964 年 12 月 25 日美国出版的《时代周刊》（Time）的揣测，此人可能尚在人间，过着逃亡的生活。

被准许，本法庭得指示该项申请以何种方式提出及如何陈述。"

关于宣告的性质，纽伦堡宪章更进一步规定其为决定性的宣告，在以后对该组织的任何成员的任何刑事诉讼中都不能提出异议，使其发生动摇。宪章第十条明白写道："在某一团体或组织经本法庭宣告为犯罪组织的情形下，任何宪章签订国的国内主管机关均有权将参加该组织的个人作为该团体或组织的成员交付其国内的、军事的或占领当局的法庭审判。在这种情形下，该团体或组织的犯罪性质应认为已经确定，而不能有所疑问。"

由此可见，在纽伦堡，检察处控诉的不仅是戈林等22名德国首要战犯，还有若干纳粹德国负责策划和执行侵略的团体、组织或机关，例如纳粹党的领导团、德国内阁、参谋本部、国防军最高统帅部、党卫军、突击队、秘密警察队等。[1]

但是，在东京，检察处却完全没有这样的任务，也没有这样的权力，因为宪章并没有授权给它这样做。因此，东京的起诉书中所控告的纯粹是被告们个人，并不控告他们所主持或参加的那些法西斯黩武主义的团体或组织，而法庭的任务也只是判定被告们个人的罪刑；它没有权力也没有被要求宣布任何团体或组织为"犯罪团体"。[2]

---

[1] 在纽伦堡判决书中，组织、团体或机关被宣告为"犯罪"者为：纳粹党的领导团（Leadership corps of the Nazi Party），秘密警察队以及保安勤处（Gestapo and SD.），党卫军（SS.），突击队（SA.）；被宣告为非犯罪者为：德国内阁（Reich Cabinet），参谋本部（General Staff），国防军最高统帅部（High Command）。苏联法官对此有不同意见。他认为德国内阁、参谋本部和国防军最高统帅部亦应被宣告为犯罪的组织或团体。他个人的不同意见虽未在宣判时当庭公开宣读，却附录在判决书的后面作为少数意见予以公布。阅《国际军事法庭审判德国首要战犯判决书》中译本，世界知识出版社，第250—262页。

[2] 远东国际军事法庭虽然没有权力也没有被要求宣告任何组织或集团为"犯罪组织"或"犯罪团体"，但是在审判过程中，法庭却审查和研究了某些日本法西斯黩武主义的、鼓吹侵略战争的组织和团体，例如黑龙会、樱会、国本社、大日本青年党、日本政治会、大政翼赞会等。关于这些组织或团体的宗旨、组织、活动，以及个别被告同它们的关系，检察方面也提供了不少材料。不过法庭这种审查和研究的目的不是为了要判定或宣告它们为犯罪组织或犯罪团体，而是为了要查明被告们在这些犯罪性的组织或团体中所起的作用、担任的角色，以及他们如何利用这种组织或团体去进行他们的犯罪活动。

以上所述是东京起诉书和纽伦堡起诉书两个不同之处,即东京起诉书中没有控告缺席的被告和没有控告犯罪的组织。

在纽伦堡,检察处控告被告们的罪状只有下列四项:一、参加侵略战争的共同计划或阴谋;二、参加侵略战争的实行;三、犯有违反普通战争法例的罪行;四、犯有违反人道的罪行。这样纲举目张、简单明了的安排,不但检察方面提供证据时比较切实易行,而且法庭判处罪刑时也容易针对要害。[1]

可是,东京起诉书却罗列被告们的罪状达五十五项之多,而这五十五项之间又矛盾迭出,缺乏严谨的逻辑性。这就难免不在人们的头脑中产生混乱的感觉。

举例来说,杀人罪本是普通战争罪行之一种,在法庭宪章列举的三大类罪行中并不是单独的一类。但是起诉书里却把它独立地列为一类,控告罪状达十六项(37至52)之多。这在逻辑上不但不符合宪章的规定,而且使侵略罪以外的其他两大类罪状(普通战争罪及违反人道罪)在内容数量方面失去了平衡。这两大类的罪状总共只有三项(53至55)。诚然,大规模的和某种性质的屠杀有时也可以作为违反人道罪去控诉,但是起诉书里并没有这样,而是无区别地把一切杀人罪行统统归为一类。

又如起诉书控告被告们"破坏和平罪"(侵略罪)一类的罪状有三十六项之多,几占全部罪状三分之二;它把进行侵略战争的步骤分得非常琐细:共同阴谋侵略战争占五项(1—5);对个别国家计划和准备侵略战争占十二项(6—17);对个别国家发动侵略战争占九项(18—26);对个别国家实行或实际进行侵略战争占十项(27—36)。诚然,东京检察处的原意不外乎:侵略既是被告们最重大的罪行,把它们对各个盟国实行侵略的步骤分门别类、不厌其详地列举出来似乎是很细致周密、很骇

---

[1] 参阅《国际军事法庭审判德国首要战犯判决书》中译本,世界知识出版社,第139—144页关于戈林的判决,可以作为一个例子。

人听闻的。但是,他们不知道这样做非但增加将来提供证据去支持这许多项控诉的实际困难,而且在理论上和逻辑上也有些说不过去。比方说,第一项罪状控诉的是被告们参加拟订一个庞大的、野心勃勃的称霸亚洲及太平洋地区和瓜分全世界的整个计划或阴谋,也就是一个总的全面的共同计划或阴谋,而第二项、第三项、第四项及第五项控诉的却是对某些个别国家的侵略计划或阴谋。按照整个包括部分或全体包括个别的原则,后四项似乎都是多余的。又如自第六项起至第十七项止都是控诉被告们对个别国家计划和准备侵略战争,自第十八项起至第二十六项止都是控诉被告们对个别国家发动侵略战争,而自第二十七项起至第三十六项止却是控诉被告们对个别国家实行侵略战争,亦即实际从事武装进攻。这样琐细的分法是不很合理的,因为实行战争必然会包括计划、准备和发动等步骤。在侵略战争中尤其是如此。历史上没有不经过计划、准备和发动的侵略战争。起诉书既控诉了被告们从事侵略的共同阴谋,又控诉了他们曾对各国实际进行了战争(即武装进攻),而同时又把对各国进行战争前的计划、准备和发动等步骤列为许多项目来控诉,这就未免"重床叠架"或"画蛇添足",逻辑上是说不通的,也是违反常识的。因此,起诉书中自第六项至第十七项(计划、准备侵略)以及自第十八项至第二十六项(发动侵略)的控诉,显然都是没有必要的。只要保存第二十七项至第三十六项(实际从事侵略战争)便够了。

即使就自第二十七项至第三十六项共十项关于实行侵略战争的控诉而言,其中也有三项是不合逻辑的,没有必要的。例如第二十七项罪状中控诉的是被告们对中国实行侵略战争,时间从 1931 年 9 月 18 日起至 1945 年 9 月 2 日止(共 14 年),而第二十八项罪状中控诉的依然是被告们对中国实行侵略战争,所不同的只是在本项中的时间系"从 1937年 7 月 7 日起",其他措辞完全一样。照逻辑常识说来,1931 年 9 月 18日起对中国的侵略战争必然包括 1937 年 7 月 7 日起对中国的侵略战争在内。把它列为两项是毫无必要的，也是不合逻辑的。又如罪状第二十九项中控诉的是被告们对美国进行侵略战争，而罪状第三十项中控诉的是被告们对菲律宾进行侵略战争，时间都是从 1941 年 12 月 7 日起至 1945 年 9 月 2 日日本投降止。日本投降以前，菲律宾并未正式独立，它还是美国的一部分。起诉书把它列为两项起诉也是不合逻辑的。再如罪状第三十四项中控诉的是被告们对泰国（暹罗）进行侵略战争。泰国在整个第二次世界大战期间都是站在日本一方的，扮演着一个帮凶小丑的角色。控诉日本对泰国进行侵略非但逻辑上说不过去，而且是与事实不符的。[1]

——从以上看来，东京起诉书里控诉被告们的五十五项罪状，其中绝大部分是不必要的。这在起草起诉书的检察处方面说来，或许自认为是别具匠心，不厌求详。但是其结果反而是白费心机，劳而无功。从逻辑上所要求的严谨性来说，这个起诉书的缺点确实是严重的。

远东法庭对于起诉书列举的这样庞杂的五十五项罪状，深感难以应付。在审判过程中，检察处提供的证据并不能充分支持每一项罪状的控诉。虽然总的来说，他们提供的证据还算是丰富的，但是要把所有的证据分别开来去一一针对这五十五项中的每一项控诉却是很困难的。

随着审讯进程的发展，法庭愈来愈感到这个困难的压力。可是这个起诉书既经法庭"接受"了，在审讯中途自不便命令检察处去修改。唯一的好办法便是由法庭自己把这五十五项庞杂琐细的控诉尽量地简

---

〔1〕泰国在太平洋战争发生之后，立即与日本缔结"同盟条约"。该约系 1941 年 12 月 21 日订于曼谷，同日生效。条约第二条规定："遇有日本或泰国同一个或几个第三国发生武装冲突，泰国或日本应立即站在另一方的一边作为其盟国并用它所有一切政治、经济和军事方法向其提供援助。"第四条规定："日本和泰国在共同进行作战的情况下相互保证，除非获得完全共同的协议，绝不缔结停战或媾和。"在日本投降以前，日泰始终是同盟关系，直到 1945 年 9 月 11 日，日本正式投降以后，泰国才照会日本以"该条约与世界和平状况不相符合"为理由，通知废除。见《国际条约集（1934—1944）》，世界知识出版社，第 341—342 页。

化一下,压缩一番,使它虽不能做到像纽伦堡起诉书只有四项那样简单明了,但是也不至于像原来那样过分地复杂难解。

经过长期的考虑和探讨,法官们内部便决定了把这五十五项罪状大大地删削一下,删除了四十五项,使它缩减为十项。法官们认为,这样大刀阔斧地删削一番,实际上并不会影响审判的质量。法庭对待起诉书的这个打算,起初只是法官们内部的决定,他们自己把它作为审判被告们罪刑的标准或尺度,在审判过程中并未打算对外宣布。

但是,最后在判决书中,法庭却把五十五项控诉削减为十项控诉的办法公开宣布了,并且用委婉的词句说明了为什么法庭认为那被删除的四十五项控诉没有必要存在。

现在我们且把法庭在判决书里保存下来的十项罪状的重点列举如下:[1]

(1)第一项罪状——控告全体被告总的共同阴谋,其目的系通过对各国发动侵略战争,并串通其他野心国家,使日本对东亚、太平洋、印度洋及其附近各国取得支配地位。

(2)第二十七项罪状——控告全体被告曾参与对中国实行侵略战争。

(3)第二十九项罪状——控告全体被告曾参与对美国实行侵略战争。

(4)第三十一项罪状——控告全体被告曾参与对英联邦各国(包括英国、澳大利亚、加拿大、新西兰)及其他英联邦领土和属地实行侵略战争。

(5)第三十二项罪状——控告全体被告曾参与对荷兰实行侵略战争。

---

〔1〕这十项罪状的全文见本章第四节。由于它们是法庭承认和保存下来的仅有的项目,在审讯及判决中具有重大作用,因此我们不惮重复,把它们的内容要点分别列举于此。

（6）第三十三项罪状——控告荒木、土肥原、平沼、广田、星野、板垣、木户、松冈、武藤、永野、重光、东条十二名被告曾参与对法国实行侵略战争。

（7）第三十五项罪状——控告罪状二十五中列名的被告荒木、土肥原、畑、平沼、广田、星野、板垣、木户、松冈、松井、重光、铃木、东乡十三名被告曾参与对苏联实行侵略战争。

（8）第三十六项罪状——控告罪状第二十六项中列名的被告荒木、土肥原、畑、平沼、板垣、木户、小矶、松冈、松井、武藤、铃木、东乡、东条、梅津十四名曾参与对蒙古及苏联实行侵略战争。

（9）第五十四项罪状——控告土肥原、畑、星野、板垣、贺屋、木户、木村、小矶、武藤、永野、冈、大岛、佐藤、重光、岛田、铃木、东乡、东条、梅津十九人在1941年太平洋战争发动后曾命令、授权及准许每一战场之海陆总司令、陆军省官员、战区或占领区内战俘及平民集中营管理人员、日本军事和民事警察以及他们的下属，从事对同盟国的部队、战俘及平民作出违反国际条约与国际法所规定的种种暴行。关于中国方面，此项犯罪应自1931年"沈阳事变"算起；被告除上列各人外，尚有荒木、桥本、平沼、广田、松井、松冈及南七名。

（10）第五十五项罪状——控告土肥原、畑、星野、板垣、贺屋、木户、木村、小矶、武藤、永野、冈、大岛、佐藤、重光、岛田、铃木、东乡、东条、梅津十九人在1941年太平洋战争发动后曾对大量被拘的盟军俘虏及平民故意藐视国际条约及战争法规之规定，不采取他们职务上所应采取之措施，以确保这些条约和法规之被遵守，因而犯有违反战争法罪行。关于中国方面，此项犯罪应自1931年沈阳事变算起；被告除上述各人外，尚有荒木、桥本、平沼、广田、松井、松冈及南七名。

——以上十项罪状是法庭就起诉书中五十五项罪状进行缜密选择之后而保存下来的。这十项中有八项系关于破坏和平罪（侵略罪），仅其余两项系关于普通战争罪（违反战争法规罪）及违反人道罪。事实上，这最后两项控诉的都是违反战争法规的罪行，一项（第五十四项）是被告们在职务上的积极行为，即命令、授权或准许部下去犯下违反战争法规之罪行，另一项（第五十五项）是被告们在职务上的消极行为或不行为，即他们职责上原应有所作为，以确保战争法规之被遵守，但他们却故意藐视这种责任或义务，放任或纵容部下去犯违反战争法规之罪行而不采取任何适当的步骤或措施去加以制止或预防。至于违反人道罪，起诉书中既未列为专项，法庭也不能自出心裁，把它当作一项独立的罪名加以考虑。因此，东京宪章虽授予法庭以审判违反人道罪之权力，但实际上法庭并没有行使这种权力，因为检察处并未就此种罪行对被告们作出任何明显的或专项的控诉，虽然在他们提证及辩论的时候亦常使用"违反人道"的字句指责被告们。

法院认为：关于被告们的普通战争罪行，仅仅保留第五十四项（积极行为）和第五十五项（消极行为或不行为）便足够了。至于在起诉书中列为"杀人罪"的十六项控诉（37 至 52 项），法庭认为全都可以包括在这两项之中，没有单独分别列举人名、地名及日期的必要。相反，那样列举还有"挂一漏万"的危险，同时在提证方面也会发生极大的困难。

关于破坏和平罪（侵略罪）的控诉，起诉书中原列举了三十六项之多，经法庭压缩之后，仅仅保存了八项：第一项系日本侵略的总的共同计划或阴谋，第二十七项、第二十九项、第三十一项、第三十二项、第三十三项、第三十五项及第三十六项（共七项）系实行或实际执行对中国、美国、英联邦、荷兰、法国、苏联及蒙古的侵略战争。法庭认为有这八项，便可以概括起诉书中关于侵略罪的三十六项控诉而无所遗漏。因为，总的计划或阴谋必然包括部分的或个别的计划或阴谋，而实行战争（即实际从事作战）必然要经过策划、准备及发动的步骤。把对某一国作战的每一步骤都作为一个单独的项目去控诉，不但造成逻辑上的混乱，而且在提供证据方面，也有莫大的困难。因此，法庭认为关于被告们的侵略罪行，有这八项便足够了，其他二十八项都没有被考虑的必要。

起诉书中所列举的五十五项罪状，经过这样精简之后，便只剩下了十项。法庭在审讯过程的各阶段中都是以这十项控诉为基础或根据的。在正式判处各被告罪刑时也是以这十项控诉为标准或尺度的。正如我们上面所指出的，这虽比纽伦堡法庭以简简单单的四项控诉来判处各被告罪刑的办法复杂，但比以原起诉书中所罗列的那许许多多的罪状项目去判定各被告的罪刑却简单多了。

必须再度指出：虽然法庭在审讯时，甚至刚一开始便对起诉书中所罗列的罪状项目之庞杂、烦琐和不严谨具有反感，并有意要把它们压缩一下以保证审讯的顺利进行，但是压缩成为十项的决定却是在最后判决书中才宣布的。在判决书中，法庭对于那被淘汰的四十五项罪状都作了交代，说明了它们之所以被淘汰的理由。[1] 为了避免伤害检察处的尊严，法庭的说明都是以非常慎重缓和的语调作出的。它并未直接指责起诉书控诉项目的庞杂烦琐，或明言其不合逻辑。事实上，庞杂烦琐和缺乏逻辑上的严谨性确实是东京起诉书最大的缺点。这是毋庸讳言的。

---

〔1〕关于法庭把起诉书中五十五项罪状精简为十项以及那多余的四十五项被删除的详细理由，见《远东国际军事法庭判决书》中译本，五十年代出版社，第18—21页。

第四章　远东国际军事法庭的审讯程序

一、法庭宪章中关于审讯进程的基本规定

远东国际军事法庭的审讯程序（亦即一般所谓"诉讼程序"）是相当复杂、烦琐的。审讯之所以旷日持久，审讯程序的复杂烦琐不能不说是重要原因之一。

关于法庭审讯程序的内容，除法庭宪章中有些基本的规定以外，法庭自己制定的"程序规则"中还有许多补充的规定。在本节里，我们只打算概述一下宪章中关于审讯分阶段进行的规定，也就是关于审讯进行各步骤的规定。至于证件的提供和采纳，证人的出庭作证和受讯，以及有关诉讼程序的其他规定，将留待下面数节中再述。

宪章第十五条，标题为"审讯程序之进行"，其规定如下："审讯将循以下程序进行：

（甲）起诉书应于开庭时予以宣读，除非全体被告皆主张放弃听取此项宣读；[1]

（乙）法庭将讯问每一被告是否承认本人'有罪'，抑或'无罪'；

（丙）检察官与每一被告（如有辩护人者，仅由其辩护人代表）均得对本案作一简括之开始陈述；

（丁）检察官及被告辩护双方均可各自提出证据；但证据之是否被

---

[1] 按照远东法庭为补充宪章而自行制定的"程序规则"第一条（甲）项的规定，起诉书副本应于庭上公开宣读的十四天以前送达各被告，副本并应译成被告所能理解之文字（即日本文）。

采纳应由法庭决定之；

（戊）检察官及每一被告（如有辩护人者，仅由其辩护人代表）均可诘问任何证人及任何提供证据之被告；

（己）被告（如有辩护人者，仅由其辩护人代表）可向法庭陈述意见；

（庚）检察官可向法庭陈述意见；

（辛）法庭将作出判决及科刑，并宣布之。"

——依照宪章这一条的规定，审讯进行从起诉书宣读起至判决书宣布止是分为上述八个步骤的。

远东国际法庭所采用的这种审讯步骤，与纽伦堡国际法庭所采用的颇相类似，其最大的不同便是：在纽伦堡，每一被告皆有权作最后陈述，亦即致"终讼词"，而在东京则有权作最后陈述者为检察官，而非各被告。换言之，结束全部诉讼辩论过程的最后发言者在东京是检察方面，而在纽伦堡则为被告方面。除这一点之外，两个法庭宪章中规定的诉讼进程的步骤，实质上几乎是一样的。[1]

远东国际法庭在实际审讯中大体上都是依照宪章规定的步骤进行的，但在细节上也略有变通。它的全部审讯的实际过程是由下列各阶段构成的：

（1）检察方面宣读起诉书；

（2）法庭讯问每一被告是否承认自己有罪；[2]

（3）检察长致"始讼词"；[3]

---

〔1〕参阅《纽伦堡国际军事法庭宪章》第二十四条。

〔2〕这个步骤在英美法系中称为"arraignment"（控告，责问），是刑事诉讼案中一个最初而且最重要的步骤。在被告听取检察官宣读起诉书之后，法庭将问他是否认罪。倘使他答以"认罪"或"有罪"（guilty），那他便算是放弃辩护的权利。此时法庭便可中止诉讼程序，而依照起诉书所举的罪状径行判决。倘使他答以"不认罪"或"无罪"（not guilty），则诉讼可照正常程序按步进行。在远东法庭受审的所有28名被告，当时全都是以"不认罪"或"无罪"作答的。

〔3〕"始讼词"英文为"opening statement"，日本人称之为"劈头陈述"。在始讼中，检察官就起诉主旨及要点作一概括式的引言说明。

（4）检察方面提出证据（证件、证人）；

（这是一个冗长、烦琐的阶段，曾耗时六个月有余。检方证据分为若干部分提出。在每部分提出之前，先由一个陪席或助理检察官作一总的引言，说明检方在这部分中打算证明些什么事情和打算提供些什么证件和证人。在提出证件时，被告辩护方面有权提出抗议。在证人陈述后，被告辩护方面有权对他执行反诘。）

（5）被告辩护方面提出证据（证件、证人）；

（这也是一个同样冗长、烦琐的阶段，耗时在十个月以上。辩护证据系针对并反击被告们被控的罪状和检方所提出的证据的。它也是分为若干部分提出的。在开始之际，由一名辩护律师作一全盘概括的说明。在每一部分证据提出之前，再由一名辩护律师作一总的引言，说明辩护方面在这部分中打算反证些什么事情和打算提供些什么证件和证人。在提出证件时，检察方面有权提出抗议。在证人陈述后，检察方面有权对他执行反诘。）

（6）检察方面驳复辩护方面所提出的证据（在此阶段，检方仍可针对辩护证据提出新的证据，作为驳复证据）；

（7）辩护方面反驳检察方面的驳复证据（在此阶段，辩护方面仍可提出新的证据，但以针对检察方面在上一阶段所提出之驳复证据为限）；

（8）检察方面作总结发言；

（9）辩护方面作总结发言；

（10）检察长致"终讼词"；

（11）法庭作出判决并宣读之。

由以上看来，法庭实际进行审讯的过程基本上是符合法庭宪章的规定的，虽然为了审讯便捷起见它与宪章规定有时也有细微的出入。记得在检察长致"终讼词"之后，被告辩护律师曾经请求法庭予以最后答辩的机会，法庭以违反宪章规定和没有必要为理由而断然拒绝了。

可见,法庭在最大可能的限度里是恪守宪章规定的。

但是,由于宪章系英美法系的人员所起草,而法庭多数成员又是习惯于英美法程序的,所以在整个审判过程中,实际上法庭的诉讼程序始终未能摆脱英美法系的影响。例如,宪章第十二条"审讯之进行"中虽规定了"本法庭(甲)将审讯工作严格地限制于迅速审理控诉中所提的各项问题"及"(乙)采取严厉措施以防止任何足以引起不合理拖延审讯之行为,并排除一切与本案无关之问题及陈述",然而,在实际上,法庭并未大刀阔斧地这样办,而在很大程度上是听任辩护律师们(主要系美国律师)无休止地在英美法系的复杂烦琐的习惯程序规则中钻空子。这种现象特别表现于下面两节要讲到的"证件的提出及采纳"和"证人的出庭及受讯"两个方面。正如大家所知道的,英美法系的证据法则是世界各法系中最复杂、最烦琐,而且最形式主义的一种法则。

二、作证文件的提出及采纳的程序

(一) 作证文件的种类和性质

由于远东国际军事法庭采用的是"证据主义",即法庭的最后判决必须根据法庭已经正式采纳了的证据而作出,因此,诉讼双方最重要的事情便是用全力去搜集有利于己方的证据向法庭尽量提出,并促使其采纳。这无论是对检察官方面或者被告辩护律师方面说来,都是一件最主要的工作,也是最繁重、最艰巨的任务。

在整个的审讯过程中,法庭耗于听取和采纳证据(包括证件和证人)的时间几乎占全部审讯时间的三分之二,共约 16 个月之久。诉讼双方的一些最激烈的争辩也是在听取证据阶段发生的。

证据一般可以分为两种:证件和证人,亦即中国所谓"物证"和"人证"。

关于证人的提供、出庭作证及受讯的复杂程序，将留待下节说明。本节所要论述的是远东法庭在作证文件（简称"证件"或"文件"）之提出和采纳的程序中所采取的一些措施和遵守的一些规则。在全部审讯过程中，法庭采纳了双方提出的证件达4300余件之多（经提出而被拒绝接受者不计算在内）。这在世界司法史上是打破纪录的。

检辩双方

关于证件的提出及采纳，法庭宪章第十三条"证据"中有如下的规定：

（甲）证据之采纳　本法庭不受技术性采证规则之拘束。本法庭将尽最大可能采取并适用便捷而不拘泥于技术性的程序，并得采用本法庭认为有作证价值之任何证据。被告之一切自供或陈述，均得采用。

（乙）证据之关联性　本法庭得命令在提出任何证据之前，将该项证据之性质先行陈明，以便决定其是否（与本案）有所关联。

（丙）各种可采纳之特定证据　下列各种特定证据得予采纳，但上述一般原则之应用范围并不因此而受任何限制：

（1）任何文件，凡经本法庭认为系由任何政府所属之任何官吏、公署、机关或军事人员签字或发布者，不问其保密等级如何，对其出处或签署亦不必有所证明；

（2）报告书，凡经本法庭认为系国际红十字会或其会员所签发者，或系任一医师、医务人员、调查员、情报员或法庭认为对报告熟识之人所签发者；

（3）证人经宣誓提出之书面供词，各种证词或任何经签字之陈述书；

（4）日记、信札或其他文件，包括经宣誓或未经宣誓之陈述，经本法庭认为含有与所控罪行有关之资料者；

（5）如文件之原本不能立即提出，得采纳其副本或其他足以证明该文件之间接证据。

（丁）司法上的认定　本法庭对于众所周知之事实，以及任何国家之政府公文与报告和任何联合国家之军事法庭或其他机关之诉讼程序，笔录或判决，皆无须证明。

（戊）笔录、证件与文件　审讯之速记记录以及提交本法庭采用之各种证件与文件，均应送交本法庭书记官长登记归档，从而构成法庭卷宗之一部分。

这一条文的内容全是关系证件的采纳。（甲）、（乙）两项是规定法庭采证的规则要力求简单化，避免英美法系传统的形式主义。然而尽管有此规定，法庭在实际审讯中仍然容许了诉讼双方在采证问题上提出的许多诡辩和形式主义的东西，从而浪费了法庭不少的时间。

条文（丁）项（法庭之认定）是规定承认众所熟知、无须证明之事实的作证价值。这是一般诉讼程序法中都有的。

条文（戊）项是规定证件的采纳及登记、归档的手续。

条文(丙)项是一项最重要的并且关系证件实质的规定。它规定了哪些证件将被采纳以及在什么方式下提出将被采纳。依照此项规定,法庭采纳作证的书面文件,除证人的书面陈述之外,[1]大概不外乎下列各种:

(1)政府公文或国家机关及官吏(包括军事人员)所签字或发布的任何文件;

(2)红十字会及其会员的报告书,以及个别人员如医生、调查员及其他知悉报告书所述事实之人员的报告;

(3)法庭认为与案情有关之私人日记、信札或其他任何文件;

(4)以上各种文件的副本(但需证明原件不能提供之原因)。

在法庭全部审讯过程中所接受的双方提出的共四千三百多件的书面证件之中,摘自政府机关公文档案的证件所占比重最大,而且最为法庭所重视。这种公文档案有的是同盟国政府的,有的是日本政府的。前面已经指出过,占领军从日本政府埋藏的档案库中所攫获的全部日本秘密档案都置放在法庭大厦三楼档案室中,检察和辩护双方都可以自由地在那里去尽量挖掘对于自己有利的材料,作为书面证据向法庭提出。[2]至于各同盟国政府的公文档案,由于它们多属于起诉的国家,检察方面要搜集和提供当然比较方便。况且各主要同盟国都派遣有自己的陪席和助理检察官在检察处工作,这些人对于如何利用自己国家的政府档案和机关文件当然更是熟识。但是,在理论上,被告辩护方面对此也享有平等的权利,而法庭有义务帮助他们行使这种权利。因为,宪章第三章"对被告之公正审判"第九条"公正审判之程序"(戊)项"辩护证据之提出"中有如下的规定:"被告得以书面申请本法庭传唤证人及调阅文件。该项申请书应载明其所设想该证人或文件之所在地址,并应说明需由该证人或文件予以证明之事实,以及此等事实与辩护

---

[1]关于证人(包括出庭的和不出庭的证人)的书面陈述或书面证词(亦即所谓"宣誓书")的如何处理,本章第三节将有详细的说明。

[2]参阅本书第二章第六节。

之关系。如本法庭准许此项申请,则应依情况之需要予以协助,俾获得此项证据之提出。"由于有以上的规定,被告辩护方面要从同盟国的政府公文或机关档案中取得证件的大门还是敞开的。在他们履行了合理申请手续之后,法庭有义务在这方面予以协助,犹如法庭有义务协助他们传唤证人或取得其他的作证文件一样。[1]

在法庭接受的证件之中,除了政府公文和机关档案(包括机关首长或负责人签署的任何文书)之外,红十字会或其会员团体的报告书和有关的个别人员(医师、情报员、调查员等)的报告,也是重要的一种。在审理被告们的暴行罪(即宪章所称的"普通战争罪行"及"违反人道罪")的时候,检方提出的这种证件特别多。

法庭也接受了双方提出的与案件有关的私人日记的摘录、信札和其他的私人文件。私人日记中最重要的是前面提过的木户幸一的一部连续写了十几年的巨帙日记(即所谓《木户日记》,共十八册),和西园寺公望口述、由原田笔记的回忆录(即所谓《西园寺·原田回忆录》)。这两部书对于起诉期间日本国策的逐步演变以及被告们在当时日本政治舞台上的活动情况记载颇详,诉讼双方都曾尽量从中摘录于己方有利的材料,作为证件提出。至于私人信札或其他私人文件,双方提出的不多。伪满溥仪致被告南次郎的一封乞援的长信是其中最突出的一件,它的真伪问题曾在法庭引起轩然大波。这事以后还有机会提到,此处姑不多述。

以上各类作证文件,诉讼双方向法庭提出时必须尽最大可能将原件提出,登记归档。倘使由于实际困难不能提出原件,在法庭听取了说明不能提供原件的理由并认为充分之后,也可以接受文件的副本,即抄

---

[1] 同盟各国政府对于辩护律师们向它们谋取有利于被告的证据的态度,颇不相同。有些政府对于此事是敷衍的、冷淡的,甚至不合作。有些政府却比较热心。特别是美国政府,它对被告战犯们谋取有利辩护证据的企图几乎做到了"有求必应"的地步。不但美国政府机关的档案常被辩护律师所利用,而且还有个别的美国显要人物(如国务卿马歇尔,前驻日大使格鲁之辈)特地向法庭提供了有利于被告战犯们的书面证言。

录的或影印的复制本。盟国政府或机关的许多重要文件都是以这种副本或复制本的形式提出的。

除了被提出来作证的"文件"（即以文字写作而成的书面材料，documents）之外，法庭宪章并未规定可以接受其他实物，如电影、照片、杀人凶器之类的东西，作为证据。然而，事实上，法庭曾经利用宪章中"本法庭……不受技术性采证规则之拘束"的条款，也接受过非"文件"的证据。例如，检察方面为了说明日本准备侵略战争的情况和被告荒木贞夫（军阀典型）在备战中所起的领导作用，曾经提出过一部名为《非常时之日本》（亦称《日本的生命线》）的影片作证。法庭接受了这部影片，并命令将它在审判大厅当众公开放映。那时全体出庭的人士都在黑暗中屏息观看了这部充分暴露日本侵略野心的影片，直至映毕为止。[1] 在审理日军暴行的阶段，检察方面曾提出一部名为《明朗生活之俘虏》的电影作证，借以证明日方的虚伪欺骗宣传。该片亦经法庭作为证件接受，并曾在法庭公开放映过。又如，在审理日军对澳大利亚战俘的暴行阶段，检察方面提出过一些俘虏营悲惨生活的照片（俘虏们背着日军偷偷地摄取的）作为证件。这些照片被法庭接受了。此外，南京大屠杀的主犯、被告松井石根为了要证明他事后有真诚忏悔的意愿，曾经由他的辩护律师提出一张在他家庭住宅里设置的一座祭坛的照片，说祭坛系用南京雨花台（日军杀人最多的地方）的土壤奠基的，坛上设有"中华阵亡将士之灵位"，松井内疚神明，朝夕诵经叩拜，为死者祈祷祝福。[2] 这张莫名其妙、毫无价值的照片竟也被法庭接受了。所幸在决定判处松井绞刑的时候，没有一位法官曾经提议过要考虑这样一件"证据"。

---

[1] 在那部影片中，有日本天皇出现的镜头。因此，被告荒木贞夫是日特着大礼服到庭观看放映，以表忠荩。可见此人之冥顽固执。（按：法庭对被告衣着采取放任主义，并未规定他们必着囚衣。在审讯期间，被告们虽都羁押在巢鸭监狱，然而他们出庭时的衣着却是形形色色、多种多样的，其中以着西式便服及旧式日本军便服者为多，着纯粹日本和服及木屐者则向未见有。）

[2] 这张祭坛照片上显出了松井设置的两块牌位：一块是"中华阵亡将士之灵位"，一块是"日本阵亡将士之灵位"。松井把侵略者和被侵略者不分皂白地同样供奉，洵属荒谬可笑之至！

但是，除了极其个别的情况以外，法庭所接受的几乎全部是以文字作成的书面证件。宪章中不用"物证"或"证物"，而用"作证文件"或"文件"字样，大体是符合实际情况的。

以上所述系远东国际法庭所接受的作证文件的种类和性质。以下要谈的是作证文件向法庭提出的步骤和接受的手续。

(二) 作证文件的提出及接受的步骤和手续

诉讼双方中的任何一方在公开庭讯中向法庭提出一个作证文件之前必须首先履行下面三道手续：[1]

第一，将文件全部译成英文或日文；如原件系英文的必须译成日文，系日文的必须译成英文；如原件系第三国文字（如中文、俄文、德文、法文）的则必须译成英文和日文。倘使提出作证的只是文件中的一部分，则应在原件上将该有关部分清楚标明，并译成英文、日文。

第二，文件译成之后，提证的一方必须把它印制（打印、铅印、油印或影印）成副本。这种副本通常需要150份之多。

第三，在向法庭公审庭上正式提出该文件二十四小时以前，将副本若干份送达对方（如提出者系检察方面，副本应送达被告辩护律师；如提出者系辩护方面，副本应送达检察官）以及法庭语言科主任。

副本必须于距开庭二十四小时以前送达对方的用意，是为了使对方事先有充分时间，不但可以审查翻译上有无歪曲或错误，致陷己方于不利，而且可以考虑和研究是否在公开庭上提出时表示抗议，申请法庭拒绝接受，以及如果申请，用什么理由去申请。这是诉讼一方在接到对方即将提出的文件副本后最紧张、最费脑筋的工作，也是双方"斗智"的焦点之一。至于必须于二十四小时以前送达法庭语言科主任的用意，是为了使语言科有充分时间审核文件翻译上有无错误；如果有

---

[1] 参阅《远东国际军事法庭程序规则》第六条。

的话，他可以建议提证的一方自动声明改正，或者申请法庭公开宣布该项改正。

——由此看来，一个作证的文件在未向公开庭讯提出以前，诉讼双方以及法庭语言科在翻译、印制、考虑、研究和审核方面都有许多辛苦而紧张的工作要做。要知道，法庭在整个审讯过程中接受的这种文件为数在4300件以上（被拒绝的还不计算在内），东京审判在这些方面所消耗的人力物力之大是可想而知的！

在一个文件完成了上述的三个步骤之后，提供的一方便可以自己给它编一个号码。例如"检察文件第……号"或"辩护文件第……号"。编号之后，在公开庭审的适当阶段中，亦即审理的问题到了用得着这个证件的时候，便可向法庭正式提出，其手续如下：

首先，提证一方的代表，检察官或辩护律师，站到法官席前的发言台上，只说一句：我现在提出作证检察文件第……号（或辩护文件第……号）。有的时候他还加上几句关于文件内容和它与本案之关系的说明。但在大多数情况下，这是不必要的。因为，正如前面所指出过的，在每方提证的每一阶段之初都有一个总的引言或介绍，说明在这一部分提证中当事人打算提出些什么证据，证明些什么事实。因此，在个别证件提出的时候，除非有特别的情况，提证人只要说上述的一句话就够了。

在提证人上述发言之后，如果全场沉默无声，这就表示对方没有异议或抗议，文件翻译上也没有问题。庭长稍候片刻，旋即宣布：法庭接受了（或采纳了）这件证据。继之便是登记官高声宣布："检察（或辩护）文件第……号已被接受，并编为法庭文件第……号。"法庭文件的号码是按照法庭接受的时间先后依次编定的；它是统一的，没有检察文件和辩护文件之分。

在登记官作了上述宣布之后，提证人便可开始宣读证件的内容。读毕，证件被正式列入卷宗，归档保存。同时，他所宣读的部分也被速记和录音记载下来，成为法庭记录的一部分。

这是一方提出的一个作证文件成为法庭接受的一件证据最简单、最顺利的情况。但是在另外许多场合，情形却要比这复杂得多。兹列举几种可能性如下：

一种可能性是：在提证人发言要求接受他所提的文件作为证据之后，法庭语言科主任或代表立即起来指摘文件翻译上有某种错误或缺点，要求法庭准许对它作某些修改。由于语言科是法庭自己的一个机构，它的要求经常是得到法庭的批准的。除非文件翻译上有重大的缺点或显著的错误，语言科并不亟于作出这种要求，它并不热心于"吹毛求疵"，像当事人一方对待对方所提的作证文件一样。因此，这种可能性是不大的，在整个审讯过程中只发生过几次这样的情形。

另一种可能性是：在提证人发言要求接受他所提的文件作为证据之后，对方的代表（检察官或被告辩护律师）立即起来表示异议或抗议，并要求法庭采取相应的行为。他们的要求不外乎下列三种：

（1）由于发现了对方所提的作证文件翻译上有错误或缺点，要求法庭命令在文件译文上作某些修改。遇有这种情况，法庭经常是把要求交给法庭常设的由三人组成的"语言仲裁委员会"（亦称"语言仲裁小组"）去研究。[1] 法庭根据他们研究的结果，然后作出接受或拒绝此项要求的裁决，并当庭宣布之。

（2）由于发现了对方所提的作证文件形式上有缺点或可疑之处（如文件不是由有权的机关所颁发、印章或签字有缺陷、日期或地点有疑问等），要求法庭拒绝接受或命令提证人自动撤回加以补救。法庭对于这类要求，为了不使审讯无限期地拖延，通常是援用宪章第十三条（甲）项

---

〔1〕语言仲裁委员会的三位成员在开庭时必须全体到庭，端坐在委员席上，不能片刻离人，以便随时解决公开庭讯中发生的语文翻译上的纠纷。这个委员会是法庭语言问题的权威机构，它作出的决定是最后的、不能推翻的。参阅本书第二章第六节。

的规定,断然地加以拒绝。[1] 但是如果对方指出所提文件完全是伪造的或冒充的,而不仅是指出形式上有某种或某些缺陷,则法庭必须认真处理。例如,辩护方面提出前伪满皇帝溥仪致日本陆相南次郎的一件信札,而检察方面指出它是伪造的,请求法庭拒绝接受。这时法庭便不能断然、轻易地拒绝检察方面的请求,因为它指摘的并不是文件的普通的形式上的缺陷而是涉及文件根本真伪和有无的问题。[2]

(3)认为对方所提出的文件对本案没有关联性或重要性,因而提出抗议并要求法庭拒绝接受。这是诉讼双方最经常提出的抗议和要求,被告辩护律师特别喜欢用这个办法去制造纠纷,借以拖延审讯的进行。

由于一个文件对本案是否有关联或是否重要是一个牵涉到文件实质和内容的问题,其解决是比较复杂、困难的,绝不像上面所述的两种问题(翻译上的错误问题和形式上的缺陷问题)那样简单容易。

首先,对一方文件提出抗议的对方发言人(检察官或被告律师)在声明抗议及请求法庭拒绝接受之后,紧接着便须说明他的理由,即为什么这个文件对本案不重要或无关联。这个说明必须扼要、简短、有力,过分冗长拖拉的说明容易引起法官们的厌恶,以致可能作出不利于己方的裁定。因此,诉讼一方在法庭规定的二十四小时以前接到对方即将提出的作证文件时,他们匆匆忙忙而聚精会神地研究的便是:对这个文件是否要提出抗议;如果抗议,用什么理由去抗议;以及怎样说明才能使抗议动听、有力。这是诉讼双方"斗智"的焦点之一。在这件事上,任何一方对于对方所提出的作证文件都是采取吹毛求疵、锱铢必较的

---

[1] 宪章第十三条(甲)项规定"法庭有权采用它认为有作证价值之任何证据"。这原系一项非常宽大的规定,授予法庭极大的斟酌权力。法庭有的时候坚决利用了这项规定;但是,由于受了英美法系形式主义的采证规则的影响,有的时候它又坚决拒绝利用这项规定。在共约十六个月听取诉讼双方举证的过程中,法庭在这件事上的态度始终是摇摆不定、自相矛盾的。

[2] 远东法庭对这件事的处理办法系交由一个专家小组去作字迹鉴定。前北京大学国文教授张凤举,由于中国法官之推荐,曾被邀为小组成员之一。但是,由于专家们的鉴定意见彼此有很大的抵触,法庭对此事遂未认真追究,便以不了了之。

态度的。

在抗议者发言之后，原提证人还可以发言驳斥抗议的理由，坚持要求法庭采纳这个作证文件。照理论上说，抗议人还可以要求再度发言，原提证人也可以要求再度驳斥，如是循环往复，以至无穷。然而事实上，法庭在听取了双方一二次发言之后，便会加以制止。那时庭长便会宣称："我们已经听够了。现在是我们作出裁定的时候了。"

法庭作出裁定的方法也是经过一番由繁到简的演变过程的。[1]

在审讯的最初期间，法庭每遇到一方抗议另一方提出的证件并要求拒绝接受的场合，在听取双方发言和辩论之后，庭长便宣布暂时休庭，法官们退到会议室中去讨论一番，作出决定后再回法庭宣布。这样，前后至少要消耗二十分钟，甚至半小时以上。法官们早已感觉这是小题大做，劳而无功。

随着审讯的进展，这种抗议和要求愈来愈频繁，愈来愈令人厌倦。特别是被告方面的辩护律师们看准了这是拖延审判最好的办法之一，于是对于检方所提的证件，总是要尽量钻空子，挖空心思地去找这种或那种理由向法庭提出抗议和请求拒绝接受。

为了对付当事人的延宕政策，法庭在开审不久便采纳了一个新的办法，那便是：对于这类抗议和要求不休庭举行会议讨论，而就在庭上当场投票解决，除非庭长认为问题特别重要，或者有某一位法官向庭长表示要举行会议。

投票的办法很简单。每一位法官桌上都置有一本小拍纸簿，在庭长制止了双方发言之后，法官们便在簿上写下自己的意见，即接受抗议或反对抗议，然后把它扯下，传递给庭长。庭长计算一下正反的票数，然后即以多数的意见作为法庭的裁定，并立即当众宣布。如果裁定系拒绝抗议，则登记官照例高声宣布该证件已被采纳并编为法庭文件

---

〔1〕参阅本书第二章第三节。

第……号,随之提证人便开始宣读文件的内容。如果裁定系接受抗议,则提证人必须撤回其文件,自动退出发言台。

法庭这个作出裁定的新办法当然节省了很多审讯的时间。但是辩护律师们对于抗议对方文件的兴趣并没有减少。因为,他们明白:裁定的手续虽然简化了,但是提出抗议的说明以及对方的答辩,加上双方发言的口头翻译,却还可以拖延相当多的时间。因此,他们在全部审讯过程中对于这件事始终孜孜不倦,乐此不疲。

——以上所述系一个作证文件从准备(翻译、印制副本并送达各有关方面)到被接受的全过程。诚然,大部分作证文件从提出到被接受是未经过抗议、争辩和裁定的过程的。但是,考虑到法庭接受的这种证件为数达 4300 余件之多,哪怕其中只有十分之一(事实上还不止十分之一)要经过这种抗议、争辩和裁定,法庭所消耗在这件事上的时间已经是很可观了。

此外,还有许多文件(估计也在十分之一以上)是在一方提出之后,经过对方抗议和双方争论,最后由法庭裁定而被拒绝接受的。这些文件当然不算在法庭接受了的那 4300 余件之列,但是它们在被拒绝的过程中依然消耗了法庭不少的时间。

由以上看来,作证文件的提出和采纳确实是诉讼双方的以及法庭的一件相当繁重紧张的工作,它在整个审讯过程中所占用的时间比例是很大的。

三、证人出庭作证及受讯的程序

(一) 证人的传唤及出庭前的守则

从上节所述,我们可以看出:在远东国际军事法庭里,作证文件提出及采纳的程序是相当复杂、烦琐的;诉讼双方在这件事上的斗争是非常激烈、紧张的。但是更复杂、更烦琐的是法庭关于证人出庭作证及受讯的程序，诉讼双方在这件事上的斗争无疑是最激烈、最紧张的。考虑到在全部审讯过程中法庭接受了双方提供出庭作证的证人达419名之众，这件事所耗费的审讯时间无疑是最多的。[1]

远东国际法庭《宪章》和《程序规则》关于证人的规定比较简单，仅有下列几项：

《宪章》第九条"公平审判之程序"（丁）项规定被告有权诘问证人（"被告有权由其本人或由其辩护人进行辩护，包括诘问任何证人之权，但应受法庭所决定之合理限制"）；（戊）项规定法庭应协助被告传唤证人（"被告得以书面申请本法庭传唤证人……该项申请书应载明其所设想该证人……之所在地址，并应说明需由该证人……予以证明之事实，以及此等事实与辩护之关系。如本法庭准许此项申请，则应依情况之需要予以协助，俾获得此项证据之提出"）。

《宪章》第十一条"法庭之权力"（甲）项规定法庭有权"传唤证人，召其到庭提供证言，以及加以讯问"；（丁）项规定法庭有权"命令每一证人进行宣誓，认证或作出依其本国习惯证人应作之声明，并执行宣誓"。

法庭的《程序规则》第四条系关于"证人"的规定，其中（甲）项规定"每一证人在向本法庭提供证言之前，应依其本籍习惯先行宣誓，或作出保证或声明"；（乙）项规定"证人非提供证言时，未经本法庭之许可不得到庭。倘实际需要其到庭时，庭长可指令证人于提供证言之前不得彼此交谈"。

——以上几项关于证人的规定，只提到法庭对于证人的控制以及被告辩护方面对于传唤及诘问证人的权利，并没有对整个的证人作证

---

[1] 在419名出庭证人之中，检察方面提供的（即所谓"检察证人"）为109名，被告方面提供的（即所谓"辩护证人"）为310名。证人出庭作证程序消耗公审时间最多。例如，前伪满皇帝溥仪的作证及受诘便占用了八整天的工夫。其他较重要的证人，如号称"日本通"的美国专家黎伯特，来自东南亚的英军上校魏尔德，来自美国的海军上将理查逊，前日本陆军少将田中隆吉，卢沟桥事变时的北平市长秦德纯，宛平专员兼县长王冷斋等，他们每个人也都占用了法庭好几天的工夫。

及受讯程序作出详细的规定。远东法庭关于证人出庭作证及受讯的程序是按照一般法庭的习惯规则,特别是英美法系法庭的习惯规则进行的。众所周知,英美法系在这方面的习惯规则是各个法系中最烦琐、最复杂,而且最形式主义的。虽然法庭宪章中明白规定了"本法庭不受技术性采证规则之拘束。本法庭将尽最大可能采取并适用便捷而不拘泥于技术性的程序,并得采用本法庭认为有作证价值之任何证据"(第十三条(甲)项),但是,事实上,无论在证件问题上或证人问题上,远东法庭的审讯程序大体上仍然是依照英美法系的习惯规则,只是在一些过分烦琐的地方有些变通而已。

※　　　※　　　※　　　※

让我们先讲远东法庭关于证人的传唤和他出庭前应守的一些"清规戒律"。

首先,在审讯每个阶段或每个部分开始之前,诉讼双方必须把他们在本阶段或本部分中所拟邀请出庭的证人的名单及理由送呈法庭,由法庭予以审查和批准。对被批准出庭的证人,法庭向他发出传票或通知书,说明在审讯某一阶段中和大约什么日期需要他出庭作证。法庭对于批准名单是比较宽大的,很少有拒绝的事情。为了表示公平审判起见,法庭对于被告方面的要求是特别照顾的;对于不十分愿意为被告作证或对为被告作证有所顾虑的人,法庭还常施以说服或压力。当然,法庭不能强迫一个不愿作证的人来出庭作证。

被告所提供的证人绝大多数是日本人,他们都身处日本,且多半住在东京。这种证人大都能掌握出庭日期,他们的交通、住宿、招待等问题不会很大,在东京等候的时间也不会很长。一般说来,他们的招待、照顾和费用都是由被告辩护方面自己负责的,实际上是由日本政府开支的。

至于检察方面所提供的证人,其来源是比较复杂的:有的是住在东京或日本其他地方的日本人,有的是被羁押在东京巢鸭监狱中的日本战犯,有的是在东京盟军总部工作的美国人,有的是在各同盟国驻日代表团供职的同盟国人,有的却是从海外特别邀请或传唤来到东京作证的外国人。对于前面所举的四种人,招待和等候的问题不大,甚至不存在这种问题。但是对最后一种人,即专程来日作证的证人,这种问题是经常存在的。

除非有特殊情况,这种证人一般都是由法庭通知盟军总部负责招待和照管的。他们的来往旅费、交通工具,以及报到以后在东京的饮食住宿等都是由法庭通知盟军总部负责安排和开支的。此外,在东京逗留期间,每人每天还可得到零用费美金一元。这是一般的规定。但也有个别证人愿意自动放弃这种招待和照管的。例如来自盟国的高级官员或知名人士,他们大都是由该国的驻日代表团招待。

此外,还有极其个别的证人,他们是从某盟国监狱中传唤而来的,在东京看管的责任当然仍由该国的驻日代表团负担,因为在作证以后,他还是要被押解返回该国的。例如前伪满皇帝是从苏联伯力监狱里传唤来的,在东京出庭作证时期是由苏联驻日代表团看管的,作证完毕仍旧由他们押解回伯力。

关于证人在东京的招待和照管问题还比较简单。比较困难的是证人等候出庭的问题。

由于东京法庭审讯的过程迂回曲折,枝节横生,各阶段、各步骤的进行速度事先是无法精确估计的。因此,需要某一证人出庭作证的日期也就无法精确肯定。这对长期居住在日本特别是住在东京的证人,关系不大;但对那些远涉重洋从海外专程来到日本作证的盟国人士,困难却不小。有些人来到日本等候多日,无所事事,而出庭作证又渺茫无期,于是产生了不耐烦的情绪。还有些人在国内的工作很重要,不能久离,因而对久滞东京感觉不安。对这两种人,法庭除了安慰说服之外,一般是允许他们暂时归国,日后重来,如果他们坚决要求这样做的话。此外,还有一种变通办法,便是允许他们提前作证,即在审讯还没有到达需要他们作证的阶段上，让他们出庭提供证言并接受讯诘。由于这种变通办法妨碍有顺序的审讯太甚，容易造成紊乱，法庭是不轻易允许采用的。唯一大规模地采用过这种变通办法的一次是对来自中国的为1937年底南京大屠杀事件作证的一批中外证人。他们是由检察处提供的。其中有军官、商人、教授、牧师和慈善团体的负责人。这些人被通知来到东京的时候，法庭的审讯距日军占领南京的内容还差得很远。他们等候多日之后，纷纷要求回中国去。检察处有鉴于此，便向法庭提出了一个特别要求，要求破例让这批人提前出庭作证。法庭批准了这个要求。于是这批人便依次登上证人台，接受检察官的直讯和被告律师们的反诘，经过许多天工夫才全部完毕。

※　　　※　　　※　　　※

出庭法庭作证的证人分为两种：一种是由检察方面提供或要求传唤的，一般称为"检察证人"（Prosecution Witness）；一种是被告辩护律师们提供或要求传唤的，一般称为"辩护证人"（Defence Witness）。按照英美法系的惯例，这个区别是很严格的，也是很重要的。

按照英美法系的惯例，诉讼一方提供的证人，无论他是"检察证人"或是"辩护证人"，在向法庭取得证人的身份之后，便不能同诉讼另一方的当事人或其代理人有任何交往或接触。譬如，某甲是检察方面提供或要求传唤出庭的"检察证人"，在他有了这种证人身份之后，便不能同被告当事人或其辩护律师或任何代理人有任何往来或接触。即使这种往来或接触仅仅系社交性或礼节性的，亦在严禁之列。反之，如果他是一个"辩护证人"，他便不能同检察官或检方任何代理人有所往来或接触。

这是一条很严格的习惯规则。因此，诉讼双方，检察官和辩护律师，都要竭力避免同对方证人的往来或接触。如果他不去避免这种往来，或者甚至主动去接触对方证人的话，一经告发，他便犯有"勾结证人"(tempt the witness)的罪嫌。[1] 在这种情况之下,法庭可能决定给他以停止出庭资格的处分。对于被"勾结"的证人,法庭也可以决定停止他作证的资格或宣布他的证言无效。

证人在出庭作证之前,除了应该避免同对方有任何接触之外,还有一条戒律是要遵守的,那便是:除非获有法庭的特别许可,他不能擅自出席法庭去观察或旁听。[2] 这也是一条稀奇古怪的规则。它原来的用意无非是避免证人"摸"到法庭审讯的"底",从而在轮到他作证的时候便可能变得不那么"天真",不那么"老实"。其实,这是主观主义的想法,并没有多大的实际效用。因为,他虽不出庭去观察,但通过同邀请他出庭的当事人的接触,他是很容易洞悉审讯的真相的。事实上,在作证之前,他同邀请他的当事人(检察官或被告辩护律师)接触十分频繁,来往十分密切;他在作证时应持的观点立场、应作的证言,以及如何对付对方的反诘等,都是事先"协商"好了的,甚至是由当事人"导演"的。法庭对这种事情非但不加禁止,而且认为是理所当然。但是对于无关宏旨的旁听观审却严加禁止,以为这样做便可使证人作证时"天真"一些,"老实"一些,少受一些"外界影响"。这是多么不合理的一项规则。它几乎是把证人当作"雇佣兵"一样看待:只许听从雇主的指挥,而不能有任何通敌的行为。在审讯期间,远东国际法庭对诉讼双方和一切证人始终坚持执行着这样一项不合理的规则。

把证人比喻为"雇佣兵"当然不是完全恰当的。但是它却可以说明证人在远东国际法庭以及一般英美法系法庭上的某些特点。除了上述的证人不得与对方有任何接触之外,还有另外一个特点,那便是:一方的证人,在不同时期,可以转变为对方的证人,犹如 20 世纪 30 年代西班牙内战中的某些雇佣兵时而为共和军作战攻打国民军,时而为国民军作战

---

[1] 参阅本书第三章第二节的第五条脚注。

[2] 参阅《远东国际军事法庭程序规则》第四条(乙)项。

攻打共和军一样。在远东国际法庭的证人中也有过几次这样的现象。例如,证人田中隆吉(前日本陆军少将)曾出庭作证多次,他时而以"检察证人"资格出现,证明一些不利于被告的事实,时而以"辩护证人"资格出现,证明一些有利于被告的事实。又如,证人松村(前日本陆军少将)亦曾作为"检察证人"出庭作证,证明被告梅津参加并主持过对苏"侵略"计划,稍后又以"辩护证人"的姿态出现,证明梅津对苏怀有"友好"感情。

远东法庭对于这种"朝秦暮楚"的做法并不禁止。它禁止的只是证人在取得作为诉讼一方证人的身份起直到为该方作证完毕为止,这一段期间内他同对方当事人或代理人不能有任何接触。至于在替一方作证的任务解除之后再"投效"到另一方去作证,那是完全容许的。

此外,还有一项规则是远东法庭审讯中所奉行的,那便是:证人出庭作证必须出于自愿,必须经过他本人的同意。在审讯中发生过这样一件怪事:辩护律师把一个名叫波多野的日本人莫名其妙地带到法庭,说他将为被告出庭作证。但是波多野说他并未同意出庭为被告作证。这事使辩护律师大感狼狈。庭长立即命令把波多野送走,并责备被告律师说:你们不能违背证人自己的意愿而强迫他出庭作证。[1]

以上系关于证人出庭作证以前的一些规定和他在此期间应守的一些"清规戒律"。以下要讲的便是证人出庭和受讯的一些主要的步骤和应守的规则。

(二) 证人的宣誓、保证或声明

诉讼一方(检察官或被告律师)在审讯轮到他提证的阶段,在说明了他打算借助于某个证人证实某件或某些事实之后,便可请求法庭立即传唤该证人出庭。对此,法庭照例是表示同意的。

在司仪官从证人休息室中把该证人引入法庭、登上证人台之后,第

---

〔1〕参阅《远东国际军事法庭审判记录》(1947 年 4 月 29 日)第 21062、21063 页。

一件事就是举行宣誓。依照美英法系的制度，证人宣誓是极端重要的。一切证人的证言都必须经过宣誓加以确认。倘使证人拒绝宣誓就将使他的证言无效，法庭就不能把他的证言作为证据采用。但在证人声明宣誓是违反他的宗教信仰或者声明他根本不信仰任何宗教的情况下，也可以有例外。在这种场合，宣誓得以郑重作出的"保证"或"声明"来替代。

远东国际法庭关于证人宣誓所采用的方式比较灵活，不拘一格。由于法庭系国际性的，出庭证人的国籍多不相同，因此法庭对于证人宣誓的要求并不像英美法庭那样呆板，而只要求它能符合证人本国法律习惯的规定就行了。法庭宪章第十一条（丁）项规定法庭有权"命令每一证人宣誓、保证或作出依其本国习惯证人应作之声明……"；法庭程序规则第四条（甲）项规定"每一证人在向本法庭提供证言之前，应依其本籍习惯，先行宣誓，或作保证，或声明"。

由此可见，证人在远东法庭宣誓的方式是多种多样的。如果他是英国人或美国人，他可以按照一般英美法院的方式宣誓，由司仪官执行。司仪官和证人各举右手，司仪官每读一句誓词，证人便跟着朗读一句，最后还来一句："上帝其助我！"如果证人不是英美法系国家的人，他可以按照自己的国内法，在一张事先准备好的书面保证或声明上签名、盖章或按指印。书面保证或声明的内容无非是说些他将"本诸天良，从实陈述，如有违背，甘受制裁……"一类的话。签盖完毕，他便将这张书面保证或声明递交司仪官。至此，宣誓手续便算完成。继之便是证人实际作证阶段的进行：首先是"直讯"（"原讯"或"顺讯"），其次是"反诘"或"反讯"，最后可能还有"再直讯"和"再反诘"——这些阶段都是依照英美法系一般法院的惯例而规定的。正如大家所知道的，英美法院对于证人作证的程序规则是再复杂、再烦琐不过的了。因此，不难想象，一个证人出席远东法庭作证并不是一件轻松愉快的事情，而可能是一件相当艰苦紧张的工作。有的证人要经过三个或四个阶段的严峻考验，受上好些天（甚至一星期以上）的辛酸折磨，才能退出证人座席。在远东法庭两年的公开庭审中，它所耗费于 400 余名出庭证人的时间估计必在一半以上，可能接近五分之三。

（三）证人作证及受讯的四个阶段

现在让我们扼要地讲述一下证人出庭作证及受讯的四个阶段，即"直讯"（或"原讯"、"顺讯"）、"反诘"（或"反讯"）、"再直讯"（或"再顺讯"）和"再反诘"（或"再反讯"）。必须指出：出席远东法庭的四百余名证人并非每个人都经过四个阶段，有许多证人只经过一个或两个阶段便退出了证人座席。但是由于法庭规定讯问证人可以有上述四个阶段，而事实上有不少的证人是经过了这四个阶段的，因此我们便不能不把这四个阶段中每一阶段的性质和意义，以及诉讼双方和证人在此阶段中应守的一些"清规戒律"，约略地加以说明。同时，这种说明还可以使人们进一步了解远东法庭作证程序之复杂烦琐。法庭审讯之所以旷日持久，这不能不说是最重大的原因之一。

第一阶段 直讯

"直讯"（direct examination）又称主讯（examination in chief），意思是说这是对证人直接或主要的讯问。有人把它译称为"原讯"，意思是说这是对证人原始的讯问，以后接踵而至的反诘、再直讯、再反诘等步骤都是以它为出发点的。也有人把它译称为"顺讯"，意思是说它是顺着提证一方的要求或需要而进行的。

直讯无疑是讯问一个证人最主要的阶段，因为要证人证明的一切有关案件的事情，他的所见所闻，以及他的意见、感想，都要在这一讯问中全部讲出来。

在所谓"大陆法系"国家的法庭里，直讯（直接讯问）一般是由法官执行的，由法官发问，证人作答，诉讼双方在原则上必须通过法官才能向证人发问。

"英美法系"则不然。直讯不是由法官执行，而是由提供证人的一方的代理人执行的。如果证人是检察方面提供的"检察证人"，直讯便由检察官担任执行人。如果是被告方面提供的"辩护证人"，直讯则由辩护律师担任执行人。远东国际法庭采用的是英美法系的这种制度。

在远东国际法庭里，一个证人被带到证人席上并履行了宣誓或类似宣誓的手续之后，对他的直讯便立即开始。

直讯执行人对证人的直讯通常都是由讯问他的姓名、年龄、籍贯和履历开始，然后再逐渐问到案情本身。证人对执行人所提出的各个问题的答复，都会被载入法庭记录，这种记录便构成该证人的证言中最主要的部分，也就是证言的中心。以后的反诘，再直讯，再反诘，都是围绕这个中心进行的。

由于证人系直讯执行人一方所提供的，他们两者之间的态度当然是友好的，感情是融洽的。因此，他们之间在庭上的一问一答通常是非常顺利而流畅的。事实上，这些问答都是经过协商，事先编排妥当的。执行人一方是居于"导演者"的地位，他几乎可以把需要从证人那里得到的东西都从这些问答中得到。一个执行直讯的检察官或辩护律师的技术能力如何，就表现在这里。一个干练的检察官或律师每每能够用少数的问题把对对方最不利的证言集中有力地从证人口中掏出来。一个庸碌的检察官或律师则可能发出一大堆问题，兜上好些个圈子，而仍旧得不到要领，击不中要害，不但使听讼者感到烦腻，而且时常给对方以提出抗议的机会并遭到法庭的申斥。

直讯中的一问一答虽然大都是事先经过证人和执行人协商和编排的，但是在直讯中他们也有一定的规则是必须遵守的。这些规则大都是脱胎于一般英美法院的传统习惯，在远东法庭的宪章或程序规则中并没有明文规定。

第一，在直讯执行者和证人之间的问答，必须限制于与法庭审判范围有关的事实，这就是说，必须与案情有直接关系。超出这个范围，法庭便可加以制止，而对方也可以"与案情无关联性"或者以"对案情无重要性"为理由,请求法庭命令执行人撤销其问题或命令证人停止答复。法庭对这样的请求必须当场作出裁定。

第二,证人在作答时必须完全依靠自己的记忆,非经法庭许可,不得携带书面文件、笔记簿、日记本或任何字纸作为作证参考。这条规则的用意是根据这样一个假定:靠记忆说出来的话是比较真实可靠的,参考书面文字作证容易弄假作弊。因此,除非证人事先声明有必要并经法庭的许可,证人作证时是不能参阅任何书面文字的。[1]

第三,证人作答时不能陈述他从"传闻"得来的事实。在英美法系里,反对"传闻证据"的规则是十分严格的。[2]用英国大法学家寇克(Coke)的话说,一个证人"可以陈述他五官所感受的事实。他应当陈述眼睛见过的,耳朵听过的,舌头尝过的,鼻子嗅过的或皮肤触过的事物,但他却不可陈述他从第三人那里听说是有过的东西"。在英美法院里,这条规则是绝对的。要采纳"从第三人那里听说是有过的东西",必须传唤那个第三人自己到庭来作证,而不能由别的证人口中陈述出来。在审讯初期,远东法庭也曾试行严格采用过这条规则。但是,由于事实上的困难,在1946年9月以后,它便放松了。因此,在远东法庭里,在相当合理的限度内,证人是可以陈述"传闻"的事实的。至于这种"传闻"的证据价值如何,法官们自可作出他们自己不同的判断。当然,对于完全"道听途说"的无稽谣言,法庭是不接受的。

---

[1] 前伪满皇帝溥仪在法庭作证时曾偷偷看他自己手中所持的一本小笔记簿。被告辩护律师发觉后,立即申请庭上加以制止,并命其将簿子缴交庭上审阅。溥仪抗称:"我这簿子上写的是中国字。"庭长说:"不打紧,我们同事中有一位精通中文的中国法官,他准能辨认你写的是些什么东西。"经呈缴后,中国法官发现那本破旧不堪的小簿子上写的只不过是十几个极其普通的日期,如"余之生日——1906……","余第一次登基——1909……","辛亥革命——1911……","第一次世界大战开始——1914……","第一次世界大战结束——1918",等等。揣测溥仪携带这本小笔记簿的用意,原不过是为了帮助自己的记忆,以免临时慌乱中易于忘忽,殊不料竟因此触犯禁例,引起了一场小小的风波。

[2] "传闻证据",英文为 hearsay evidence,意思是说证人所陈述的事实不是由他自己直接经历的,而是听见他人嘴里说出来的。这种"道听途说"的证据是英美法院所一贯拒绝接受的。

第四，直讯执行人不可询问证人超出他知识能力所能答复的事实或意见，证人也不应答复这类的问题，否则法庭便会自动地加以制止，而对方也会提出抗议，要求法庭加以制止，例如，对一个中国士兵或日本士兵，你不能问他在中日战争时期，中国抗战的军队总共是多少，或者日本派遣侵华的军队总共是多少，因为这是超出他的知识能力范围所能作答的问题。但是对一个当时中国的或日本的陆军部长、参谋部长或高级负责军官，这样的问题是可以提的。虽然问题涉及个人的估计或意见，但以这些人所处的地位和他们的知识能力说来，他们是有资格答复这样的问题的。至于他的答复的证据价值如何，那是另外一回事，应由法庭作出判断。按照英美法系传统的严格规则，除了法庭为了作出某项鉴定或估计而特别传唤的所谓"专家证人"（expert witness）之外，一般证人在作证时只能陈述他所亲历目睹和熟知的事实，而不能表示他自己的意见、估计或看法。但是远东国际法庭并没有严格地采用这项规则，它允许证人在它认为该证人知识能力可及的范围内表示自己的意见或看法，或作出自己的估计。

此外，还有英美法系证据法中的一项重要规则是远东国际法庭所没有严格遵守的，那便是在讯问证人中不允许提"引导性"或"提示性"的问题。[1] 所

---

〔1〕"引导性"或"提示性"的问题，英文为 leading question，意思是说：在提出的问题本身中便有"引导"或"提示"证人如何作答的因素，因而限制了或影响了他作答的自由。例如，对证人突然提出这样一个问题："你看见某甲是用刀还是用枪杀死某乙的？"这个问题将被认为是引导性或提示性的问题。因为在这种情形之下，证人除了答复"用枪"或"用刀"之外，没有其他自己选择的余地。讯问执行人应该向证人先问："你是否看见某甲杀死某乙？"若然，再问他看见是用什么方法杀死的。这样，问题便顺理成章，没有引导性或提示性之嫌，而证人答复的自由也不会受到问题的影响或限制。其次，英美法院的这项呆板规则并没有十分道理。因为，尽管问题有引导性或提示性，证人仍可答复："我并未看见某甲杀死某乙。"或者"某甲杀死某乙不是用刀，也不是用枪，而是用……"除非证人是愚蠢或头脑过分简单，他作答的自由是不会受到多大的影响或限制的。但是，由于英美法院采用的是陪审制度，这条禁律多少还是可以理解的。因为，陪审员大都是普通居民，脑筋比较单纯，容易被这样一类的问题弄得心缭眼乱，思想紊乱，而粗枝大叶的证人也容易堕入这类问题的圈套或陷阱。远东国际法庭既未采用陪审制度，根本没有陪审员的设置，关于事实问题和法律问题的一切判断都是法官们自己作出。在这种情形之下，自无严格执行这项禁例的必要。

谓"引导性"或"提示性"的问题即是在问题的本身便包含有引导或提示证人如何作答的因素。英美法院对这类问题是严格禁止的,因为它可能迷惑证人,影响他作证时的独立思考和自由意志。远东国际法庭在审讯最初期也曾试行遵守过这项规则,但是稍后便发现了运用这项规则实际上有巨大困难,它将使审讯无限期地拖延下去,因而法庭由逐渐放松以至终于放弃了这项规则。有鉴于远东国际法庭并没有采用陪审制度,放弃这项规则的危险是不大的。从审判记录中,我们可以明显地看出法庭在这件事上的态度前后是不一致的。

——以上所述,是进行直讯时直讯执行人和证人应守的规则。此外,不言而喻,证人当然有义务答复法庭自己向他所提出的问题。任何法官如欲澄清某项事实,都可以通过庭长向证人提出任何问题。但是,事实上,法庭向证人直接提出自己问题的事情是非常稀少的。在直讯中,犹如在其他审讯阶段中一样,法庭的态度是超然的,它的主要任务除了就全案作出最后判决之外,始终只是就诉讼双方的争执、抗议、申请等作出不偏不倚的裁定。

※　　　※　　　※　　　※

由于证人向法庭所提供的证言都是通过一问一答的方式作出的,他的全部证言便是由他对所有问题的答复综合而构成的。这种问答方式是一般英美法院所采用的。它的好处是:在答复个别的特定的问题时,证人的陈述可能比较具体、真实,而且在对方的严密监视和不断干扰之下,他的态度可能比较慎重、严谨,至少不能信口开河,胡说乱道。但是,这也只是形式主义的看法。因为,正如前面所指出的,这些问答的内容实质大都是直讯执行人和证人双方事先"编排"好了的。

用问答方式提取证言的办法,除了使证言支离破碎,不易突出重点之外,其最大的坏处便是过分浪费时间。一个证人的陈述,如果让他"一气呵成"地说下去,可能只需要一小时的工夫;但是,如果用问答的方式,加上对方的不断"干扰",语言翻译的费事,便可能需要五个小时,甚至更多的工夫。两者的差别是极大的。经验证明:以问答方式取证,它所耗费的时间是十分惊人的。

远东国际军事法庭在审讯最初期间对证人的直讯完全是采用问答方式。但是,不到两三个月的工夫,法庭便发现了采用这种方式进行直讯将使法庭的审讯无限期地拖延下去,永无休止。特别是考虑到审讯的案情之庞大复杂,以及出庭作证的人数将达数百名之多,法庭遂更痛感有立即改弦更张、变换办法之必要。日本证人及律师说话的冗长、啰嗦,也是促使法庭对直讯要及早采取变通办法的有力原因之一。

经过法官会议的几次讨论,并征得诉讼双方的同意,法庭根据宪章赋予它采用任何非技术性的便捷审理程序的权力,在 1946 年 6 月 18 日宣布:今后对证人的直讯将不采用问答的方式而改用宣读证言的方式,即证人把他要向法庭提供的全部证言事先作成书面,并由检察方面或辩护方面(视他是由那一方提供的而异)翻译成法庭通用的文字(即英文、日文),在开庭之前送交对方,以便使对方有时间研究是否有抗议或异议提出和如何进行反诘。等到开庭之时,证人被引到证人席上并举行了宣誓之后,提供证人的一方的代表(亦即执行直讯的检察官或被告律师)便把这个文件给证人辨认,并问他:"这是否是你向法庭提供的证言书?"在证人答"是"之后,再问他"你是否认为书中的内容正确无误?"在证人再一次答"是"之后,该代表便立即申请法庭采纳。法庭表示同意后,登记官便高声宣布接受,并给它编上法庭作证文件的号码。登记官宣布毕,直讯执行人便开始替证人宣读这个书面证词,读完为止。翻译文字的宣读也同时在"译意风"中进行。这样,时间上便节省得多了。

倘使对方对书面内容有所抗议或异议,它必须于法庭表示采纳之前向法庭提出,并申述理由。在这种情况下,必须等待法庭作出裁定之后,登记和宣读方可开始。

直讯执行人替证人读完了书面证言,直讯程序便算结束。如果他还有要向证人询问的问题,可以作为补充问题向证人口头提出。但这种情况是少有的。即使有问题也只是极少数,因为书面的内容是事前经过执行人同证人详细"协商"的,不至于有太多的"未尽之意"。

直讯改用宣读书面证言的方式来进行,是远东军事法庭审讯程序的一大革命。它为法庭节省的时间之多是不可估量的。倘使法庭对数以百计的证人始终拘泥于英美法系的陈规,坚持直讯必须采用一问一答的方式,像审讯最初期那样,那么人们不难想象:东京审讯必会大大拖延,月复一月,年复一年,而审判结束更是遥遥无期了。在远东法庭采取的加速审讯的各种措施之中,这个对直讯方式的变更无疑是最重要的,也是最明智的一个。

第二阶段 反诘

反诘(cross examination)亦称"反讯",也是证人出庭作证过程中的一个重要阶段,但不是每个证人所必经的阶段。有的证人在直讯完结之后,对方表示不愿对他进行反诘,那么他便可立即退席,他的作证任务此时便算全部完成。

对方之所以放弃对证人的反诘,原因很多,大致不外乎:一、证人陈述的事实十分简单明确,无懈可击,无隙可乘;二、证人的立场坚定,态度强硬,而所陈述的证言又合情合理,估计不容易从他口中捞到什么有利于己方的东西;三、证人陈述的事实无关宏旨,且证据价值很小,估计法庭必不重视,因而没有对他进行反诘之必要。例如,被告辩护律师曾提供过许多被告们当年的同事、战友或僚属来出庭作证,说某某被告一贯秉性忠厚,对人友爱,从未有过残暴行为,或者说某某被告酷爱和平,一贯热心国际友好合作,绝无侵略他国的意图或野心等。对这一类的辩护证人,对方(检察官)大都放弃反诘,借以表示轻视或蔑视之意。

除了上述几种情况之外,证人多半是逃避不了对方的反诘的。估计在远东国际法庭亲自到庭作过证的四百多名证人之中,约有半数是受过反诘的。

反诘是由提供证人的对方代表或律师执行的。对检方提供的"检察证人",执行反诘的是被告辩护律师。对被告方面提供的"辩护证人",执行反诘的是检察处代表,亦即检察官,包括检察长、各国陪席检察官和助理检察官。在这里必须指出:对一个"辩护证人",执行反诘的只能是一名检察官,因为检察处是一个统一的整体;但是对一个"检察证人",执行反诘的却可以是一名或多名辩护律师,因为辩护律师们不是一个整体而是各自代表不同被告的不同利益的。因此,如果某个证人的证言攻击了或牵涉到好几名被告,则这几名被告每人都可以有一名辩护律师对他进行反诘。例如,伪满皇帝溥仪在直讯的证言中集中地攻击了被告板垣和土肥原,同时也说了南次郎、星野、贺屋等被告许多坏话。在反诘阶段中,这些被告们的辩护律师便依次挺身而出,提出无数的问题,继续不断地向他进行反击,弄得证人疲惫不堪,费了整整八天工夫,始得"下台"。其他许多证人,如秦德纯、魏尔德(Wilde)、黎伯特(Liebert)、巴兰亭(Ballantine)、田中隆吉等,都是经过好几天反诘的折磨才得"脱身"的。

首先,反诘的目的主要是以向证人提问题的方法,使证人在直讯中所作的证言显得不确切,不真实,或者前后矛盾,不合情理,甚至是胡言乱语,伪造虚构的。这样,便可以抵消或减少证言的作证价值。其次,便是以提问题的方法攻击证人的信用或人格,使法庭对他的证言之可靠性发生动摇或怀疑。最后,便是以提出某些新的问题(即在直讯中未曾接触到的问题)的方法,企图从证人的答复中捞些有利于己方的材料。

以上是执行反诘的一方所企图达成的三项目的。一个执行反诘的检察官或辩护律师之能力是否高强,便要以他在这三方面所能取得的成就如何为断。反诘是诉讼双方斗争的焦点所在,反诘执行人必须绞脑竭思,全力以赴,他对证人和他的证言要无孔不入,无隙不乘,无所不用其极。[1]

在证人方面，反诘对他也是最紧张的，甚至是痛苦的。在直讯阶段，讯问他的是"自己人"，态度亲切友好，问答大都是事先协商过的。在反诘阶段，讯问他的是"敌人"，态度是不友好的，所提的问题时常出乎意料，突如其来，有时竟是稀奇古怪，不伦不类的。因此，证人在作答时必须聚精会神，提高警惕，勿授予对方以可乘之机。这是对证人的智能的一种严酷的考验，也可说是一种精神上的折磨。英国法学家哈理士把对证人的反诘比喻为对死人的剖解。他写道："这有些像法医学上的剖解，所不同者只是证人是活的，他对折磨行为是非常敏感的。"[2]

※　　　　※　　　　※　　　　※

在反诘阶段中对证人提问的范围问题在远东国际法庭里一直是一个有争执的问题，而法庭的态度最初也是举棋不定，矛盾迭现的。严格

---

[1] 在远东军事法庭里，英国陪席检察官科明斯-卡尔一向被认为是一个执行反诘最卓越的能手。他提出的问题非但尖锐、扼要，而且富于破坏性，常能击中证人的要害。被告证人和被告律师对他畏惧最深。美国辩护律师则大都是庸碌之辈，学识浅薄。有的假装神气，在法庭上张牙舞爪，但是腹中却空洞无物，发言时常闹笑话，有的则愚蠢不堪，在反诘证人时常常遭到庭长的严厉申诉。例如，日本证人前田曾为检方作证，证明日本军阀利用过各种手段控制当时日本青年的教育和思想，使其服从于日本军国主义的侵略政策和战争政策。美国辩护律师克莱曼在执行反诘时竟向证人问道："请你告诉我，难道在日本小学教育课程中没有规定口语课吗？"庭长斥道："这简直是胡闹！难道在日本学校里能不教授日语吗？"并命令证人不必答复。克莱曼在略加申辩后，又向证人说："好，我就改提下面一个问题：学生们上不上算术课呢？"庭长厉声斥道："这真正是岂有此理！你扯得太远了。须知你是站在国际军事法庭面前，而这个法庭是在审判前日本帝国的领导分子对人类犯下的滔天罪行的。"庭长再度命令证人不必答复。克莱曼再度作了一番强辩之后，又向证人问道："……在这些学校里有音乐、图画、日本历史、手工等课程吗？"庭长被这些愚蠢的问题所激怒，几乎说不出话来，他只简单地对证人说："证人，不必答复这种问题。"克莱曼连续碰了三个钉子之后，才感到自讨无趣，于是收拾了他的公文包，无精打采地向法庭说："我再也没有问题了。"克莱曼律师的这次滑稽表演虽然是特别突出的一个事例，但是人们也可以从此看出那些捣乱成性的美国辩护律师们实际上是智能很低劣的人。参阅 1946 年 8 月 2 日的《远东国际军事法庭审判记录》及本书第二章第五节。

[2] 《律师界的经验》，第 38 页。引自拉金斯基与罗森布立特合著《日本首要战犯的国际审判》，第123 页。

地照道理讲,对证人反诘应该限制于他在直讯中所提供过的证言,亦即他叙述过的事实或表示过的意见。倘使不加限制,什么问题都可以向证人讯问,反诘将成为一场海阔天空、永无休止的舌战,证人亦必被弄得心缭眼花,穷于应付。但是法庭在审讯最初期便是这样办的。它仿照英国法例,对反诘中提问的范围采取了极端宽大的态度。除了与案情完全无关或十分无聊的问题之外,它对反诘执行人向证人提出的任何问题几乎全不加以制止。这样,便鼓励了反诘执行人提出许多新的、证人在直讯中完全没有涉及的问题,其目的是想从证人对这些新问题的答复中捞点于己方有利的东西,以供以后辩论和总结之用。

实践证明,这种办法并不是好办法。它的最大缺点便是节外生枝,造成混乱,而且浪费时间太多。早在 1946 年 6 月 25 日,检察处便申请法庭予以改变,但是遭到了庭长的擅自拒绝。[1]

庭长的擅自拒绝引起了一部分法官们的不满。他们认为,为了避免审讯无限期拖延,对反诘的范围非加严格的限制不可。几经法官们之间的磋商和辩论,不久便在法官会议上通过了一个决议,并于 1946 年 7 月 25 日在庭上公开宣布了。[2]

决议宣布:"法庭决定,从今以后,将使一切反诘都限制在直讯时所提到过的主要问题上。"这就是说,在反诘时向证人提出的问题,必须是证人在直讯阶段所作证言中曾经提到过的问题,亦即他在直讯中陈述过的事实或表示过的意见。非但如此,这些问题还必须是主要问题,即与案情有直接或重要关系,而不是无关宏旨的枝节问题。

反诘的范围这样确定之后,那种海阔天空、漫无限制地向证人提问的现象便有所减少了。诚然,什么是主要问题,什么是非主要问题,并没有一个绝对的界限。但是有了这个标准以后,法庭便可随时指令证

---

[1] 见《远东国际军事法庭审判记录》第 1358 页。
[2] 见《远东国际军事法庭审判记录》第 2512 页。

人不必答复反诘执行人的某些问题。如果执行人坚持继续向证人提不相干的问题，法庭且可对他进行谴责，甚至停止他的反诘权利。同时，有了这个标准，提供证人的一方（亦即执行直讯的一方）对反诘中提出的非主要或不相干的问题可以随时抗议，并申请法庭命令反诘执行人自行撤销或命令证人拒绝答复。[1]

自从法庭宣布限制反诘范围以后，反诘虽仍是证人作证程序中诉讼双方斗争最集中、最紧张、最激烈的一个阶段，但是它所耗费的时间却大大地缩短了。从加速审讯的观点看来，法庭采取的这个措施不能不算是一个具有重大意义的"革命性"措施。

在这里必须指出：反诘虽必须限于证人在直讯中所提到的主要问题，但是有一个例外，那便是对证人的信用或人格的攻击。在远东国际法庭的宪章、程序规则或法官会议决议中并没有明文允许这种攻击，但是事实上法庭拘于英美法系的习惯成见，对这种问题每每采取宽大容忍的态度，虽然这种问题对证人的证言并没有直接关系，更不是证言中"所提到的主要问题"。

对证人的信用或人格的攻击显然是超出了法庭规定的反诘范围，但是在东京审讯的反诘阶段中，反诘执行人时常提出这类的问题，而法庭并未加以制止。例如，前日本陆军少将田中隆吉为检方出庭作证时，美国辩护律师在反诘中询问他说："你患过精神病吗？"又问他说："检察方面是否答应过你，如果你作出有利于他们的证言，他们便会给你以不可侵犯的权利和不把你当作战犯来追诉？"又如，检察证人浩特在受反诘时，美国辩护律师向他问道："你在参加这一诉讼时期，得到了什么报酬呢？"这个律师并解释说："根据我们美国的经验，我们知道，没有比指出证人获得

---

〔1〕在执行反诘时，反诘执行人立于发言台前，频频向端坐在证人席上的证人发问。提供证人一方的代表（一般都是原来那直讯执行人，但亦可换一人）则坐在反诘执行人的近旁。反诘执行人发问不当时，他可以随时立即走到发言台前，向庭上提出抗议或申请。在这种场合，他的地位仿佛就像证人的"保护人"或"卫士"。

了物质利益更能损害证人信誉的方式了。"再如,在前伪满皇帝溥仪出庭为检方作证多日,临到终结的时候,日本辩护律师在反诘中最后提出这样一个问题:"你知不知道,中国政府已把你列名为头号叛徒而加以通缉?"

这类例子并不是个别或少数的。远东法庭虽没有特别鼓励对证人信誉和人格的攻击,但是它对这类完全超出直讯范围的问题并没有采取有效的方法加以取缔。正如上面所指出的,这无疑是受了英美法院传统习惯的影响,因为在英美法院里,反诘阶段中对证人是可以进行人身攻击,借以破坏他的人格和信誉的。这样做无非为的是要减低证言的证据价值和法庭对证人的信任。

远东国际法庭的反诘阶段还有一个特点,那便是:反诘执行人不但可以提出自己的作证文件作为反诘证人之用,而且在用毕之后可以立即请求法庭采纳为正式的证件,由登记官编号归档。例如,日本辩护律师在反诘证人溥仪时提出了一封溥仪写给被告南次郎(当时的日本陆军大臣)娓娓乞援的函札,企图反驳溥仪在直讯中的这种说法:"满洲国"的成立完全是由日本军阀一手包办的,他本人绝对处于被动、失去自由的地位,丝毫未表示过意见。这封信曾被辩护律师立即当作作证文件正式向法庭提出并经法庭接受登记归档,虽然它的真伪问题在法庭内外都引起了轩然大波。

在远东法庭正式接受并登记归档了的4300多份书面证件之中,不小的一部分(估计有数百件之多)是在反诘证人的过程中提出的。

※　　　※　　　※　　　※

按照英美法系的理论,反诘在作证程序中是特别重要的。一个证人的证言如果不经过反诘的考验,它的证据价值是非常微弱的。假使一个证人在直讯中是信口雌黄、胡说乱道,在反诘阶段必定会被对方驳得体无完肤,弄得焦头烂额。反之,如果证人在直讯中说的都是亲历目睹、有凭有据的真实情况,那么,在反诘中他便会理直气壮,满怀信心,对对方的诘问必能从容对付，对答如流，不予对方以任何可乘之隙。正如俗话所说，"真金不怕火炼"。在审讯南京大屠杀事件时出席法庭作证的中国人和西方人，几乎全是这一类的证人。他们的证言真实，态度坚定，在反诘中那些被告的日本和美国辩护律师虽然绞尽脑汁，千方百计地想出许许多多稀奇古怪的问题向证人提出，但都经他们一一予以有力的回击，弄得那些律师们自感无趣，啼笑皆非，结果只有偃旗息鼓，知难而退。

反诘作为一种考验证言的制度，在理论上是无可厚非的。但是，在实践中，它却是一种十分浪费时力的事情。特别是像远东国际法庭所审理的这样庞大复杂的案件，出庭的证人数以百计，坚持实行这种制度的结果当然需要消耗大量时间、人力，使审判旷日持久。这是任何人都可以想象得到的。

由于反诘不能像直讯那样用书面去代替，它不是而且不可能是经过双方事先商妥的。因此，它必须用一问一答和有问必答的口头问答的方式去进行。这些问答在公审庭上又必须立即进行口头翻译（日译英、英译日，如证人操第三种语言，还必须同时译成英语及日语）。这样，它所耗费的庭审时间便是问答本身的两倍以上。再加上问题提出后检察官与辩护律师之间对于"问题是否超出证言范围"时常发生争辩，以及法庭必须就双方争辩作出裁决，这一切都是非常消耗时间的事情。例如，前南京政府国防部次长秦德纯出庭作证时，他在直讯阶段的书面证言宣读不过一二小时，而在反诘阶段中辩护律师们同他斗了四天多。又如，伪满皇帝溥仪出庭作证总共是八天，而耗于被告律师们轮流反诘的时间便占了七天有余。估计在远东国际军事法庭近两年的公开庭讯中，耗于反诘数以百计的证人的时间加起来可能占全部审讯时间的三分之一以上，乃至接近二分之一。

第三阶段　再直讯

再直讯（re-direct examination，亦称"复讯"）是再一次对证人的直讯。同首次直讯一样，再直讯也是由提供证人的一方的代表（检察官或辩护律师）执行的。一般说来，这个任务都是由原直讯执行人担任的。

再直讯不是必要的或非有不可的，犹如反诘一样。当证人受直讯完毕，对方可以表示放弃反诘的权利，这时证人作证的任务便告终结。当证人受对方反诘完毕，执行直讯的一方也可以表示放弃再直讯的权利，这时证人的作证任务也就宣告终结。

但是，如果执行直讯的一方表示有对证人进行再直讯之必要，他是有权这样做的，法庭不能加以拒绝。

再直讯的范围是有严格限制的。在再直讯中，执行人只能就对方在反诘中所涉及的事项向证人提出问题，要求他加以确认或澄清。超出这个范围的任何问题，法庭必将制止，而对方亦可抗议。

但是，如果执行人认为在再直讯中有必要请证人说明某项新事实（即在原直讯中及反诘中都未曾涉及的问题），他在事先取得法庭的特许之后，也可向证人提出询问。不过这种情况是少见的。因为，再直讯的主要目的只是要澄清一些在直讯中已经提到而在反诘中被搞模糊了的旧问题，而不是要引进任何新的问题。因此，除非有十分的必要，法庭是不允许这种要求的。

第四阶段　再反诘

再反诘（re-cross examination，亦称"再反讯"）也不是必要或不可少的。在证人被再直讯之后，对方可以表示放弃执行再反诘的权利而让法庭宣布证人的作证任务终结。但是他也可以不这样做。

再反诘是由执行反诘的一方执行。一般都是由原来执行反诘的那个检察官或辩护律师执行的。

再反诘的范围是受着严格的限制的。在再反诘中，执行人只能就证人由于法庭的特许在再直讯中陈述的新的事实或意见所引起的问题提出询问，要求澄清。除此之外，他不能提出任何其他问题。如果证人在再直讯中没有作出涉及任何新问题的陈述,那么,执行再反诘将是徒然的。

——以上所述是一个出席远东国际军事法庭作证的证人所可能经过的四个阶段,以及有关方面在这些阶段中所应守的规则。

不言而喻,第一阶段是每个证人都要经过的。第二阶段是很多证人要经过的。经过第三阶段的却是少数。至于四个阶段全部经过的则是少数中之少数。估计在总共419名出庭证人之中,[1]经历过"全部旅程"的也只不过2、30人而已。

在这四个阶段之中,第一和第二阶段无疑是最重要的。第一阶段是全部程序的基础,固不待言。第二阶段却最紧张,它是最尖锐的斗争焦点所在。对证人来说,它是最无情的折磨。对法庭来说,它不但是最能消耗时间的部分,而且是最易引起纠纷的场合,因为它随时可以发生语言翻译上的争执以及发问范围上的争执,而对这些争执法庭随时都要准备立即作出裁定。

对旁听群众和新闻报道者来说,听取证人作证当然比枯读作证文件或静听诉讼双方的法理辩论有趣得多。特别是当那些"特别人物",如前伪满皇帝溥仪、"卢沟桥事变"时北平市长秦德纯、宛平县长王冷斋、密勒氏评论主笔鲍威尔、美国海军上将理查逊、英军上校魏尔德、绰号"军人怪物"的田中隆吉,以及那些曾经"不可一世"的被告东条英机、小矶国昭、荒木贞夫、木户幸一、南次郎、岛田繁太郎、板垣征四郎、桥本欣五郎、松井石根等人登台作证的时候,不但旁听席上非常拥挤,而且

---

[1] 在这419名出庭证人之中,有东条英机、荒木贞夫等16名被告。他们在远东法庭都是以"证人"资格登台受讯的。按照法庭宪章第九条(丁)项的规定,被告可以为自己辩护,也可以由律师替他辩护,但二者不可兼得。远东法庭的全体被告既然都聘有律师替他们辩护,他们便不能为自己辩护。因此,他们(指东条、荒木等16人)的登台受讯都是以"证人"的姿态出现的。根据证人出庭作证必须出于自愿的原则,被告中便有9名拒绝了登台作证。这9名被告是:平沼骐一郎、广田弘毅、土肥原贤二、梅津美治郎、木村兵太郎、佐藤贤了、重光葵、星野直树、畑俊六。他们虽然每天到庭,但只默默地端坐在被告席上,始终没有在法庭上发过一次言。有人说,这9名被告是比较狡猾的,因为他们不愿"弄巧成拙"或"引火烧身"。

新闻报道也十分活跃。据说一张入场券在黑市上有时竟能卖到数百乃至千余日元之多。在漫长的东京审讯期间，世界新闻通讯连篇累牍地报道的大都是证人出庭及受诘的热闹情况。至于对法庭的作证文件的提出和双方法理辩论的情况，新闻记者们不甚感兴趣，报道也不多。

证人作证及受讯程序在远东国际军事法庭审讯过程中消耗的时间最多。估计它大约占去了全部公开庭讯时间的50%以上，其中大部分（约70%至90%）是用于反诘阶段（即第二阶段）。

四、不出庭证人的宣誓书及被告的侦讯口供

远东国际军事法庭在全部审讯过程中接受或采纳的诉讼双方所提供的作证文件共为4336件，其中检察方面提供的是2734件，辩护方面提供的是1602件。

它在全部审讯过程中传唤出庭作证的证人共为419名，其中检察方面提供的所谓"检察证人"为109名，辩护方面提供的所谓"辩护证人"为310名。这些人不但都曾亲自出庭在直讯中作过口头的或书面的陈述，而且很多都经过对方的反诘，有的还经过了再直讯和再反诘的考验。他们的证言应该被法庭采纳为证据，那是没有问题的。

但是，除此之外，还有一种证人，他们有的由于身体健康或业务工作等的关系临时不能来到法庭，有的甚至根本没有来到法庭的打算。但是他们却愿意为检察方面或辩护方面向法庭提供一种书面证言，以代替他们出席法庭作口头陈述。这种书面证言和一般书面作证文件不同，它必须在法院里或有司法官在场的情况下，经过郑重宣誓之后作出，作出后并由证人签名或盖章。这种郑重作出的书面证言在英美法院里叫做"宣誓书"（affidavit），意思是说它的内容的诚实和准确是由证人以誓言来保证的，如果其中有虚伪欺诈的情事，证人便要受到违背誓言的严重处罚。

许传音作证

按照《远东国际军事法庭宪章》第十三条（丙）项第三款的规定，法庭得采纳"证人经宣誓提出之书面供词，各种证词，或任何经签字之陈述书"。这项规定是很宽大的，郑重作出的"宣誓书"形式的书面证词被法庭采纳应该是毫无问题。但是，由于许多法官，特别是庭长，对于宣誓书抱有英美法系的传统偏见，以及辩护律师的激烈反对，这个问题竟在法官们之间引起了争议，拖延了多日始获解决。

按照英美法院的旧传统，一般证人的证言必须在公审庭上作出，并且要经过对方的反诘（如果对方认为有反诘的必要），证言方才会被法庭采用。因此，提供证人的一方必须保证法庭能够传唤该证人亲自到庭受讯，否则他便丧失证人的资格，用书面证言是不能替代亲自出庭的。

对这项传统规则，英美法院原也允许有若干例外，但是这些例外的范围是严格限制的。例如：作出书面证言的证人原来保证可以出庭接受反诘，但是在此期间，他却死亡了或者得了重病不能出庭。在这种情形之下，法庭可能采纳他的书面证言。[1] 又如，书面证言确实系在法官在场的情况下所取得，并经该法官亲自签字证明；或者系在诉讼另一方（即对方）的当事人或其代表律师出席的情况下所作出，并且保证证人在将来必要时愿意出庭受诘——对这类的书面证言，法庭才考虑接受。除此之外，法庭对于任何书面证言都是采取歧视态度的。这是英美法院的一种根深蒂固的偏见，原因便是他们过分重视反诘的作用，认为不能接受反诘的证人的证言，其价值是可疑的。

―――――――――――

[1] 对患有重病或因其他原因不能出庭的证人，法庭的简便办法通常是派遣一名"受命法官"带着书记官、速记员等几个工作人员以及诉讼双方的代表律师到他的居住地点去举行一种小型的审讯。日本人称之为"临床审讯"。这种审讯的仪式同公开审判相似，只是"具体而微"而已。证人由提供的一方执行直讯，对方认为必要时可以执行反诘，法官当然也有权向他发问。这种"临床审讯"的记录都转入法庭审判记录之中，作为法庭正式记录的一部分，这种简便办法是一般法院（包括英美法院）所常采用的，纽伦堡国际军事法庭曾经采用过多次。但在远东国际军事法庭的整个审讯期间，它只被采用过一次，那便是对重病证人石原莞尔的讯问，是由新西兰籍法官诺斯克罗夫特主持的。参阅《远东国际军事法庭审判记录》（1947年4月4日）第19384—19390页。

其实,这项英美法院传统旧规,在两次世界大战时早已被打破。1940 年英国颁布的"诉讼规则"已明白地允许起诉人利用证人的书面陈述作为证据。在美国军事法庭里,书面证言已被广泛地采用着。但是远东国际军事法庭的若干英美派法官仍旧摆脱不了这种陈旧的偏见,因此引起了英美派与非英美派法官之间的一场激烈的争论。争论的结果,胜利当然属于非英美派,因为他们有宪章条文中不可争辩的根据。宪章第十三条不但一般地规定了"本法庭不受技术性采证规则之拘束……将尽最大可能采取并适用便捷而不拘泥于技术性的程序,并得采用本法庭认为有作证价值之任何证据",而且在该条(丙)项第三款中还明白规定了法庭得采纳"证人经宣誓提出之书面供词(即"宣誓书"。——作者注)……"。

这个问题在法官们之间虽然解决了,但是在公开庭审中,美国辩护律师还是喋喋不休地坚决表示反对,于是在庭上又引起了庭长和美国律师之间的一场论战。事情的经过是这样:

1946 年 7 月 3 日,公开庭审开始不到两个月时间,检察方由澳大利亚陪席检察官曼斯菲尔德代表向法庭提出在太平洋战场各地亲历目睹日军野蛮暴行的证人的书面证言("宣誓书")的摘要若干件,要求法庭采作证据。他向法庭解释说:"写这种宣誓书的人极大多数是散居在各个国家里,我们并不打算传唤他们到庭,而只希望依照宪章第十三条(丙)项第三款的程序要他们向法庭提出宣誓书。"

曼斯菲尔德解释刚完,美国辩护律师罗根便跑上发言席,抓住发言器,大声表示抗议。他说:"不传唤这些证人出庭而采用他们的书面证言作为证据,这是同久已确定的盎格鲁—撒克逊国家关于'不可剥夺的反诘权利'的法律相抵触的。"

庭长威勃当即驳斥他说:"是的,这诚然是通常的规则,但是我们既不受证据法规范的拘束,也不受通常的审判程序的拘束。我们在自己的工作中所应遵守的只是法庭的宪章,而法庭的宪章中是不包含这一规则的。"

庭长当场作出这样的裁定是事先得到多数法官们的同意的。因为，正如上面所指出的，这个问题在法官会议上已经讨论过多次，并且作出过决定。庭长心中当然有数，所以他敢于立即给罗根以回击。在罗根心有未甘，仍表异议时，庭长正颜厉色地向他宣称："对于我们的任何裁决……没有任何一个法院或政府有权加以重新审查。"

虽然如此，但曼斯菲尔德代表检方提出的关于日军暴行的大量的宣誓书，由于技术上的原因，并没有在那次庭审中被接受。法庭第一次正式采纳不到庭、不受反诘的证人的书面证词，亦即宣誓书，是在1946年8月29日。[1] 自此以后，诉讼双方都曾陆续向法庭提出过许多这类的宣誓书，以代替证人出庭作证。直到审讯终结时，这种证人的宣誓书总数竟达775件之多。

这775件宣誓书是法庭总共接受的4336件作证文件的一部分。每件都按接受时间的先后编有一个统一的号码，接受的程序也完全和本章第二节所述的一般作证文件的接受程序相同。

在这里，值得一提的便是庭长威勃对这件事的真正态度。由于威勃（澳大利亚人）毕竟是一个有着很深的英美法系教养的老法官，他当然不能完全摆脱英美法院的传统偏见，而敌视或轻视未经反诘的证人的证言便是这种偏见之一。但是，由于他是代表法庭的发言人，而法庭宪章和法官会议的决议又明白地允许采纳这种证言，于是，他在公开庭审中又不能不义正辞严地维护这种证言的被接受，甚至不能不对反对者声色俱厉地加以斥责。然而，在内心中，他对这种不出庭证人的宣誓书的证据价值如何是抱有很大的怀疑的。因此，他在接受这种证据的时候，总喜欢加上一句"我们接受它，不管它的价值如何"，或者"它是在

---

[1] 关于法庭在公开庭上宣布采纳证人"宣誓书"（affidavit）的经过详情，可参阅1946年7月3日及同年8月29日的《远东国际军事法庭审判记录》。

通常条件下被接受的",意思也就是说它的作证价值大小有待将来评议。庭长这种多余的语句正足以表示他无可奈何的心情,但是他的这种说法在法律上并没有多大的缺点,因此,法官同事们也不便提出抗议或批评。

最后,关于宣誓书,还有一点必须指出的,便是它同其他作证文件的区别。在被远东法庭采为证据的数以千计的文件中,有的是政府机关或社会团体的档案、卷宗,有的是官吏或职员的报告函电,有的是私人的日记、信札、回忆录或其他著述,种类甚多,不限一格。但是这些文件却有一个共同特点:它们都是早已存在的文件,而不是专为远东法庭的这次审判而特别作出的,因而它们的客观性是比较强的。客观性比较强,作证的价值当然也就比较大。宣誓书则不然。宣誓书系作者应诉讼一方之邀请,为了该方的利益而专门作出的证言,交由该方代表向法庭提出,以代替他的出庭陈述。虽然它有证人的宣誓和其他仪式的保证,但是它的内容很难避免掺杂有主观偏见和私人感情的成分。通常由对方以猛烈反诘去考验证人证言的办法,在这里又不能使用。因此,在一般法官的心目中,特别是在承认"反诘为不可剥夺的神圣权利"的英美派法官的心目中,不出庭证人的宣誓书的作证价值是很有限的,绝不能与其他作证文件或出庭受讯证人的证言等量齐观。庭长对宣誓书始终怀有抵触情绪,其原因亦在于此。

——以上所述系宣誓书的制作条件,它被法庭采用的经过,以及它的作证价值。下面要谈的是另一种文件,即被告战犯们的侦讯口供。

※　　　※　　　※　　　※

在第三章第二节"国际检察处对战犯们的调查工作及起诉准备"中,曾经指出过:在盟军总部对日本主要战犯进行了四次逮捕之后,被羁押在巢鸭监狱的日本甲级战犯已达百余名之多。对这许多战犯,国际检察处(早已被指定为未来的国际审判的起诉机关)在1945年底进行过一次普遍的初步的调查。到了 1946 年 1 月 19 日法庭宪章颁布和 2 月 14 日法官名单发表之后，国际检察处的侦查工作便更加紧张，因为他们知道法庭不久将要成立，而日本甲级战犯的审判工作不久也将开始了。这时他们的侦查对象不是一般在押的甲级战犯，而是从这些战犯中特别挑选出来的约二十余名作为第一案起诉的被告。他们那时确曾集中全力对这些预定的被告进行很细致、深入的调查侦讯，有的战犯被侦讯达五六次之多，录取的侦讯口供达数十页。

在远东国际军事法庭被控的 28 名甲级战犯中，除板垣征四郎、木村兵太郎、重光葵和梅津美治郎 4 人之外，每个人都有检察处根据他们在长期侦讯中的口供而作出的一份记录。板垣征四郎和木村兵太郎是由于在海外作战（板垣在新加坡，木村在缅甸），日本投降时被当地军事当局拘捕，直至远东法庭开始举行公审方被押解到庭，因此检察处来不及对他们执行侦讯，录取口供。重光和梅津则系由于特种的考虑，检察处在起诉的前夕方才决定把他俩列入被告，因而也来不及对他们进行侦讯。[1] 除此 4 人之外，国际检察处对其他 24 名被告都分别作有一份侦讯报告，亦即检察官对他进行侦讯时双方口头问答的逐字逐句的文字记录。这 24 份侦讯被告或口供记录应该怎样使用？它们是否可以当作作证文件而要求法庭予以采纳？这个问题在诉讼双方之间曾引起过很大的争辩。

在审讯的过程中，检察处曾经企图向法庭提出这种侦讯口供记录，并请求采纳为法庭作证文件。被告辩护律师方面立即表示坚决反对，其理由是：一、这种口供记录并未经被告本人签字，作成后也未曾念给

---

〔1〕被告自确定为诉讼案件中的被告之时起，即被认为与检察处是壁垒森严的敌对双方。除在公开庭审外，彼此不得有所接触。他们的身份同在起诉前羁押监狱时迥然不同。这是英美法系的一种特殊制度，而为远东法庭所采用。板垣、木村、重光、梅津四人起诉前既未入狱，起诉后始到庭受审，这时他们与检察处处于对立的地位，检察处便不能对他们进行侦讯和录取口供（参阅本书第三章第二节）。

被告本人听过,使其有审查和更正的机会;二、这种记录纯系检察处单方面的行为,侦讯时并没有法庭人员或辩护律师在场;三、这种侦讯只对一部分被告进行过,而不是对全体被告都进行过的(指对板垣等四人没有作过这种侦讯),因而把它们提出作证对这些被告不是公平合理、平等对待的。由于侦讯记录有上述缺点,所以辩护方面坚决要求法庭拒绝作为证件接受。

这个问题在法官们之间也引起了一场争议。非英美派的法官大都认为可以接受,因为宪章明白规定了"本法庭不受技术性采证规则之拘束……不拘泥于技术性的程序,并得采用本法庭认为有作证价值之任何证据"。[1] 被告们的侦讯口供记录既是检察方面经过长期的辛勤努力所作出,自不能视为没有作证的任何价值。英美派法官则不然。他们大都怀有英美法系证据法则技术性的偏见,认为这种侦讯记录既不合乎一般"宣誓书"的规格条件,又不是在被告们有充分"保障"下作出的,因而无条件地采纳为证是不适宜的。

法官们争论的结果是决定采用一种多少带折中性的办法,即:一、对每一被告的侦讯口供记录不能作为一个整体向法庭提出要求采纳为作证文件;二、如果被告出庭作证,他可以自愿承认这份记录的整个内容正确,因而使它成为他的证言的一部分;三、倘使被告出庭作证但不愿承认该份记录的全部内容,则检察官在对他执行口头反诘时可以尽量利用记录中的材料,迫使他承认,否则他必自陷于矛盾、狼狈的处境。这是法庭最后作出的处理这种被告口供记录的办法。

但是被告出庭作证与否是完全由他自己决定的。因为,法庭虽有权批准诉讼双方所提的证人名单并协助双方传唤证人,但是它却无权强迫任何证人到庭作证。以前提到过的波多野事件,便是一个例子。[2]

---

[1]《远东国际军事法庭宪章》第十三条(甲)项。
[2] 参阅本章第三节(一)目。

被告既不为自己辩护而发言（他们都是由辩护律师替他们辩护），而一部分被告（土肥原、广田、平沼、梅津、重光、木村、佐藤、畑、星野九人）又拒绝登台作证，他们在法庭整个审讯期间每日只是端坐在被告席中，始终未发一言，从而检察官对他们也就没有进行反诘的任何机会，更谈不到利用他们的侦讯口供作为反诘的材料。外界认为这些被告是比较狡猾的，因为他们知道自己的问题复杂，而在侦讯期间又承认得太多，倘使登台作证，可能被检察官无孔不入、咄咄逼人的反诘弄得焦头烂额，狼狈不堪。因此，他们宁愿销声敛迹，保持沉默。对这些人，检察处几乎是没有法子利用他们的口供记录的。

至于那些自愿以"辩护证人"资格登台作证的 16 名被告（东条英机、小矶国昭、荒木贞夫、板垣征四郎、南次郎、武藤章、冈敬纯、岛田繁太郎、大岛浩、白鸟敏夫、东乡茂德、贺屋兴宣、铃木贞一、桥本欣五郎、木户幸一、松井石根），他们有的是想借此表白一番，企图洗刷或减轻自己的罪责，有的是想借此出风头，为自己的罪行宣扬一下，美化一番，把自己说成仿佛是个"民族英雄"的样子。东条英机便是后一种人中最突出的一个。他曾自愿登台作证，在他代替直讯答问的书面证言的前面还偷偷地、恬不知耻地加上一页封皮，写着"此乃一历史文件也"的字样。当法庭发现了他这个"阴谋"之后，庭长立即加以讽刺和申斥。

对那些自愿登台作证的被告们，检察处是毫不放松的。在对他们进行反诘时，检察官必然会逼使他们承认他们以前在侦讯期中所供的口供，至少是其中某些主要事实。如果他们企图抵赖或者企图用新的说法代替旧的说法，则检察官可以指责其前后矛盾，自相抵触，因而使他们陷于不利的地位。

由上所述，可见检察处在侦讯期间所作的口供记录对多数被告还是利用过的，虽然对少数被告它几乎完全用不上。遗憾的是：建立此项侦讯记录原本是检察处在起诉前的一项主要准备工作，为此投入了大量人力物力，但是由于形式上的缺点（如未向被告们宣读、未经他们签字等），致使法庭未能整个地把它们当作作证文件而予以接受。正如我们一再指出过的，远东国际军事法庭采用的是"证据主义"，是故凡是没有被法庭正式接受过的文件或未在审判记录中登载过的证言，将来在诉讼双方的总结中和辩论中，以及在法庭的最后判决中，都是不能援用的。

五、对法庭审讯程序的批评

远东国际军事法庭的审判之所以旷日持久，审讯程序之复杂烦琐无疑是一个最大的原因。

法庭宪章本身关于审讯程序的规定，无论在精神实质上还是在具体条款中都存在着相当大的矛盾。

一方面，它要求对日本首要战犯们作出"迅速"的审判。因此，在宪章第十二条（"审讯之进行"）中便规定了"本法庭应（甲）将审讯工作严格地限制于迅速审理控诉中所提出的各项问题；（乙）采取严厉措施以防止任何足以引起不合理拖延审讯之行为，并排除一切与本案无关之问题及陈述"。第十三条（"证据"）中规定了"本法庭不受技术性采证规则之拘束。本法庭将尽最大可能采取并适用便捷而不拘泥于技术性的程序，并得采用本法庭认为有作证价值之任何证据"。这些条款的目的无疑都是为了加速审讯的进行。

但是，另一方面，为了使审判符合"公平"起见，法庭宪章又规定了许多复杂烦琐的规章制度，从而又阻碍着审讯的迅速进行。这些规章制度并非一般公平审判所要求的，或必需的，而是英美法系所特有的。例如宪章第十五条所规定的审讯进行之步骤，以及讯问和反诘证人各阶段的细腻的划分等，都是极端烦琐的一些英美法系传统的规章制度。

由于法庭宪章和程序规则都是英美法系的专家所起草，而法庭成员中多数又是受英美法系教养出身，因此，非但在法庭审理程序的条文规定上，而且在实际执行中，英美程序法的影响始终有形地或无形地支配着远东法庭的全部审讯过程。正如我们一再指出过的：英美法系的程序规则是世界各法系中最复杂、最烦琐的，它里面掺杂着形式主义、主观主义和许许多多的历史残迹。

由上所述，可见远东法庭的审讯程序始终贯穿着一个大矛盾。这个矛盾也可以说是目的和方法之间的矛盾。一方面，宪章授权给法庭便宜行事，以达到迅速审判的目的；另一方面，法庭所采用的许多规章制度，以及英美法官们对程序问题的习惯偏见，又在达成这个目的的道路上设置了许多障碍物和绊脚石。

诚然，为了解决或缩小这个矛盾，法庭在审讯过程中也曾采取过某些措施。举例来说，对出庭证人的直讯不用口头问答方式而改用宣读证人书面证言的方式便是最突出的一个。另外一个重大措施便是限制反诘中对证人的诘问，使其必须针对证人在直讯证言中所提出的主要问题而不能超出这个范围。法庭在审讯最初期便及早采取了这两个措施，不能不说是一种非常明智的举动。对远东法庭的审讯程序来说，它们确实是富于"革命性"的变革。考虑到出席法庭的证人有四百余人之多，不难想象：如果法庭没有及早进行这两项变革，东京审判的过程可能还要比实际拖长半年乃至一年之久。

但是，法庭为达成"迅速审判"的目的而采取的措施还是远远不够的。在审讯程序上，它并没有充分行使法庭宪章第十二条及第十三条所赋予它便宜行事的广泛权力。

时过境迁，现在我们不妨客观地回顾一下远东法庭在审讯程序中的某些缺点。假使这些缺点及早得到纠正，东京审判所耗的时间必可相当地缩短，而它的政治影响反而可以大大地增强。

首先，必须指出，审讯程序对被告辩护方面是过分宽大的，甚至可说是宽大无边的。诚然，为了使审讯公平合理，被告的辩护权利是应该尊重的。但是对于滥用这种权利的事情，法庭应该事先防止或及时制止，而不应遇事迁就，任其发展。然而法庭在这方面做得是十分不够的。例如，宪章规定每一被告有权自行选任其辩护人，但并没有规定每一被告可以拥有几个辩护人和是否可以拥有不同国籍的辩护人。在实践中，法庭竟批准每一被告得拥有美国辩护律师一名，而日本律师的名额更漫无限制，有的被告如岛田繁太郎的辩护律师竟达八名之多，一般被告每人也有五名或五名以上。在每名被告的周围几乎都有一个小小的辩护集团，而这些小集团凑拢起来又形成一个声势浩大、人数众多的大集体。在公审庭上这众多的律师们喧宾夺主，诡计百出；他们尽量利用法庭的宽大，想尽一切办法拖延审讯的进行。特别是美国辩护律师，他们经常利用英美法系程序规则上的枝节问题，不断地同法庭纠缠，浪费法庭审讯的时间。有些美国律师如布莱克尼之流，在法庭的表现十分恶劣，张牙舞爪，肆无忌惮，动辄诋毁苏联，甚至诋毁他自己的祖国。他们幻想当时苏美紧张关系可能会酿成第三次世界大战，因而他们认为只要能够使东京审讯尽量地拖延下去，远东法庭或将不免有无形解散之一日。

对被告辩护律师的这种捣乱和拖延行为，法庭并没有经常采取强硬的措施或有力的办法去对付。诚然，法庭也根据宪章赋予它的权力，停止过两名美国律师的出庭资格，从而使辩护律师们的嚣张行径稍有收敛。[1]但是，总的说来，法庭在这方面的措施还远远赶不上形势的实际需要。为了要维持"公平审判"的表象，它对被告律师们随时随地作出的旨在拖延审讯的无数捣乱行为大都没有及时制止，甚至对于他们利用法庭作讲坛宣扬被告们的谬论和诬蔑同盟国家的荒唐行为也没有予以制裁。这是法庭对被告过分宽大的一面的表现。

法庭对于被告过分宽大的另一方面的表现是：被告可以根本不登台受审。按照宪章的规定，被告如聘有律师代为辩护，他自己便不能出

---

[1] 远东国际法庭曾根据宪章第十二条（丙）项之规定，先后停止过美国辩护律师施密士和肯宁汉二人的出庭资格。关于这二人停职的原因和经过，参阅本书第二章第五节。

庭辩护。[1] 这项规定，表面看来好像是限制被告的辩护权，实则是给被告以逃避亲自直接受审的机会。诚然，他们可以以"辩护证人"的资格出庭作证，但是作证与否是完全根据自愿的原则，而且证言的范围也是有限的。因此，狡黠的被告们便根本不登记作证，使法庭和检察官同他们没有任何直接的接触或交锋。就是对于那些自愿登台作证的被告们，法庭的讯问和检察官的反诘也只能限于他们在直讯中提供的主要问题，而不能对他们的全部罪行作彻底的、有系统的追究或盘问。

被告可以拒绝在法庭发言的规则原来也是根据英美法系里一条由来已久的传统原则，即所谓被告有权不"自入于罪"的原则。[2] 依照这个原则，任何刑事被告有权拒绝答复任何可以使他自己陷入犯罪地位的问题。因此，这也就给了他在审讯中完全拒绝发言的权利。这项规则的用意原在保护被告，使他在受审时不致因为自己的无知、胆怯或疏忽，或者由于法庭和检方的威胁压迫，而作出不利于自己的招认。刑事被告既有权完全拒绝发言，那种"严刑逼供"和"屈打成招"的野蛮现象从理论上讲当然就不会发生。

这项保护被告不致"自入于罪"的规则是英美法系所特有的，在世界许多其他国家中并不存在。它并不真正符合"公平审判"的原则。适用于普通的简单的国内刑事案件犹有可说，但是把它适用到像远东国际军事法庭所审理的这样庞大复杂的国际案件，那是十分不相宜的。有些情况非直接审问被告便不易弄清楚，或者要弄清楚也是事倍功半。至于对被告们威胁压迫，那在远东法庭是不可想象的。然而，远东法庭竟采用了这样一项英美法系的陈旧原则，使它的"迅速而公平"地进行

〔1〕《远东国际军事法庭宪章》第九条（丁）项。
〔2〕这条原则英文称为 rule against self-incrimination，即刑事被告有权在法庭上拒绝作任何可以使他自己陷入有罪嫌疑（即所谓"自入于罪"）的供认或发言。因此，在审讯中，他完全可以拒绝回答检方向他提出的任何问题。这是英美法系向来用以保障人权的非常重要的一项规则。美国还把这项规则列入宪法修正案中，认为它是公民的神圣不可侵犯的权利之一。

审判的理想受到了损害。这除了盲目适用英美法制和表示对被告们无比宽大之外，我们很难找到别的解释。

※　　　※　　　※　　　※

除了对被告过分宽大之外，法庭审讯程序的第二个缺点是对出庭证人名单没有进行过严格认真的审查。诚然，邀请什么证人出庭作证是由诉讼双方自行决定，开具名单后请求法庭核准并予以传唤的。但是按照法庭宪章的规定，在核准证人名单时，法庭应该命令当事人除指明证人所在地址外同时说明需要他出庭证明之事实以及此等事实与本案审讯的关系。[1] 法庭如果在这些方面有所不满，它是完全有权拒绝传唤某些证人的。然而事实上，法庭并没有这样做。它对诉讼当事人申请传唤证人一事几乎是采取"有求必应"、"来者不拒"的态度，从来很少进行过严格认真的审查，更少有过拒绝核准的情事。因此，在审讯过程中，证人川流不息出庭作证便成了法庭的一个最突出的现象，消耗的时间也最多。总计检察方面所提供的所谓"检察证人"（109 名）和被告方面所提供的所谓"辩护证人"（310 名）总数竟达 419 名之多，这在世界司法史上是打破纪录的。

在这里，值得注意的是，远东法庭接受出庭的"辩护证人"的数目几乎等于"检察证人"的三倍。这可能也是法庭对被告辩护方面过分宽大的一种表现。但是，最不幸的是，在这数额浩大的辩护证人之中，真正有作证价值的却不多，其中大多数人的证言都无关宏旨，还有很大一部分是莫名其妙和毫不相干的。这些人大都是被告们的亲友僚属，他们被辩护律师们提名来到法庭无非是为了要替被告们说些好话，实际上他们对案情的关键问题一无所知，在对付检方的反诘时，他们不是瞠目结舌，便是胡诌一通。这种证人的证言是完全没有价值的。法庭在判

[1]《远东国际军事法庭宪章》第九条（戊）项。

决书中最后也不得不承认："就法庭的经验说,辩护方面的大部分证人,没有敢于面对难题的打算。他们拿冗长模棱的遁词来对待困难,那只会引起不信任而已。"[1]

假使法庭在当事人申请传唤证人的时候,把申请书上所载的项目(如证人与被告的关系、他的资格和经历、他所能证明的事实以及这种事实与本案的关系等)逐项予以严格认真的审查,它不难发现辩护证人中至少有三分之一甚至半数是可以拒绝批准的。倘若法庭那样做了的话,不但审讯可以节省大量时间,而且可以避免法庭以后在证据评价问题上的许多不必要的困难和混乱,同时还可使法庭威信、审判质量和政治影响有所提高。

遗憾的是法庭并没有这样做。它在审查和批准证人名单问题上始终采取了形式主义和放任主义的态度。这不能不算是法庭审讯程序中的一个重大缺点。

※　　　※　　　※　　　※

法庭审讯程序的第三个缺点是没有充分利用"受命法官"的"庭外审讯"(日本人称之为"临床审讯")制度。

按照法庭宪章的规定,法庭有权"任命官员执行法庭所指定之任何任务,包括代表法庭在庭外采录证据之任务"。[2] 这种派遣官员在庭外录证的办法在许多国家的司法制度中都是有的。通常是由法庭派一名法官,即所谓"受命法官",带着书记官、记录员等几名法庭工作人员以及诉讼双方的代表到证人所在地或法庭指定的任何其他地点去举行。这样便可以节省整个法庭公开庭审的时间。"庭外审讯"的仪式和排场当然要比法庭正式庭审简单得多,但是实际上它同样可以达到讯

---

[1]《远东国际军事法庭判决书》第一部第一章,张效林译,五十年代出版社,第9—10页。
[2]《远东国际军事法庭宪章》第十一条(戊)项。

诘证人和录取证言的目的。

在纽伦堡国际军事法庭对德国首要战犯的审讯中,这种由受命法官在庭外录证的办法曾经使用过多次,因而为法庭的正式庭审节约了不少时间。纽伦堡审讯之所以能在约十个月内迅速地结束,这也未尝不是一个小小的原因。遗憾的是在远东国际军事法庭的整个审讯过程中,这种宪章明文允许的简便办法只在1947年间采用过一次。那次还是对一个抱病沉重、不能动弹的证人(前陆军中将石原莞尔)才采用的,审讯的地点是山形县酒田市石原的故乡。

除了对石原一人之外,对其他400多名出庭证人的讯诘都是在东京法庭的正式公开庭审中举行的。

前面已经指出过,在出席远东法庭的数百名证人里,特别是在那数额占四分之三的"辩护证人"里,大多数人的证言是无关宏旨的,还有很大一部分是莫名其妙和毫不相干的。法庭对这些人的出席既未行使过拒绝批准的权力,那么,如果对他们,哪怕是对其中的一部分人采用了受命法官庭外录证的简便办法,法庭公开庭审的时间也可得到大量的节省。但是法庭完全没有这样办。这也不能不算是它在审讯程序上的一个缺点。

※　　　　※　　　　※　　　　※

远东国际军事法庭在审讯程序上的另一个缺点是对证人执行反诘的人数太多,漫无限制。

对证人的反诘是审讯程序中最耗费时力的一个项目。反诘不能像直讯一样用书面替代,而必须用口头问答的方式进行。对反诘执行人和证人之间的一问一答必须在公开庭上当即作出口头翻译。这就非常耽误时间,而且时常引起翻译是否正确问题上的争论,需要法庭的语文小组予以仲裁。此外,关于反诘的范围,例如向证人提出的某一问题是否与他的主要证言有关联,也常引起双方的争辩,需要法庭作出裁定方能解决。由此可见,反诘确实是法庭一切审讯程序中最能消耗时间和最易引起纠纷的一项。

既然如此,法庭对于反诘原应根据宪章赋予它的权力多想办法加以限制。但是,由于法庭英美多数派法官对于反诘的效用具有过分的迷信和对于"公平审判"的意义具有不切实际的理解,法庭对于反诘程序,除了作出过一次决议,规定在反诘中对证人的发问必须不超出他在直讯中所提到的主要问题之外,并没有采取过任何限制的措施。在审讯庭上对违反上述决议的行为也很少及时制止或严厉制裁。

不仅如此,法庭对于执行反诘的人数还不加限制,因而一个证人在经过直讯之后可能受到对方好几个律师和好几次的反诘。这是一项很不合理的措施。它不但使证人受到"轮流轰炸"的折磨,弄得头昏脑涨,疲惫不堪,而且容易枝节横生,产生混乱,使证言中的主要问题反而弄得模棱难辨。至于多数的冗长的反诘造成了大量审讯时间的浪费,那就更不待言了。

诚然,对于所谓"辩护证人",检察处在绝大多数的情况下都是只派一名检察官对他执行反诘,所有要向他提出的问题都是由这一位检察官"统筹统办"的。只有在特殊的情况下,才有另一位检察官向他再提出一些补充问题。在法庭全部审讯过程中,这种情况是极端稀少的。

但是对于所谓"检察证人",情况却完全不是这样。在证人经过直讯之后,被告的辩护律师(包括美国律师和日本律师)每个人都有权对他执行反诘。这样,便造成很大的混乱和重复。不但证人遭受不必要的折磨,而且白白地浪费了不少审讯的时间。例如前伪满皇帝溥仪出庭为检方作证时,直讯不过半天,而反诘便花了7天有余,执行反诘的被告辩护律师达7、8人之多。对证人秦德纯、黎伯特、魏尔德、理查逊、田中隆吉等许多人的反诘,情况亦复类似。不难设想:假使对溥仪的反诘是由一名辩护律师统一集中地去执行,反诘的时间将至少节省一半,甚至三分之二,而且反诘的质量还可以提高。

由于法庭对执行反诘的人数没有限制,对于检方提供的证人,被告辩护律师们便会以这种或那种的借口,接二连三地对他进行"疲劳轰炸"。虽然他们提出的问题常常是重复的或者是毫无意义的,并且时常遭到检方的抗议和法庭的制止或申斥,但是,尽管如此,他们浪费法庭时间和拖延审讯进行的目的已经达到了,至少部分地达到了。

远东法庭的宪章虽保证每一被告或其辩护人均可诘问任何证人,[1]但并不等于说被告们诘问证人的权利是不受限制的。法庭完全有权在它制定的程序规则中,或者以法庭命令的形式宣布的决议中,规定对诉讼任何一方所提供的任何证人,只许由另一方的一名代表(一名检察官或一名辩护律师)执行反诘。一切要向该证人质询的问题都由这名代表收集整理,集中统一地向他提出。这样,对诉讼双方既保持了待遇平等的原则,又可使法庭节省大量时间,还可防止由于反诘重复而造成的累赘和混乱。但是法庭并没有这样做。这不能不说是它在审讯程序上的又一缺点。

——以上所述是远东国际军事法庭审讯程序中的几个比较重大、突出的缺点。至于审讯程序细节上那些比较微小的缺点,姑不具论。

这些缺点之所以产生,正如我们在前面所指出的,主要是受了英美法系传统的程序规则的影响。法庭宪章中虽规定了要对被告们作出"迅速"的审判和处罚,并且"将尽最大可能采取并适用便捷而不拘泥于技术性的程序",但是,在关于审讯程序的条文里,宪章又自相矛盾地采用了一些英美法系所特有的复杂烦琐的制度和规则。在实际执行中,这些制度和规则更进一步染上英美法系的色彩,因为远东法庭的成员大多数系属于英美法系或受过英美法系的教育,他们对于解释和运用这些制度和规则当然不能脱离英美法系传统的成见。这就是远东法庭的审讯根本无法迅速、便捷、利落、干脆的原因所在;这也就是东京审判之所以长夜漫漫,拖延了两年半之久的原因所在。

---

[1]《远东国际军事法庭宪章》第十五条(戊)项。

第二部分

东京审判日记

（1946 年 3 月 20 日至 5 月 13 日）

【编者按】　梅汝璈先生原本有写日记的习惯，后来遭逢
"文革"，他的日记大都散失，且无从搜寻。下面呈现的是
仅存的一小部分，时间是从他抵达东京到法庭开庭后数
日，中间还略有缺页。这当然不可能反映东京审判的全
貌，但是我们不难从中看出梅先生对一些重大问题的认
识。日记中的一些引文、译名、字句、标点等与现行用法
有些差异，为尊重其原貌而基本未作改动，仅就个别地方
略作调整以保持全篇统一。

一九四六年三月廿日　星期三

今天的天气特别好,在华懋公寓十层楼的房间里起身推窗一望,只看见一片蔚蓝天色,衬着一个红亮亮的太阳。这是最近三星期以来的未曾有的景象。我自重庆来上海已经五个星期了。头两个星期,天天阳光普照,宛若仲春,近三个星期却霪雨连绵,沥沥不休,几乎连太阳的模样都忘记了。

为了免得清晨起身冒雨跋涉的狼狈,我昨天特地向美军总部在华懋公寓要了一间房间住宿。华懋公寓在旧法租界,俗称为十三层楼的洋房子,是上海摩天楼之一。日人占领期间曾征为军用,设司令部于其间。投降后,美军把它接收了,作为高级军官宿舍及招待宾客用。陆军运输司令部(A. T. C.)便设在公寓楼下。凡是搭军用机飞往日本或美国的旅客都要清晨七点半前到这儿,办理手续,再由司令部用汽车送往江湾军用机场。

华懋公寓虽然是上海一座最高的摩天楼,但是二十天来不断的霪雨,却使它坐了水牢,大门后厅都搭了很长的跳板,行人才走得过去。我昨日傍晚搬进来住时便感觉很大的麻烦。

但是,说也奇怪,一夜转来,不但雨停了,而且四周的水也都退光了。推窗一望,碧蓝天色日东升,大有仲春气象,和昨日阴雾重重的情景,大不相同。事虽出于偶然,它却使我内心中觉着十分愉快,格外兴奋。

由于昨晚与朋友,尤其是新自东京归来的向明思(向哲濬——编者注)兄,谈话太多,睡得太晚,加上心里觉得航行起站既在楼下,必无误点之虞,所以醒来已经是七点钟了。

匆匆梳洗,连吃早点的工夫都没有,叫工役携着行李下楼时已经是七点半了。略办手续,站上人员便招待旅客到楼上去看一个影片,叫做旅客须知,影中映的是穿防护衣的步骤和飞机出事时旅客防卫及救护的方法。片子演了约十五分钟,画面和讲解得都十分清楚。美国人对于生命的重视真是"无微不至",而他们办事之认真,科学化,于此可见一斑。

看完影片下楼,站员点名,旅客依次上他们预备好的大汽车。因为我的名字上有一个"法官(Judge)"的头衔,所以站员点名总把我派做第一个。这使那些美国军官感觉奇异,但是"法官"在外国人心目中是最受人尊敬的,尤其是在英美。它们是厉行法治的国家,法律至上,法官是再荣誉尊严不过的了。

但是这个中国法官,究竟是哪里的法官,他为什么到东京去?——这是他们人人心目中的疑团。

在大汽车上,我们都默默无语。车行甚速,驶过上海一条一条拥挤的街道。有一个军官忽然发现了一件行李,挂着我的一张名片。他面部表情很镇静,但却很得意,好像一个侦探发现了一个案子的线索似的。我知道他想看我的名片,便故意把头向窗外注视,同时却留神他的动作。等我回过头来,他的表情更不同了,他似乎在告诉他的同伴,他发现了一种他们所不知道的秘密。对我,他更加尊敬,有礼,因为在他心目中一个盟军最高统帅部国际军事法庭审判官的地位是无上高贵、无上的尊荣了。我们谈了几句应酬话,在江湾下车时他帮我提行李,并招呼我上飞机,表示得异常亲切。

九点半飞机起飞了。我的肚子还是空空如也,连茶水都没有喝过一口,我有点心慌,然亦无可奈何。起飞前侍者叫我们把救护衣穿好;起飞十五分钟后,又叫我们把救护衣脱下,说危险时间已经过去了,我们都有点莫名其妙。

飞机是一架中型运输机,座位虽有四五十个,但是乘客只有十余人,不到座位三分之一。除了我和两个日本人外,其余都是美国军官,有的是到东京的,有的是到东京后再转回美国的。

那位青年军官坐在我旁边,我们此时已经是熟人,海阔天空,谈了许多。我的茶水问题也解决了。而且每半小时他就给我端一杯来。

他的名字叫做麦克乐（McLeod），大学毕业，而且在研究院读过一年法律。他秋间可以满役，打算继续读书。他被征入伍时不过是个普通士兵，经过几年的战争才升为下级军官。从他这一个例子看来，我们便可知道美国兵役办得何等"公平"，美国士兵和军官的教育程度是何等的高。

提起那两个同机的日本人，我很想知道他们究竟是哪一种的人。但是我始终没有发问，虽然他们表现很卑怯和蔼，很想和我接近的样子。因为，第一，同机的美国军官对他们很厌恶，轻视，至少冷酷的样子，我自不便表示亲近，虽然我仅是好奇而已。第二，纵使我去盘问他们，他们未必能用华语或英语答我，而我对日语又是一窍不通。但是我想，他们或许是反战分子或共产党人，如青山和夫、鹿地亘之流，否则他们哪会有坐美军用机而未受监视回日本的资格呢？（倘使是战犯，他们一定美军押解。）这一疑团，现在仍萦绕在我脑海中。

与麦克乐谈谈笑笑，有时从窗口俯看汪洋无边的大海，有时仰望蔚蓝的天空，时间过得真快，不知不觉已经到了日本陆地的上空，而且十五分钟便要到厚木机场了。侍者叫我们再把救护衣穿了起来。一会儿又叫我们脱了下来。不到两分钟飞机便降落下来了。这次飞行异常平稳舒适，天气又好，到站时才是四点钟。我感觉很幸运——这个在上海苦了三个星期雨的我。

飞机方才停稳，我和麦克乐正要握别时，忽然一个着上校制服的军官冲上来了，大声问哪位是"魏法官"。我猜想他是来接我的，便告诉他我是梅法官而不是魏法官，他说对的，我是来接你的，原来他把 Mei 记成了 Wei。又说昨天上海美军总部有电报到盟军总部，盟军总部特地派他来接。上校阶级在美国军队里已经是不小的阶级，加上这番话一说，更使全机的旅客惊异不置，同时也有点莫名其妙。究竟这个法官是什么法官？何以中国法官要跑到东京来？还受着这样隆重的欢迎？

这位上校名叫赫夫（Colonel Huff），原来是麦帅（麦克阿瑟——编者注)总部的交际主任或招待处处长之类,他跟随麦帅多年,身经百战,现在被派的却是一个送往迎来的轻松任务。

有赫夫上校照料,一切自然十分方便。我随他下机,踏上了日本的陆地,他的卫士和车夫替我搬行李,一切手续全免了,不数分钟我们的汽车便驶出了厚木机场向东京直驰。厚木距东京还有四十二英里,公路穿过横滨的外围,所以在一个多钟头的旅程里,我看到横滨和东京被炸的情形。

我这时充满了好奇心,我注视公路两旁的景象和路上日本男女的表情。同时我不停地向赫夫上校发问——好像孔夫子入太庙一样,每事问。

赫夫上校的口才很好,加上他的情形熟,所以对我的问题都有使我感觉满意的答复。

我不能细写我这短程所见的一切,也记不起我向赫夫所问的是些什么。我的总印象是横滨和东京的工厂都炸光、烧光了。所谓庐舍为墟、一片焦土,我这时才体会到其真正的意义。

赫夫上校家住在马尼剌。他的家被日本人烧了,他指着那一个一个瓦砾废铁堆集的大广场说,我看到这些心里感觉愉快。我告诉他我的家在南京沦陷时也烧光了,我也有同样的感觉!

沿途所见的男人女人,他们的表情大不相同。男的每是低头徐步,好像不胜感触的样子,女的则昂首疾步,笑容满面,若无所谓。但是,无论男女,他们和我 22 年前在日本所见的已经太不相同了。孰令致之?这却不能不叫我们正要审判的那些战犯们负责! 他们扰乱了世界,荼害了中国,而且葬送了他自己国家的前途。于此,可见一个国家没有大政治家的领导而让一班缺乏政治头脑和世界眼光的军人去横冲直撞是何等的危险! 一个本可有所作为的国家而招致了这样的命运,真是"自作孽不可活",这是历史上的一大悲剧,也是一大教训。

今天初踏上我们八年来浴血抗战的敌人的本土,感想很多,但是我的观察尚肤浅,所以不多说了。好在我在东京至少有四五个月的勾留,慢慢观察再下结论吧!

约五点钟(东京是六点了,比上海时间要早一个钟头)到了帝国饭店——世界驰名的帝国饭店。

帝国饭店原是盟军最高统帅部之所在,麦帅曾一度驻节其间,在我脑筋里定是一座耸入云天的大洋楼,至少可以与上海的国际饭店或华懋公寓并驾齐驱。哪知事实却与我所想象的完全相反。它一座古色古香,两层楼的"平房",气象并不雄伟。现代设备虽亦应有尽有,但亦并不见得十分摩登、富丽。据说帝国饭店的最大好处是在它的建造可以抵抗地震。1923 年东京大地震几乎把整个东京的房屋都震塌了,而帝国饭店却未受影响,孑然独存。在战前这座饭店据说是日政府用作招待外宾的地方,现在盟军统帅部大概将官以上阶级的重要职员都住在这里。

到了帝国饭店,赫夫上校便招呼经理摩理士(Lt. Morris)先生陪同上楼到 288 号房间。这是老早已经指定给我的房间。经理先生笑着说:"这间房已经等了你近一个月了。从我们知道你到了上海起,它便在这儿等你。"

288 号是楼上顶东头的一间,地位很宽敞,事实上是三间:客堂、卧室和洗澡间,此外还有一个可以摆两桌酒席那么大的阳台和一个小阳台。空气很流通,在两面阳台上可以望见底下的街道和广场。至于内部的设备,当然是应有尽有。两个月来过着熙熙攘攘、紧张忙乱的生活的人,能够在这样的环境安静下来,自然很感觉着满意了。

我们三个人寒暄了约十分钟光景,我忽然想起我今晚必须见几位比我先到这里的中国人和其他各国的审判官。

摩理士经理此时提起电话替我去问。答案却使我很失望:我们的总联络官王淡如将军和来日考察的顾一樵(顾毓琇——编者注)博士一同到长崎视察原子弹的遗迹去了;澳国法官卫勃爵士因事回国去了,英、美、加、荷、新西兰五国的法官因为居东京太久，无所事事，已相偕到京都（即西京）去游览去了。这些人大都要二三天后才能回来。

我想起了外交部的刘增华先生和我国副联络官唐先生，摩理士先生便马上给我接通了电话，我约了他们晚间晤谈。

因为有点疲倦，我叫侍者把晚餐开到房间里来吃。饭后刘先生唐先生同一位戴先生来了。我们谈叙了约一小时。他们向我打听祖国的消息，我向他们问问东京的情形，不知不觉已经九点了。

他们三位走后，我草草地把行李整理了一下，洗了一个烫澡，便赶快就寝了。

三月廿一日　星期四

今天醒来已经是八点钟了。虽然昨晚因为太疲倦急于就寝，连电灯都没关，汽炉也没有调整，但依然睡了十个钟头，而且睡得很熟。这在平时是办不到的。

已到东京的几位法官既去西京游览去了，老同学王淡如将军顾一樵先生又不在此，刘唐各位昨晚又都会了面，所以我觉得今天没有出门的必要，好好地在屋里休息一天吧。

早餐、午餐和晚餐都是开到房间里来吃的。吃的东西完全是美国式，由美军总部配备，而且据说材料都完全是美国运来的。这笔经费当然是占领费的一部分，要由日本政府付给的。

这种餐的质量虽很不坏，不过每餐的菜都完全是规定，全体驻节东京的长官都是同样的，毫无变换选择之余地，这未免太单调了。看看今天的报纸——每天由总部赠送英文报纸两份，《星条报》（Stars & Stripes）和《日本时报》（Nippon Times），前者是盟军总部发行的，后者是日本人发行的。

早餐后收拾了一下行李，在阳台上闲眺了一眺。不久，经理摩理士来了，寒暄几句客套之后，但问我房间的布置是否要有所改变，并且告诉我总部已经派定了一部 Sedan 轿车给我使用，车夫是美国军曹名叫 Wallace。我告诉他今天我不用车，叫他明天早上再来。

今天天气和昨天的一样的好，但是我整天都没有出房门一步，只是叫侍者做这样，做那样而已。

提起日本的侍者，无论男侍女侍，真是毕恭毕敬，礼貌周全达于化境。无论叫他们做什么，总是低声下气，唯命是从，而且总是笑容可掬，鞠躬而退。但是他们内心里是怎样想法，对战败的感想如何，对中国人的真正观念又如何，这些笑容后面的东西，我现在没有法子知道。

晚饭后，我想起要写家信，但是谁带去呢？想到这里，我内心中愤恨而又惭愧。日本占领已经半年多了，而中国还没有一个正式通信的办法！连在日本的中国官吏家信都无法寄递。这是何等的可憾！

我每天打一次太极拳的习惯已经有两年了。但是这三天却没有实行。晚间想起来了，于是便打了一套，洗个烫澡，十点钟便睡觉了。

三月廿二日　星期五

今天天气比昨天还要好，醒来推窗一望，天空连一片云都没有，阳光射遍了阳台，而且侵入到屋内地毯上了。春天大概是真的来了吧！

但是我要会的人都没回来，出去游览又没有向导，一个"日本通"的罗秘书又滞在香港，未及赶得上和我同来，我又要辜负这一天了。下了决心，其实是没有办法，我上午九时便打发车夫走了。我依然是在房里过了一天，三餐饭一顿茶都是送到房里来的。

我搬把椅子在阳台上，总算看了几个钟头书。这本书是在上海时那位由美国刚回国的陈廷霖先生送我的。是哈佛大学刑法和刑事学教授 Sheldon Glueck 格律克先生作的，书名叫《战犯——他们的控诉和惩罚》(*War Criminals：Their Prosecution and Punishment*)。这本书对我当然是"得其所哉",我该感谢陈先生。可是在上海,因为心绪不定和应酬太多,我一共只看了几十页。今天这样安静的环境,这样清闲的心情,不用说当然是我读书的好机会了。

除了坐在阳光底下读书之外,我不时望阳台底下闲眺,看看来来往往的日本男女和美国士兵。在街道上美国士兵和日本人很少接触,几乎没有一道儿并肩而行的。他们两者之间的态度说不上敌视,也说不上友好,亲善,只是彼此视若无睹,漠不相干的样子。这是我今天望望马路的肤浅观察,以后或许要修改。

今天我觉着奇怪的是日本男女的体格依然很强健,尤其年青女子,一个个都是矮矮壮壮的而且红光满面。这与外国报纸所载,日人生活如何困苦,粮食如何不足,每日配粮如何微少,领款限制如何严格(每人每日只能领日圆一百,等于官价美金约六元六角——官价每一美元=十五日圆,但黑市则三十至八十不等),似乎有点不尽相符。假使那样的话,何以日人吃得会这样壮健,而且穿得也不坏——至少比我国一般人吃得穿得好。——这是我脑筋里的疑团,我得研究。我想其中必有什么毛病。他们或许又在作伪宣传吧!

晚间接着一个电话,是住在我房下 188 号的麦克杜哥(E. Stuart McDougall)打来的。他是远东国际军事法庭的代表加拿大的法官。他说五位到西京去了的同事,他和美国法官今晚先回来了,其余三位明天晚上回来。他急于要上来看我,我表示热烈欢迎。不到五分钟,他便上楼来。麦克杜哥是加拿大 Montreal 法院专管刑事案件的老法官,已经六十二岁了,但是形容并不见老。他不欢喜人家提起他的年纪,他是不服老的。他的态度非常诚挚,笑容可掬,说话颇带幽默感。他告诉我庭长卫勃爵士(Sir William F. Webb)因在日等得太久,现在因事回国(澳洲)去了,听说背部跌伤了,一时还不能回来。庭长已由麦帅指定由新西兰法官诺斯克罗夫特(Erima Harvey Northcroft)暂代。诺氏到日本也快两个月了。现在在东京的有六人,连我七个。依据法庭组织宪章,七个当然是多数——九分之七。但是国际事情还是大家一致的好，所以他预料法国的，尤其是苏联的法官来到以前，我们不会有多大的作为。他们几位虽然开过几次会，也不过是谈话会性质而已，除了讨论过卫勃爵士的诉讼程序规则草案，甚么事情都没有，无所事事，闲得有点难受。

我听了他这番话，一则以喜，一则以忧。喜的是我到得并不迟，还来得及参加法庭各种章则的草拟和公审前一切问题的商讨与决定。忧的是似此遥遥无期，真正工作不知何时才可开始。但是想到有的同事已经来此赋闲了一两个月，我又感觉我自己幸运了。麦先生谈了半个钟头便告辞回到楼下他自己的房间去了。我感谢了他的盛意，我们并约好明天上午一同到法院去视察。

今天总算见到了一个同事，而且知道了法庭的近况，心里觉着很欣慰。写日记，打拳，十点多钟便就寝了。

三月廿三日　星期六

盥洗早餐毕，我打电话到麦克杜哥房间声明我要下楼来访候他。在他房间谈了片刻，我们便一同出饭店乘他的车子到法院去，我的车子在后跟随，好认识途径。

法院即以前的陆军省，距帝国饭店不算很近，大约有十分钟的驶程。陆军省，即所谓"军部"，是日本侵略政策的发源地，也是重大战犯（军阀）的大本营。麦帅批定以这个地点为审判战犯的国际法庭，或许是"盖有深意存焉"。

陆军省的气象不能不算伟大，四周的围墙尤其森严，房屋建筑得虽不华丽，却是十分雄壮，内部外部都没有受到轰炸的影响。

我们进门上楼，麦先生引我到处参观——会议室，庭长室（即东条的办公室），各法官的办公室。每个法官都是两间，一间是供私人秘书用的,房间很大,地毯、窗帘、桌椅、挂画,都布置得十分华丽,光线特别充足,看了令人感觉心里舒服。我的办公室是在会议室的左手,介乎英国法官和加拿大法官之间,门口都挂着牌子,写着 The Honorable Mr. Justice 某某字样。英美人真重视法官,姓名之前总要加上"Honorable Mr. Justice",至少一个"Judge"。

法庭的警卫设置异常周密,内外岗警戒备森严。每个法官的办公室都写着"不许入内"字样,必须通过他的私人秘书办公室才能走得进去。食堂、咖啡座、酒吧间都写着"闲人免进",连厕所都挂着"进驻军专用,日本人立禁入内"字样。

麦先生引我到处视察,最后到法庭,这是军部大礼堂改造的,现在还没有完工,几十个日本工匠还在那里工作。这个法庭装建得确实伟大,气象十分雄壮。怪不得季南先生在上海时告诉我说,"除了美国大理院可以和它比拟之外,世界上任何法庭不能望其项背。"

大体参观完毕,麦先生又引我到美国法官办公室与希金斯 Higgins 先生相见。希先生据说只有五十二三岁,但头须苍白,看来至少像六十岁左右的样子。他当过美国国会议员,政治上很有名望。最近十几年,他却从事司法,任麻省高等法院院长。麻省是美国司法制度最好,出产法官最多的一省。希氏的法院有正式法官三十二人之多,这在英美是一个大得惊人的法院。希氏被选代表美国到东京来,据说是季南先生商请麦帅换聘的,希氏谈吐之间念念不忘他自己的法院。

辞别希先生,我便同麦先生一同回饭店。

午饭后我还是睡觉读书,及至麦先生邀我到食堂去晚餐。食堂里为法官们特别保留有一个桌子,而且男侍女侍,招待得特别周到。这个办法很方便,否则偌大食堂,进去了不免有无所适从之感。

晚饭后,我们在廊厅坐着闲谈。希金斯非常诚挚,开展,他说他内心真实地佩服中国,尤其是中国人的勇敢——抗战到底,决不屈服。他说中美是兄弟之邦,我们的友谊只有光大,决不会褪色。他说爱好中国、敬崇中国是美国一般老百姓的普遍心理,他说"我是代表一万万三千万人,不是代表我一个人"。

这样豪爽的谈吐,还是我几年来第一次遇见。

三月廿九日　星期五

今天气候又转晴和了。一起床打开报纸读,我发现日本时报又一篇转载拉铁摩尔(Owen Lattimore)先生的论文。拉先生是著名的政论家,又是远东问题的权威,曾任蒋委员长的政治顾问。他现在是日本赔款委员会的美国委员之一,最近曾亲到日本和中国考察。

他这篇文章的主意是在警告美国:管制若不得法,日本不出几年在工业上经济上又可东山再起,操纵或独霸远东,而使中国、朝鲜、菲律宾等工业幼稚的国家没有兴起和竞争的可能。他相信日本是在装穷装苦,实际他们并不匮乏,否则何以公民营养得那样壮健,体格依然比上海北平或朝鲜一般人民好得多呢。这点与我最近一周所见所感完全一样。他说,以日本工业技术根蒂之深固,倘使能够获得原料,它不但可能死灰复燃,而且可以独霸远东,使中国处于极不利地位。他说对付日本不能纯以美国的立场或眼光去看,而应当为远东经济落后的国家利益去打算。他主张盟军应禁止工业原料输日,同时应鼓励日本的土地改革(使佃户渐能成为自耕农),使日本农业生产增加,自给自足。这是一针见血之论,深获我心。我们应该大声疾呼,使盟国的管制方针不要失之毫厘,谬之千里,又铸成一个历史上的重大错误。

午前正在看书,接到楼下电话,顾博士和王将军已经由西京回来了。他们上来谈了他们西京参观各处情形,使我心向往之。西京是日本人物荟萃之区,受战事和轰炸影响最少。他们买了许多东西回来,邀我下楼去看。其中最宝贵的是仇十洲画的巨幅(约一方丈有奇)的会仙图,装裱保藏得精致绝伦,叹为观止。此外一幅仇十洲的美人图和两幅赵子昂的八骏图也都不坏。他们买了一装备得很富丽,长约三尺余的宝剑送我,并且举行了一个小小的"献剑典礼"。我说,"红粉赠佳人,宝剑赠壮士",可惜我不是壮士。一樵博士说:你代表四万万五千万中国人民和几千几百万死难同胞,到这侵略国首都来惩罚元凶祸首,天下之事还有比这再"壮"的吗?我说,戏文里有"上皇剑,先斩后奏",可现在是法治时代,必须先审后斩,否则我真要先斩他几个,方可雪我心头之恨!

我们谈笑了一会,便一同到饭厅午餐。餐毕约好三点半在王将军办公处(中国联络官总部)聚集,以便同到五点钟第八军军长艾其勃格(Eichelberger)将军在横滨私邸举行的鸡尾酒会。

我睡了一个午觉,醒来已是三点一刻了。赶快穿衣到中国联络官办公处去。

中国官员被邀出席艾将军招待会的有五位,连同罗副官一共六人,我们分坐王将军和我的两辆汽车,驶了一个多钟头,约五点钟才到横滨艾将军的别墅。

艾将军是在欧陆和太平洋身经百战、屡建奇勋的美第八军军长,威名赫赫,在美国陆军界是很有地位的。他现在的防区正是横滨东京一带。这次鸡尾酒会招待盟国高级长官和各界名流,不过是表示联欢和尽尽地主之谊而已。但是在东京,盛大的国际聚会并不很多,艾将军这次的招待会自然轰动全城,也算是大事一件了。

我们到达并不算迟,但是别墅里已经是贵宾盈室,济济一堂了。好在户外还有大坪草地,临着海滨,屋里装不下的宾客可以到海滨草坪上去闲眺闲谈。

王将军驻盟军总部自在菲律宾起到现在已经五年了,加上他又是西点军校的毕业生,所以到处遇着旧好新知,同学同班,大有左右逢源,应接不暇的样子。我一进门便被同事派曲克(Patrick)勋爵和代理庭长诺斯克罗夫特先生发现了。他们赶快迎了过来,要引我去给艾将军介绍。

顾博士是跟着我一道去见艾将军的，介绍时竟称谓为我的秘书。但是顾博士很感高兴，他说凡事要这样才办得通。他说：你现在在东京的地位异常隆重，面子很大，而且又有专车伺候。我正应利用你的种种便利去掩护和进行我的工作（他的工作是调查日本的工厂、资源、科学设备和日本文化教育的一般情形），以后人家问起，你就说是秘书好了。顾博士是一个很有风趣、乐于助人的人。我到东京后，他伴随照料，被人当作我的秘书已经不只一次了。我觉得他这个策略很对。倘使处处要摆出前任教育次长或中央大学校长的架子，结果是人家见了都敬鬼神而远之，势必到处碰壁，一筹莫展。这一点，我觉得凡是出国做事的人们都应该体解而且效法的。

艾将军是一个约六十岁上下的人，个子相当高大，态度异常和蔼诚恳。他对我们的到会首先表示欣慰和感谢。次则谈到他到过中国两次，第一次是在民国九年，他任职于华北东北，和唐绍仪及李家敖（当时中东铁路督办）结交最深，第二次是去年胜利之后，他周游全球到过上海。他对中国表示着真挚的热忱和希望。中美应该友好提携是两国的既定国策，美国高级人士自然了解，与他们谈论起来，必然会有这么一套的。

到的客人太多了。与我谈话的有不少是国际法庭检察处的干部和各国检察官，他们似乎都认识我，或许是我到东京新蓄的胡须容易做标记的关系。检察方面的人对于各国派遣的审判官自然愿意接近，而且工作上也有保持联系的必要，虽然照英美法系的理论上讲审判官与检察官的亲密是一件犯忌讳的事情。

此外我们还遇着两个著名的美国教育家和学者，一个是纽约大学校长史托达（Stoddard）先生，一个是经济学者安朱斯（Andrews）先生。史先生是最近麦帅邀请来日的美国教育家考察团团长，团员共有二十五人，任务是帮助盟军总部厘定日本今后的教育方针。他来日已经两星期了，预备后天返美，现在正忙于起草考察报告。他说改造日本的教育和思想实在是一个困难而复杂的问题，同时它又是最重要的一个问题。安先生是考察团团员之一，他也感觉要根绝日本的侵略思想和日人的优越感或走入歧途的危险，非从教育入手不可。史安两先生都是很有修养和学识的人，我们谈话非常亲切。他们对顾博士代表中国政府邀请他们游华非常感谢，但是因为时间和交通的关系，他们无法接受。他们希望将来能够组织一个专门到中国的考察团。我说那样最好，考察非要较长的时间不可，三五天是不会有大的收获的。这样勉强结束大家心里都有点窘的事情，彼此似乎都觉得相当满意。

鸡尾酒会上也遇见了几位苏联高级军官，他们是远东管制委员会的俄国代表。经介绍，彼此握手，寒暄几句。但在这天天报上满载联合国安全理事会大吵特吵，苏军并未退出东北，国共在东北到处冲突之际，似乎彼此间心里有着一层无形的隔阂，无法深谈的样子。不过我相信，中苏毕竟必须和善相处，将来这些隔阂一定有被打破的一日。

近六点，我们给主人道别，退出了鸡尾酒会。经过王将军一个日本旧雇员的家庭，我们顺便进去坐了一坐，看看日本家庭的情形。

回程走了一点多钟，到帝国饭店入食堂时已经快八点了。

饭后在 Lobby 遇着诺派两位，他们急于要告诉我说：艾军长明日要请我们六个法官坐他自己的飞机游览日本中部南部，包括富士山，广岛（原子弹炸后的情景）和樱岛火山（日本最大的活火山）。驾驶员是著名飞行家端纳（Col. Donnold）上校，艾军长的个人驾驶员。明天九点起飞，我们七点集合由帝国饭店动身到机场。艾军长届时会派副官来接，我们一点不必操心。他们还说：这是特殊的荣誉招待，也是游览日本的大好机会，不可失之交臂。这种机会正是我所期待的，当然不会放过，我满口答应了，我们同去柜上招呼明天早餐提前到六点半，并且开到各人房间里吃。

分手后，我回到房间里，写完日记便睡觉，因为明天要起大早。

三月卅日　星期六

今天是女侍来喊门的，开窗一望又是大太阳，天气太好了。梳洗早餐完毕，便同隔壁的诺先生一同下楼，派曲克、罗林已经在等了。我们四人坐上汽车，到飞机场已经是八点半了。

艾将军派了许多人在机场照料，此外还有两个陆军摄影员和一位新闻记者随我们一道同行。我们同他们寒暄了一阵，并与端纳上校周旋了一会儿，一到九点，他便请我们上机起飞了。美国人时间观念真准确，说九点便九点，这种精神到处可以表现。在中国人看来，这种几个人的遊览飞行会要那样严守时刻，似乎未免太拘泥了吧。然而美国人的长处，也就在这些地方。认真便应该事事认真，不分大小。

我们坐的是 B-17 式的空中堡垒，名叫"爱梅二小姐"（Miss Em Ⅱ）号，是专供艾将军个人飞行用的，去年艾将军休假时周遊全球便是坐的这架飞机，驾驶人便是端纳上校。端纳上校告诉我们艾将军很少以私机招待客人，这次邀请各位是特殊的优待。我们对他笑了一笑。

空中堡垒名字虽听了可怕，而且是用四个引擎发动，但是它内部容量并不大，正式沙发座位不过五个。但是各种设备却很齐全，收音机、电炉、沙发、睡椅……应有尽有，还有一小架艾将军爱看的书籍，其中有几本是小说。美国军人实在太舒服了，我有这样的感觉。

堡垒毕竟是堡垒，自起飞到降落始终是平平稳稳的，比起我自渝至沪的中航机以及自沪来日的美运机（A. T. C.）都舒服得多得多了。

我们自厚木机场（Atsugi）出发，在横滨上空绕了一周，横滨原是日本工业重镇，被炸被烧去了大约有百分之八十，现在残剩的几个烟筒似乎没有一个是在冒烟的。

由横滨我们绕过 Fuji 湾，看到那著名的富士山。它很像一个戴着一项旧式中国风帽的老头子,风帽上堆满了雪。富士山是日本最高的山峰,一向被认为日本的徽记。绕了富士山,我们飞到了被炸惨重的名古屋(Nagoya)的上空。其情景和横滨差不多。不过毗连工业区的另一区域似乎未受轰炸多大的影响。我问艾将军派来随机招待我们的那位军官(忘其名),他说那是住宅区。于此可见美军作战的人道和飞行员投弹的准确。我希望他不是胡说。其实,事后听说那是造船工业区,是美军有意识地要保存的。

由名古屋我们又飞到了大阪(Osaka),在大阪上空绕了一下。这个城据我看来并不小于美国的芝加哥,想必也是一个工业重镇,但它被破坏的还不到三分之一。原因何在,我不了解。

由大阪飞到西京(即京都)上空,西京几乎完全没有受轰炸的影响,丝毫破坏的痕迹都看不出来。据说西京是文化城,故盟军不炸它。原来如此,怪不得顾博士、王将军,以及我们那些法官同事,前几天从西京回来都异口同声地说西京这样好、那样好哩!

由西京我们飞到神户(Kobe),神户破坏之烈似乎较之横滨和名古屋有过之,无不及。

由大阪我们经过 Akashi 和 Awajishima 许多小岛,直到广岛去看原子弹的威力。这是一段相当长的飞时,我们时而在陆上,时而在水上,飞机也多少有点波动,至少不如完全在陆地上空时那么平稳。我们俯瞰那些小岛起伏,非常有趣。看陆地则田亩纵横,非常整齐,好像用墨线画的似的,不是四方形,便是长方形,而且大小差不多都是一样。这与我国田亩界线的凌乱自然完全不同。

我是对日本毫无研究的人,但是看了日本田亩农村的情景,有几个观感:一、日本农人必定很勤苦耐劳,他们几乎把山崖以及任何可以耕种的地块都耕种了。二、日本政府对农民一定管理榨取得很严,并且必经过一次田亩重整,否则田亩面积大小,境界的挺直整齐,不会那么一致。三、日本虽然口口声声宣传地瘠人多,人口过剩,以为侵略他国的借口,但是我们从天空看看他们的成千万农村,便可知道他们农民的生活比我们中国农民舒服多了。他们住的是低小的洋房,有玻璃窗户,有地板,四周大都有木栅,花草园地。他们穿的也不坏,农民身体都很壮健(吃的什么,飞机上当然看不到),这比我们中国一般农民的生活水准已经高强得多了。这还是经过多年战事的情形,倘使国家不从事侵略,安分守己,军阀不拼命榨取他们,我想日本农民的生活是不成问题的。反观我们,那倒真是问题严重哩!

从飞机上看广岛,真是一片瓦砾,几十方里面积的高大建筑夷为平地,而且成了不毛之地。偶尔也有几栋高大建筑物存在,但内部空空,只是一个架子而已。此外都是一片焦土,连一根树木或青草都看不见。想不到一颗鸡蛋大的原子弹会有这样的威力。假使果有第三次世界大战发生,我想人类或许真的会全部毁灭。

关于原子弹威力的传说,我们在飞机里谈许多,如同在几十里外的瞎子变成了光子,光子变成了瞎子,公鸡变得会生蛋,多年不孕的妇人变成会生孩子了。我想,这些都未尽可信。不过姑妄言之,姑妄听之罢了。

看完广岛,我们谈谈笑笑,经过了 Fukuoka,来了 Takushima,樱岛的大火山已经在望了。所谓火山,我们并看不见它真真的喷火,而只是看到从火山洞口喷出苍白的烟来。烟喷得很急而且很高(我想总有一万英尺以上),在天空旋转直上,蔚为壮观。我们的飞机绕着这块大烟,自上而下兜了五个大圈子,直到最低时,我们看见火山口好像在发怒似的,喷出火石来,而且愈低烟冒得愈急。在飞机绕圈的时候,大家都聚精会神地默默注视着,飞机离去时,各人都还继续极目注视,直到看不见为止。我们四个人都异口同声地认为是宇宙奇观,也是我们今天游览的最高峰。

这时已经快一点钟了,人有点疲倦,也有点饥饿。侍者取出午餐粮食来。吃过了午餐,大家都感困乏,除了偶尔从窗口望望之外,都入了休息状态,我简直睡着了,而且打了鼾。这是他们事后告诉我的。

看了樱岛火山过后,飞机已是取直径奔向归东京的路程。快到横滨的时候,我们看看时间还不到五点,便要求端纳上校到东京日本皇宫上空飞飞,让我们对天皇宫殿得到一个鸟瞰式的印象。上校应允了,驾着我们绕皇宫兜了一个大圈子。他们三位的感想如何,我不知道。对我这在北平住过多年的人,这样的皇宫实在太不够味了。既不雄壮,又不华丽。它充满了山塞或碉堡的气味,好像其作用只是在防卫人民造反暴动或暗杀似的。

在厚木机场降落时已经是六点了,我们向端纳上校和各位招待的军官郑重道谢,驱车回饭店用膳时已经是七点半了。

日本原是一个面积很小的国家,我们今天这九个钟头不着陆的飞行,几乎看它全国的一大半,而且是些精华所在——尤其是富士山、广岛、樱岛火山,和东京的皇宫。我们四人都感觉异常满意,饭后分手时一致地道了一声"End of a happy day"——快乐一日的结束。

回卧室不到十分钟,接着一个电话,是向明思兄从楼上他卧室里打来的,原来他今晚已随季南的专机由上海回到东京了,而且把我请求外交部的英文秘书方福枢律师带了来。我急快请他们到我房间来坐,大家欢叙了一番,谈谈国事和旅程。约半时,方先生的住所派定了,是在第一宾馆。他同一位向先生添聘的刘子健秘书便同到第一宾馆去休息了。

顾博士兴有未尽,他请淡如、明思和我到日本酒馆去吃酒,大家又畅叙了一番祖国闲话,十点钟回店。我太疲倦,倒到床上便睡着了。

三月卅一日　星期日

今天又是大晴天,我推窗一望,满腔高兴,因为我已同淡如、一樵二人约好了下午去遊热海温泉,并住在那里,明天回东京。

早饭后，淡如匆匆跑到我房里说，接到上海来电，远东管制委员会我国代表朱世明将军同随员一行约二十人，乘中国自己的飞机，今天下午三四点钟便可到厚木机场。淡如是总部中国在任联络官，他自然非在此欢迎照料不可。于是我们的热海之游，只好暂作罢论了。

上午一樵也来谈了一会儿天，明思也来坐了一会。他表示既有中国专机来，他愿随那专机回上海，我们表示挽留，他在东京工作得很顺利，得到许多宝贵材料，自己也有点依依不舍的样子。

我和明思请新到的方秘书刘秘书在帝国饭店吃午饭，饭后午睡了一小时。继之看报，作日记。到了四点，我和一樵同去厚木机场。至时已有许多人在那里，王将军是其中最忙的一个。

在机场约候了一小时，果然一架漆着中国国徽的飞机在空中盘旋了。这是有史以来第一架中国人驾驶的飞机降落在日本本土（战时我国曾有一批飞机到过日本散放传单，但未降落），值得纪念。

机停后，我们和朱将军握手寒暄了片刻，并嘉慰了驾驶员衣上校大队长一番。回饭店晚餐，饭后偕明思一樵在楼下"小剧场"看了一个影片。回房间洗个澡，十点半便睡觉了，朱将军到帝国饭店回看我们时，已经睡得很熟，连床头边的电话铃声都听不见了。

四月一日　星期一

今天天气依然晴和如旧。打开两份英文报纸一看，连朱将军一行人等乘中国专机抵日的消息一个字都没有，真是叫人愧愤，感慨。我们的情报和宣传工作实在办得太差了！昨天在机场迎接的连一个中国新闻记者都没有。又何怪今天外国报纸上一个字都不提。

早饭后，顾博士来，说他决定搭明晨的中国机回上海去了。这使我很着急，因为我是老早就打算要请他带一批信到中国去发的。提起中日通信，也叫人感慨万分。中国人在这里有这许多，日本投降也半年多了,而一个中日通信的正常方法都没有办出来。有的人来了两三个月,连一封家信都常收不到。除了托朋友代投之外,似乎没有第二个可靠的方法了。

一樵既然明天准走,我只有赶快写家信了。我刚写完了给父亲和婉如的两封信,李济之和张凤举(昨天随朱将军来的教育部代表)两位先生来了。我们同在饭厅吃午饭。下午我同一樵到银座去逛逛,预备买点东西送亲友。四月十五日是我与婉如的结婚一周年纪念,转眼便快到了。人各一方,我得送她一个心爱的礼物。但是现在的日本,远非昔比,好东西委实不多。看来看去,最后是在三越吴服店(东京最大的百货商店)买了一颗象牙雕刻的红花。东西并不很好,价钱却不便宜。总算我把名片出示证明身份之后,他们没有要求我纳税,否则税的价钱比物的价钱还要多。一樵笑说"Honorable Justice"在东京的面子和威风真不算小! 此外,我们还选购一些日本邮票、纸扇和玩具之类,以便送给国内亲友儿童做个纪念。

晚间朱将军请我们到他官舍去吃饭。官舍原是农林大臣的私邸,建筑很精致。朱将军行装甫卸,一切布置还未就绪。吃饭时,昨日同机来日的各位都在座上。晚饭后继续谈笑了一番,回饭店已经九点半了。

我赶快把送婉如的花和其他一些东西分别包扎好,又继续写了给孙院长、章老师、任瀛士、吴一飞、吴德生、戴毅夫诸友好的信。

把信札包裹拿到楼下一樵房里时已经是十二点了。一樵坚留我谈话,不一会明思又来加入,我们说到一点半钟,对国内的种种紊乱情形都不胜感慨系之,对战败的日本倒不胜其戒惧之心。在感慨重重之下,我们互道珍重,互祝努力而别。

四月二日　星期二

今天上午十时,远东国际法庭开法官谈话会。我想这是引方秘书到法庭去看看和绍介他和法官们和职员们见面的好机会。他九时半就到了，我们一同坐车到陆军省去，到时已是十点，先把他安置在我办公室旁边的一间个人秘书的办公室，我便到会议厅谈话会去了。

今天报告和讨论的事情并不十分重要。

报告的是麦帅对于派人赴纽伦堡欧洲国际法庭参观，认为时间来不及，不切实际。对于聘请三个译文仲裁员（裁判英日文件译文之正误）和被告每人应有的美国律师（约二十余人），已在积极物色之中。对于法庭请派书记长一名，麦帅表示同意并建议由美国狄第若埃（Detroit）（底特律——编者注）地方法院某法官充任。同事们认为他的资格太差，建议麦帅重派，同时法庭自己亦将物色。

讨论的是夏季天气问题——这确是一个严重问题，因为照现在这样的进度，公审五月内始能开始，我们非在这里过夏不可。他们都怕热，尤其加拿大的麦克杜哥。的确，在近九十度（华氏度——编者注）的气候之下，穿上法官袍服，对着摄影机的光线，房内又没有冷气设备，每日坐上几个钟头，那真是不好受的事情！

讨论时还有一位总部的医药卫生专家列席说明和被咨询。但是谈来谈去，仍无具体结果；但是大家对于老麦主张的七八月休假两个月都认为不合情理。最后，通过向总部建议速装冷气设备，并取缔电影继续不断的光线照射。同时大家认为提前到晨间开庭，以及周末有较长的休假旅行，也是必要的。

谈话会毕，我介绍方秘书与各国法官们以及法庭重要办事人员个别见面，握手寒暄。他们对他都表示欢迎，尤其是希金斯，态度最为诚恳。

回饭店午餐时，在食堂遇见余俊吉兄，他是绕美国赴欧洲就任驻意大使道出此间的。他刚刚从重庆来，谈笑风生，异地相逢，倍见亲切。饭后他急于赴厚木去上赴美的飞机，匆匆互道珍重而别。

午睡起身看报读书约三小时，并与季南通电寒暄片刻。六时我到酒吧与同事们闲叙，并约他们明日六时在我房内举行一个小小的鸡尾酒会，并允许他们准约王将军到场展览仇十洲的会仙图和其他艺术品，他们听了非常高兴。我们一同吃晚饭，饭后在走廊谈天，忽然有人报告说法国法官白拉德（M. Bernard）（柏奈尔——编者注）已经到了，我们推举代理庭长去访晤欢迎，并邀同下楼谈天。不一会，老诺悻悻而返，说白先生已经穿上浴衣正要洗澡就寝，只谈了几句话。他说白先生的英语他几乎不懂，将来开会很有问题。苏联法官的英语如何尚不可知，异日必然南腔北调，五花八门，煞是热闹。

谈笑快近九时，老派有点伤风，我们就此散了。我同老麦二人到小剧场遛了一下，因为映的影片太枯燥，我坐了不到十分钟便出来了。回到房间，补记日记，打了一套太极拳，洗澡睡觉。

抵日第二天起，我没有间断打拳，这是我可以引为欣慰的一件事。不过打的时间却没有准，大都虽在清晨，但也时常在深夜。就寝前运动或许不太合卫生吧。但是，我必不间断，尤其是因为地位关系，既不能到处乱逛遊，而出门便是汽车，又没有多走路的机会。在这种情形之下，我这每天最低限度的运动自然要努力保持，况且我已经有两年的成绩了呀！

四月三日　星期三

今天上午约方秘书来饭店，我们共同逐条研究了一下远东国际法庭的宪章（Charter）。解释讨论之后，我交给他去译成中文。他这几天无事可做有点不耐，我想这件差事是够忙几天的了。方秘书确实是一个能刻苦用功的人，而且他的英文和法律知识都不坏。我想将来法庭正式工作开始之后，他一定可以给我许多帮助。

午饭前在酒吧间一看，法官们大家都在那里，新从法国来的白拉德先生也在座。他是一个五十岁左右的人，中等身材，戴眼镜，无须，镶有三四个金牙齿。他的英文说得很不好，但用力仔细听，还勉强可以听懂。他的态度很诚恳，和我所见过或一般人所想象的标准法国人或巴黎人的典型并不一样，我告诉他我十七年前曾游过法国并在巴黎小住过。他听了非常高兴，我们便开始谈起巴黎来了。大家谈得很痛快，把一点半钟(午餐停止时间)都过了。于是我们七个人鱼贯到饭厅用餐。因为我们在帝国饭店几乎形成了一个特殊阶级，特殊集团，管事人和侍者都另眼相待。所以时间虽过，而我们那张所谓 Judges' Table 的刀叉盘碗并未收拾而女侍们仍然是在那笑盈盈地迎候着。

日本的女侍真是温卑恭顺，总是笑容满面，鞠躬如也，尤其是对盟国朋友。这不知是日本女子的根性，还是多少带有几分"美人计"的作用。

吃完午饭已经两点半了，刚要午睡，经理室便来了一个电话，说麦帅总部派了一军官送了一封信来，要我亲自签字，问我可否让他上楼见面。我当然答应。不一会，军官毕恭毕敬地来了，把信交我，郑重其事地取出两张收条要我签字。

原来这信是盟军最高统帅部参谋长钱柏林将军(Maj. Gen. Chamberlin)给我的，措辞很客气。信上说麦帅抱恙多日，今日始到部办公。他很高兴知道我已经到了日本，希望我在日的旅居安乐。麦帅很愿早日有邀请我共餐晤叙的机会和荣幸，日期不日即将通知，特先奉告。

这固是一种应酬，但亦可见法治国家的人们对于法官是如何的尊敬和重视。

读了两个钟头书，五点半到了，王将军也来了。

他替我布置了一番，把房间座位摆好，冰水和点心预备齐全，并叫了三种酒——澳洲维士忌、日本酒和啤酒(可惜没有茅台、大麯、绍兴高粱之类，不然倒是别开生面了)。王将军把他的画也搬了来。

六点到了，除了美国老希因另有要约未来之外，其余的同事都到了。王将军是内行,替我招待得很周到。他讲解中国字画时,尤娓娓不倦,听者动容。会仙图在我国已可算是伟大的作品,在他们看来更是眼界大开,叹为观止了。

我们一面喝酒,一面谈画,不知不觉便到了七点半钟。大家下楼吃饭。饭后与明思兄又在淡如兄房里谈到十一点多钟。我们谈到国事,尤其是东北军事冲突和经济危机的严重,大家都不胜感慨系之。八年的惨重牺牲,刚刚换取到一点国际地位。假使我们不能团结一致努力建设,眼见这点地位就会没落了去。想到这里,真是令人不寒而栗。身处异国的人这种感觉最是灵敏,这类体会最是真切。想到这些事,我几乎有两三个钟头不能闭眼。

四月四日　星期四

今天上午十时同王淡如、向明思两兄去看朱公亮(朱世明——编者注)将军。我们只谈了谈房子问题,因为法官不能和检察官同住一起,所以明思兄非搬出帝国饭店不可。明思兄决定搬住淡如兄行将布置的家庭,据说王夫人月内也可自澳洲抵日。我则因为八国法官到住帝国饭店,而且形成了一个特殊集团,所以决定仍住帝国饭店。朱将军对此办法深表同意,并告我说如果帝国住不便,他随时都欢迎我过去与他同住,如果我要接家眷来,他也可以替我征用并布置房屋。我感谢了他的盛意。

朱将军是我国特派出席盟国对日委员会的总代表,也就是我国驻日的最高长官。国府主席给他的手令是除了远东国际法庭法官以外,我国在日的文武官员都归他节制。同时,他又是代表我国与麦帅总部交涉的惟一对手,我国在日一切军事、政治、经济、文化种种工作的展开都要靠他主持。这个工作是艰巨的,这任务是伟大的。他前天带来的工作人员不到二十人,据说还有第二批、第三批月内可到。我的日文秘书罗集谊先生不日也可抵日，但是法院工作既迟迟展开，一时尚无适当职务给他。我请求先让他暂时借调在对日管制委员会工作，朱将军欣然应允了。

因为明天开第一次盟国对日委员会会议，朱将军要从事准备，我们谈了半小时便辞出了。

明思兄告诉我，国际法庭检察处明后天有一个飞机去上海。我赶快回饭店写了四五封家信和朋友的信，其中有一封是给孙院长的，里面还附了拉铁摩尔的那篇大文。孙院长是最好读书而且最关心国际时事的人。这几年在重庆，他每读到好文章，总叫秘书打几份，分赠友好僚属。这可真算是"有文共赏"。我在重庆时，每一个月总要得他这类文章一两卷。我相信拉先生这篇鸿论，他一定会打了分送，甚至于交译发表。这样一来，事实上我不仅是送给他一个人看了。我深愿国内有识之士，对于日本和其可能的威胁，早有认识。

午后，摩理士经理来找我，他知道我在饭店里还有相当长期的住宿，而夏天已渐渐要到了，劝我趁这房间较空的时候（美国文化教育调查团刚回国去，空出了二十多间房来），选换一套较宽大较清静凉爽的房间。

我对288号原也未尝不满意。经他一说，我心动了。于是，他便带我看了几套，最后我选定了朝东南靠花园的256号suite。这个suite也是三间，一间大客厅，一间卧室，一间盥浴间。摆设用具都是两份，电话也是两个，客厅卧室各一，客厅里还有两大穿衣镜和一个用屏风遮好的自来水面盆，那是专供客人临时整容之用的。

这样一套间房（即一个suite），我想若在上海的大旅馆，它的租金每天至少恐怕都要法币两万元。一个简任官员或大学教授的薪金，付一个礼拜的房金就光了，其他一切不必谈。想到这里，又是不胜感慨系之矣。我们的政治真是要破产了吗？难道政府真的要让中国的一切公教人员和知识分子都穷死饿死吗？人家战败国事事都有办法，至少在想办法。而我们这战胜国,号称"四强之一"的战胜国,竟是一筹莫展,真是叫人羞惭无地了。

四时到中国联络官办公处去看看这几天的电讯。(东京中央社收录发布的,这是除了那两份英文报所载者之外,我们可得到关于国内的惟一消息。)除了一些共军攻击某处,占领某处,和某人调长某省,某人调长某厅……之外,一件令人兴奋的事情都不曾有。乘兴而往,败兴而回。其实这是我早应料到的。

傍晚到酒吧间加入法官集团谈天,晚饭后偕淡如到饭店隔壁Earnie Pyle 戏院看表演和电影。"将官特厢"是在二楼左角上,除了我们二人以外,一个旁人都没有,好像是我们的包厢一样。据说美国现在全日本的将官不到十个人,他们军官的阶级是很严格的,一个少将准将的地位已经很高,至于中将上将全美国也不过数十人而已。真正的陆军上将只有三个,麦帅是其中之一。此外二人为驰骋欧陆,战败德国的艾森豪尔和驻节我国奔走调解国共纠纷的马歇尔。

"将官特厢"虽仅我们二人在座,但全院的观众太多(都是美国军官,日本人是不许进去的),水汀既热,空气也坏,我们没有看完便出来了。

回房间作日记,打太极拳,洗澡睡觉。

四月五日　星期五

今天上午方秘书来。我们讨论了一些宪章译文的名词问题之后,因为天气太好,便同乘车到神田町(那是我最爱逛的文化街)去逛书铺,兼在街上走走,晒晒阳光。今天的汽车已经换了黑色的。车前挂了一面漆有我国国徽的钢牌。司机 Wallace 开着新车很是高兴。

我们在文化街走过一个中华料理,规模尚大。我们进去休息了一下,主人是宁波人,年纪不过三十上下。他絮絮为我们谈战时日本情形和东京遭炸惨状。他说战时日人欺侮华侨，无所不用其极。胜利后，好得多了。他还说日人投降不久时，在街上遇见一个以前欺打过他的日本人，他把那家伙捉到餐馆楼上痛打了一顿，算是报复。我们保侨的工作还没有展开，华侨仍旧有许多不便之处。这事我得给朱公亮将军详细陈述一番。

文化街逛过，我们又开到银座，逛了松屋、三越等百货商店，货物少而且价钱贵，规模原来就不大，比起上海先施、永安、新新、大新等公司要差多了，劫后更是促狭，但是逛店的人确实拥挤。街道上也是人山人海。日人身体都很健壮，尤以青年女子为然。他们与美国兵好像若无其事，竟不知谁征服了谁的样子。这是麦帅政策的成功？还是失败？——让历史来下断语吧！

回饭店吃过午饭，小睡一会儿，明思淡如两兄带了李济之、张凤举、谢南光三位先生来谈，题目系美国管制日本政策的得失和我国应采取的态度。他们三位今天上午陪同朱将军列席盟国对日委员会第一次会议，所以感触特别深刻。他们说今天麦帅的态度很严肃骄傲，演辞中力言其宽大政策的正确，痛斥外间无理的批评。致辞毕即离席，会议由美方副代表主持，苏方代表准备的提案，一个一个都受了打击。这又是美苏在现世界的各种矛盾和争执之一例证而已。

客人走后，我到酒吧间与同事闲饮闲谈，准备一同到检察长季南先生的宴会。

七点半我们去了，宴席是设在帝国饭店里面，所以对我们十分方便。被邀的除各国法官及检察官外，仅有几个记者和摄影师。

季南先生颇有政客作风，见到我便侃侃而谈他在中国游览的快乐和与蒋主席蒋夫人晤面的荣幸。他说麦帅叫他约我去吃饭谈天，他正在考量一个适当的时日。

在宴席上，他举杯依次为各国领袖致敬祝福，并为在座的各国法官和检察官介绍，恭维备至，十分慷慨，对我国代表尤表敬意。摄影师拍了好几个照，当然是为宣传之用。他虽谈笑风生，周旋如意，但对法官们所最关切的问题——起诉书何日可以正式提出？（好几位法官已经等得不耐烦了）——却无一字涉及。这是法官们所最不满意的。

今晚到宴的有一位菲律宾的检察官，因为法庭宪章已经修改了，菲律宾和印度也可各派法官和检察官一人参加。以前法官九人是仅容纳日本投降书签字的九国代表，现在十一人则包括一切参加华盛顿远东委员会（Far Eastern Commission）的国家了。

苏联的法官还没有消息，现在更要多等两个，这使已到东京而无所事事的我们更感焦急了。我只到两星期，还不在乎，但是有的同事已经来了两个多月呀！

席散回到房间，淡如兄来谈，大都是我国在日的工作，人事和机构调整问题。我答应明天准向公亮将军建议。最后我们又商量好了我们明天到热海去度周末的计划。淡如辞出后，我写日记，十二时余始就寝。

四月六日　星期六

今天天气不如昨天，清晨已是细雨蒙蒙了。

打开报一看，关于盟国对日委员会（中美英苏四国参加）开会情形，果如昨日李张谢三位所述，充分表示美苏的矛盾和对立。英国代表鲍先生（Mr. Ball）一味捧美国。我国地位很难处，无怪公亮将军遇事采取折中态度，有时宁肯保持沉默。

九点半钟，我去访朱公亮将军。总算华莱士记忆还好，居然未走错路而开到了前农业大臣官邸——这就是朱将军驻节所在，也是我国代表团的办公之处。

公亮兄虽来日将近一周，但是我们始终没有畅谈的机会。其实，在国内最近五六年来也只匆匆晤过一两次面。这次他到日本来所负使命特别重大，工作也很艰巨。我对日本问题虽是"门外汉"，但是观感所及，加上点常识，我得"知无不言，言无不尽"。

于是我便就关于我国在日的工作、人事、机构种种问题，提出了许多意见。公亮兄很虚心，他非常高兴，表示愿意接受。

我们谈了国事，又谈谈个人的私事。十二点打过了，我邀他到帝国饭店吃饭，他换了便服，我们同来。因为饭厅里彼此熟人太多，碍手碍脚（他的地位和官阶不容许他到处露面，我也感同样苦痛，但因为是文官，毕竟好些），我叫了两客饭菜，开到房里来吃。吃了又谈，直到三点半淡如兄来，他坐了我的车子回去，而我则和淡如同坐一车首途到热海去作我们的周末旅行去。

热海（Atami）距东京约八九十英里，横滨过去还有五六英里。我们出发的时候已经是细雨纷纷，道路已湿。车过横滨，雨大起来了，车子不能疾驰，好胜的霍乌德（一向驾驶淡如的车子的美国军官）至此也没有办法。由横滨到热海沿途都开遍樱花，夹道迎人，令人怡醉。淡如说这正是日本樱花时节，两星期后便一切完结。记得蒋百里先生说过：人是武士，花是樱花。日本几十年来的国运也和樱花一样，一刹那间便红消香断了。

车过箱根（Hakone），正是灯火初明，在雨中看雨尤其别致。箱根原是著名的风景区，在这樱花鼎盛时节更是令人陶醉。我们的车子徐徐开动，忽而钻入山洞，忽而度过月桥，到处是花香鸟语，加上沥沥的雨声，我真疑心我是在画图中，在仙境里。可惜我没有诗家的笔，也没有画家的笔！

车到热海已经是七点多了。我们投宿一家中国人开的旅馆，叫做"大黑家"。主人姓伍，广东人，居日二十余年，招待很殷勤。晚饭后，淡如出去看朋友，我因为有点疲倦，洗了个著名的热海温泉澡，十点钟就睡了。

今天是星期六，又是美国人的陆军节（Army Day），官兵都放假一天，所以来热海游览的美国军人特别的多，旅馆几乎都给他们占满了，半夜醒来还听得到他们唱着美国流行的爵士歌曲。

提到今天的陆军节，我不能不补记所见的一幕。今日上午我坐车去看朱将军的时候，中途被阻，曾在日比谷公园门口停了约半时。美军（大约是驻防第八军艾将军的部队）游行的伍列几乎有一英里之长，全副武装，服装步伐都十分整齐。几千步兵过后，继之便是炮队和机关枪队，殿后是铁甲车队、高射炮队和坦克车队，前进时都作瞄准状，模样异常雄壮，铁甲车坦克车并不时由无线电发出怒吼，空气异常紧张。游行阵列经过东京各大街市，美日警察维持秩序，路旁观者如堵。从日人老幼男女的面部表情上，我一点什么看不出来。论理他们对这极富刺激性的示威，应该是愤恨或羞愧。但是，我一点儿看不出来。据说自美军登陆起到现在，一件"意外事件"都没有发生过。这许是日人一般国民知识水准较高，能够一心一德体谅政府（天皇）的意旨，服从政府的命令。或许是因为美国人对日宽大的政策使他们心悦诚服，无甚反感。据说占领初期，日人内心也很感羞愤，但是习之既久，见怪不怪，所以现在倒也没有什么感觉了。

四月七日　星期日

"大黑店"（大黑家——编者注）虽是中国旅馆，但是一切设备布置都完全是日本式。昨晚我睡的是 Tatami，日本式的地铺，这是我有生以来的第一次。然而因为太疲倦，倒也睡得很熟很舒服。起身时已经是八点多了，雨已经停止了。

早餐完全是日本式的，菜虽丰盛，却不太合口味，有的东西我简直不敢下箸。

热海既以温泉浴著名，我又再洗了一个烫澡。然后再与淡如乘车取另一条公路回东京。这条路是绕着富士山麓走的，遍地樱花，风景秀丽,还可以望见积雪的富士山顶和山下碧绿的富士湖。这一带遊人不少,大都是青年男女学生,大概是因为今天是星期天而且又正是樱花时节的关系。

有一段路异常泥湿,我们的车子陷在泥中,不能动弹。前面有一部大卡车载着几十个游春的日本男女,也陷在泥里,不能自拔,乘客都在道旁观望。我们的车子小,挣扎较易。在我们车子挣扎的时候,那些气力较大的日本人都很踊跃地一齐来帮我们推拉,大卖气力。他们明知我们是中国人,但丝毫没有愠色。不一会,一部巨型的载重车来了,载着三四十个美国士兵。他们看见情景不佳,一跃而下,大家齐心合力,把那辆日本卡车也推动了。当时三辆车上的人都很感愉快,大家心心相印,一团和气。这是很动人的一幕,在我脑筋里留有深刻的印象。淡如说:"美国人就是这样的替日本人解决问题,小事大事都是如此,怎怪他们不受欢迎。"我觉得人与人之间、国与国之间要真能彼此互助,人类的世界应该是一个快乐的世界。然而,可惜事实上并不如此!今日的世界依然充满了猜忌与仇恨。战争和侵略的种子恐非经过长期的时间还不能消灭。

回程中又走过箱根,我们下车逛了一周,并在富士饭店休息了片刻。箱根真是一个秀丽无比的地方,尤其是在这遍地樱花的时节。

我们过横滨时已经十二点多,到帝国饭店已经一点半了。在帝国饭店对面的日比谷公园一带围了二三万群众,事后打听才知道是左派分子,在开打倒币原内阁群众大会。听说他们和日警冲突,还打伤了十四个警察。

午饭后小睡。约四时,朱公亮、李济之、张凤举三位来访,不一会儿向明思、王淡如也来了。这算是"群贤毕至",我叫了茶点来招待,大家大谈特谈,及到六点半钟,朱将军请我们到天宝楼吃中国饭,价很贵而菜并不好。

九时回饭店,遇见美国老希,同到小剧场看电影,是一个热闹的歌舞片。散戏后在酒吧间又谈了一个钟头，老麦老罗也加入了。十二时分手，回房睡觉。

四月八日 星期一

今天天气又大晴而特晴起来了。几乎有一个星期没有上法庭去。上午方秘书来了，他把译好的远东国际军事法庭宪章（中文）稿子交给了我，我们一同乘车去陆军省（即法庭所在地）。我看了看他的译稿，并和老麦老派老罗等谈谈天，大家对起诉书还不提出和法官们无所事事都是牢骚满腹，很不耐烦。对苏联法官迟迟不来和华府远东委员会增派印度、菲律宾代表，也感觉厌腻，因为，这样一来，法庭正式开始工作更要迟延了。

十一时离开法庭，同方秘书游神田一带书店，买了一些日本旧邮票预备写信给国内的亲友时附寄给他们的小孩子玩。之后，又到银座一带逛。大概因为天气太好，春意正浓，路上的行人十分拥挤。大百货商店的墙上都贴着各党竞选的标语和图画，大都很艺术、精致，尤其是共产党所绘制的，更是醒目动人。

后天是日本全国大选（选举国会议员），所以这几天竞选运动很是热烈。据一般预测，左翼急进党派很难起来，胜利的大概还是那些主张拥护天皇制度的比较进步的党派。

回饭店午餐后，李济之、张凤举两位来谈我国怎样向盟军总部提出有效的收回我国在日本的古物图书的办法。他们两位是负责来办这件事的。我虽事不干己，但也参加了许多意见。他们留了一个联合国关于收回这类文物的文件给我研究，因为其中有些法律问题。

他们走后，方秘书来了，我们一同乘车出去游览，原想到上野（Ueno）公园去看皇宫博物馆的，因为华莱士找不到地方，只好作罢。五时回到饭店，看报写日记，弄到八点才吃晚饭。

饭后看了两个钟头关于审判德国战犯的书籍，到明思房间谈了一个钟头。打完太极拳，洗澡，就寝已经是十二点半了。

明思告诉我说某国检察官主张把日本天皇列入战犯起诉，在今天检察官会议中引起了激辩，结果是这问题暂搁置，未付表决。我说，这是个政治问题；就纯法律观念来说，我实在看不出天皇对于日本侵略战争何以会没有责任。这个问题在法官们私人谈话间迭次讨论过，大多数人与我持同样的观点。

明思兄这几天很感痛苦，因为中国所能提出的战犯证据实在太少，而论理说日本侵华战争至少有十五年之久，我们可以提出的证据应该是最多。

四月九日　星期二

清晨打开英文报一看，便是一行大标题——"饥饿的中国人在吃树皮、鼠肉，和泥土"。小标题是"三百万人在湖南等地要饿死"，"飞虎陈纳德将军组织空运队投发救济品"。此外还有显目的中国新闻，如"国共两军竞赛占夺长春"，"满洲大规模内战在发动中"，"中国殷切期待马歇尔特使返华调停内战"之类。

这些新闻看了真叫人泄气。处身外国的人，对于自己国家不争气最感痛苦。

听说检察处明后天有一架专机飞往中国，我今天上午写了六封信给国内亲友，措辞却很简单，无非是问候问候而已。

下午方秘书来，他很想借专机回国一行。我原则上本是赞成的，不过法院工作可能迅利展开，急转直下，而中日交通太无把握，我不主张他现在回国。这事只好将来再说了。

我们谈到七点，谈的大都是国内法院情形。

晚饭后我和淡如到荷兰老罗房里去坐了半小时，因为老罗买了一张东方丝绣古画（观音图），一再要我替他"请王将军鉴赏"。

老罗房里出来，我们到小剧场看电影，我因为心绪不佳，坐了几分钟便出来了。

打开房门，朱公亮、李济之、张凤举、向明思四位已经在我的客厅里坐下了，他们还叫了日本下女泡了日本茶吃。我们大谈特谈，直至十点多钟，他们告辞回农林大臣官邸（中国代表团办公及住宿之所）去了。

打了拳，休息一会，十一时我便睡了，因为明天上午有一个"法官谈话会"，我得早点起身。

四月十日　星期三

上午九时方秘书来了，我们一同乘车去法庭，在路上我注意一般市民对于投票的动静和热忱，因为今天是日本有史以来第一次的普选。但是我很失望，到处似乎都是冷静静地，绝对不似二十年前我在美国看到的那样狂热。久受法西斯薰陶的一般日本民众，对于选举是什么意思和有什么好处大概还有点莫名其妙吧！

十时开法官谈话会，代理庭长老诺主席。他报告说检察长季南有封信来，说四月十五日起准备提出起诉书，希望法庭方面正式指定日期开庭受理。这着倒有点出人意料，想不到老季居然有这一手。但是我内心中还是怀疑着这许是个"空城计"，因为我知道检察处正在忙得焦头烂额，起诉书未必能够十五日正式提出。

但是季老既下了这样一个"通牒"，我们只能接受他的"挑衅"。我们议决：十五日请季老到法庭来登记起诉书，是日并把副本分别送达各被告战犯；同时，那时再指定一天（大约在登记后之第三天或第四天）开庭举行公诉仪式，由检察官宣读起诉书，各被告战犯均到庭认定"有罪"或"无罪"（"plead guilty"or"not guilty"，这叫做"arraignment"）。这个仪式举行之后，大约要隔一个月才开始审判，因为被告及其律师必须有充分时间准备其答辩。

我提议十五日接受的起诉书，其副本应由法庭送达各被告而不应由检察处为之。大家同意了我这主张。

我们这样决定了，并推老诺今天下午与老季去商讨详细节目。

大家感觉机器现在总算在发动了，心中咸有很大的欣慰。

老麦、老罗很热心，他们想提出讨论"诉讼程序细则"第二次草案，但是老诺因为卫勃爵士未回来，坚决反对。散会后，我遇着恒利上校（Col. Hanney），他是法庭的事务主任，我顺便把秘书处时常把我名字的字母拼错这件事情对他抗议。他表示抱歉，答应立刻纠正，并保证以后不会发生这种错误。其实这并不是大事，不过人家办事确实认真，决不马马虎虎。

同老希在酒吧间吃了一杯咖啡。我们两个气味很相投而且都不嗜酒，谈起来特别亲切，起劲。这也似乎象征着中美一贯的友谊。他大约要比我大十五岁，故以兄长自居，有时以小弟弟呼我和老罗。

走出酒吧间，我们一同乘车回饭店用膳。

午睡起身已是三点，我约了方秘书来，我们乘车同到上野公园参观内宫博物馆。这原系皇宫的一部分，但是投降后，盟军要日人把它改为公共的博物馆，任人游览。里面陈列的都是日本历代的衣冠文物器皿模型。东西并不多，令人有"装潢华丽，内容空虚"之感。听说好东西大半早已搬到别处去了。

参观了博物馆出来，我们到中国联络参谋办公处去看最近几天的中央社电讯。翻来覆去尽是些国共东北争夺和物价不断飞涨的消息。

五时至七时，我和方秘书校读国际法庭的"诉讼程序细则"（卫勃爵士起草）第二次草案。我们逐条朗诵，逐条研究，并对照 Ollivetti 上校（第八军主管审判战犯的名法律实务家）所提的私人意见书。我们发现了有许多地方还有斟酌的余地；再仔细研究一两次之后，我或许可以向"法官会议"提出一个书面说帖，至少开会讨论的时候，我有充分准备和把握。

各国派来的同事都是有经验、有地位的老法官,我得兢兢业业,郑重将事,决不马马虎虎。

八时淡如请他的日文老师吃饭,要我作陪。我们吃吃谈谈很是高兴。不久,明思来,我们谈到十一时始散,回房打拳,洗澡,十二时就寝。

四月十一日　星期四

今天上午没有出外,在房间看看报,写写日记。

打开星条报一看,果然载着一条"起诉延期"的消息。理由是苏联法官还没有到。其实还有其他原因。我昨天预料是个"空城计",现在果不出所料了。

国内的消息依旧是恶劣,东北争夺战正在白热化,我很怀念在长春的静轩大哥和璇弟,他们大约退出了吧!三人调处小组虽在进行,但恐无效果。马歇尔将军据说周内即将返华。自己的事要人家来干涉,这如何说得过去。同时经济崩溃,更是可怕。上海的煤已经贵到四十五万元一吨,而据方秘书说,鸡蛋也涨到了一千元一枚。这成了什么现象!

日本时报载了一篇短文,叫做"中国人不报仇",描写日本投降后中国人对日人是何等宽宏大量,"视敌为友"。宽大固是美德,但是姑息、畏惧,却是懦怯。我读了这篇文章,颇有"啼笑皆非"之感。

季南先生来电话,说麦帅明日要请我吃午饭,问我有空没有。这不过是客气话,我们无所事事的法官正在这闲得着急,麦帅请吃饭还会没有空去吗?

他又问我愿不愿和他一同去。如果愿意,请在帝国饭店等候,他中午一时来邀。我答应了。

胡须有点长了,我自己又不习惯于剪它,只好到楼下理发室去修一次面,整整容。

由理发室上楼,遇见荷兰老罗,他坚邀我到池旁草地上(在饭店之内)坐坐,并叫了两杯咖啡来。他表示对于中国的哲学文化具有莫大的兴趣和钦仰。他是一个好学之士,人很潇洒、诚挚,带点少年名士派气味,他的话或许不是虚伪。

我们又讨论到将来法庭的判决是否要如英美一样,写明法官们赞成者和反对者的人数和名字,并允许反对者发布反对意见。他坚持以为不可,说了一篇大道理。我对他的主张相当赞成,但表示我对这个问题还未详密考虑。我告诉他这是个相当重大的问题,细则中应有所规定,至少法官会议席上应有充分的讨论。

我同老罗正在高谈阔论之际,加拿大老麦跑来了,说他在他房间里举行鸡尾酒会,要我们立刻前往参加。到的有八九个人,法官外还有一两个法院职员。我同美国老希不喜喝酒,坐了一会儿便同遛到饭厅去用午餐。

午睡后,三点钟我到农林大臣官邸去访朱将军。李、张两位和钱秘书亦在座,他们领我参观各个房间及其布置。这完全是一所日本贵族式的房屋,明窗洁几,别有风味。窗外的园榭花草,尤其整洁可爱。我们席地而坐,品茗谈天,倒也富于东方意味。

四点多钟,美国空中运输队的司令官某上校来访公亮。公亮邀大家在一个非常清雅别致的客堂里举行酒会。

那位司令官(忘其名)对中国很同情,情形也很熟识,他到过北平上海等地,交结中国朋友不少。他的内弟现在重庆美国大使馆任海军武官。他对日人最厌恶、愤恨,说他们狡猾诡诈。这是他作战和在日住家的经验。他说日本人什么东西都偷,愈来愈胆大。他说等中国占领军到了,他宁愿搬到中国防区去住。他对美军的宽大政策深表不满,他说,占领初期,日人惊惶失措,呆若木鸡;稍后则变为毕恭毕敬,驯服可怜;现在却怡然自得,且带点倨傲的样子。对这说法,朱将军颇有同感。

六时我独自辞出，因为要到英国派曲克勋爵的酒会。到时老麦老罗老希老诺和老白都在。这些一天至少见三次面的人，谈起来自然很痛快。不过我同老希对酒实在不感兴趣，于是我们又先溜去晚餐。

晚餐后和王将军到对面的派耳（Pyle）戏院看歌舞和电影。院里挤满了军官，据说这个歌舞班还不坏，所以很有号召力。但"将官特厢"里今晚依然只有我们二人在座。温度太热，我们没有看完便回来了。洗澡睡觉已经快近十二点了。

四月十二日　星期五

今天麦帅约吃午饭，我提前偕方秘书到法院去，以便早点可回饭店，等季南检察长来接。

在法院，我们把"诉讼规程细则"（第二次稿）再逐条仔细研究了一遍，并把 Ollivetti 的意见书重新从详考虑一番。我在草案上做了些标记，预备下次开会时提出讨论。这件工作完毕，老麦邀我到酒吧间，和老希、老派、老罗等闲谈了一番。大家对卫勃庭长迟迟不回和苏联法官姗姗其来，以及起诉日期定而又改，都很感觉不耐。

回饭店略事休息，季南来了。他请我和法国法官白拉德同坐他的车子，另外一车坐的是明思兄和法、荷、菲的检察官，我叫我的车夫空车相随。我们直驶美国大使馆麦帅官邸，到时大概是一点钟了。

麦帅还没有下公回邸，由他的夫人和一个青年副官迎接招待我们。

麦夫人身材很小，但善于辞令，口齿很快，应酬功夫非常周到。她对中国的文化古迹表示倾慕，对我国领袖暨夫人表示敬仰。忽然她发现谈话太集中于中国，于是便又对巴黎的美丽，海牙的情况，菲岛的思念，或加以赞叹，或加以询问。总之，她的话很多，而且很圆到得体，听者不感厌倦。一个集会中有这样一位在，大家是不会感觉寂寞的。

我们笑着谈着约有半小时，麦帅从总部下公回邸了。

他一进门，麦夫人便跑过去拥抱，接吻。这是西洋人的礼节，原不足怪。继而季南替我们一一介绍，握手为礼。我们坐定了，麦帅对自己迟到表示歉意，之后，接着便说我们还是到饭厅一面吃，一面谈吧。

麦帅身体很魁梧，但并不硕胖，是一个标准美国式的军人体格——修长而不庞肿，壮健而不粗野。他最动人的是两目炯炯有光，与人握手或谈话的时候使对方会感着他有无限的诚挚与吸力。

我今天坐的是麦帅右手第一席，亦即照西洋礼节的主宾座位。我们因为距离较近的关系，谈话也比较多些。他很外交地表示对中国兴趣浓厚，敬意深刻，并自称为我国最高领袖的倾慕者。

他今天的兴致特别好，放言高论，滔滔不绝。

他对现在的国际间充满猜忌与冲突表示不满。他说第一次世界大战完毕，大家还和和气气，开了和会，订了和约，战胜国间还和平快乐地相处了若干年。但是这次战争一完，国际间便紧张起来了，似乎等不及休息片刻，便要"连台接演"第三次世界大战的样子。

谈到第三次世界大战的可能，他眉飞色舞，指手画脚。他说，第三次世界大战是不能有的，国为它的意义是等于人类的毁灭。今后战争不是你胜我胜或他胜的问题，而是大家是否愿意"同归于尽"的问题。

他说，原子弹的发明把整个战略战术，甚至于战争的意义都改变了。没有原子弹的国家不能参加战争，参加战争的国家可以毁灭敌国，同时也必会被敌国毁灭——结果是大家完蛋。

他对原子弹的效力很有研究。他说，现在可制造的要比炸广岛、长崎的厉害得多，小小一个弹便等于二千架超级空中堡垒的威力。他说，只要六十个原子弹便可使庞大的美国麻痹乃至于毁灭，小国更不足道矣。然而原子弹不过是新式武器的起点，将来必定有较原子弹更厉害的东西出现，或许已经出现了。

"在这种情况下，怎样去打仗？谁能胜仗？"麦帅含笑问着。继而感叹着"世界上既有豢养着六百万常备军的野心国存在，我们又怎能不准备战争。""我虽看出战争的危险，我还时时在戒备着"。

法国法官问他认识不认识戴高乐将军。他说我虽未曾领教过，但我对他很敬仰，因为他同我一样是一个"最不外交（undiplomatic）的人"。啊，天晓得，麦将军不但外交而且是一个政治手腕最高明的人。要不然，他何以能够处他现在的地位，而且处得很得心应手。

他对日本最近选举的结果和宪法起案，很表得意，认为是民主化的初步。关于这一点，我不能有所批评。

麦帅统治日本是功是罪，对我有利有害，我现在还不能解答。

麦帅对中国抗战的贡献似乎还不健忘（英美人士，由于中国目前的纷乱，不争气，大都把我国八年余汗血苦战的成绩置之脑后了），尤其对我国在远东委员会和在盟国对日委员会与美国之合作和支持深表感慰，隐约间对朱将军不偏不倚的态度感觉满意。

提到我国政府和人民对日本那种不记旧仇的宽大态度，麦帅倍加赞许。他说："中国是一个哲学的民族。它最理智，他们知道无论如何终久是要和日本相处的。"

诚然，站在麦帅的立场，中国的宽大态度是最合脾胃，最切需要的。然而，宽大之外，我们应该警惕！我们应该提高我们对日的警觉性！这不由得使我想起三月廿九日拉铁摩尔先生的那篇文章来。

我们谈话快近两个钟头了，话题很多，我已不能记得完全。我既坐首席，自应首先告辞。他和夫人送到二门，握别时我感觉和见面时同样的热力。

我的印象是麦氏非但是一个军事天才，而且是一个大政治家。然而我最关切的是他统治日本的政策是否有损于我祖国的利益或妨碍我祖国的发展。——这个问题今天一直盘旋着在我脑筋里。

回到饭店已经三点多钟了。午睡起来，写了三封家信，预备交国际检察处明天飞沪的飞机带去。

晚饭前后，与老派老希老麦老罗等闲坐，闲谈。提到明天卫勃爵士和苏联法官大概都可以来到，大家不禁眉飞色舞，因为如此，机器也许可以开动起来了。

九时半回房，记日记，王淡如向明思两兄来谈，十二时就寝。

四月十三日　星期六

晨起打开报一看，又是中国的恶劣消息——长春争夺战之展开就在眼前，同时使我怀念在长春任吉林邮政管理局局长的内兄静轩和在中央银行服务的三弟汝璇。我祝他们平安无恙！我更祝祖国赶快和平团结。

日本总选的结果也发表了，当选的国会议员之中：自由党一三九人；社会民主党九十二人；进步党九十一人；合作党十六人；共产党五人；无党派者八十三人；各小党派共三十八人，合计总数为四六四名。昨天麦帅上午已经得到了初步报告，他在午餐时对选举结果表示满意，因为 1. 参加投票者占选民百分之七十三，比世界任何国家的选举踊跃；2. 共产党当选者仅寥寥五人；3. 妇女在日本有选举权这是第一次，而居然当选者有三十八人之多。麦帅还说候选人的身世履历资料都是经过审查的；自九一八那年起他们的著作、言论、行为、经历都曾填表具报。

麦帅对这结果虽表满意，其实他也不能不表满意，但是今天报上载着苏联和英国报纸都在攻击麦帅，认为举行普选尚非其时，必无良好结果之可言。我国虽忝居远东四强之一，但是自己内战方酣，百废不举，对此类事自亦不暇顾及，只好装聋作哑，噤若寒蝉了。

国际检察处赴沪飞机遥遥无期，九点多钟方秘书打电话来，说今晚有一位在总部粮食组的包先生要回国去，于是我又写了几封信。

中午朱将军来访，我们把午餐开到房里来，且吃且谈，及至三点多钟他才回去。我们约好了明天去游镰仓和叶山等处作日曜郊外旅行。

晚饭是同淡如一起吃的，吃完我们到对面派耳戏院坐了一会，"将官特厢"今晚有五六人之多。因为太热,坐不到几分钟我们就出来,又到我房里闲谈,明思兄不久也加入了。大家对于国事日非都是感慨万端。楼下舞厅里虽有日本歌舞表演,乐声铿锵,我们也没有心思去观光。

他们走后,我作日记,打太极拳,睡时已经一点多了。

四月十四日　星期日

今日起身较迟,早饭后到花园里散步时遇见老罗老麦,我们闲谈了半小时。他们告诉我苏联的法官柴里延诺夫(Zaryanov)(柴扬诺夫——编者注)将军昨晚到了,到了随员四十四人之多,检察官也到了。机器似乎有希望开动了。我们谈了一谈将来法庭审判座位的次序问题和法官应否宣誓,以及保守秘密的问题。

看了一个多钟头的书报,方秘书来,商讨了一下他回国走一趟的问题。我原则上很赞成,但是时间现在还不能够确定。

提前吃午饭。一点钟到农林大臣官邸中国代表团去访朱将军,因为我们约好一点钟出发同去游镰仓的。

我们休息了片刻,我就便问起钱主任(朱将军的机要秘书,日本情形很熟)对于这次日本总选的感想。他说,这次当选的四百多人,其中大半都是军阀财阀的走狗和投机分子,装上一点伪装,戴个民主的假面具,便可以骗到美国人了。美国人太容易受骗了。这个观察和唐上校前些时给我讲的完全相同。

朱将军说今天傍晚他代表团的第二批随员要到,乘的是中国人驾驶的专机。他的车子要派到厚木机场去接客,我们便同坐了我的车子疾向镰仓出发。

大约走了两个钟头,我们到了镰仓(Kamakura)。因为路途不熟,我们连车子都没有下来,只在市区和海滨兜了一个圈子,便又吩咐开到叶山去。沿途问路，过了好几个山洞，经过一个名叫"逗子"的小镇，才兜到叶山。叶山也是一个小镇，不过日本的小镇小村和我国乡村不同：第一，它到处有电灯电话，交通方便，可以表现其工业化的程度很高；第二，他们乡间的房屋常是分散的，而且房屋的结构矮小，门窗栅栏都很不坚固。这与我们聚族而居而且高墙厚门，门上加闩，闩上加锁的种种情形大不相同。这表示他们以往的治安不成问题，不像我们兵祸连年，盗贼遍野，就是太平盛世也得各自检点门户。我感觉中国一向的政治只是消极的，只要没有人造反，推翻王朝，便是太平盛世，至于人民的教养卫生，那只有委之天命和老百姓自己。只要"风调雨顺"，自然会"国泰民安"，政府是不多管闲事的。

叶山海滨有一个日本要塞，属横须港，还立的有陆军省森严的禁牌，现在却只是任人游览，供人凭吊而已。

我们在海滨散步了一会，便踏上归程了。车过驻叶山的美国骑兵旅司令部。门口的美国警卫四人看到我车上漆有我国国徽，连忙举枪为礼，状至恭敬。朱将军答以军礼自然方便。我穿着便服，举手乎，脱帽乎，点首乎——这个问题在我脑筋中盘旋了多日，有时使我很窘。我得研究一下。

过了逗子到横滨，车夫开错了路，颠簸不堪，好像跳舞一般，比我八年来常走的北碚到青木关的路还要糟几倍。朱将军说日本的公路坏得很，乡间大都如此！

啊！这使我有所发觉，有所醒悟。

日本人实在会装面子，做假宣传。看，他们总是叫人家游这里游那里，把许多通都大邑名胜古迹描写得像锦绣天堂，东方乐土。出些富于夸大宣传的旅行指南、游客丛书之类的书报，开些美术展览会，音乐奏演会，和歌伎表演，选些眉目姣好的女侍到各饭店旅馆去服役……这些含有麻醉诱惑性的玩意儿谁能说没含有欺伪宣传的毒素。但是西洋人，尤其是美国孩子，最易上当。日本宣传的技术，战前战后都很高明。

他们的真相外人是不易知道的。假使我们今天不走错路，朱将军不告诉我，我决不会知道日本的公路会如此之糟，而且一般公路都是这样。

我们回到代表团已经快七点了。中国飞机还没有到。我同公亮先吃饭。不一会，淡如打电话来，说中国飞机今天根本没有飞离上海，要明天开行。我辞别公亮，回到饭店正好赶上八点四十的电影，片名"杜丽姊妹"（*The Dolly Sisters*），是五彩歌舞，剧情简单，但场面很热闹。美国影片，大抵如此。

梅汝璈与肖侃伉俪

电影完了，淡如、明思到我房里畅谈约一小时，作日记，打拳，洗澡，睡时又是一点多了。

四月十五日　星期一

今天是我和婉如结婚一周年纪念。我现在连她在什么地方都不知道；或许她已离开了重庆，正在赴沪途中；或许她仍在重庆；或许她已经到了上海。中国交通这样困难，使我对她发生无限的怀念，对去年今日的情景发生不断的回忆。我默祝她的健康，我默祝她在扬子江上的旅程清吉！

天气特别和暖，樱花到处怒放，帝国饭店的情景使我想起北温泉数帆楼上去年的今日。

在月初我托一樵兄带点小礼物给婉如时的那封信上，我已经告诉她我在四月十五的那天一定要请客。

清晨起身，我正在想请哪些人，吃中国菜、日本菜还是西洋菜。忽然淡如来到我房里，拿到一张帖子，是中国旅日华侨联合会的请客帖；主要的是欢迎朱将军和我——其实是朱将军，因为他是他们主管长官，我不过是陪衬而已。而且晚间中国代表团有大批人马要到，公亮淡如都要在团里招呼。我看这样情形，只好把念头打消，好在华侨这样大的盛会，比我邀三五个朋友庆祝，要强得多了。这是借花献佛，其实情势逼得我不能不如此打算。

上午我仍旧同方秘书到法院去了一趟，看了几件公事，同老麦、老罗谈了一会儿天。他们告诉我苏联的同事柴将军已经到了，昨晚他们同在一起吃的饭。老柴一个英文字都不懂，替他翻译的那位青年少校的英文也不高明，将来开会，审判，都成问题。

在法院里，接到公亮的电话，说华侨招待是茶会，人数很多，嘱我三点半到他那里相邀，一同赴会。

午饭后小睡，三点半到公亮处已经有三个华侨代表在那里等候，是派来欢迎的。

参加的人有七八个，我们分乘四辆车子出发，我和朱将军、方秘书同车，约四点钟驶到上野公园的中国饭馆——东京最大的中国饭馆。我们到时，华侨仁候的已经有几百人了。事后我听说明天是华侨联合会的年会，所以今天在东京的人特别多，他们趁此开会欢迎朱将军。

几个华侨首领招待我们在客厅里寒暄了一会儿，继而大家都到礼堂去开会。礼堂并不算小，却都挤满了人，烟酒及点心都是日本土产，倒也别有风味，我吃了几块干鱼。日本香烟实在不敢领教，最好的比重庆最劣的都不如。

会长周某致开会词，接着便是请公亮将军训话，由谢南光先生译为台湾话。朱将军的演说相当地长，措辞也相当地严厉。事后我打听，据说在日侨胞良莠不齐，洁身自好安分守己者固多，但是兴风作浪为非作歹者亦复不少，其中还有在抗战期中行为可疑，以及现在还在勾结本地浪人做黑市买卖和其他不名誉事情的。所以朱将军除了勉勖之外，还寓有训诫和警告他们的意思。

公亮讲完，会长要我说几句话。这事出乎我意料。踌躇良久，欲拒不能，只好勉强说了十几分钟，仍由谢先生逐段翻译。

我只提出两点希望：第一，希望侨胞言行要特别检点，处处要保持大国国民的风度，以配合我们已经取得很高的国际地位。第二，希望侨胞要保持团结，不可分裂，遇事要采民主作风。事前充分讨论，自由发挥，但是一经公决，一定都要服从多数，大家绝对遵守，不可别立门户，法外生枝。这一点是我约二十年前在美国，迄后在欧洲看到各地侨胞最普遍的毛病（不团结，爱分裂），我认为不妨在这个地方发挥发挥，尤其是明天便是旅日侨胞联合会的年会。

我讲完以后，大家座谈了片刻，我和朱将军辞出，主席遂宣告散会。

唐上校、方秘书搭车到我饭店里来。在我房叫了点茶点，闲谈了一小时他们便回到第一宾馆去了。

六点多走进酒吧间，除苏联外，各国的法官都到齐了，正在那喝酒，谈笑。庭长卫勃爵士已从澳大利亚回来了。介绍之后我们特别恳谈了许久，因为是初次见面。他的身材很高，相当地胖，大约是六十左右的人。他最近升任澳洲最高法院推事［原是奎士兰（Queensland）省高等法院院长］，我恭喜了他，他很高兴。

卫勃人很和气，诚挚，不大多说话但是语语中肯，态度很公正，做事很有把握的样子。这是我今天初步的印象。他确是一个文质彬彬的君子相。

我们同去吃饭，吃过饭又在大厅大谈特谈。老诺他们要我不要叫卫勃"爵士"，卫勃亦不要叫我做"博士"，而应彼此以"老卫"、"老梅"，或"卫勃"、"梅"相称。我同卫勃虽初次见面，但是大家一见如故，十分融洽。

我因为急于打听中国代表团到的消息，坐到九点便上楼了。到淡如房里已经有从国内到的两位在洗澡，我知道飞机是真到了。继而明思兄交来四封信，一封是三弟汝璇自锦州来的，一封是五妹蕴珍自白沙来的，一封是罗秘书自上海来的，一封是妻婉如自重庆来的。

父亲的信没有，我有点失望。但从妻弟妹的信中，知道他两老正忙于还乡准备，都很健康。妻的信很长，说我托顾一樵及白顾问带华付邮的信都收到了。她告诉了我很多重庆的和家中列列的情形，使我感觉欣慰。惟对静轩大哥尚未退出长春一点，使我系念不置。婉如说她准十二号乘邮政总局的鸿逵专轮离渝，要月底才能抵沪。今天刚走四天，大概她还停在沙市吧！我们的分离，使她多吃许多苦，我心里很不安。我惟有默祝她的旅中愉快，一路平安。

今天事情真凑巧，使我万分兴奋。

四月十五日这个纪念日，我对婉如特别怀念。而恰在这一天，我便接到她从中国寄来的第一封信。更奇特的，我原来要举行一个小小庆祝（会）的，而全体华侨便在这天开盛大的欢迎会，情况热烈决不亚去年今日的数帆楼！

真是无巧不成书，我感觉特别满意。我今天穿的是去年今日穿的那件白衬衫，戴的是去年今日戴的那根红领带。这种小事情都这样好胜，未免太孩子气了。孟子说："大人者，不失其赤子之心。"然则，我太夸大了。

回到卧室，把信和附寄来中国报纸关于我的报道再看一遍，作日记，打拳，睡时又是一点多了。

四月十六日　星期二

今天午前，我仍照例上法院去了一趟，看了几件不关重要的公事，试了一试法院替我们制的法官制服（大体仿英澳式样），和老麦老罗老希四人在酒吧间谈了半小时的天。

出法院我到农林大臣官邸中国代表团去访问昨晚到日的几位团员。首席顾问沈觐鼎和林定平（原外交部亚东司帮办）二兄是熟人，我请他们同到帝国饭店吃午饭，欢聚一番。我谈了一些国内最近的情形，相顾自又不免一番感叹。我们的国际地位由于八年的浴血苦战，无比牺牲，已经赚得很高，倘使自己不争气，眼见这个地位就要堕落了。

午饭后，沈、林走了，我午睡了一小时。因为中国专航明后天便要回去，我便开始写给婉如、父亲、三弟、蕴妹的信。晚间除饭后同老卫老诺谈了半小时的天外，仍旧是写信。

十点多钟，明思来谈。他因为起诉书快要起草完成而中国资料收集得不够，翻译更是人手太少，极感困难（近日我已请方秘书尽量帮他的忙，但是刘秘书身体欠佳，正在生病，所以还是无济于事）。同时，各方又在催他搬出饭店，这使他更感烦闷。我对他的处境十分同情。但是法官是不能与检察官互助合作的（英美则连往来都要避嫌疑），我不胜其爱莫能助之感。

为了明思住在帝国饭店，以及法官与检察官规避往来的问题，我曾向同事们表示过中国决不是如此的。不过法院既是英美式的组织，这次大体上又采的是英美式的程序，而且人家都是如此，我们自也不便独异。不过总部这次对检察官的待遇似乎太委屈一点。除了检察长季南一个人自我宣传大出风头之外，各国检察官大都无声无息，仿佛是他的助理似的。九国法官的名字时常在报上披露，有时还大吹大擂，而且每个人在帝国饭店都住三间一套的房子，每个人都单独有一部黑牌汽车，上面还漆着各国的国旗。但是检察官则总部连他们的住所都没有固定的招待，妥善的布置，这未免太不成话了。难怪明思兄感触甚多，牢骚很重。

我们谈到十二点多钟才散，记日记，打拳，睡时也快近一点了。

四月十七日　星期三

今天雨相当的大。我来东京起，晴天占十之八九，像今天这样的大雨滂沱，沥沥不休，是很少见的。

因为明天中国飞机要走，法院无甚要事，天气又很沉闷，我今天全天都在房间写信。除了写给父亲、波师、婉如、沣叔、璇弟、蕴妹的那几封之外，又添写了些给胡继纯、刘世芳、叶秋原、李孤帆、任家丰、罗集谊、全增嘏、张明养诸友的信。此外还写了两封给杰夫兄和雯如姊。连前几天迭次想交检察处专机带沪的而未成功的那几封，一共怕有二十封了。

我把信都包好，傍晚亲自送到朱将军那里，郑重叮咛钱秘书歌川交飞机师，务必一到上海就投邮箱。

晚饭后，淡如同一位傅先生来找。我们到一家日本酒店小酌了一会儿，不感兴会便出来到第一宾馆找唐上校、方秘书和明天回国的外交部驻日刘代表闲谈，我并托刘带一小包东西送波师留交婉如。

回饭店时，遇见美国老希，他邀喝咖啡，目的是要告诉我卫勃销假后有许多问题要讨论，而其中之一便是审判席上的座次问题。他主张依日本投降书各受降国签字的次序。老卫似乎原则上也赞成。但为实际工作方便起见，中英或许互调，法、加、荷的地位亦可能加以变更。此事我思索了许久，也是大家一向关切的一个问题。我到东京的次日老麦便和我谈过。好在明天法官会议必知分晓，我也只好淡然置之了。

回房打拳，洗澡，睡时约十二点钟。

【原件此处缺失数页，以下估计为 4 月 19 日日记后半部分——编者注】

……记者席上却堆了人不少，他们是来试验听音和速记的。尤其多的是摄影师和电影拍照者。自我们上台起到下台止，他们不停地向各种不同的角度和用各种不同的姿态向我们"扫射"，我有点感觉好似在火线上一样。今天的演习大概是为他们举行的。据说确实是如此，因为真正"开庭"的那天，他们不见得有这样接近法官们、扫射法官们的机会，而且那天他们的注意力也要分散一部分到犯人、律师和来宾身上去。所以，他们要预先摄好一些法官们的镜头。今天是他们的大好机会。

除了摄影之外，我们还试验了听音声浪和翻译效率，结果还算圆满。我觉得就是不用听音机，庭内一切也可以进行无阻。

步出法庭在会议室休息片刻之后，我们九人又被引到大门口正中阶级上，据说这是"正式照相"，我们又穿上法衣，分为两排，前五后四，我站在前排，位置是庭长与苏联法官之间。在相当烈的阳光之下，我们任摄影师摆布，扫射，大约有二十分钟。他们摄了无数的镜头，总算满意之至。不久，我看他们又在对各国的车子车夫上用工夫，把他们排成阵列，大概要摄了不少镜头。美国孩子真爱玩，什么事都有点"好莱坞化"了。

回饭店遇见淡如和新近来日的中国代表团顾问兼第二组组长恽震先生，相偕在我房里谈天并同进午餐。

午后三至六时读 *Glueck：War Criminals：Their Prosecution and Punishment*。这原不是一本大书，但我时读时辍，最近简直忘记了有这书似的，有点惭愧！

饭前在酒吧与同事们闲谈，共膳后，老希老罗又邀我在廊厅大谈特谈。我们谈到很少谈及的政治问题。老希牢骚很重，他轻视罗斯福（上了丘吉尔的当），他的反英色彩很浓，因为他的祖先是爱尔兰人。他对中国一向是热忱的，他说一般美国人最感亲切爱好的民族是中国人。他说的并非虚伪，我想大体实际是如此。不过我们得争气才对，否则"仇者所快"必然是"亲者所痛"。

睡前明思来谈，他说起诉书差不多预备好了，他打算明天搬出帝国饭店去。他这几天很忙很苦而且烦闷（刘秘书又病了），我很同情。

明思走后，我打拳，睡觉，又快一点钟了，最近些时睡得太迟。

四月二十日　星期六　抵日一月纪念

今天是我到东京的一个月的纪念日。虽然仅短短的一个月，我却觉得很长。有几件个人的小事似乎值得记一记。

第一，是我的体重距离上海时已经增加了七磅，这大概是由于生活较安定，和心思较简单的关系。

第二，我在国内没有蓄过须（只有前年春季病后留过一次，不久便剃了），这次离沪时才决定蓄它，现在已经长起来了，而且每个星期要到帝国理发店去整修一次。

第三，自民国廿八年四月起，我从不吃冷水、冰茶，而且饭前不吃甜东西，现在这些禁忌都打破了。每天冷水、冰激凌随时随地都吃，而且饮食方面总是甜咸交错，冷热并陈，毫不顾忌，似乎完全恢复了我自二十岁至二十五岁时在外国的满不在乎的精神。

第四，我打了两年的太极拳，来日后每天总算还能练习一次，外加点徒手体操，从未间断。这总还算差强人意的一件事。

今天上午我同方秘书仍旧上法院去了一趟。在途中遇着老麦老派老诺老罗四人，他们是到郊外哥尔夫球场去打球。在法院里我看了几件例行公事之后，便邀美国老希去酒吧间吃咖啡，谈了半小时的天。法国老白和苏联老柴都没有看见，大概未到。老柴一个人独来独往，出没无常，很少和这一班人厮混。

出法院到中国代表团（即农林大臣官邸），朱将军因公外出，和王将军钱秘书闲谈了一会儿,便回饭店午膳。下午接着明思的电话,他决定搭明晨检察署专机回国。我便写了两封信(一给波师,一给沣叔)和收拾一盒小赠品(送波师交婉如),预备托他带去。

七时到酒吧间一看,老诺和老派两位英国绅士正在那里小酌。他们坚留我坐下,替我叫了一瓶"可口可乐"(Coco Cola),加了四分之一的兰姆酒(Rum),这在他们看来几乎是不算一回事,但是我居然吃醉了。最初因为 Coco Cola 味道太好(我二十年前在美国时最喜饮它),毫不感觉。逐渐脸有点红烧,心跳得很快,到吃饭时更加发作,头也有点晕了,女待们看到似乎也有点发笑。饭后我只好回房间倒在床上躺着。心跳,头昏,但未呕吐。我太"饭桶",告诉人家,甚至于婉如,都会笑话的。

十一点钟明思来访,说他回国主要任务是请助手,其次为找资料。我笑他太太到了上海,明天便可见面了。他这两个月来确实是辛苦。

午夜一点多钟,我上楼帮他收捡行李,且捡且谈,我们握手告别互祝珍重时已经三点零十分了。我马上就寝。

四月二十一日　　星期日

昨晚睡得太迟了,明思打电话给我辞行时我仍在梦中,等到快九时才起身。

梳洗毕补打太极拳,早餐后淡如来谈,告以明思今晨离饭店的情形。今天是星期天,淡如不去办公,他约我到公园去散步,恰巧我的车子来了,我们遂一同到代表团去。与朱将军钱秘书交谈之后又到后院看到张凤举先生和刚由西京调查归来的李济之博士。我们的目的是在散步,遂在花园里面遊逛良久,我并在花圃里搬了两盆万年松和仙人掌到我的车上,预备带回饭店。

花园毕竟不过瘾,这样惠风和畅樱花遍地的春天不可辜负!于是我邀了公亮淡如坐我的车子去兜风并围着那富丽堂皇英国宫殿式的秩父宫官邸转了两圈。东京的马路确实不坏，市容也很雄壮，至少在这一带有点不愧为当年一等强国首都的样子。

我们开到上野公园下车。公园游人如鲫，对我们备极注意——一辆漆着中国旗的车子，里面出来两个有星的中国将官和一个有小胡须的中国人，这自然引起他们的好奇心，但表面上绝无仇视或轻视的表现。或许他们是正在"自哀不暇"，或许他们正在"卧薪尝胆"。盟国的朋友应该当心着。

我们在上野公园除散步良久外，还参观了一个美术馆的油画展览。作品很多，分二十余室陈列。一般水平并不算低，但特殊作品似乎没有。这比我民十九年春所参观的巴黎油画馆又只能算小巫见大巫了。不过日人善于模仿，一次展览会能有这样的成绩，自亦不可轻视。

回饭店已近一点，我留朱将军在房里午餐，餐毕畅谈各人当年游欧的情景，三点他辞出回邸。

我昨晚睡太少，补睡了两三小时。

醒时中央社记者张仁仲君偕淡如来访，张君并邀我们到记者招待所（Press Club）去晚餐。帝国饭店太老气横秋了，与那些法官老头朝夕见面也太腻味了，我想变换变换空气。

新闻记者毕竟是活泼泼的，他们的饭厅多么蓬勃有生气！菜也不坏。饭后又在张君房里坐谈了良久。他是一个很有"冲劲"和干才的青年（西南联大毕业），是我国有数的随军记者。他谈他随军登陆日本和登陆朝鲜的情景，我们听了津津有味。

回到饭店，补记日记，打拳，洗澡，睡时又是一点多了。这一向来就寝太迟，以后应该早点睡。

四月廿二日　星期一

今晨报载华府远东委员会（FEC——十一盟国对日的决策机关）纽

西兰代表对于美国供给大量粮食给日本表示不满,主张应予调查。这对麦帅政策多少是一种抗议。同时,麦帅总部把东京四大盟国对日委员会的美国代表兼代理主席马克脱(Marquat)将军辞撤,改由总部政治顾问艾其逊(Atcheson)充任。艾氏曾充美驻华大使馆参赞及代办多年,我在重庆曾见过面。去年赫尔利(Hurley)大使在美大事咆哮发怒辞职之时,艾其逊是他指摘为泄漏美军军事秘密和袒护延安人士之一。事后赫氏失败,美国政府声明艾氏无罪。

这两则新闻表示远东各国在华府和东京的两大委员会里都有些明争暗斗。美国遇事包办和麦帅宽大提携日本政策未尝不引起他国的反感。马去艾来显示着美国对苏的小小让步。不过马氏不善自处及利用无谓的 fillibuster 政策,也是他失败的原因之一。

上午十时法院又开法官会议,讨论麦帅关于被告是否可以不聘律师,自己辩护的问题之复函。因该函未及看到问题之中心,法院决再去函质询。其次为需要翻译之任何文件,会议决定应限于开审前二十四小时内送来。此外还讨论了几件小事,十二时散会。

午饭后一睡便是两个钟头,大概这几天太累而睡眠也太少了。

五时李济之博士来访。他把在西京调查中国文化古物的情形给我大概讲了一遍。他想就最近总部对日政府关于限期登记及禁止贩运一九三七年(卢沟桥事变)以来日本劫自外国的文物之指令,加以扩充,制成议案,请朱将军向盟国对日委员会提出。我表示完全赞同并贡献了一些意见。

六时余,方秘书、刘秘书和王将军先后来到。我叫了茶点,大家畅叙一番。

晚饭后,在小剧场看了半小时电影,乏味退出,回房作日记,打拳,洗澡,就寝时是十二点一刻,算是提早了。

四月廿三日　星期二

报上载着：长春已完全为共军占领（我焦虑着静轩兄的安全）；新一军死伤甚众；哈尔滨也被四面包围，即将放弃。国共双方互评甚烈，马歇尔将军似亦没有多大办法，蒋主席或将再作让步。又载：国府决于五月一日以前还都南京；从五一起一切公文应寄递南京。这次还都总算还成了，但不知五月五日的国民大会是否因内战关系又要展期。多难的祖国！我愿她遇事终能"逢凶化吉"，"化干戈为玉帛"！

今天上午又是法官会议，讨论的是法官、翻译、录事、记者……的宣誓词句与方式。因为翻译和记者的誓词中有"愿上帝助我"（So help me God），我主张把它删去，至少加以变换，因为他们不一定都是基督教徒。这个主张被接受了，决定对非基督徒宣誓时不用那个词句。至于法官的宣誓，另是一套，根本没有"愿上帝助我"的字样。

此外，又讨论了诉讼程序细则上的几个小的文字修正。因为麦帅对昨天法院去函还未答复，我们对宪章条文是否抵触的问题还未释然。

散会后，柴将军趋向我握手言欢，谈了约十分钟。我告诉他我在1929 年二月严冬经过莫斯科。他说，"那时你必定是个小孩，因为看来你现在也不过三十左右的样子。"我不知他这话是俏皮的客气，还是真的相信如此。不过中国人因为发黑个子小总被视较他的实际年龄为轻。譬如，明思兄比我大十岁，但是西洋人看他还是三十岁左右或三十余岁，其实他已经五十一二了。这是中国人吃亏处，不知我的蓄须有济于事否。

与老柴握别后，我到酒吧间和老麦老派三人吃了一杯咖啡。出法院后我到代表团，朱将军不在，与恽组长钱主任谈了一谈并浏览了一些中国寄来的刊物。

一时回饭店用餐，餐毕又与老希在廊厅叙谈了半小时。老希告诉我：老卫三复思维，仍主采用受降签字的次序为法官座位的次序以免引起意外的误会及无谓的纠纷。我表示完全赞同，并称道老卫为人公正，头脑清楚。

回房间午睡,四至六时详细检阅最近数日的星条报和日本时报,以及最近几期的一周新闻(Newsweek)和时代(Time)周刊。外国刊物的编辑技术真高明,使人读得津津不倦。六时朱公亮来谈,我们共进晚餐,餐毕同到对面的派耳戏院去看新近上演的名话剧"Arsenic & Lace",题材是描写一个疯人的家庭,两个老姑子毒死了十二个人,一个疯侄也杀过十二个,中间以爱情穿插。对白很好,演得也不坏。不过这种题材太奇离了,或许对玩腻了、太满意的美国人是一种新的刺激。

散戏后朱将军又同回到我房里大谈特谈,大都是关于盟国对日委员会的近态和艾其逊接替马将军的意义。公亮的眼光很锐利,和艾的交情一向很好,我相信,他能把握住这个形势而善用之。

公亮走后,我打拳,作日记,睡时又是一点钟了。

今天下午四时打了一套太极拳,睡前又打一套。我到东京一个多月,一日两拳这是第一次了。我希望以后每天能打两次。倘是一次最好是提前到白天打,睡前打似乎不甚卫生。

前天演习时的照相,ACME新闻摄影公司送了两张样片来,是九位法官在法院门口照的。因为阳光太烈,大家都不自然。公亮对我的姿态很感满意,他说除俄国法官和你两人之外,其余的有点老气横秋的样子。我说:他们正是西洋法官的典型呀!

四月廿四日　星期三

今天上午开法官会议,继续讨论"诉讼程序细则"草案和文件档案的翻译问题。对草案仅有些微细的修正,全部通过作为第四次草案。

正在讨论草案的时候,秘书处送来麦帅复函,内附国际法庭宪章修正条文草案。修正案对我们函询的问题,其规定是允许被告自己诉辩或聘律师辩护,但二者只许选择其一。此外宪章另一修正是增加法官二名，印度、菲律宾各派代表一人。在检察处里，印菲亦得各派助理检察官一名，协助检察长工作。

会议散后，回饭店午餐。雨下得很大，没有外出。因为明天中央社的曾思清先生要回国去，我午睡醒后便埋头写信，七时晚餐后，仍继续写。十点方秘书刘秘书来取时我已写好了六封，都交给他们带给曾君明天抵沪付邮。

十时至十二时看报。乱哄哄的世界，问题实在太多了。不过日本币原内阁倒台（昨日总辞职）及其继任人选问题和我国东北情势的发展，最使我关切。想到我国前途的荆棘和国际地位堕落的危险，使我半夜不能安枕。"当局者迷，旁观者清"，这种危险在国外的人大概要比在国内的人看得清楚得多。

四月廿五日　星期四

清晨阅报，载着我国五月五日召开制宪的国民大会，因为共产党及民主同盟拒推代表和东北问题尚未解决，决定延期举行。同时，马大使正在斡旋和平，政府也有再作让步的意思。

今日上午又举行法官会议，系讨论第四次修正草案，只有小的文字修改，这草案大体算是脱稿了。

草案讨论完毕各法官签字誓约，誓约译文如下：

"我们郑重保证：我们，远东国际军事法庭的法官，必定依法秉公行其司法任务，绝无恐惧，偏袒，私爱，并且依照我们的良心及最善之悟解行之。我们绝不泄漏或露布我们法庭任何分子对于判决或定罪之意见及投票，而要保持每个分子之见解为不可侵犯之秘密。"

"We affirm that, as Members of the International Military

Tribunal for the Far East, we will duly administer justice according to law, without fear, favor or affection, according to our conscience, and the best of our understanding, and that we will not disclose or discover the vote or opinion of any particular member of the Tribunal upon findings or sentence but will preserve inviolate the secrecy of the counsel of every member. "

签字次序为：美，中，英，苏，加，澳，法，荷，纽。我是用中文签的名，名字后面注以英译。

这个签字典礼异常简单，几乎没有任何典礼之可言。签毕散会，我回饭店午膳，午寝。

醒来，浏览昨晚淡如送来的几本图书杂志。六时到代表团和朱团长、沈顾问、恽组长及钱秘书谈约一小时，大都是关于国内情形和代表团对于日首相继任人选的态度。朱将军说他对某组阁呼声最高的党魁（鸠山）已经向总部提了说帖表示反对。这样一来，他的组阁幻想算是根本破灭了。日本首相人选要中国人同意，这要算空前创举！愿我中国人努力自爱，团结建国，以善保其国际地位！

回饭店晚餐后到小剧场看电影，片名为"Detour（歧途）"，主角虽不甚著名，但情节和演技还算过得去。

十一点淡如来访，洗澡睡觉已近一点了。

四月廿六日　星期五

今天原定不举行法官会议，天气阴雨，我请方秘书来商量翻译宪章和诉讼程序细则的问题，并请他重打几份并即刻修改宪章译稿和着手开始翻译细则。

方秘书到了法院，忽然打来电话，说卫勃爵士通知他十一点半举行临时会议，要我马上到法院去。

临时会议讨论的仅是一个简单却重要的问题，便是：指定接受检察处起诉书的时间，因为季南先生有信来说下星期一起诉书便可完成，随时可以向法院递送。我们议决：下星期一午前十一时全体法官在会议室里接受。

谢天谢地！望眼欲穿的起诉书真的要提出了。机器许是真的可以开动了。我希望这不是一场虚惊或空欢喜。季南先生的话这次总该兑现吧！

回饭店约淡如午餐，遇见一位王小姐正在找他。这位小姐父亲是中国人，母亲是葡萄牙人，看来很聪明活泼，完全一股子孩气。据说她会好几国语言，她的国语和英语确实都不算坏。她在美国红十字会做事。我抵日以来，看见的中国小姐这是第一个。

饭后午睡，起来后细读一遍"诉讼细则"最后一次的修正稿，的确是比以前进步多了。

晚饭后在廊厅与老希老麦和两位美国军官闲谈。这两位军官似乎都懂得一点中国真相，其中一人还到过天津北平。但是他们修养很好，并不以近日报上大事渲染的"中国内战"、"长春争夺战展开"、"中国饥荒——几百万人在吃根叶和泥土"等类的问题相质询或作谈话资料。其实，法官同事们这一向天天看到中国糟糕的新闻，但他们守口如瓶，绝不谈中国政局问题，也绝不谈任何足以引起不快之感的国际时事。这大概就是所谓"君子人（gentleman）"的特征吧！住帝国饭店有这一点好处。我想，在别的地方，修养差的人们一定不少，真是问长问短，倒是要使我们这"五强之一"中国人难以为情了。记得三星期前，刘专员告诉我他和美军某下级军官交涉华侨配给的问题，美军官便毫不客气地说："报上不是说几百万中国人在吃草根树叶嘛！华侨又何必要比日本人好的配给呢？"刘专员把他驳倒之后，他又说："算了，我们谈别的吧，中国为什么还要内战？我们谈谈国民党和共产党所争的是什么，好吗?"——遇见这种人真是叫人"啼笑皆非"了。所幸我住在这里还没有遇见过。不过,"止谤莫如自修",中国还得争气才行。不争气,人家口里不说,还不是"心照不宣"吗?

闲谈到八点四十,老麦提议大家去看电影。因为片子太坏,我在"小剧场"坐了半小时便出来了。作日记,打拳,约十二时就寝。

四月廿七日　星期六

上午与方秘书同到代表团。我把我决定要向法官们所提出"公宴客人"的名单给朱将军商量,问他代表团中应该包括哪几位,总部方面有什么特别与中国有关系或有好感的人物应该加入进去。

朱将军开了七八个名字。回到法院,我把我所介绍的客人名单整理了一下,交给老麦(我们视他为"交际主任")去了。关于总部方面应请的客人,例如麦帅、钱参谋长、季南先生等等,我完全照老诺的样子(因为他的单子上包罗万象,应有尽有),我只加了马克脱将军(Marquat,总部科学经济组主任,兼东京防空司令,最近辞职的盟国对日委员会美方代表兼代理主席),费纳斯上校(Fellers,盟国对日委员会秘书长),国际检察处新近由中国返日的沙顿(Sutton)先生和磨乐上校(Col. Morrow)。中国代表团方面,我只列了团长朱将军,首席顾问沈觐鼎先生和主任联络参谋王淡如少将。原来还打算请李济之博士和恽震先生的,因为他们不日离此,所以我就没有把他们的名字列入。

到法院看了几件例行公事,和老希在酒吧间喝了一杯咖啡,谈了一会儿天。他仍念念不忘起诉后同到上海北平去玩的企望,国内情形那样紊乱,物价那样飞涨,交通那样困难,我也只有唯唯否否,"姑妄言之,姑妄应之"而已。

午饭后小睡,起身即到联参处去看这几天的中央社的电讯(这是在东京惟一国内消息较详的来源,然而每天该社也不过收录十几条国内播音而已）。正在与淡如谈话，忽然盟军总部有电话到联参处，说有一架中国飞机已经到了厚木机场，这使我们感觉惊奇，有点莫名其妙！淡如派了钱上校、罗少校去接。

回饭店与淡如闲谈，方秘书刘秘书亦来加入。晚饭后在小剧场看电影，少顷即回房间打拳，写日记。因为今天是星期六，饭厅有跳舞，十时音乐大作，侍者告以有歌舞表演。我下楼去看，原来并非日本舞，而是些日本少女仿习的一些西洋歌舞节目。摹仿得并不高明，歌唱的那两个矮胖子，发音表情都很恶劣。这样连梅花歌舞团都不如的玩意儿居然会被招到帝国饭店来表演！

回寝室接得一电话，是罗集谊打来的。原来今天中国飞机载的就是他们——代表团第三批人员，罗搭同机抵日。洗澡，约十二时就寝。

四月廿八日　星期日

清晨王将军方秘书来，我们一同乘车到代表团去访问昨天抵日的那批人员。罗秘书告诉了我一些国内的情形和他旅程的经过。他替我带了七八封信来，除了父亲、波师和婉如的之外，还有吴尚鹰、柳杰夫、江祥铎、任家丰各位来的。父亲和婉如的信都很长，并且附有剪报几段（大概都是东京的报道，如国际法庭各法官的到达、各战犯的近况之类，我三月二十日抵东京和麦帅四月十二日召宴，中央和大公都有显著的记载），读了我一个多钟头。再和朱将军谈谈，看看他们带来的中国报纸，不知不觉已经十二点多了。

回饭店午膳。小睡后，将法院通过的诉讼程序细则和最近发下的几个文件仔细研究一番。傍晚与淡如同去看他正在装修的那幢房子。那房子是总部前几个月代征用的，环境幽雅，花园广袤，内部布置亦甚华丽，大约有十几间，一个小家庭住绰绰有余。

晚饭后，同淡如到楼下小剧场看电影，十一时打拳，睡觉。睡在床上再读了两遍父亲和婉如的长信,虽然都是些家庭琐事亲友消息,但总觉得津津有味。古人说"家书抵万金",这话我在此时此地更觉得说得有理。

四月廿九日　星期一

今天是法院工作正式开始的第一件大事——起诉书呈递到院。呈递仪式是在十时半举行,我九点半便偕方秘书到院去,看了几件公事便和老麦他们到法官会议室去谈天。

十时半,检察长季南携着一本起诉书到会议室来,随后跟着各国的陪审检察官也到了(我国检察官向明思兄回国去了,今天是由刘子健秘书代的)。法官们围着会议桌坐着,检察长坐在庭长的对面,各国检察官坐在四周靠窗的椅子上。

检察长向法官们发言,略叙起诉准备经过,请示准许呈递起诉书,庭长允其所请,并命秘书长出具收据。随时请检察长列席法官会议,陈述他对于法院开庭受诉的日期的意见。(即所谓 Arraignment——是时法院正式开庭,受理起诉,并个别询问各犯人"有罪"(guilty)或"无罪"(not guilty)。这是英美法的特别程序。在大陆法系的国家 Indictment 和 Arraignment 是不区别的。

季南先生表示:起诉书副本检察处既已准备多份,法院今天便可分发各犯人,他们决定应诉(即 plead not guilty)或不应诉(即 plead guilty),那是一件很容易、简单的事情,他看只要三四天便够了。根据这个意见,法院决定在本星期五上午十时半首次开庭,届时检察处正式公开对各犯人起诉,各犯人及其辩护律师到庭声明"无罪"或"有罪"(即应诉或不应诉)。

这个决议之后,检察长和各国检察官们便退出法官会议室。这个所谓"起诉书呈递"(Return of Indictment)便算完毕,所费时间一共不到一个钟头。这种仪式是在 Judges sitting in chamber（"室内"）面前举行的，与所谓 Judges sitting in open court（"开庭"）面前举行的不同。

会议完毕，进来了好几个新闻记者和摄影师，其中一位是中央社东京特派员张仁仲先生。他是一个活跃能干的青年。他叫摄影师替我们二人同在一起摄了一个照。他随我到我的办公室，向我提出了一些问题。他对我的位席是排在第二，紧靠庭长的左手，表示满意。他说他已经听见外间关于法官座位的次序问题有许多流言，所以知道这其中必定经过了一番明争暗斗，勾心斗角。他对我能够保持国家应有的地位表示庆贺，说必定打电报回国去宣传。我说这是我国八年浴血抗战的结果，我个人实无功绩可言。只要我们国家努力和平建设，国际地位必可保持不堕。倘使国家不争气，我们的地位在任何国际场合中恐怕都会一落千丈。

关于法院的情形和最近几天的进行程序，我请方秘书给他详细谈了一番。十二时他辞去，我到酒吧间与老希老罗他们谈了半小时的天，老柴也在座。大家对于法院机器在开动都很感觉愉快。

回饭店，约请来店便餐的恽震组长和李济之博士已经在我房间等候了。恽先生后天飞美国，出席华府远东委员会的赔款会议。李先生后天回国，因为中央研究院和国立博物馆有许多工作正在等着他。

饭是在房间里开的，我们吃吃谈谈很是高兴，分别时已经三点多了。

午睡起来，到中国联参处看中央社电讯，并接淡如回饭店。

前几天见过的那位王小姐（我抵日后看见的第一位中国小姐）因为有点事找淡如。淡如邀我同到饭厅吃晚饭。饭后看电影，是一部五彩片子，还算热闹，但是剧情可算是一点没有。美国片子大都如是。

客人走后，打拳洗澡，睡时约十二点钟。

四月卅日　星期二

今天没有法官会议，天气阴雨，我上午未到法院去，却派方秘书引罗秘书到法院去看看，怕的临时有什么事情发生。

我自己在房里再仔细研究了一下诉讼程序细则，和几件关于法庭里翻译问题的几件公事，并补作日记。

中午方秘书约了中央社记者宋德和先生到饭店来午餐。宋先生是我国鼎鼎大名的随军记者，曾随盟军登陆太平洋群岛和日本本土。他是中央社海外记者的台柱之一，我在国内已经读过他不少的通讯。他只三十多岁，英语流利，人极活跃，富于创造性。他说中央社在东京的地位很高，比 A. P.（美协）、U. P.（美联）有过之无不及，但是人手太少，他的助理曾先生回国后，他唱的是独脚戏（他也是新近回国走了一趟才回来的）。他对日本的内情很透彻，与总部和日政府的联络功夫都做得很好。他虽也承认麦帅逐渐袒日政策的危险性，对一般国际大局的发展并不悲观。他认为美国决不会亦不能放弃中国。他对今天报载国共谈判决裂（即蒋主席最后拒绝由马歇尔转递的共产党关于东北的要求），认为亦不足悲观。

我们很痛快地谈到两点钟。他辞去后，我到法院去参加法院开庭演习。

今天的演习，检察官（中国是由代表团沈顾问觐鼎代表）和法院职员都到了。但是演习的结果非常之糟！原来今天是要试验英译日、日译英的程序效果和翻译人员的速度技能的，结果由于卫勃爵士的一贯的用英语推行，而秘书长和总指挥又不敢打断他，停止他；所以及至散庭，这个试验一点都未举行。事后卫勃大为不满，他决定明天他一个人（其他法官不必到）再来试验一次。

演习完毕，法官们聚谈了约半小时。我回到办公室，沈顾问方罗二秘书都在等着。我叫了几杯咖啡，大家谈了约半小时天，便送沈先生回代表团去了，我也下车登楼和公亮将军闲谈了片刻。

回饭店晚餐，与同事们大谈特谈。大家对于今天"演习"觉得劳而无功，有点滑稽。

八点四十分淡如约看电影，未及终场便回到我房里闲谈——大都是关于中国代表团的机构和人事的问题。淡如有很重的牢骚，但也有不少的特殊见解。他自菲律宾起便在麦帅总部任联络官，已经五年，对于中美联络工作之应如何推进自有一番深刻的认识。淡如去后，打拳，作日记，睡时已近一点钟了。

五月一日　星期三

晨起翻开报一看，载着日本暴徒想在劳工节谋刺麦帅的大字标题，并刊有某嫌犯的照片。但细看新闻的内容却言之无物，十分空洞。我想这大概是别有作用吧！

今天没有法官会议，但是因为劳工节休假而且我傍晚要偕淡如到热海去游览沐浴，所以上午我还是到法院去了一趟，看了些例行公事并和隔壁老麦谈了一会儿天。

回到饭店，中央社的宋德和先生来访，他要请我同方秘书去吃饭。他说他和三个美国记者租了一幢房子住，原可去吃点中国菜的，但是今天厨子告假，只好请我们到记者公会去吃。

我们同到记者公会饭厅且吃且谈，很是痛快，并且遇着张仁仲先生和几个美国新闻记者。记者们总是活泼的。这个饭店的空气设备乃至女侍都和帝国饭店不同。相形之下，帝国饭店确实太"老气横秋"了。

我问宋先生今天"谋刺麦帅"的宣传是什么意思。他仿佛也默认是别有作用，他说你没有注意明天的"游行"都加有"共产党"字样吗？我们相顾一笑。

饭后小睡，三时淡如来。我们到经理室领了晚餐食粮，便坐我的车子向热海出发。同车的有一日人，他在东京工作，家住热海，每日早来晚去，上次我们去热海，他也同了搭车去。我们为方便起见，这次仍让他同去。他是一个商人之子，曾到过上海。据他自己说他在战前就反对军阀侵华，并且做过文章反对。"姑妄言之，姑妄听之"，我们不过因为他是热海土著，让他搭车自有许多方便，而且谈谈本地胜迹风光也可以解解旅中寂寞。

车走了约三个钟头，傍晚才到热海。我们住在山王饭店 Sanno Hotel，是西洋式而非日本式的，与"大黑家"不同。旅馆房间很干净，是由盟军总部监督管理的，所以卫生和秩序都很好。招待中有一个老者能操英语并且到过欧洲，所以供应上有他翻译很感方便。

房间开好了，我们便开始晚餐。八点多钟，那位同车的日人把他太太做的几样小菜送来我们解酒，并把他家里的留声机也搬来了。我们听听歌，喝喝酒（我是以茶代酒），不知不觉已经九点多了，上街散步了约半小时，回饭店洗个澡（热海以温泉澡著名），因为车上太疲倦，不到十一点就睡了。

今天我们穿过许多小村落，看见他们的房子——无论是农村住宅，或是街市商店，都是玻璃木板砌成的，像鸽子箱或火柴盒子一样，根本没有高墙厚壁，更没有门上加闩，闩上加锁之类的设备。可见日本一向似乎没有治安问题。但不知这是自古以来便是如此，还是工业化了国富民裕之后始然。这是我要求解答的一个问题。想到我国农村阴沉沉的情况，我不觉毛骨悚然。

五月二日　　星期四

明天是远东国际法庭的大开幕。虽然是劳工节，我依然记挂着怕要举行临时法官会议，所以不到六点便醒了。热海是以温泉浴著名，我再到小池子洗了一个澡，稍用茶点便偕淡如乘车向东京回程出发，车夫虽有些困倦的情形，但车子还算开得平稳，也很迅速，不到九点半便到了帝国饭店。

　　方秘书来电话,说没有法官会议,法官们也只有两三位在院里。我于是决定不到院,而以所有的时间去仔细看看起诉书。

　　起诉书(我看的是英文本)很长,很密很大的打字纸约有四十多张。但主文只有十四页,其余都是附录。

　　诉因(counts)共有五十五个,分为三类:

　　第一类——违反和平之罪(诉因 1 至 36)

　　第二类——杀人罪(诉因 37 至 52)

　　第三类——习惯战争犯罪及违反人道之罪(诉因 53 至 55)

　　被控战犯共有二十八名,都是近年来在日本政治军事经济文教各方面负重大责任的首脑人物。依照他们英文名字字母的先后排列,其次序如下:

1. 荒木贞夫(Araki, Sadao); 　　2. 土肥原贤二(Dohihara, Kenji);

3. 桥本欣五郎(Hashimoto, Kingoro); 4. 畑俊六(Hata, Shunroku);

5. 平沼骐一郎(Hiranuma, Kiichiro); 6. 广田弘毅(Hirota, Koki);

7. 星野直树(Hoshino, Naoki); 　　8. 板垣征四郎(Itagaki, Seishiro);

9. 贺屋兴宣(Kaya, Okinori); 　　10. 木户幸一(Kido, Koichi);

11. 木村兵太郎(Kimura, Heitaro); 12. 小矶国昭(Koiso, Kuniaki);

13. 松井石根(Matsui, Iwane); 　　14. 松冈洋右(Matsuoka, Yosuke);

15. 南次郎(Minami, Jiro); 　　16. 武藤章(Muto, Akira);

17. 永野修身(Nagano, Osami); 　　18. 冈敬纯(Oka, Takasumi);

19. 大川周明(Okawa, Shumei); 　　20. 大岛浩(Oshima, Hiroshi);

21. 佐藤贤了(Sato, Kenryo); 　　22. 重光葵(Shigemitsu, Mamoru);

23. 岛田繁太郎(Shimada, Shigetaro); 24. 白鸟敏夫(Shiratori, Toshio);

25. 铃木贞一(Suzuki, Teiichi); 　　26. 东乡茂德(Togo, Shigenori);

27. 东条英机(Tojo, Hideki); 　　28. 梅津美治郎(Umezu, Yoshijiro).

　　这二十八个名字,大半我都熟识,他们几乎都曾为害中国,尤其是土肥原这家伙，他是制造中国分裂内乱的专家，阴谋多端，诡计百出。他的大半生的历史就是一本毒害中华史。其次，松井石根，他是南京大屠杀的总指挥，中国人是永远不会忘记这个刽子手头目的。至于板垣、小矶、梅津……都是侵华健将，妇孺皆知，至于那九一八后出席国联的松冈，一二八淞沪战争在虹口炸断腿的重光，和那中日提携三原则的创造者广田——这些人二三十年来都和中国结了不解之缘，中国人对他们的名字是耳熟能详的。

起诉书那么长，读到午饭时我仅读完约三分之一。午饭后小睡。起身后打太极拳。四时起再读起诉书，愈读愈使人愤怒，到六点总算是把正文读完了。淡如来，向明思兄也恰巧由中国赶到，准备出席明天的大典。我们叫了茶点，大家畅谈了一番。

因为后天中国专机要回上海，李济之博士将随机返国。明天开庭要忙一天，我只有在今天晚上赶快写几封信托他带去。

晚饭后埋头写信，一共写了八封，其中一封是给孙院长请求续假三个月的，因为我向立法院告的事假三个月（二月十日起）到本月十日就要届满了。其余几封是给父亲、波师、沣叔、秋原、一飞、敏恒、杰夫（附婉如）、继纯和复旦友人的，信内都附得有英文剪报两份，载有起诉书要旨，法院审理程序和法庭、法官们的照片，以及各被控战犯的个别的摄影（我请罗秘书在他们的名字下注上中文）。这样一来，我的信便可以极端简单，因为他们看了附件便会很真切地明白我所要告诉他们的事情。

用这个方法，我在两小时之内便完成了八封内容很丰富的信，而且写好信封，贴好邮票。我很感觉满意。到酒吧间去吃杯可口可乐（Coco Cola）时，遇见庭长老卫，他说："明天是我们的'开张大吉'的日子，早点睡觉吧。"我们相顾一笑。我回房作日记，睡觉时又是快近一点了。也罢！

今天自热海回东京经过横滨一带，看见许多劳工团体的结队游行，秩序良好,男女工人衣着都还整洁,身体也很壮健,在千万人群中毫无营养不足的现象。我真奇怪为什么麦帅总部还天天替日人叫粮食恐慌,为他们无微不至地打算。这样的战败国也可算是"天之骄子"式的战败国了。比起我们多劫多难的战胜国,我们真不能不自叹弗如!

劳工节游行的另一可注意的现象是红旗子特别多。我问了一个智识界的日本人,他说:往年并不是如此。红旗象征革命,甚至于赤化。世界是向左走的,大势所趋,谁也不能阻遏!

五月三日　星期五

今天是远东国际军事法庭正式开演的第一天,也就是我参加客串的这出富于历史性的戏剧的开锣第一幕。

我回忆起三个月前在重庆接着政府派命的那段故事的经过。因为缺乏司法经验和不愿离开正要复员还乡的家庭,我接着政府派令的次日便上了辞呈,并将派令送外交部转缴行政院。但是不到几天,外交部当局便找了孙院长写信给我关劝,而孙院长本人也竭力怂恿我接受这个使命。记得有一次谈话的时候,他说:这是千载难逢的机会,不但有价值有趣味,而且可以历史留名。试想:半年以前,我们想得到有扬眉吐气的今天吗?去年今日,独山、都匀正在沦陷,连重庆都人心惶惶,那又是何等景象?我说:国家兴亡,变幻莫测,这简直是和演戏一样。孙院长说世界本来就是一座舞台,历史也不过是一串戏剧。既是戏剧,你就不妨在这一出里担任一角。

真的,我已经担任一角了,而且我们这出戏马上就要开演了。

法院开庭规定时间是十点半钟,为了避免交通拥挤和恐怕临时召开法官会议,我九点半钟就由饭店乘车到法院去。沿途经过倒看不出什么,不过快到陆军省的附近,行人车辆都比往日多起来了,走近法院门口,警卫比往常森严多了。进了大门,看见在广场上排列了许多车辆,其中一辆紧闭的救护室的大卡车据说就是今天大早装载二十六个战犯来的,他们八点半钟已经从大森(Sugamo)监狱押解到了。(还有两个是从南洋今天上午方才押解到东京。)

我进了法院依然是到自己办公室里。老麦先我而到,他过来谈论了几分钟。十点过了不久,朱公亮将军和我派往陪迎的罗秘书一同到了。谈了几分钟,我请罗秘书方秘书引他到"贵宾席"里去坐下,我自己便穿上法衣到会议厅里和同事们谈天,这时九位同事几乎全到了。还有英国的屋莱特爵士(Lord Wright——他是特意赶到日本来观察的,他也观察过纽伦堡的国际审判。他年纪很大,是当今国际法的权威),他也在场陪我们谈天。

十点半到了,总指挥来报告说那两个从暹罗(Siam)押解板垣征四郎和木村兵太郎的飞机今晨已经到了厚木机场,载这两个犯人的车子正在向东京疾驰,不久即可到法院。

我们听了这个消息很是高兴,决定命总指挥向观众报告延期半小时开庭,免得改日再为那个犯人再要重新"表演"一次。

十一点已经过了十分,他俩还没到,电话过问机场说方才动身二十分钟,至少要一个钟头才得到。我们为免使观众失望起见,决定马上开庭,下午续开时再读起诉书。

法官们入场顺序和座次早已没有问题,今天到院的时候庭长已有书面通知,除庭长领首外,行列和坐席都以美中英苏加法荷纽印菲为顺序。我们鱼贯而行,我是介于美苏之间,到了门口,总指挥口喊"静!"(Silence!)我们进门时,他又高喊"观众起立!"(Spectators rise!)我们依次步上审判台,各人站在自己的大高椅后面,全都站齐了方才坐下。我们几个人坐定了之后,总指挥才喊"坐下!"(Be seated!)在场的检察官,职员,以及全体观众才落座。

因为法庭很大,走廊很长,台子又高,法官人数又多,穿着法衣在身上行动又缓,所以这一小小节目便占了近十分钟。这时最紧张,全场电光四射，就同在太阳里的广场上一样，摄影机、照相机不断地扫射。

庭长卫勃爵士开始读他预备好的开幕词，继之以翻译，因为照宪章，这个审判的一切都要用两种文字进行的。

在读庭长开幕词的时候，我仔细用目光扫射了一下法庭的情形。

在法官台的下一层坐的是法院秘书长、干事长、书记官和各法官的秘书。方秘书坐在靠右手的第三个位子。

面对着法官台和秘书座，是检察官席，季南检察长坐中间，中英苏澳加法荷纽印菲各国的陪席检察官依次围着一张长方桌子坐着。检察官席之左右也是两张大长方桌，一张坐的是被告律师，一张坐的是法院记录和翻译人员。发言放大器置于检察官席和被告律师席之间。

在这三张大方桌之后，面对着法官台的便是犯人座席，是一个比地面高出数尺的长方形的台子。二十六个战犯分为两行都端正地坐在那里。因为电光太强，摄影机骚扰太甚，而且法官们的举动又在万目炯炯的监视之下，我对这一大批犯人并没有个人对照认识的余暇，虽然每个法官座上都摆了一张很清楚的犯人照片，而且这照片是依照他们的座次排列的。我只注意到坐在中央的东条，和肥圆圆脸的土肥原。在东条后面坐的是大川周明，他装有神经病，时时作想骚扰的样子，美国宪兵在他后面制止，有时还要用力把他抱住。他已有书面请求检验他的精神和身体状态。他是二十六名中表演得最滑稽和最引人注意的一个。其余各人都是板着面孔，佯作镇静，尤其是东条，简直一动不动，和石膏塑的人一般。

我虽不暇多事辨认这二十六个家伙，但是他们面对着我的这一群，使我内心发生无限的愤恨，无限的感触。这些人都是侵华老手，毒害了中国几十年，我数百万数千万同胞曾死于他们的手中，所以我的愤恨便是同胞的愤恨。我今天能高居审判台上来惩罚这些元凶巨憝，都是我千百万同胞的血肉换来的，我应该警惕！我应该郑重！

法庭的右方是两层的楼，楼下完全为新闻记者和摄影师所占，盟国的和日本的各分一半，共约四五百人。他们是今天工作最忙的一群。楼上是旁听的观众，也是盟国人和日本人各占一半，界限分明。不消说旁听席都是挤得满满的，但是秩序极好，因为没有票的根本不得进来，今天进来的大都有些门路，要算幸运的了。据说旁听票一星期前就定空了。

法庭的左方也是两层楼，但地位较小，大约仅能坐一二百人。这些座位是"贵宾席"。今天贵宾席上坐的都是盟国在东京的一等要人，尤其是美国陆海空军的高级军官。我国只有朱公亮将军一人，由我派的罗秘书招待。他是和第八军军长，麦帅底下的第一红人艾其勃格（Eichelberger）将军并肩而坐，颇引人注目。麦帅自己并没有到场，据说是欢迎到远东来调查粮食恐慌的美前总统胡佛先生去了。

庭长开幕词译毕之后，季南检察长请求介绍各国的陪席检察官。明思兄是最先被介绍的一人，菲律宾的洛贝兹（Lopez）殿后。

其次，法院的记录官和美籍日籍的翻译人员宣誓，由总指挥 Van Meter 米达监督。

这些节目完毕，庭长宣布休庭，等下午二时半其他两个犯人到齐，再正式朗诵起诉书。

总指挥大声命令全体观众肃立，我们鱼贯而退。大家到会议室休息片刻，回饭店午餐。

饭后午睡了约一小时，两点半前我赶到法院。开庭的仪式和上午一样，观众依旧是很拥挤。在犯人台上，多坐了两个人——那便是今天上午专机从暹罗解到的板垣征四郎和木村兵太郎。板垣是侵华头目，我对这名字很熟，我得多盯他几眼。

不过今天是开庭的头一天，事事物物都仿佛很新奇，我也顾不得多辨认对面的一群犯人。但是我看见那一群家伙就不免义愤填胸，好像同胞的愤恨都要在我一个人的胸口内发泄似的！好在时间还早，这不过是一个开端，这些元凶巨憝既在法律的掌握之中，他们必定逃不出正义和公道的严厉制裁。

今天下午的节目很简单，只是由总指挥 Van Meter 米达和代理书记长德尔（Dell）轮流朗诵起诉书而已。每读完"诉因"（count）一个，便要来一次翻译。用两种文字，这是不可避免的麻烦。我希望由美运来的八百副耳机到了之后，这麻烦可以减至最低限度。

花了两小时，才读完 22 个诉因，庭长宣告休庭，明天九时半再开。在宣布休庭的时候，那装疯的大川着到东条头上打了两下，并声称"我要杀死东条"，引得哄堂大笑。

我们退出后便到会议室，一面喝咖啡，一面讨论大川的问题，结果是通过允许他的申请，把他还押大森监狱，由法院指定两个医生检验他的神经和身体状态，看他是否适宜于到庭受审。

这议案一通过，大家急忙散去。这是辛苦一日的完结！

我因为明天中国飞机返沪，回饭店后赶紧整理信件和包扎送赠婉如的一包东西。

七时半我乘车到代表团，亲自交给李济之兄。话别了约十分钟，我赶了回来吃饭。饭毕已经是九点了。老麦他们邀看电影，人太疲乏未及终场而出。打拳，洗澡，睡时已近十二点了。

今天是机器真正开动的一天，我希望一切从此急转直下，不再延宕。想到这里，我感觉说不出的愉快！

五月四日　星期六

今天是远东国际军事法院开庭的第二天。晨起找开星条报和日本时报一看，满页都是登载着法院昨天开庭的新闻和各色各样的照片——法官的，战犯的，法警的，最显目的是一张占半页报纸的法院全景摄影，在新闻报道里大川敲了东条两下头是最受描写的一个节目。

今天是九时半开庭，我九时便到了法院，和同事们在会议室谈了半小时的天。

开庭的仪式完全和昨天一样,旁听席仍旧是客满。我们缓步走上审判台,坐定之后,庭长命令书记官长代理继续读起诉书,从第廿三诉因起,每读完一段,便翻译一段,听了不免使人烦腻。

在朗诵的漫长过程中,我今天特别注意辨认各战犯的形容和表情。我把他们的姓名、照片、座位对照来看了几遍。他们的名字和面目都引起我许多回忆和愤恨,尤其是那坐在前排顶右端,面团团的土肥原。他强作镇静,有时蠕动得很厉害,露出不安的形情。东条依然是死板板地像泥塑的一样。荒木这七十岁的老家伙(他尝唱十万竹刀灭俄的谬论,荒谬绝伦!),他的银白色八字胡须长得芜长,绝不似以前照片上的那样整齐。这老家伙眼睛老是睁着,嘴唇蠕动作欲语状,看来很有点倔强的样子。其余的虽然姓名都曾煊赫一时,但是他们此时此地的形容都平凡庸碌得很。怪不得星条报今天描写战犯形态的一段是以"不像当年一个强大帝国的统治者之一群人"。真的,这群家伙今日确实丝毫没有当年的威风和豪气。他们平淡得好像你在东京或上海任何公共汽车里可以碰见的一车搭客一样。最可怜的是那曾在国际间翻云覆雨红极一时的松冈洋右。他在"九·一八"后代表日本退出国联,侮辱中国为地理上的名词;他曾制造三国防共协定,他又手创苏日中立条约,还在莫斯科车站与史丹林(斯大林——编者注)元帅拥抱过,接吻过。这小子今天面黄肌瘦,形容憔悴,脸上横胡子之外,又是直胡子(英文报说 He had a moustache and a beard),其实他的胡须根本就是芜杂一团,未加修整。其次便是南京大屠杀的总凶手松井石根。我的天,这简直是一个驯服得像绵羊似的可怜虫。英文报上说这位当年杀人如麻的大将很像一个失了业或欠薪已久的银行小书记。这话再恰当没有!看见松井大将使我想起《日出》里的那个小职员来。

这一群犯人外表看来实在和中国人没有多大差别。本来,中日同种同文,理应共存共荣。但是这些家伙,以及他们的前辈,偏要高唱民族优越的谬论，来毒害其国民，使他们夜郎自大目中无人，妄想吞灭中国，席卷东亚，乃至于征服世界。这些不度德不量力的家伙陷害日本国家民族于如此空前的浩劫。他们不仅是中国的仇敌，世界的仇敌，而且也是日本人民的仇敌。我们看见他们的尴尬面孔，我内心里一面固且是燃着民族的怒火，另一面却又不免感到同种的悲哀。我希望我这次参加这出历史剧的努力，能有贡献于创造世界各民族真正互尊互谅共存共荣的新原则！

朗诵起诉书到了十点半，庭长宣告休息一刻钟，我们退到会议室，每人吃了一杯咖啡。

十点三刻继续开庭。松冈的律师说松冈身体太坏要求准予退庭。老卫问："有无马上晕倒的危险？"律师答："有！"但是老卫仍未允其所请，说这问题须下次休息时间里由法官会议决定。

在继续朗诵和翻译之际，我除注视犯人之外，同时也在数着多少个诉因是关系中国的。我发现在五十五个诉因（即 count）之中，有十二个是完全关系中国的，有三个是与中国有密切关系的。我们的证据资料并不多，将来检察处是否能够充分证实这些诉因？想到这样，我不免有点杞忧。

十一时半起诉书朗诵算是完毕，五十五个诉因都用两种语言念完了。但这只是主文，而主文只占全起诉书三分之一，附录占三分之二。

至此，大家都有点感觉干燥不耐。庭长问被告律师是否同意免去附录的公开朗诵。被告律师请求以十分钟工夫大家磋商后再答复。结果是同意免去。这使大家都松了一口气，否则两种文字念起来恐怕至少非再要六七小时不可。

约十一时半庭长宣布休庭，下星期一九时半再开。

退出法庭后在酒吧间大家谈了一会儿天。我回饭店午膳。因为这两天神经太紧张，身体也有点疲乏，我午睡起来已经四点多了。

乘车兜了半小时的风，呼吸点新鲜空气，顺便到中国联参处看看这几天的中国电讯。胡佛将去中国调查粮食恐慌，马歇尔仍在不懈地调解国共，争取和平，国民大会宣布延期，而国民政府却正式规定了五月五号为还都纪念日。

回饭店休息片刻便接到公亮将军的电话，请我早点到中国菜馆天华楼去吃饭。我七时到达，同桌的除明思、淡如、公亮自己外，还有一位美国运输司令班德上校和他带的两位方由上海抵日的石小姐、祁小姐（医生）。

晚饭吃过了，大家兴致很高，除明思外，大家全体到帝国饭店音乐厅去跳舞。中国小姐到帝国饭店跳舞，这是战后破天荒第一次（战前我不知道），颇引注意。十时日本歌舞班表演西洋歌舞，比上星期进步。日人虽善模仿，但终不免画虎类狗之感。十二时舞散，大家分手。我回房洗澡，睡觉时又是一点多了。昨今两天不能不算新颖而富于刺激的二日。

五月五日　星期日

昨前两天太紧张疲乏，今天礼拜决定彻底休息一天。华莱士来问时，我下决心地告诉他："今天我不出去，你可以安心去玩一天。"行无车，心安理得，一切念头都没有了。

除淡如来谈了一会儿天以外，今日一上午我都是补作日记。午饭后小睡，起来后打拳（我近来太极拳常移在下午午睡起身时打，这或许较睡前打为卫生，但是有时事实上来不及，有时又会忘记，不如夜深人静容易记得起来）。三至五时仍补作日记。五时公亮将军领了昨晚那两位中国小姐来，她们住在横滨，是到东京来逛街和买东西的。朱将军说："她们知道法官是中国人住在帝国饭店的惟一贵宾，不能不来拜访。"我叫了些茶点、威士忌和"可口可乐"招待。七点她们辞别回横滨。

晚饭是在法官 reserved 席上吃的，大家谈谈这两天的感想，倒也愉快，因为"机器"已经开动了，而且开得不慢。

老麦老罗坚邀我看电影。片子莫名其妙而且时常间断,我溜回房里,看看报纸和画刊,十点半便睡了。来东京起,这要算早睡的一日!明天各战犯答辩,又怕是很紧张热闹的一幕吧!

五月六日　星期一

今日是很紧张的一天。法院九点半钟开庭,观众依然挤满了所有的旁听座,不过"贵宾席"上似乎没有前两次的人多,我国朱将军因为参加胡佛前总统阅兵典礼也没有来列席。

开庭第一件事便是由检察长向庭上介绍新抵东京的印度陪席检察官曼朗先生(Menon)(梅农——编者注)。其次便是被告律师代表清濑一郎博士(Dr. Kiyose,他是东条的律师)唱名——介绍各犯人所聘的辩护士。这些人看来似很平凡,据说都是东京的第一流律师,其中并有东京帝大法科学长和明治大学的校长在内。

清濑是个日本人中的中等身材,年纪大约六十上下,须发都已灰白,不修边幅,看来好像个老学究的样子。他发言总带笑,表示卑谦和善的形气;声音虽不洪亮,但经今天那个英语很好的青年翻译起来,却句句都很有力,他是今天最出风头的一个。

他要求发言,说他要攻击(challenge)审判台上的法官,同时对远东国际法院的管辖权(jurisdiction)之范围也有异议。

这时法官们和观众都有点紧张了。他从容不迫地提出卫勃爵士不配任庭长和法官的四大理由(并未加充实,只有指摘卫勃爵士曾任澳洲战罪委员会主席,签署过一个关于日军在新几亚暴行的调查报告,这一点是实在的)。这时老卫很感烦闷不耐。季南也到播音机前发了一二次言。但是清濑依然不为所动。

老卫声明这事关系他个人,愿听同事们开会议决,开会时他决意回避,结果容再当庭报告,旋即宣告休庭十五分钟。

　　我们八个人（老卫不在内）退到会议室，大家神经都很紧张，尤其是清濑似乎说过他对每个法官都有攻击及异议。

　　讨论时大家都曾发言，很是热烈，但我不能宣布或泄露会议席上任何法官（我自己除外）的意见，因为这是违背誓约的。

　　我们在紧张的空气下，讨论所得的结果是：根据法院组织宪章第二条，法官们是由盟军最高统帅依照各国政府的推荐而任命的。既然如此，我们法官们自没有任何权力决定我们自己之中任何人之任免或回避。这事决定之后，我们请老卫来出席，把结果通知他。

　　约二十分钟，法院再开庭，仍由卫勃爵士主持，观众蠕动，交头接耳，似乎在期待什么。

　　老卫未发言之前，我们公推诺斯克罗夫特先说几句话，报告法官们审议的经过和结果。老诺简短声明之后，法庭照常进行。

　　今天最重要的节目到了，这便是犯人个别地对起诉书之控诉作"有罪"或"无罪"之声明！

　　首先被唤起立答复的是荒木贞夫，因为他的名字（Araki）是以 A 字起头。这个有点桀骜不驯的老家伙很不舒服的样子，口里叽叽咕咕说了好多句。我叫老卫赶快干涉他，老卫说：荒木，我们不要你演说，只要你说"有罪"或"无罪"。荒木仍旧不耐烦的样子，说："我活了七十岁，从未犯过对和平人类之罪，或任何被控的暴行。"

　　荒木过后，其余的都似流水般的说个"无罪"。有的说时忿忿然，像在操场上发口令一样，尤其那山下奉文的参谋长武藤章。

　　松岗洋右毕竟洋派一些，虽然他病得像要死的样子，他用并不很好的英语说了一句："Not guilty to all and every count."

　　东条是被唤的第二十六名。他最引人注意，站立时许多镜头都对着他。他很镇静很响亮地说了一句："对一切的诉因，我声明无罪。"

　　二十八名犯人（其中大川一人因未到场，暂行从缓）声诉完毕，法庭征求检察官和被告双方关于实际开审听取证据之日期的意见，双方颇有争辩。最后庭长经咨询同人意见之后，正式宣布：五月十三日（下星期一）为辩论并裁定法院管辖权问题之日期；六月三日（即四星期以后）为法院正式、实际开审，听取证据之日期。旋即宣告退庭，下星期一九时半再开。

回到饭店，中央日报驻东京特派员张仁仲先生在候，我们一同午餐，谈论了许多国内时事、日本政潮和今天开审的情形。

张君走后，我午睡了约两小时。起身后打拳，五时余到代表团去看中央社电讯和旧中国报纸。朱将军很高兴，因为中国代表团所反对的鸠山，今天已经被总部禁止不许组阁。一块要到口的肉不得不放弃了。而且这人颇有列为战犯的危险。

因为五月十号是我向立法院告假三月届满之日，我临走时拟了一个续假三月的电报，托公亮交代表团自己的电台发到南京去。

公亮同我到帝国来吃晚饭，饭后到派耳戏园看杂耍和电影，"将官特厢"里仍然只我们两个人。

十一时公亮回代表团去，我洗澡睡觉。

五月七日　星期二

今天上午到法院办公，看了些例行公事，并与老麦谈了谈天。大概昨天太紧张，今天同事们到院的特别少。美国老希来我办公室，他还念念不忘上海之行。我说假使有专机，我一定陪你去。他说：我们努力吧。他准备下午去接头。

回饭店午餐。餐后小睡，起来打太极拳。五时淡如来谈，共进晚餐。

饭后我把这几天的报纸仔细检阅一过，看看各国舆论对于我们远东国际法院这几天受理起诉和开审情形之反响和批评。归纳言之，日本报纸是表示满意，因为他们要把战争的责任往这班元凶巨魁身上推。美国方面，臧否不一。有一部分人士认为被控的人数太少，许多罪魁都漏网了。有一家报纸[似乎是 Washington Sun(华盛顿太阳报)]径直说日皇天字第一号的战犯，不应让他逍遥法外。英国自治领的报纸也有这种说法(澳纽二国一贯是主张战犯名单中应列天皇的)。苏联对法院开审事论列甚少，但有一家报纸很激昂地主张应置天皇于法。我想：天皇这次因为政治原因虽幸而未被起诉，但这事难免有"旧话重提"的一天，至少他难免有被传唤出庭作证的可能。——这只是我个人的一种感觉，一个猜想。

读完许多报纸，有的我还把它剪裁下来了，不知不觉已经十一点多了，忙写这两天的日记，约一时许就寝。

五月八日　星期三

晨起打开报纸一看，中国新闻依然是占很显著的地位，但并没有好消息：国都虽算迁回南京，但国共问题丝毫无解决的征象，马元帅似乎也没有多大办法。据公亮说：这次胡佛到东京曾与麦帅畅谈数小时，对中国事情颇表悲观，所以他对记者询问华事时严守沉默，仅说中国灾情惨重而已。

我看到麦帅四月份管理日本的报告书，说日本已渐走上真正民主之途。这虽未免过于掩饰，但麦帅的提携政策确使日本经济上占了不小的便宜而渐渐走上复兴之途，这是不可否认的事实，与我们胜利的中国对照，使人怎能不感惶愧？

早餐后我把方秘书翻译的远东法院"诉讼程序细则"中文稿仔细校阅了一遍，略加修正。十时半携到法院请罗秘书集谊用毛笔去抄写一遍。

正在批阅例行公事，希金斯的电话来了，请我到他办公室商量下星期一开庭毕休审(大约有三个星期)时期中的"中国之游"的计划。他的女秘书华洛斯(Miss Ferros)女士非常想同我们去，因为她的堂妹在上海。我们打了许多电话打听交通工具和接头办法。磋商的结果是非有专机不可。倘使真的要游北平的话，因为我们在华的时间太有限（至多两礼拜）而且国内纷纷扰扰，谋交通工具一定很困难。我告诉老希说："我太太由重庆到了上海没有我还不知（我猜想十四五号一定到了，但也不敢十分确定）；但若我们能从总部谋到一架专机，我决借你回祖国走一趟，并聊效地主之劳。"我们分别时，以找到专机相祝望。

回帝国饭店午餐，小睡方起，方秘书从法院打电话来，说希先生奔走的结果，专机问题已经初步成功了。他今晚或明晨会找我详细商谈。这使我出乎意料地高兴！真的，我数天之内便有回国走一趟的希望了！

五点至七点，我把被告律师所提关于法院管辖权的意见书仔细研究了一下，因为这是下星期一大辩论的根据所在。这意见书共有四点，其中最重要两点是：

（1）法院宪章规定处罚发动侵略战争及违反和平人道是违背波茨坦（Potsdam）宣言（只说"严惩战犯"），所以是超乎范围以外之越权行为。

（2）起诉书上有二三个"诉因"是陈旧事实，与此次战争无关，且日苏已订有协定，和平解决，其后两国又缔有中立条约，并非交战状态。这些旧事重提非但不合理且有"溯及既往"之嫌。

——这两点就法理上讲都有相当理由，第一点比较易于解决，第二点似乎很是复杂，而且独涉苏联，更是微妙。总之，下星期一必有一番大辩论，我们那时的裁决或许在法学史上具有历史的意义。我对这两问题还得事先仔细考虑。

晚饭后，我看报，看书，作日记，但对祖国之行片刻不能忘怀。我打了三次电话到老希房里，哪知总是无人接应。及到十一点半，他老先生还没回饭店来，大概他也是太兴奋了吧！或许他还在继续为专机事再接再厉奔劳呢！也罢，我打拳洗澡，睡时又是快近一点了。

五月九日　　星期四

起身不久,便接着老希的电话。他说专机交涉难关已过,大体算是成功,现在只剩手续问题了。他请我十时到法院办公室去详商一切。我很愉快地答应了,并对他办事热心表示钦佩。

十时我们在法院我的办公室里相见,禾卜利芝秘书长拿了一张说明赴华原因的表格,我和老希都签字了。我们三人又详商了些旅行节目,方秘书是老上海,他也来参加了。我们谈得非常高兴,老希自称为"中国的倾慕者"。我们的专机据说除我二人和方华二秘书和驾驶员团体的五个人之外,还有一个哥尔勃特(Lt. Colbert),他将充任我们的侍卫武官(Military aide)。百事都安排妥善,只待总部批准而已。

出法院时我到代表团,因为明思有电话约我见面。我和公亮明思三人商谈了良久,都是关于起诉书中两项有"蒙古人民共和国"字样的问题。

谈论完毕,公亮说添了两样中国菜,留我也在代表团吃饭。饭后我仍是回店小睡。睡醒打拳,看报。旋侍者送来柯尔门(Capt. Coleman)少校关于设置"国际辩护组"(International Defence Section)上麦帅的呈文(他请求修改宪章)。我细看一遍,觉得很无道理。

晚饭后与庭长老卫谈到此事,他也有同感,而且比我还愤慨。他说他准备于明天召集法官会议商讨应付。

老希时时憧憬于中国之遊,他找我谈了许久,我们又同去看电影,看完又在酒吧间再谈。我因为太兴奋,遂警告他:"希望不要存太高,否则必定要失望的。"他说:"无论如何,我是不会失望的!"

十一时分手,我回房休息,继写日记,约十二时就寝。

五月十日　　星期五

清晨法院副秘书长恒利上校(Col. Hanney)来电话,说十点钟开临时法官会议。我九时半便去到法院,进门遇见秘书长,他说我和老希的申请专机赴华已经总部核准了,现在已经打电报到中国方面去了。这使我很高兴。美国人办事真够说得上准确,迅捷!

十时开会讨论的完全是柯尔门请呈总部修改法院组织宪章,添设国际辩护组的问题。我们的意思,这事非但不必要,而且荒谬绝伦,因为辩护是被告自己的事情,若由总部设立专组指派主任辩护师(Chief Counsel of Defence),这是一切公平审判原则以及常识所不许的。

讨论时同人意见一致,态度颇为坚决激昂。结果决定要求柯尔门在今天午后三时以前自动撤销他上总部的呈文,否则我们便要向麦帅直接严厉交涉。

散会后我回到饭店。不久,宋德和先生来,说他预备了一点中国菜,请我到他寓所去吃午饭。我们一同去到他的寓所,同住的是四个美国新闻记者。他们的态度都很亲切和蔼。宋先生的日本情形极熟,与美国记者也熟如家人,所以他在东京可以"兜得团团转"。我们吃过饭后又谈了一小时余。他的观察觉得天皇依然有将来被控为战犯或被传作证之可能。他说果然若此,天皇必先逊位。我们又谈了许多国际和国内问题。二时半我辞出回饭店。三时偕方秘书到法院开会。

法官会议开会,首由庭长报告柯尔门先生已经有书面到庭说他已经撤销了他对总部的呈文,但希望今天下午能列席法官会议,说明他所以请求总部设立国际辩护组的原因。我们允其所请,柯先生来了。但是说来说去,他并说不出其所以然来。他退席后,我们讨论,大家感觉非但没有设立专组的必要,而且主任辩护律师由总部或法院指派根本便说不通。那应该是被告自己的事,应予他们以选择的自由。至于柯先生他不过是一个联络被告辩护人员的一个小事务官,名之为"Chief Counsel of Defence"实在不妥。我曾再三发言,主张这个名称非改不可,同人亦都赞成我的意见。结果我们命秘书长设法改正柯先生的官位名称,以免淆乱听闻。这个节外生枝的 Coleman 事情便算如此告一段落。

法官会议散会后我回饭店休息,看报。罗秘书王将军来谈。因为有回国的可能,我同罗出去到银座各商店蹓蹓,原想买点东西以便带回去。但是因为时间太晚,商店多已关门,遂无结果而回。

晚饭后,与老诺老罗老麦老白四人闲谈良久。他们对我在今天法官会议席上所持坚决态度表示惊异和钦佩。其实我小事不喜过问,但大事我决不放松。我不过问则已,过问我则非坚持到底,无论成败,非得到一点结果不可。

八点四十分老麦邀看电影,不到一小时我便出来了。我仔细校阅了一遍方秘书译的"远东国际军事法院组织法"(按即 Charter——宪章),十一时打拳,写日记,约一时就寝。

五月十一日　星期六

上午九时方秘书罗秘书都来了。罗秘书把抄好的"细则"之译文交来。我把校正了的宪章译稿与方秘书磋商,略加修改便交罗秘书去抄。

我请方秘书去法院看看动静,自己便和罗秘书到神田及银座一带商店逛逛。在三越买了些小赠品,并在中国菜馆会芳楼买了点海味,预备回国带去送亲友的。因为物产太缺乏而且价值奇昂,我买东西的兴致很差,不过略微选了点日本特产,聊事点缀点缀而已。

回到饭店,中央日报张仁仲先生留有名刺,他已经来访过了。老希来约吃午饭,他对"中国之行"感觉异常兴奋。其余同仁似乎不免酸溜溜似的。这是人情之常,不足深怪。

午睡起来打拳,阅报。旋淡如、明思来谈。

晚饭是和法官们一道吃的(因为不便与明思共餐),桌上还有三个香港来的军官,是老派老诺的客人。他们是随英国军舰来访问的,后天便要回去。

饭后回房里检查近几天的报纸并将要闻剪下。十时偕老诺到饭厅舞场看表演,是日本人模仿西洋歌舞,但并不惟妙惟肖,加上体格的不匀适,更不足动人。

回寝室作日记,洗澡,约十二时半就寝。

五月十二日　星期日

打开报纸一看,有英国太平洋舰队总司令福拉塞(Frazer)海军上将招待新闻记者谈话情形,他说中国人民都愿英国保持香港。中央日报记者张仁仲君当场与他大事争辩,总算勇敢露脸,可以稍微纠正这班帝国主义白人至上者的信口胡说。

九时我到代表团去谈谈,因为是星期日,大家都见了面。十时余我回饭店,整理了一下几种文件,并为张仁仲找到一点关于法院诉讼程序的材料。公亮来电话叫我去吃饭,因为代表团今午做了一两样中国菜,我去吃了,但不感觉高明。三时至四时小睡,淡如和赫夫上校都告诉我,说缅甸战将、新一军军长孙立人将军来了,就住在帝国饭店一楼第10号。我正要下楼去拜访,他已经偕淡如和曾副官到了我的房里。我叫了些茶点,大家畅谈一番。我和孙将军见面是恰恰二十年以前(1926年夏季,他在美国 V. M. I. 军校念书,我和旸春叔同去看他)。从此各奔前程,见面缘悭,屈指一算已经是一世了。谈谈往事,谈谈当今,令不胜今昔之感。

七点公亮请立人在京华酒家吃中国饭,自然少不了我陪,觐鼎、明思、淡如、歌川均在座。菜极丰富,为我抵东京后第一次最“过瘾”的。我们且吃且谈,而且无话不谈,席散时不知不觉已经十点了。

回饭店打拳,作日记。明天开庭预料必是紧张的一天,我很想早睡,但肚子太饱,不甚瞌睡,上床时又快近一点了。

这几天来东京真热闹。胡佛去后，艾森豪威尔元帅又来了（今晨艾帅阅兵，公亮亦参加）。此外英国海军司令福拉塞，美国对日赔款委员会主席保莱（Pauley）也在东京。可惜我国正在闹内战，太不争气，否则名驰全球、功播印缅的孙立人将军还不是照样可以大露锋头吗？写至此，我不禁为我国国际地位之日趋堕落悲，我真要投笔三叹了！

五月十三日　星期一

今天九点半钟开庭，观众特别踊跃，尤其是日本人多，大概他们以为被告的动议（法院管辖权的问题）有很大的关系吧！孙立人将军来到参观，坐"贵宾席"，我仍旧是派罗秘书招待。淡如和立人的副官曾君亦到场。

最先是由被告律师代表清濑一郎就前天提出的书面申请加以发挥。这位老先生从容不迫，翻来覆去，加上说一段译一段，他一个人已经占了一小时半。说话虽多，但说来说去，并无比书面新颖之处。引经据典，不过仍旧是说明宪章规定处罚发动侵略战争和违反和平及人道之罪是超乎波茨坦宣言（Potsdam Declaration）范围之外，而且不是投降书的条件所许。他认为日本投降是有条件的。他这论点，据我看来，很不坚实。

庭长宣告休息十分钟。法庭复开时，季南开始答辩，他读他准备好的大文章。不到十分钟，老卫便干涉他，问他是否必需用这些修辞学上的大名词（rhetorical phrases）。季南颇怒，盛气答复。他仍继续念下去，引证史大林（斯大林——编者注）、罗斯福的名言时，老卫又故意干涉他，说他的演说太富火性（inflammatory）。季南又怒，仍强辩，法庭毕竟让他讲完了，但他已感很失面子了。我一再向老卫示意，不应干涉。我觉得老卫太意气用事了。或许他对季南根本有点不对劲。但这不是报复的场合。

十二时休庭，午后一时半再开。我赶忙回饭店午餐，假寐了十分钟，便又同方秘书到法院去了。

一点半实在不是一个好时间，尤其是对我；但是观众仍是满座。

季南介绍英国陪席检察官卡尔（Carr）就另一方面答辩。卡尔读论文似的把他的答辩书读了一遍，大约费了四五十分钟。材料比较具体充实。季南的是向世界的演说，卡尔的是向法庭提出的辩证。可惜卡氏诵读的技术不甚高明，英国 accent 口音听了讨厌，至少对我是如此（我这几天内心反英潮浪很高）。

休息十分钟，开始读卡尔答辩书的日译，我把黑眼镜带上，几乎要打瞌睡了。读完，清濑又来反驳，这老头滔滔不绝但并无新颖之处。老卫除笑他不懂有条件无条件投降之区别之外，并未加以制止或干涉。

及至清濑要引用杜鲁门总统今年正月间的演说时，季南忍不住了，他坚决向庭上抗议。老卫似乎成见太深，竟不问抗议理由安在，而向季南说："刚才你引罗总统的话可以，何以现在引杜总统的话便不可以呢？"季南愈愤，他本是红脸红鼻，至此更红，几乎要发紫了。他愤然说："我引的是波茨坦会议以前的话，可以解释会议时大家对于战犯的了解。杜总统今年正月的演说，与本题有何关系？我不是要区别或歧视说话的是谁。"老卫自己理屈，故意向左问我，又向右问老希，是否应该接受季南的抗议。我坚决主张接受，老希亦然。于是他也只好停止清濑发言。

今天太紧张了，气炉开得又热，我衣裳穿得又多，几乎有点头晕了。好在马上便宣告散庭。

回饭店吃茶点，小睡。到合作社买点东西，预备带回去做赠品。

在法官桌子上同吃饭时，我很露骨地向老麦老罗老白老诺表示对老卫今天的态度不满。

公亮来，大家在立人房里谈天。九时我回房写两封信托立人带去。记日记。

【原件至此处有"14 日起见另册"字样——编者注】